Heinrich Wagner

Handbuch der Architektur

Vierter Teil: Entwerfen, Anlage und Einrichtung der Gebäude - 4. Halbband, 2. Heft

Heinrich Wagner

Handbuch der Architektur
Vierter Teil: Entwerfen, Anlage und Einrichtung der Gebäude - 4. Halbband, 2. Heft
ISBN/EAN: 9783743653757

Hergestellt in Europa, USA, Kanada, Australien, Japan

Cover: Foto ©Lupo / pixelio.de

Weitere Bücher finden Sie auf **www.hansebooks.com**

HANDBUCH
DER
ARCHITEKTUR.

Unter Mitwirkung von Fachgenoffen

herausgegeben von

Oberbaudirector
Profeffor Dr. **Jofef Durm**
in Karlsruhe,

Geheimer Regierungsrath
Profeffor **Hermann Ende**
in Berlin,

und

Geheimer Baurath
Profeffor Dr. **Eduard Schmitt**
in Darmftadt

Geheimer Baurath
Profeffor Dr. **Heinrich Wagner**
in Darmftadt.

Vierter Theil.

ENTWERFEN, ANLAGE UND EINRICHTUNG DER GEBÄUDE.

4. Halb-Band:

Gebäude für Erholungs-, Beherbergungs- und Vereinszwecke.

2. Heft:

Baulichkeiten für Cur- und Badeorte.

Gebäude für Gefellfchaften und Vereine.

Baulichkeiten für den Sport.

Panoramen; Mufikzelte; Stibadien und Exedren, Pergolen und Veranden; Gartenhäufer, Kioske und Pavillons.

ZWEITE AUFLAGE.

VERLAG von ARNOLD BERGSTRÄSSER in DARMSTADT.
1894.

ENTWERFEN,
ANLAGE UND EINRICHTUNG
DER GEBÄUDE.

DES

HANDBUCHES DER ARCHITEKTUR
VIERTER THEIL.

4. Halb-Band:

Gebäude für Erholungs-, Beherbergungs- und Vereinszwecke.

2. Heft:

Baulichkeiten für Cur- und Badeorte.

Von

† **Jonas Mylius,**   und   Dr. **Heinrich Wagner,**
Architekt in Frankfurt a. M.   Grofsh. Hess. Geh. Baurath und Professor an der technischen Hochschule in Darmstadt.

Gebäude für Gefellfchaften und Vereine.

Von

Dr. **Eduard Schmitt,**   und   Dr. **Heinrich Wagner,**
Grofsh. Hess. Geh. Bauräthe und Professoren an der technischen Hochschule zu Darmstadt.

Baulichkeiten für den Sport.
Panoramen; Mufikzelte; Stibadien und Exedren, Pergolen und Veranden; Gartenhäufer, Kioske und Pavillons.

Von

Oberbaudirector Dr. **Josef Durm,**
Professor an der technischen Hochschule zu Karlsruhe.

Jacob Lieblein,   **Robert Reinhardt,**
Architekt u. Lehrer a. d. Kunftgewerbefchule zu Frankfurt a. M.   Professor an der technischen Hochschule zu Stuttgart.

Dr. **Heinrich Wagner,**
Grofsh. Hess. Geh. Baurath und Professor an der technischen Hochschule zu Darmstadt.

ZWEITE AUFLAGE.

Mit 301 in den Text eingedruckten Abbildungen, fo wie 4 in den Text eingehefteten Tafeln.

DARMSTADT 1894.
VERLAG VON ARNOLD BERGSTRÄSSER.

Handbuch der Architektur.

IV. Theil.

Entwerfen, Anlage und Einrichtung der Gebäude.

4. Halbband, Heft 2.

(Zweite Auflage.)

INHALTS-VERZEICHNISS.

Vierte Abtheilung.

Gebäude für Erholungs-, Beherbergungs- und Vereinszwecke.

4. Abschnitt.

Baulichkeiten für Cur- und Badeorte.

	Seite
Vorbemerkungen	1
1. Kap. Cur- und Converfationshäufer	2
a) Anlage im Allgemeinen	2
b) Selbftändige Cur- und Converfationshäufer	4
Drei Beifpiele für deutfche oder centrale Anordnung	5
Drei Beifpiele für franzöfifche oder Längenauordnung	8
Zwei Beifpiele englifcher Anlagen	9
c) Cur- und Converfationshäufer mit befonderen Cureinrichtungen	9
Vier Beifpiele	12
d) Cur- und Converfationshäufer mit Theater, Spielfälen etc.	15
Vier Beifpiele	16
Schlufsbemerkungen	22
Literatur über »Cur- und Converfationshäufer« (Ausführungen und Projecte)	24
2. Kap. Trinkhallen, Wandelbahnen und Colonnaden	25
a) Trinkhallen	26
Zwei Beifpiele	27
1) Selbftändige Trinkhallen	28
Sechs Beifpiele	28
2) Trinkhallen in Verbindung mit anderen Curanftalten	33
Zwei Beifpiele	33
b) Wandelbahnen und Colonnaden	34
Sechs Beifpiele	34
Schlufsbemerkungen	40
Literatur über »Trinkhallen, Wandelbahnen und Colonnaden« (Ausführungen und Projecte)	40

5. Abschnitt.

Gebäude für Gesellschaften und Vereine.

	Seite
Vorbemerkungen	41
1. Kap. Gebäude für gesellige Vereine und Clubhäuser	42
a) Gebäude für gesellige Vereine	42
Sieben Beispiele	45
b) Clubhäuser	53
Zehn Beispiele	56
c) Häuser für studentische Verbindungen	64
Zwei Beispiele	65
Literatur über »Gebäude für gesellige Vereine und Clubhäuser« (Ausführungen und Projecte)	68
2. Kap. Freimaurer-Logen	72
Sechs Beispiele	76
Literatur über »Freimaurer-Logen« (Ausführungen und Projecte)	82
3. Kap. Gebäude für gewerbliche und sonstige gemeinnützige Vereine	83
a) Innungshäuser	83
Sechs Beispiele	85
b) Gebäude für kaufmännische Vereine	91
Zwei Beispiele	92
c) Gebäude für Gewerbe- und Kunstgewerbe-Vereine	94
Vier Beispiele	96
d) Gebäude für sonstige gemeinnützige Vereine und Wohlfahrts-Gesellschaften	98
Neun Beispiele	99
Literatur über »Gewerbe-Vereine und andere gemeinnützige Gesellschaften« (Ausführungen und Projecte)	107
4. Kap. Gebäude für gelehrte Gesellschaften, wissenschaftliche und Kunstvereine	108
a) Gebäude für die Akademien der Wissenschaften	108
Zwei Beispiele	112
b) Gebäude für sonstige gelehrte Gesellschaften und wissenschaftliche Vereine	116
Neun Beispiele	118
c) Gebäude für Kunst- und Künstlervereine	125
Fünf Beispiele	127
Literatur über »Gebäude für gelehrte Gesellschaften, wissenschaftliche und Kunstvereine« (Ausführungen und Projecte)	132

6. Abschnitt.

Baulichkeiten für den Sport.

	Seite
1. Kap. Reit- und Rennbahnen	134
a) Reitbahnen	134
Sechs Beispiele	139
b) Rennbahnen	143
Zwei Beispiele	144
c) Fahrradbahnen	147
Beispiel	150
Literatur über »Reit- und Rennbahnen« (Ausführungen und Projecte)	152
2. Kap. Schiessstätten und Schützenhäuser	153
Acht Beispiele	155
Literatur über »Schiessstätten und Schützenhäuser«.	
α) Anlage und Einrichtung	174
β) Ausführungen	175
3. Kap. Kegelbahnen	175
a) Deutsche Kegelbahnen	176
Vier Beispiele	186

			Seite
	b) Sonstige Kegelbahnen		190
	Literatur über »Kegelbahnen«		194
4. Kap.	Baulichkeiten für andere Sportzweige		194
	a) Eis- und Rollschlittschuhbahnen		194
	1) Eislaufbahnen im Freien		195
	Beispiel		196
	2) Rollschlittschuhbahnen		196
	Drei Beispiele		199
	3) Künstliche Eislaufbahnen		203
	Drei Beispiele		204
	Literatur über »Eis- und Rollschlittschuhbahnen«		206
	b) Anlagen für Ballspiel und verwandten Sport		207
	Vier Beispiele		209

7. Abschnitt:
Sonstige Baulichkeiten für Vergnügen und Erholung.

1. Kap.	Panoramen		216
	Sieben Beispiele		217
	Literatur über »Panoramen«		231
2. Kap.	Musikzelte		232
	Fünf Beispiele		235
	Literatur über »Musikzelte« (Ausführungen)		240
3. Kap.	Stibadien und Exedren, Pergolen und Veranden		240
	Sechs Beispiele		241
4. Kap.	Gartenhäuser, Kioske und Pavillons		246
	Sieben Beispiele		246

Verzeichnifs
der in den Text eingehefteten Tafeln.

Zu Seite 6: Curhaus in Ostende.
» » 16: Semper's Entwurf zu einem Conversationshaus in Baden (Schweiz); Trinkhalle zu Baden-Baden; Quellenhaus und Trinkhalle zu Hall (Oberösterreich).
» » 20: Curhaus zu Homburg v. d. H.
» » 34: Curhaus und Colonnaden zu Wiesbaden.

IV. Theil, 4. Abtheilung:

GEBÄUDE FÜR ERHOLUNGS-, BEHERBERGUNGS- UND VEREINS-
ZWECKE.

4. Abschnitt.
Baulichkeiten für Cur- und Badeorte.
Von † Jonas Mylius und Dr. Heinrich Wagner.

In diesem Abschnitte werden nur solche bauliche Anlagen in Cur- und Badeorten, die theils für den geselligen Verkehr, theils für den Curgebrauch und zur Erholung der Gäste bestimmt sind, in Betracht gezogen, nämlich die Cur- und Conversationshäuser, so wie die Trinkhallen, Wandelbahnen und Colonnaden.[1]

Den Heilanstalten und Bade-Einrichtungen für Curorte wird im nächsten Halbbande (Abth. V: Gebäude für Heil- und sonstige Wohlfahrts-Anstalten, Heft 1 bis 3), ein besonderes Augenmerk zugewendet werden. Die Cur- und Bade-Hôtels sind bereits im vorhergehenden Hefte (Abschn. 3, Kap. 1) dieses Halbbandes mit besprochen worden.

Bei der Wahl des Badeortes und bei sonst gleichen Vorzügen der Curverhältnisse desselben wird sich der Fremde nicht in letzter Linie von der Kenntnifs des Vorhandenseins wohl geeigneter Gebäude und Einrichtungen, die zur Aufnahme der Gäste dienen, leiten und bestimmen lassen.

Aufser den eigentlichen Heil- und Bade-Anstalten ist nach den Anforderungen unserer Zeit das Cur- und Conversationshaus als für jeden Curort unbedingt nöthig zu bezeichnen; es soll den Leidenden die zum erfolgreichen Gebrauch der Heilquellen und Bäder gehörige Zerstreuung gewähren; es soll den Besuchern Ersatz für die Annehmlichkeiten und Anregungen bieten, die sie in grofsen Städten zu finden gewohnt und deren sie bedürftig sind, um den Aufenthalt auf dem Lande möglichst angenehm zu finden. Dieses Haus bildet dem entsprechend den Herd des geselligen Lebens für den Cur- und Badeort, dessen Schwerpunkt naturgemäfs dahin verlegt ist.

Zu jenen Baulichkeiten zur Aufnahme der Gäste gehören auch die Trinkhallen, Wandelbahnen und Colonnaden, die theils in engstem Anschlufs an das Curhaus, theils als selbständige Anlagen in Verbindung mit dem Gesundbrunnen erscheinen. Sie dienen in erster Linie zum Curgebrauch, sodann aber auch zum Spazierengehen und als Versammlungsorte der Gäste, hauptsächlich bei ungünstiger Witterung. Aufserdem pflegen sie zur Abendzeit viel benutzt zu werden, insbesondere die Wandelbahnen und Galerien in den Curhäusern selbst oder in deren nächster Nähe.

[1] Vorbemerkungen

1. Kapitel.
Cur- und Converfationshäufer.

2. Allgemeines.

Das Bedürfnis nach einem Curhaus, Converfationshaus (wohl auch Gefellfchaftshaus, in Frankreich *Cafino*, in England zuweilen auch *Spa* genannt) hat fich an den meiften Orten erft geltend gemacht, nachdem diefelben, in Folge des grofsartigen Auffchwunges des Reifeverkehres, aufser den eigentlichen Curgäften von einer Menge Vergnügen und Erholung bedürftiger Fremden befucht zu werden pflegten. Wir haben es daher im Nachfolgenden meift mit Bauten aus den letzten Jahrzehnten zu thun, deren gefchichtliche Entwickelung kaum begonnen hat. Es foll in diefer Hinficht nur bemerkt werden, dafs die Paläfte der früher in gröfserer Zahl beftehenden Spielbanken zu den erften und bedeutendften Bauwerken diefer Art gehören, mit wenigen Ausnahmen aber aufgehört haben, als folche zu beftehen. Jedoch zeugen die Säle einiger Beifpiele, von denen weiterhin die Rede fein wird, von dem Glanze und Prunke, der einft hier entfaltet wurde.

Heute befitzt faft jeder Badeort fein eigenes Curhaus; darunter find manche, die eine folche Bedeutung gewonnen haben, dafs fie vor der Nothwendigkeit ftehen, eine Erweiterung des alten Haufes vorzunehmen oder einen Neubau zu errichten. In einzelnen Fällen ift dies bereits gefchehen.

a) Anlage im Allgemeinen.

3. Wahl des Bauplatzes.

Die Bauftelle des Curhaufes wird in den meiften Fällen gegeben fein; denn die Bauherren — mögen es nun Gemeinden, Spielgefellfchaften oder Actionäre fein — find im Intereffe des Befuches ihres Curortes darauf angewiefen, vor Allem die Annehmlichkeit der Gäfte in das Auge zu faffen, wobei denn der befte Platz eben nur als gut genug gelten kann.

Dabei kommen felbftredend in Betracht die Lage des Ortes, die Verbindungswege zwifchen dem Ort, bezw. zwifchen den gröfseren Gafthöfen, den Bädern und Heilquellen einerfeits und dem Curhaus andererfeits, das Vorhandenfein öffentlicher Spaziergänge oder eines Parkes etc. Es wird fomit nur naturgemäfs erfcheinen, dafs die Säle des Curhaufes in einem Seebade die weitefte Ausficht auf das Meer geniefsen laffen, während die Zufahrt auf der Stadtfeite angeordnet wird. Das Curhaus in einem Binnen-Badeorte wird feine Terraffen nach den Spazierwegen oder dem Park zu haben müffen. Andererfeits wird bei Curhäufern in Verbindung mit Bade- und Trink-Anftalten, überhaupt bei allen folchen Anlagen, welche gleichzeitig einem gefundheitlichen Zwecke dienen, die Wahl des Bauplatzes von dem Gefichtspunkte aus zu treffen fein, dafs dem Gebäude eine angemeffene Stellung gegen die Sonne, die vorherrfchende Windrichtung etc. gegeben werden kann; ein befonderer Werth wird hierauf bei Winter-Curorten zu legen fein. Dies wird eben fo genau zu prüfen, wie naturgemäfs leicht feft zu ftellen fein.

4. Befondere Zwecke und Erforderniffe.

Zur Betrachtung der befonderen Zwecke und Erforderniffe erfcheint es dienlich, die in Frage kommenden Bauten nach Claffen zu gruppiren. Solches kann etwa in folgender Weife gefchehen:

1) das felbftändige Cur- und Converfationshaus, getrennt von Bade-Anftalt, Heilquelle etc.;

2) das Curhaus in Verbindung mit Trinkhalle, Wandelbahn, Badehaus und zuweilen mit Gafthof;

3) das Cur- oder Converfationshaus mit Theater, Spielfälen etc.

Hierbei follen Trinkhalle und Wandelbahnen nur, fo weit als unbedingt nöthig, mit in Betracht gezogen werden, da diefelben im nächften Kapitel für fich erörtert werden.

Der Zweck der unter 1 und 2 genannten Bauten ift im Wefentlichen derfelbe, da auch unter 2 nur der das Curhaus betreffende Theil der baulichen Anlage hier in Betracht kommt. Es find defshalb auch die räumlichen Erforderniffe die gleichen. Diefe beftehen auf Grund der oben angeführten allgemeinen Beftimmung diefer Bauten zumeift aus:

α) den Sälen für gefellige Zwecke, als: dem grofsen Feft-, Concert- und Tanzfaal mit Orchefterraum, fo wie den Lefezimmern, Damen-Salons, Spiel- und Billard-Zimmern etc.;

β) dem Café und dem Reftaurant mit den zugehörigen Ausgabe- und Wirthfchaftsräumen;

γ) den Vor- und Nebenräumen der Säle, als: Eingangshalle und Vorfaal mit Pförtnerftube, Caffenzimmer, Kleiderablagen, Wafchräumen und Aborten;

δ) den Terraffen, Hallen und Wandelbahnen;

ε) den Dienft- und Wohnräumen der Verwaltung und des Wirthes.

Aufserdem ift als höchft bezeichnend für das gefellige Leben in Frankreich, daher felbft im kleinften Converfationshaufe eines franzöfifchen Cur- und Badeortes nicht fehlend, zu nennen

ζ) die Bühne mit ihren Nebenräumen, theils im Anfchluffe an den Feftfaal, theils mit befonderem Zufchauerraum, hauptfächlich zur Benutzung der Curgäfte als Liebhabertheater.

Nicht minder charakteriftifch für die englifchen Gepflogenheiten an Badeorten, fo weit deren Erforderniffe überhaupt fchon zum Ausdruck gekommen find, erfcheint endlich das Vorhandenfein von

η) einem Ausftellungsraum für Gemälde und andere Kunftwerke.

Es fei hierbei bemerkt, dafs die unter ζ angeführte Bühne anfcheinend auch den deutfchen Bedürfniffen entfpricht, da deren Mangel erfahrungsgemäfs oft unangenehm empfunden wird. Es braucht hierbei nur an die in den Curhäufern zu Ems u. a. O. nachträglich eingerichteten Bühnen erinnert zu werden. Die Aufnahme der Bühne, nicht mit befonderem Theaterbau, fondern als Anbau an den grofsen Concert- und Ballfaal, als zugehöriges Theil eines Curhaufes dürfte dem gemäfs allgemein empfehlenswerth erfcheinen.

Die räumlichen Erforderniffe der unter 3 genannten Curhäufer für Spielbanken find grofsentheils diefelben, wie die der Bauten unter 1 und 2; dazu kommen jedoch die Spielfäle felbft, deren Ausführung als Haupturfache der Gefammtanlage zu betrachten ift, wefshalb in denfelben die Beftimmung des Bauwerkes zu befonderem Ausdruck kommt.

Sodann tritt hier an Stelle des Liebhaber-Theaters des franzöfifchen Curhaufes eine gröfsere Bühne für berufsmäfsige Schaufpieler und Sänger, da diefe Einrichtung viel mehr, als jene dem häufigen Wechfel des Publicums entfpricht, auch mit dem an Spielorten herrfchenden Luxus und Geldumfatze beffer im Einklang fteht. Hierbei macht fich, fowohl in der Leitung des ganzen Unternehmens, als auch in der Gefchmacksrichtung der an folchen Orten verkehrenden Gäfte, der franzöfifche Einflufs überall geltend.

Bei der Gruppirung oder Aneinanderreihung der Räume laffen fich im Grofsen und Ganzen zwei Grundrifs-Typen unterfcheiden:

1) die centrale Anordnung, die in Deutfchland, Oefterreich und der Schweiz hauptfächlich beliebt ift, und

2) die Längenanordnung, die man meift bei franzöfifchen Anlagen findet.

Diefe beiden Grundrifsformen find in der Regel bei den kleineren Anlagen ziemlich fcharf ausgeprägt; weniger erkennbar erfcheinen fie bei den gröfseren Ausführungen. Hier pflegen beide Syfteme gemifcht zu werden; auch kommen aufserdem die verfchiedenften Arten der Grundrifsbildung vor, fei es, dafs fie ihre Entftehung der Originalität des Erfinders verdanken, fei es, dafs fie Folge der Verbindung der Curhäufer mit anderen Anlagen, als Badehäufern etc., find. Nicht felten begegnet man allerdings auch einer Grundplan-Anlage, die weit eher den Charakter des Wohnhaufes trägt, als den des öffentlichen Baues, welche Anordnung aber nur in England zu entfchuldigen fein mag, wo fie als eine Folge der in den meiften englifchen Bädern herrfchenden Lebensgewohnheit der Eingeborenen betrachtet werden mufs.

Auf diefe Verfchiedenheiten der Anlage, die aus den jeweiligen Bedingungen der Aufgabe hervorgehen, braucht hier nicht näher eingegangen zu werden.

Die Veranfchaulichung folcher Eigenthümlichkeiten durch typifche Beifpiele und vor Allem die nähere Kennzeichnung der vorgenannten Hauptfyfteme der Anordnung laffen fich mit der nachfolgenden Betrachtung der einzelnen Gattungen von Curhäufern verbinden. Hierbei foll auf den Charakter der Architektur am Schluffe kurz zurückgekommen werden.

Die Beftandtheile des Curhaufes find die gleichen, wie die Theile jener Gebäudearten, welche im vorhergehenden Heft diefes Halbbandes, insbefondere in Abfchn. 1, Kap. 3 bereits eingehend befprochen worden find.

b) Selbftändige Cur- und Converfationshäufer.

6.
Deutfche oder centrale Anordnung

Zu den in erfter Reihe geftellten felbftändigen Cur- und Converfationshäufern (ohne Bade-Anftalt, Heilquelle, Spielbank etc.) zählen die meiften kleineren, aber auch einige der gröfsten Anlagen, theils nach deutfchem, theils nach franzöfifchem Syftem.

Bei der deutfchen oder centralen Anordnung des Curhaufes liegt im Mittelpunkte deffelben der grofse Concert- und Feftfaal, welchem Terraffen, Hallen, Galerien etc. nach der Park- oder Seefeite vorgelegt find. Ringsum den Saal find gewöhnlich die übrigen Räume derart gruppirt, dafs auf der einen Seite die Auffahrt mit Eingangshalle, ferner Pförtnerzimmer, Verwaltungsräume, Kleiderablagen etc. angeordnet find, auf der zweiten Seite die Salons, als: Damen- und Gefellfchaftszimmer, Lefezimmer etc., auf der dritten Seite Reftaurant, Café und Billard-Zimmer liegen.

Der grofse Concertfaal[1]) reicht durch die ganze Gebäudehöhe und hat in der Höhe des oberen Gefchoffes Raum für das Orchefter, fo wie in faft allen Fällen Galerien für die Zuhörer.

Die Nebenfäle find zumeift von geringerer Höhe; fie eignen fich daher wohl auch zur Anlage eines Obergefchoffes, das für Verwaltungsräume der Direction, Wohnung des Reftaurateurs, auch zuweilen für kleinere Gefellfchaftszimmer benutzt wird. Küchen und Vorrathsräume pflegen im Kellergefchoffe angeordnet zu werden.

---

[1]) Vergl.: Theil IV, Halbbd. 6, Heft 3 (Abth. VI, Abfchn. 3, B, Kap. über »Saal- und Concertgebäude«).

Dafs die Treppenanlage in diesen Bauten eine untergeordnete Rolle spielt, ergiebt sich aus den angedeuteten Verhältnissen; auch bietet die Anordnung der Eintrittshalle und der Flurgänge keine Schwierigkeiten, es sei denn, dafs dieselben, wie beim Curhaus in Oftende (siehe die umstehende Tafel), künstlich herbeigeführt würden.

Bemerkenswerthe Beispiele des soeben beschriebenen Grundrifs-Typus sind die Curhäuser von Ischl (Fig. 1) und von Baden in der Schweiz (Fig. 2).

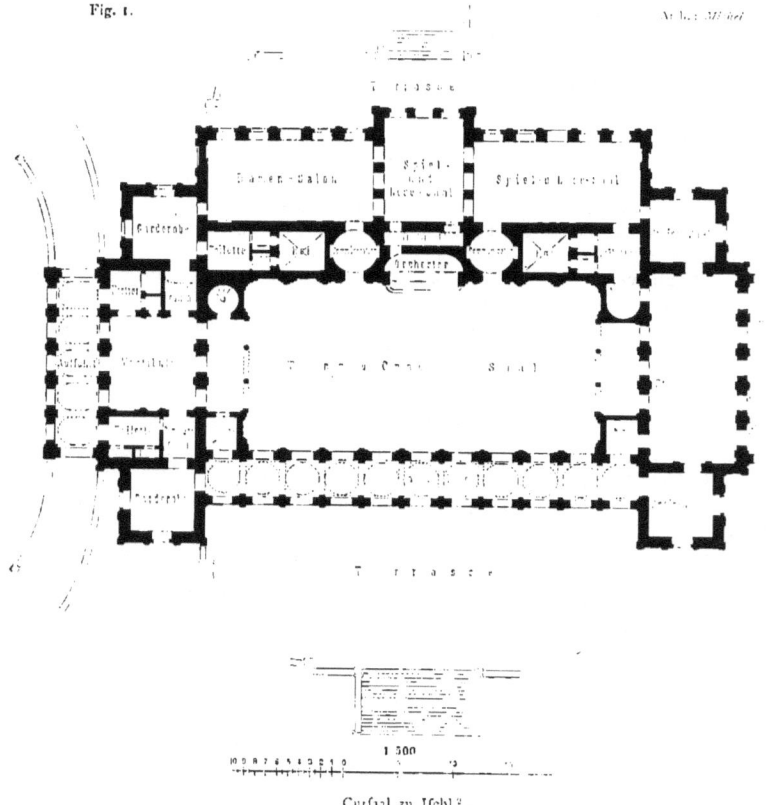

Curfaal zu Ischl.

Beide Gebäude bedürfen nach dem Vorhergegangenen keiner weiteren Erklärung. Es genügt, kurz zu bemerken, dafs den örtlichen Umständen gemäfs die Auffahrt beim Curhause in Baden an der Rückseite, beim Curhause in Ischl dagegen an der Nebenseite stattfindet; die Nebensäle sind das eine Mal nur

---

¹) Nach: Allg. Bauz. 1876, S. 14 u. Taf. 10—15.
²) Nach: Eisenb. Bd. 7. S. 81.

Fig. 2. Arch.: *Moser*.

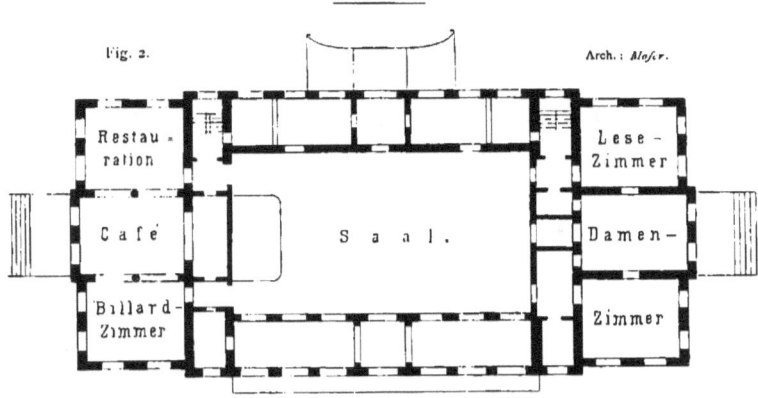

Cur- und Converfationshaus zu Baden (Schweiz³). — ¹/₅₀₀ w. Gr.

an den Schmalfeiten, das andere Mal vorzugsweife an der einen Langfeite des Hauptfaales angereiht und in diefem Falle ift das Gebäude an der Vorder- und Rückfront mit einer Terraffe verfehen. Das Orchefter des Feftfaales liegt in Fig. 1 in der Hauptaxe, in Fig. 2 in der Queraxe deffelben.

In beiden Fällen ift die vordere Langfeite nach Often gerichtet und dem Saale nach diefer Seite eine Halle vorgelegt. In Fig. 2 liegen rechts von der Auffahrt und dem Eingang Kleiderablage und Aborte, links Antiquitäten-Sammlung und Aborte; ferner im Anfchlufs an die Damenzimmer Wafchraum mit Cabineten und zwifchen Café und Saal das Buffet.

Die Baukoften betrugen für Ifchl rund 240 Mark (= rund 140 Gulden), für Baden 276 Mark (= 345 Francs) für 1 qm bebauter Grundfläche. Beide Curhäufer wurden 1872—75 erbaut, das erftere von *Michel*, das letztere von *Moser*.

8.
Beifpiel
III.

Eine ganz andere Erfcheinung, als diefe Bauten zeigt das Curhaus in Oftende (fiehe die neben ftehende Tafel), obgleich darin das Syftem centraler Gruppirung der Räume in hervorragendfter Weife zum Ausdruck kommt. Gerade dadurch erlangt die Anlage, die zu den gröfsten ihrer Art gehört, den Charakter einer eigenartigen Schöpfung, wenn diefelbe auch nicht von Künftelei frei zu fprechen ift.

Das Gebäude zeigt einen aus dem Sechseck entwickelten Grundplan, mit allen daraus zu gewinnenden Reizen und Vorzügen, aber auch mit feinen Nachtheilen. In der Mitte, nach dem Meere zu mit freiefter Fernficht, liegt der grofse Saal, deffen innerer, durch Säulen getragener Kern fich kuppelartig über die niedrigeren Umgangshallen erhebt. Der Bau ift in Eifen conftruirt, ca. 30 m hoch, die Decke gewölbt, der Raum mit einfchneidenden Fenftern, fo wie mit Galerien aufsen und innen verfehen. Die äufseren Wände find unten ganz aus Glastafeln gebildet und können bei günftiger Witterung in das Kellergefchofs herabgelaffen werden, fo dafs die Befucher alsdann, wenn auch bedeckt, doch frei am Strande fitzen.

In der Axe diefes ca. 2500 qm grofsen Saales liegt ein zweiter, 700 qm grofser Tanzfaal mit befonderem Orchefter; rechts und links find die Lefezimmer, Speife-Salons, Billard-Zimmer, das Café, die Damen-Salons etc. vertheilt. Den Abfchlufs an den Ecken bilden vier fechseckige, thurmartige Pavillons. Der Nachtheil der Anlage befteht in der höchft mangelhaften Verbindung zwifchen den Salons, ein Nachtheil, welcher durch die Anordnung der beiden Haupttreppen nächft dem Mittelpunkt des Gebäudes erhöht wird. Auch ift der Gebrauch einzelner Salons, wie der Spielzimmer bei Tage ohne künftliche Beleuchtung kaum möglich.

Die Strafsen fteigen in Oftende, gleich wie in vielen Seebädern, gegen das Meer, bezw. nach den Dünen zu an; eine Folge hiervon war die Möglichkeit, das Gebäude gegen die Stadtfeite zu zweigefchoffig, nach der Seefeite zu aber eingefchoffig zu errichten.

Auf letzterer liegen die Terraffen beinahe eben mit dem Strande, während grofse Freitreppen auf der entgegengefetzten Seite den unmittelbaren Zugang zu den Salons ermöglichen. Im Untergefchofs liegen

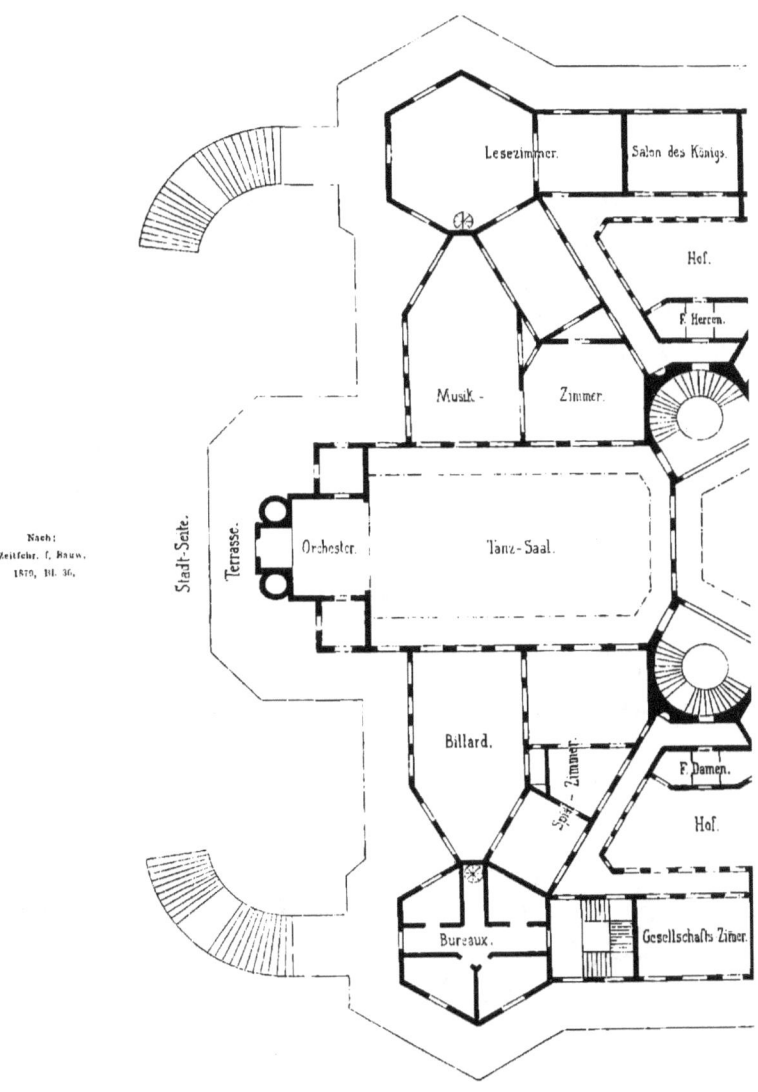

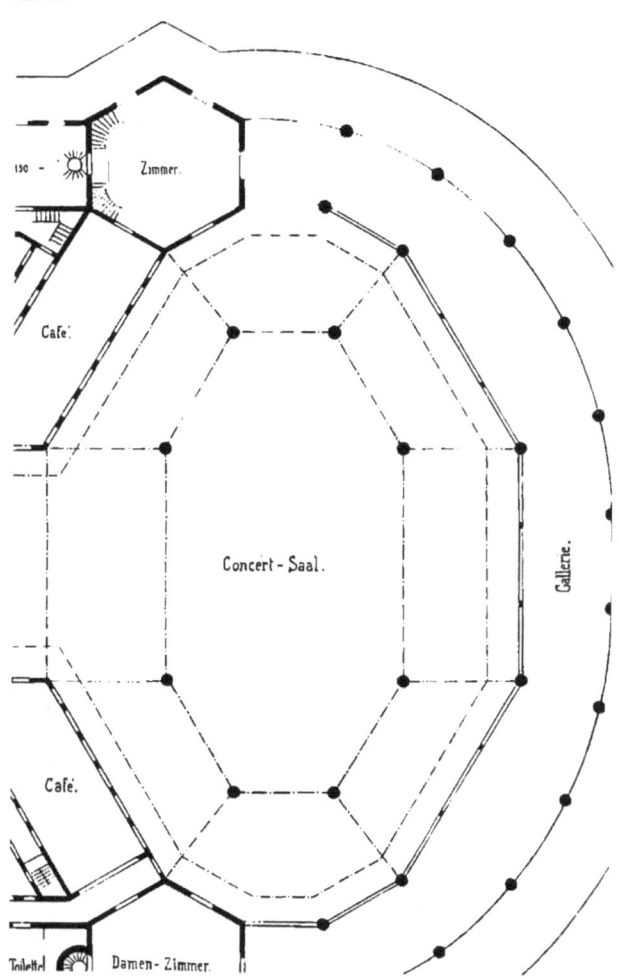

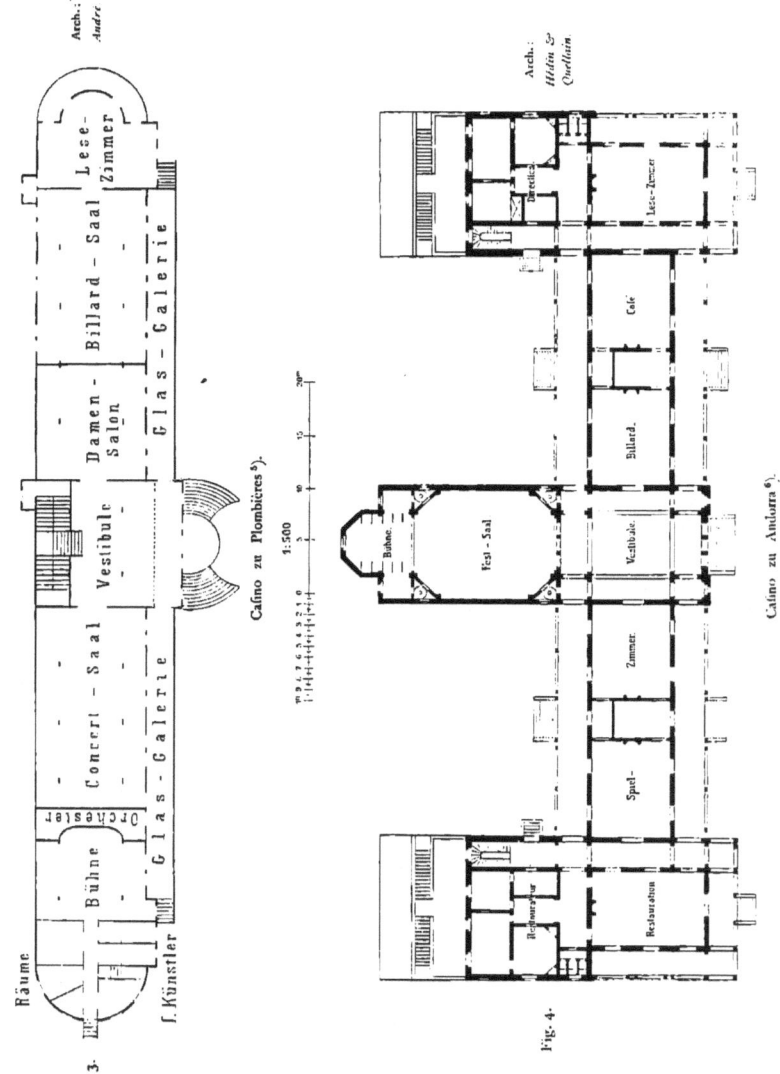

Fig. 3. Casino zu Plombières⁵).

Fig. 4. Casino zu Andorra⁶).

aufser den Wirthfchaftsgelaffen noch die Räume für Poft, Telegraphie etc., letztere in unmittelbarer Verbindung mit den Lefezimmern und Bureaus.

Der Curfaal zu Oftende, von *Laureys* entworfen, zeigt in allen feinen Theilen den Geift grofser Prachtliebe; der Stil ift halb orientalifch, halb Renaiffance; die Ausftattung befteht hauptfächlich in Spiegeln, fo dafs bei der Unmaffe von Fenftern und Thüren wenig Wandflächen übrig bleiben, ein franzöfifcher Grundgedanke, der jedoch für Lefezimmer und ähnliche Räume wenig geeignet ift.

Der Bau bedeckt eine Grundfläche von rund 7200 qm und koftete 1200000 Mark (= 1500000 Francs), alfo bei fehr verfchiedener Höhe durchfchnittlich 167 Mark (= 209 Francs) für 1 qm überbauter Grundfläche⁴).

9.
Franzöfifche oder Längenanordnung.

Bei der franzöfifchen, durch die Aneinanderreihung der Räume nach der Längenrichtung gekennzeichneten Anordnung des Curhaufes (Cafino) nimmt gewöhnlich eine ftattliche Flurhalle den Platz in der Hauptaxe des Gebäudes ein; daneben reihen fich nach rechts und links die Säle an, bei den kleineren Anlagen etwa auf der einen Seite der Concertfaal mit Orchefter und der fchon erwähnten Bühne, auf der anderen Seite Lefezimmer, Kaffee-, Billard-Saal etc.; bei gröfseren Anlagen find Flügelbauten gebräuchlich, wobei dann naturgemäfs der grofse Saal in die Axe der Eingangshalle zu liegen kommt. Einen wefentlichen Vortheil diefer Art der Anlage bieten die Hallen oder Galerien, die den gröfsten Theil der Längenausdehnung der Hauptfront einzunehmen pflegen und als Verbindungsgänge zwifchen den Sälen zugleich als angenehme Wandelbahnen dienen. Nicht felten find diefe Galerien auf beiden Seiten der Säle angebracht.

10.
Beifpiele IV u. V.

Diefe Grundrifs-Typen veranfchaulichen u. A. die Pläne der Cafinos von Plombières und von Andorra.

Das Cafino in Plombieres (Fig. 3⁵), von *Indré* im Jahre 1879 für 120000 Mark (= 150000 Francs) ausgeführt, kann wohl als eines der einfachften franzöfifchen Curhäufer gelten. Der Bau hat eine Länge von ca. 90 m, eine Tiefe von 13 m; das bebaute Quadr.-Meter Grundfläche koftete fomit nur ca. 110 Mark (= 136. Francs).

Diefes Curhaus ift allerdings blofs ein eingefchofsiger Bau aus Eifen und Backftein mit Aufbau ausfchliefslich über dem mittleren Theile (Director-Wohnung und Spielzimmer); auch ift ein Theil der Ruckfaçade an die höher gelegene Strafse angelehnt; immerhin ift es ein lehrreiches Beifpiel, wie mit wenig Mitteln eine Anlage mit allen Vorzügen eines Theaters, eines Orchefters für 40 Mann, ferner mit Galerien, Wandelbahnen etc. hergeftellt werden kann.

Eine wefentliche Entwickelung gegen diefes einfachfte Syftem der Längenanordnung, das in diefem Beifpiel ausgeprägt ift, tritt im Plane des Cafinos zu Andorra (Fig. 4⁶) hervor. Sämmtliche neuere Curhäufer in Frankreich haben im Wefentlichen eine ganz ähnliche Anordnung, wenn auch zum Theile die Verbindung derfelben mit wirklichen Theatern und Bühnenhäufern (fiehe unter d) zu Abänderungen des Mittelbaues Veranlaffung gegeben hat.

Der in Fig. 4 dargeftellte Grundrifs des Cafinos zu Andorra entfpricht auf das genauefte der Befchreibung in Art. 8. Es genügt defshalb die kurze Bemerkung, dafs der Bau von *Hédin & Quellain* entworfen wurde und zu

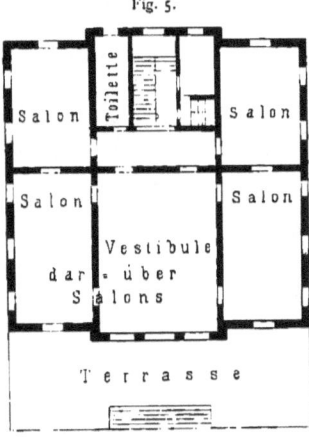

Fig. 5.

Cafinogebäude der Actien-Bade-Anftalt zu Kiffingen⁷). — 1/500 w. Gr.
Arch.: v. *Hügel*.

¹) Nach: Zeitfchr. f. Bauw. 1879, S. 231 u. Bl. 36.
⁵) Nach: Nouv. annales de la conft. 1870, S. 130 u. Pl. 35.–36.
⁶) Nach: Croquis d'architecture. Intime club. Paris 1873, No. X, f. 2.
⁷) Nach den von Herrn Geh. Baurath v. *Hügel* in Berlin freundlichft mitgetheilten Original-Plänen.

280000 Mark (= 350000 Francs) veranſchlagt war. Da rund 1400 qm überbaut ſind, ſo ergeben ſich rund 200 Mark (= 250 Francs) für das Quadr.-Meter.

In ganz anderer Weiſe iſt dagegen das von *v. Hügel* erbaute Caſinogebäude zu Kiſſingen (Fig. 5 [7]) aufgefaſſt. Der Name »Caſino«, der in Deutſchland den Räumen einer geſchloſſenen Geſellſchaft beigelegt zu werden pflegt, iſt bezeichnend für die bauliche Anlage dieſes Beiſpieles, welches durch dieſelbe in der That mehr als eine Art von ſtädtiſchem Vereins- oder Saalgebäude, denn als Curhaus erſcheint. 11. Beiſpiel VI.

Wenn nichts deſto weniger dieſe Anordnung gewählt wurde, ſo müſſen die beſonderen Bedingungen der Aufgabe, die örtlichen Erforderniſſe, die auſser der eigentlichen Curzeit obzuwalten ſcheinen etc., hierfür ausſchlaggebend geweſen ſein. Darauf deutet die Vertheilung der Säle in zwei Geſchoſſen. Neben der Flurhalle (Veſtibule) befindet ſich im I. Obergeſchoſſe der Feſtſaal, der eine Länge von 12 m und eine Breite von 8 m hat.

Als eigenartige Anlagen ſind noch die engliſchen Curhäuſer hier kurz zu beſprechen, da ſie ebenfalls zu den ſelbſtändigen Gebäuden dieſer Art gehören. 12. Engliſche Anlagen.

Die Engländer machen in ihrem eigenen Lande keine Anſprüche an das geſellige Leben der Curhäuſer; ſie verlangen vielmehr im engliſchen Badeort zu leben, wie in ihrem Hauſe. Es findet daher keine *Table d'hôte*, kein Tanz ſtatt, und das übliche Curhaus trägt, wie auch ſchon oben erwähnt, zumeiſt den Charakter des Privathauſes. Die *Aſſembly rooms* oder Vereinigungsräume ſind mehr für Herren, als für Damen beſtimmt.

Als Beiſpiel ſeien hier gleich in Fig. 6 [8]) die *Aſſembly rooms* zu Saltburn-by-the-Sea (Arch.: *Roſs*) mitgetheilt. 13. Beiſpiele VII u. VIII.

Dieſe Anlage bildet einen an eine Reihe von eleganten Wohnhäuſern angelehnten Eckbau, der im Erdgeſchoſs Rauchzimmer, Café, Leſezimmer, Bibliothek und Converſations-Zimmer enthält; im Obergeſchoſs ſind Wohnungen, ſodann ein Thurm mit Obſervatorium, das einen weiten Ausblick über das Meer geſtattet, angeordnet.

Fig. 6.

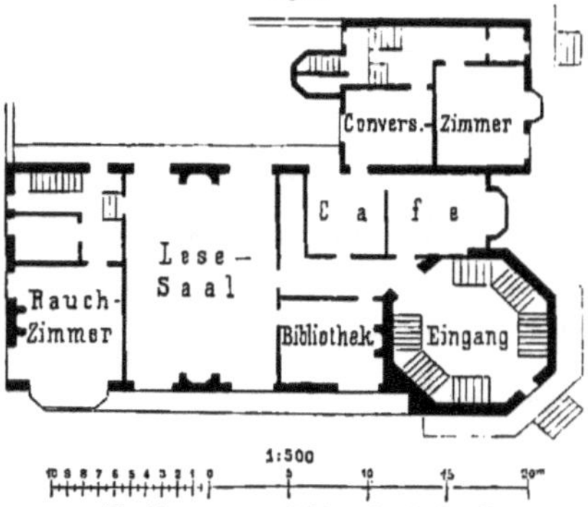

Aſſembly rooms zu Saltburn-by-the-Sea [8]).
Arch.: *Roſs*.

Dem gegenüber bildet der in der unten ſtehenden Quelle [9]) veröffentlichte Entwurf zum Converſationshauſe, dem *Spa*, in Scarborough, eine der wenigen Ausnahmen eines engliſchen Curhauſes, in welchem Wandelbahnen, Reſtaurant, Concerthalle und Wintergarten, der als bedeckter Wandelgang in vorgerückter Bade-Saiſon dienen ſoll, an einander gereiht ſind. — Daſs ſich ähnliche Wünſche in England weiter Bahn brechen, zeigen ſodann die akademiſchen Entwürfe, die in derſelben Zeitſchrift [10]) erſchienen ſind.

c) Cur- und Converſationshäuſer mit beſonderen Cureinrichtungen.

Seltener als die ſelbſtändigen Curſaalgebäude ſind ſolche, die in unmittelbarer Verbindung mit Trinkhalle, Brunnen, Bade-Anſtalt, Gaſthof u. dergl. errichtet werden. 14. Vor- und Nachtheile.

8) Nach: *Builder*, Bd. 22, S. 776.

9) *Scarborough Spa. Building news*, Bd. 33, S. 496.

10) *Royal academy of arts gold medal prize deſign. A caſino. Building news*, Bd. 42, S. 12, 44, 74.

Arch.: Garten.

Vorderansicht.

Fig. 7.

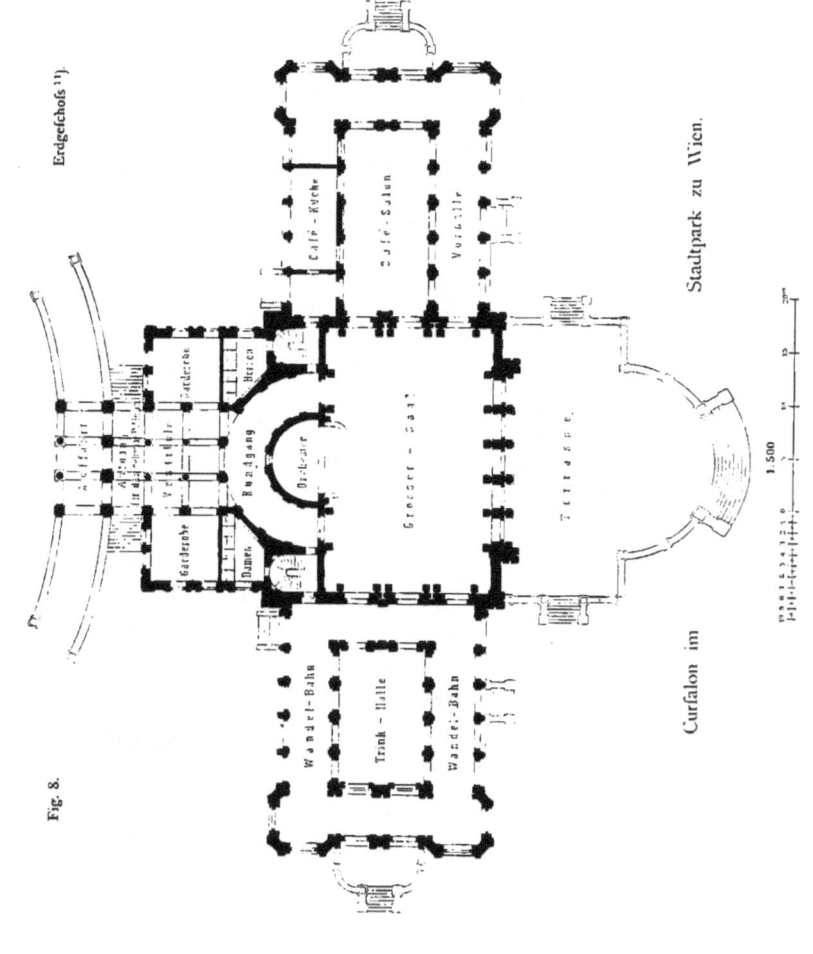

Fig. 8. Curfalon im Stadtpark zu Wien. Erdgeschofs[1]).

Diese Verbindung hat ihre Vorzüge und Nachtheile. Erstere bestehen hauptsächlich in der Leichtigkeit des Verkehres und in der Bequemlichkeit der Benutzung sämmtlicher Räume der Baugruppe, letztere in der Schwierigkeit, den zerstörenden, von Bädern und Heilquellen herrührenden Einflüssen von Nässe, Feuchtigkeit, Dämpfen etc. vorzubeugen, so wie in den unvermeidlichen Störungen, die durch die vorgenannte Vereinigung von Gebäuden für verschiedene Zwecke für die Interessenten derselben entstehen müssen.

15. Besonderheiten der Anlage. Im Allgemeinen wird wegen dieser je nach der Natur der Heilquellen mehr oder weniger fühlbar werdenden Schwierigkeiten eine Trennung der einzelnen Anstalten für den Curgebrauch vom Saalgebäude vorgezogen. Wenn indefs die Vereinigung derselben im einzelnen Falle nach Lage der Umstände zweckmäfsig und vortheilhaft erscheint, so wird man bei Anlage und Construction der Baugruppe mit aller Umsicht verfahren, um spätere Mängel und Schäden möglichst zu verhüten. Es mag in dieser Hinsicht, obgleich, wie bereits in Art. 1 (S. 1) gesagt wurde, hier nur das Curhaus an sich in Betracht gezogen wird, nicht unerwähnt bleiben, dafs Eingangshalle, Treppen, Flurgänge etc. in solcher Weise angeordnet werden müssen, dafs die Curgäste, welche die Bäder und Heilquellen benutzen, gegen Zugluft geschützt sind.

Das Vorherrschen der einen oder der anderen Anstalt für den Curgebrauch kommt naturgemäfs bei der Planbildung des Bauwerkes zur Geltung. Im Uebrigen sind auch diese Anlagen zum Theile nach Analogie eines der zwei Hauptsysteme der Grundrifsanordnung gebildet, insbesondere wenn die Errichtung des Saalgebäudes als solches in erster Reihe bezweckt wird.

16. Beispiel IX. Dies ist der Fall beim Cursalon in Wien, weniger bei den Cur- und Badehäusern in Salzburg und in Segeberg, welche als Beispiele der in Rede stehenden Anlagen wiedergegeben werden.

Der Cursalon in Wien verdankt seine Entstehung der Stadterweiterung, und es war wohl von Anfang an beabsichtigt, dafs er als Hauptgegenstand im Mittelpunkt des Stadtparkes erscheine. In Folge dessen entstand, und zwar durch die Verbindung von Concertsaal mit Café, Trinkhalle und Wandelbahn, ein durchaus eigenartiges monumentales Bauwerk, wie es in grofsen Städten wohl selten vorkommt und für solche daher als ein um so nachahmenswertheres Beispiel dienen mag (Fig. 7 u. 8 [11]).

Der Cursaal wurde von *Garben* 1865—67 erbaut und kostete rund 670 000 Mark (= 387 000 Gulden); seine Grundfläche beträgt 1800 qm; hiernach berechnet sich das Quadr.-Meter zu 372 Mark (= 215 Gulden). In der Hauptaxe der Anlage liegt der Concertsaal von 360 qm Grundfläche, der sich nach einer grofsen Terrasse von 400 qm Fläche öffnet. Auf der Rückseite liegen die Auffahrt mit Kleiderablagen etc., rechts das Café mit Umgang, links die Trinkhalle mit Wandelbahn. In der Axe des grofsen Saales ist das Orchester, dessen Raum mit dem halbkreisförmigen Rundgang im oberen Geschofs eine grofse Nische für die Zuschauer bildet, angeordnet.

Die 4 m breite Wandelbahn öffnet sich auf allen Seiten nach dem Park zu, eben so der Umgang vor dem Café.

Die Architektur ist in den Formen der reichsten Renaissance, wie solche in Wien, vornehmlich nach italienischen Vorbildern, Mitte der sechziger Jahre sich entwickelt hatte, gehalten.

17. Beispiel X. Bildet somit der Cursalon in Wien ein vornehmes Beispiel der Verbindung von Sälen mit Trinkhalle, so ist das von *Bayer* erbaute Curhaus zu Salzburg ein eben so charakteristisches Vorbild von dessen Verbindung mit einer Bade-Anstalt.

Letztere nimmt in dem in Fig. 9 [12] dargestellten Grundrisse des Erdgeschofses die Strafsenfront ein; die mittlere Flurhalle ist für die Bäderabtheilung und für das in der Hauptaxe sich anschliefsende Curhaus gemeinschaftlich. Man gelangt von der Eintrittshalle in gerader Richtung nach dem kleinen Saale, zu dessen Seiten Café und Restaurant, so wie Lesezimmer angeordnet sind, und weiter in den 2 Stock-

---

[11]) Nach: Allg. Bauz. 1872, S. 325 u. Bl. 51.
[12]) Nach ebendas., S. 353 u. Bl. 71.

Fig. 9.

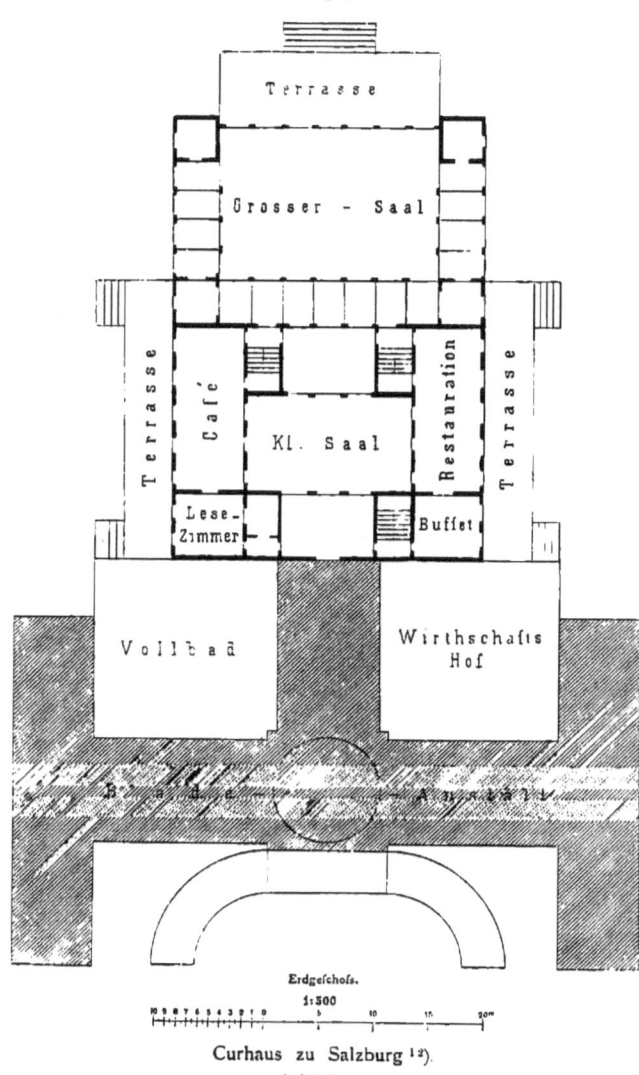

Erdgeſchoſs.
1:500

Curhaus zu Salzburg [12].
Arch.: *Bayer*.

werke hohen, grofsen Saal von 312 qm Grundfläche. Diefer ist mit Galerien umgeben und hat eine Terraffe nach dem Park zu erhalten; auch münden Café und Reftauration auf geräumige Terraffen. Die ganze Anlage ift in architektonifcher Beziehung von befter Wirkung.

Die Koften diefes im Jahre 1872 vollendeten Baues, d. h. des Curhaufes allein, betragen rund 194000 Mark (= 112000 Gulden), alfo bei 1120 qm überbauter Grundfläche ca. 173 Mark (= 100 Gulden) für 1 qm durchfchnittlich.

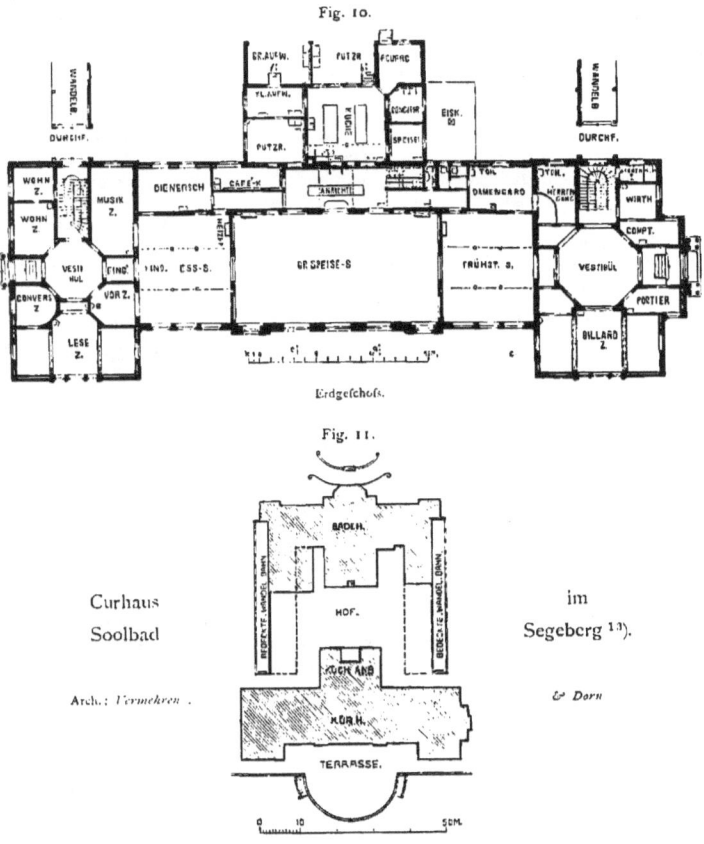

Fig. 10.

Erdgefchofs.

Fig. 11.

Curhaus
Soolbad

im
Segeberg [13]).

Arch.: *Vermehren* . & *Dorn*

Lageplan.

18.
Beifpiel
XI.

Die baulichen Anlagen des Soolbades Segeberg beftehen aus zwei getrennten Haupttheilen, dem Curhaus und dem hinter demfelben gelegenen Badehaus, welche durch bedeckte Wandelbahnen mit einander in Verbindung gebracht und von *Vermehren & Dorn* erbaut find (Fig. 10 u. 11 [13]).

[13]) Facf.-Repr. nach Deutfche Bauz. 1886, S. 253 u. 256.

Das zweiflöckige Curhaus dient zugleich als Gafthof und enthält daher eine Anzahl Fremdenzimmer, welche das 4 m von Fufsboden zu Fufsboden meffende Obergefchofs des Gebäudes einnehmen und entweder einzeln oder im Zufammenhange von 2 und 3 Zimmern vermiethet werden.

Im Erdgefchofs, das von Fufsboden zu Fufsboden 5 m hoch ift, find die Räume des eigentlichen Curhaufes in geeignetem Zufammenhang mit den Eingangs- und Flurhallen und mit dem in der Mitte der Hauptfeite gelegenen grofsen Speife- und Feftfaal angeordnet. Letzterer ift 18,0 m lang, 10,0 m breit und 10,2 m im Lichten hoch. Die Säle haben Dampfheizung und elektrifche Beleuchtung.

Der Küchenbau, die davor gelegte Anrichte und die Kleiderablage für Damen, welche Räume zu Wirthfchaftszwecken unterkellert find, haben eine Höhe von 3,0 m im Lichten; darüber erftrecken fich die Zimmer für die Dienerfchaft. Die Umwährungsmauern des Wirthfchaftshofes bilden die Rückwände der Wandelhallen. Im Lageplan (Fig. 11) ift durch geftrichelte Linien die Möglichkeit der Vergröfserung des Badehaufes angegeben.

Aufser den 36 Fremdenzimmern des Curhaus-Obergefchoffes find kleinere, in den Anlagen vertheilte Wohnhäufer zur Aufnahme der Curgäfte beftimmt.

Als eines der gröfsten und glänzendften Hôtel-Curhäufer ift dasjenige des holländifchen Nordfeebades Scheveningen zu nennen.

19. Beifpiel XII.

Der 1885 eröffnete Neubau ift einige Jahre fpäter abgebrannt, feitdem aber wieder aufgebaut worden. Die urfprüngliche Anlage enthielt einen Curfaal für 3000 Perfonen, fo wie alle fonftigen zum Curhaus gehörigen Säle und umfafste aufserdem einen vollftändigen Gafthof mit 200 Fremdenzimmern. Die an der See gelegene Terraffe gewährte Raum für 5000 Perfonen.

d) Cur- und Converfationshäufer mit Theater, Spielfälen etc.

In dritter und letzter Reihe find die Curhäufer zu betrachten, die in Verbindung mit einem wirklichen Theater hergeftellt, in einzelnen Fällen auch mit allen für die Zwecke einer Spielbank erforderlichen Räumen und Einrichtungen verfehen find.

20. Verfchiedenheit.

Es ift bekannt, dafs folche Spielbanken lange Zeit an verfchiedenen Orten gegen gewiffe Verpflichtungen zugelaffen waren, in Folge deren theils Neubauten, theils Umbauten von Saalgebäuden und Theatern entftanden, die zu den glänzendften und gröfsten Anlagen diefer Art gehören. Dies ift zumeift anders geworden; der eintönige Ruf der Croupiers ift verhallt; das Klingen des Goldes unterbricht nicht mehr die unheimliche Stille des Spieles, das Angehörige aus aller Herren Länder anlockte und alltäglich in den Sälen zu verfammeln pflegte. Diefe find mit wenigen Ausnahmen heute von den Gäften früherer Zeiten verlaffen und dienen anderen Zwecken. Dagegen hat an diefen Orten das damit verbundene Theater einen um fo gröfseren Auffchwung erhalten; es bildet die Hauptunterhaltung während der Curzeit und mufs daher mit allen, von der modernen Theatertechnik verlangten Einrichtungen und den dazu gehörigen Räumen verfehen fein.

Auch werden mitunter noch andere Anftalten für Zwecke der Kunft und Wiffenfchaft hinzugefügt, nämlich die Ausftellungsräume, Kunftfammlungen, Bibliotheken etc., die nach Früherem in englifchen Anlagen gleicher und verwandter Art vorkommen und auch anderwärts zum Theile Aufnahme gefunden haben, fei es, dafs den zahlreichen englifchen Befuchern dadurch befondere Rechnung getragen wird, fei es, dafs die Gefchmacksrichtung der Zeit im Allgemeinen dazu Veranlaffung gegeben hat.

In Folge diefer einzelnen Einflüffe erhalten die in Rede ftehenden Bauwerke mit oder ohne Spielbanken einen wefentlich verfchiedenen Charakter. Doch find auch hier zuweilen die mehrgenannten zwei Haupttypen der Anordnung zu unterfcheiden. Diefe treten auf das deutlichfte bei den zwei nachfolgenden Beifpielen, welche zunächft zur Kennzeichnung der zuletzt befchriebenen Gattung von Curhäufern dienen, hervor.

21.
Beifpiel
XIII.

Der auf der neben ſtehenden Tafel mitgetheilte Entwurf *Semper*'s für das Converſationshaus in Baden (Schweiz) iſt, obgleich nicht zur Ausführung gelangt, im höchſten Grade bemerkenswerth.

Er zeigt im Weſentlichen die deutſche oder centrale Anordnung, jedoch mit dem Unterſchiede, früheren Beiſpielen gegenüber, daſs nicht der Curſaal, ſondern ein kreisrunder Vorſaal im Mittelpunkt des ganzen Anweſens liegt. Hier iſt der Mittelpunkt des Verkehres; von hier aus verzweigt er ſich nach allen Theilen des Gebäudes.

Wir ſind nicht in der Lage, Façaden und Schnitte dieſes durch edle Auffaſſung und Löſung gleich ausgezeichneten Entwurfes beizufügen. Leider iſt auch die Hoffnung, daſs mit der längſt beabſichtigten Veröffentlichung der *Semper*'ſchen Werke dieſe geniale Idee des unvergeſslichen Meiſters gleichfalls weiteren Kreiſen zugänglich gemacht werde, bislang noch nicht verwirklicht worden.

Semper faſst ſein Curhaus ganz im Sinne der römiſchen Thermen-Anlage auf, in welcher bekanntlich Alles vereinigt wurde, was der verfeinerte Geſchmack des damaligen Genuſslebens verlangen konnte. Eine reiche Flurhallen-Anlage nimmt die kurze Mittelaxe ein; an ſie ſchlieſsen ſich in der Längenaxe links der Curſaal, rechts das Theater an, während in den Eckflügeln Bibliothek, Leſezimmer, Gemäldeſammlung, Reſtauration und Café vertheilt ſind. Beſonders reizvoll iſt die Anlage der an die beiden Schmalſeiten des Hauſes ſich anſchlieſsenden Exedren, die auf der Seite des Curſaales ein Orcheſter, auf der Seite des Theaters aber eine antike bedeckte Bühne bilden und in der Länge nach durchführenden Mittellinie des Baues und gegenüber den anſteigenden halbkreisförmigen Sitzreihen liegen. Terraſſen, Veranden und Rampen tragen zur Vollendung der Anlage und zum Reiz dieſes zum behaglichen Genuſs einladenden Gebäudes bei.

22
Beifpiel
XIV.

Der dreireihigen centralen Anlage des *Semper*'ſchen Planes iſt in Fig. 12 bis 14[14]) die in der Hauptſache zweireihige Längenanordnung des ſtädtiſchen Caſinos von Hyères gegenüber geſtellt. Daſſelbe iſt inmitten eines groſsen Parkes im unteren Theile des Badeortes, 3 km vom Mittelländiſchen Meere entfernt, von *Girette* erbaut.

Das Caſino von Hyères unterſcheidet ſich von den früher in Fig. 3 u. 4 (S. 7) mitgetheilten Beiſpielen franzöſiſchen Syſtemes durch das Vorkommen eines vollſtändig eingerichteten Theaters. Iſt letzteres an ſich zwar nicht ſehr groſs (7 m Proſceniumsweite), ſo erfordert es doch mit Bühne und Zubehör ſo viel Raum und ragt über das Geſellſchaftsgebäude in ſolcher Weiſe hervor, daſs es nicht zweckmäſsig erſchien, erſteres, etwa wie in Fig. 4 (S. 7), einfach als einen rückwärtigen Anbau des letzteren zu behandeln. Es bilden vielmehr Cur- und Converſationsſäle einerſeits, Café und Reſtaurant andererſeits bloſse Flügelbauten des Theaters, das im Mittelpunkte der kreuzförmigen Gebäudeanlage liegt. Hierdurch werden die drei Haupttheile, aus denen das Bauwerk beſteht, in ganz beſtimmter Weiſe ausgeprägt. Für die Beſtimmung der Höhenlage deſſelben war die Bedingung maſsgebend, daſs man vom Erdgeſchoſs aus die Ausſicht auf den Strand und die gegenüber liegenden Inſeln von Hyères genieſsen könne.

Der Mittelbau iſt naturgemäſs beſonders ausgezeichnet. Dem Theater ſind auf der Rückſeite gegen Norden die Auffahrt, ſodann die Eintrittshalle mit zwei flankirenden runden Treppenthürmen und Kleiderablagen, auf der Vorderſeite gegen Süden im Erdgeſchoſs eine geſchloſſene Galerie, im Obergeſchoſs eine offene Loggia vorgelegt; an letztere ſchlieſsen ſich zwei viereckige Ausſichtsthürme, die das Gebäude weit überragen und in 25 m Höhe mit Brüſtungen und Umgängen verſehen ſind. Der Mittelbau enthält ferner in einem Zwiſchengeſchoſs rechts und links von der Bühne eine Anzahl Ankleidezimmer für Künſtler, auſserdem Dienſttreppen und zwei Wendeltreppen, die zur offenen Loggia und zu den oberen Terraſſen führen, welche das Dach des Bühnen- und Logenhauſes umgeben und einen freien Ausblick auf die ſchöne Umgebung geſtatten.

In Folge des kreuzförmigen Grundplanes des Gebäudes konnte eine geradlinige Längsverbindung nicht durchgeführt werden; wohl aber ſind hallenartige Flurgänge zu beiden Seiten des Theaters in ſämmtlichen Stockwerken über einander angelegt. Sie ermöglichen im Erdgeſchoſs den freien Umgang und ſtellen die Verbindung mit den beiden Flügelbauten, ſo wie mit den denſelben vorgelegten Terraſſen her; im Zwiſchengeſchoſs führen ſie zum I. Rang des Zuſchauerraumes, im Obergeſchoſs zu den Club- und Spielſälen. Auch vermitteln ſie hier den Verkehr zwiſchen den oberen Säulenhallen der Eingangshalle und der als Sommer-Wandelgang dienenden offenen Loggia hinter dem Bühnenhauſe. Im halbkreisförmigen Theile derſelben iſt ein Buffet für Verabreichung von Eis etc. aufgeſtellt.

Dieſe ſeitlichen Flurgänge, die in gleicher Höhe mit den Erdgeſchoſs-Sälen und der Bühne liegen,

---

14) Nach: *Encyclopédie d'arch.* 1884, S. 89 u. Pl. 963, 96², 975, 976, 979, 980, 983.

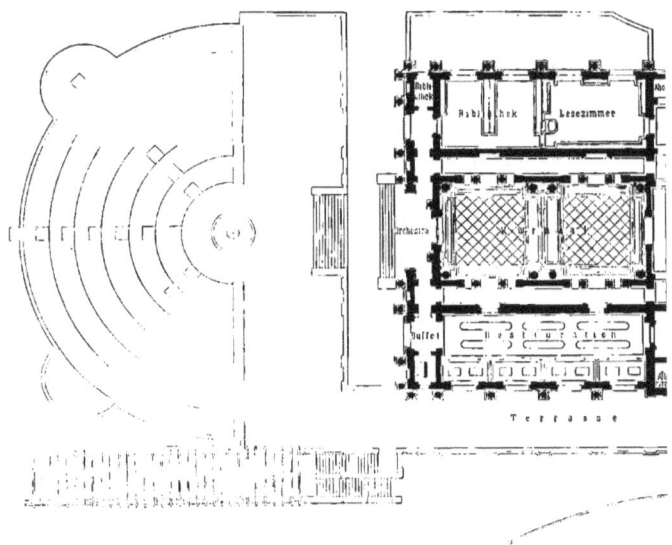

Semper's Entwurf zu einen

Nach ein

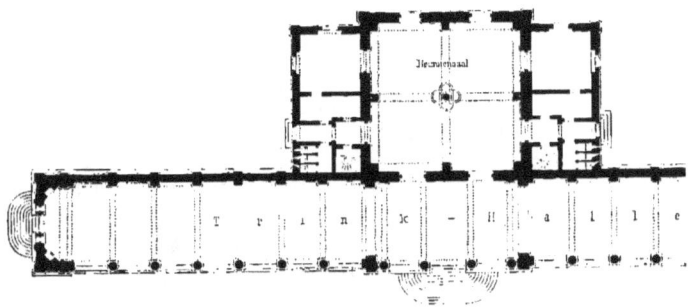

Trinkhalle zu Baden-Baden.

Arch.: *Hübsch*.

Nach: Hübsch, H. Bauwerke, Karlsruhe 1838-39, Heft 2, Bl. 2.

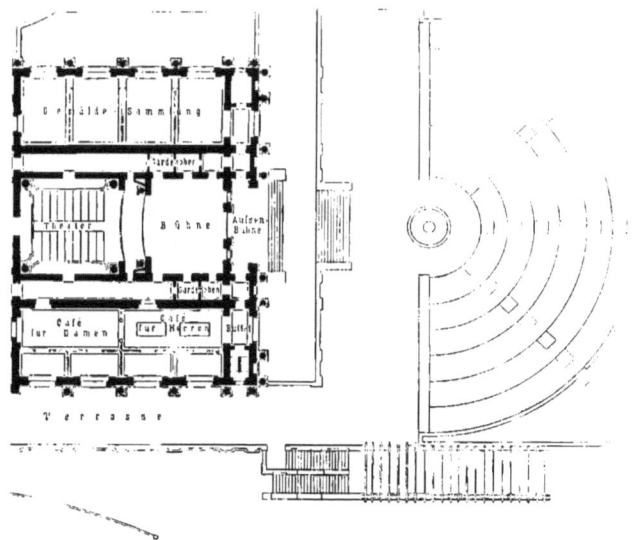

…haus zu Baden (Schweiz).
Mylius.

Quellen- und Trinkhalle zu Hall (Oberösterreich).
Arch.: *Baumgartner.*
Nach: Allg. Bauz. 1861, Bl. 671.

Fig. 12.

Städtisches Casino zu Hyères [14]). Arch. Girette.

Fig. 13.

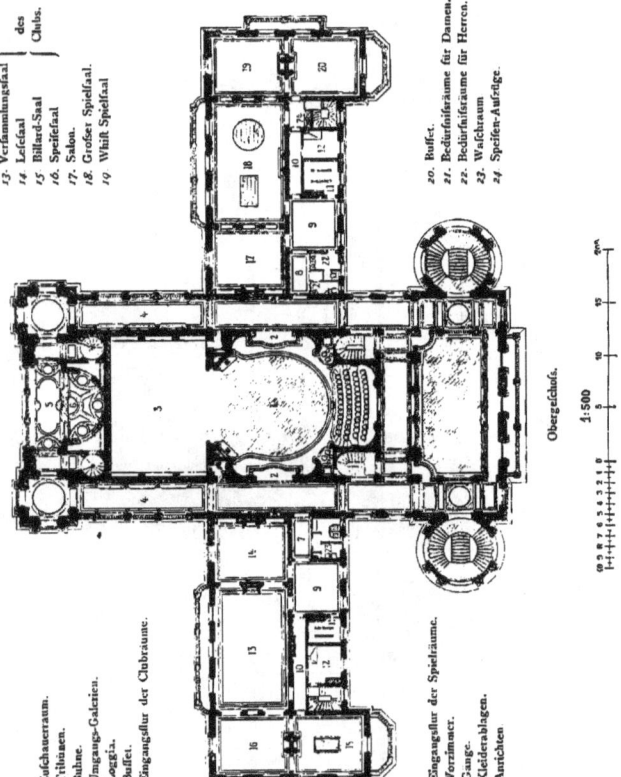

1. Zuschauerraum.
2. Tribünen.
3. Bühne.
4. Umgangs-Galerien.
5. Loggia.
6. Buffet.
7. Eingangsflur der Clubräume.
8. Eingangsflur der Spielräume.
9. Vorzimmer.
10. Gang.
11. Kleiderablagen.
12. Anrichten.
13. Versammlungssaal ⎫ des
14. Lesesaal ⎬ Clubs.
15. Billard-Saal ⎭
16. Speisesaal.
17. Salon.
18. Großer Spielsaal.
19. Whist Spielsaal.
20. Buffet.
21. Bedürfnisräume für Damen.
22. Bedürfnisräume für Herren.
23. Waschraum.
24. Speisen-Aufzüge.

Obergeschoß.

1:500

Arch. Girette.

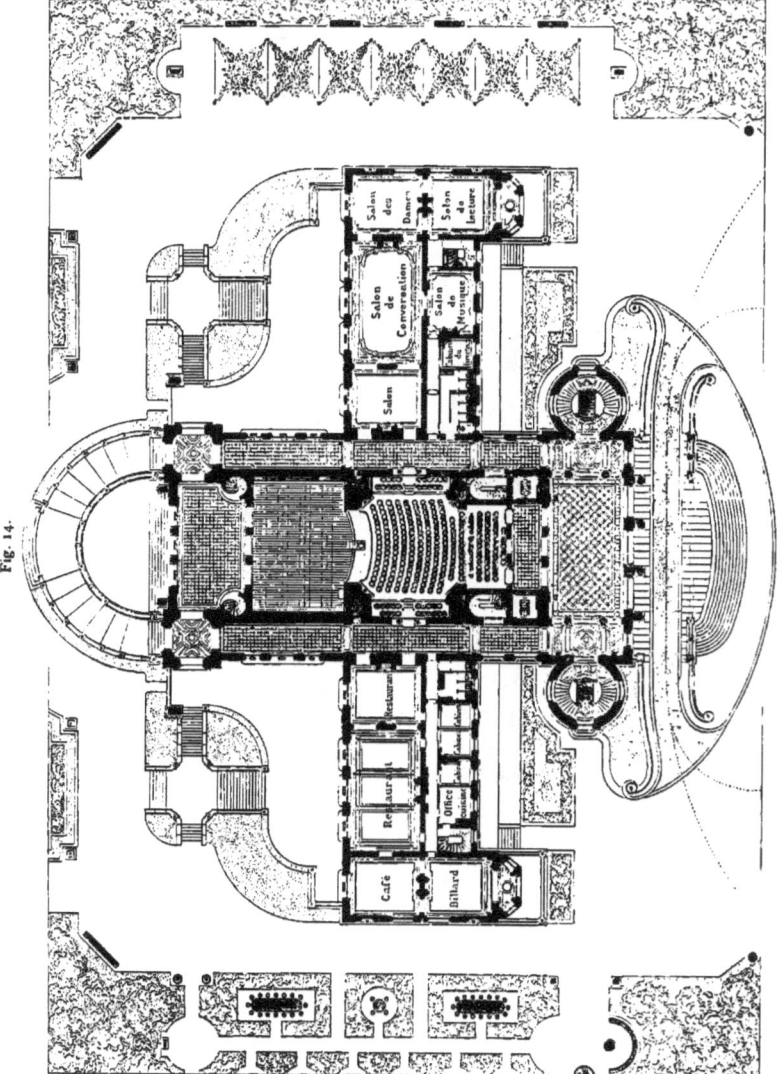

Fig. 14. Städtisches Cafino zu Hyères[11]. Erdgeschoß.

bilden zugleich eine Art von Eftraden des Theaterfaales, da fie in der Richtung der Queraxe durch weite Oeffnungen mit dem Zufchauerraume verbunden find und den Luftwandelnden den Einblick in denfelben geftatten. Das Theater fafst 600 Perfonen, die im Parquet, I. und II. Rang vertheilt find. Da der Raum zugleich als Tanzfaal dient, fo ift derfelbe mit leicht beweglichen Sperrfitzen verfehen, die an Balltagen durch Fallthüren im Boden rafch in die Aufbewahrungsräume des Untergefchoffes gefchafft werden können. Bei grofsen Feftlichkeiten werden Theaterfaal und Bühne zu einem Raume verbunden; erfterer wird in gleiche Höhe mit letzterer gebracht, indem ein zu diefem Behufe bereit gehaltener Boden mit Zimmerwerk über dem Parquet des Zufchauerraumes aufgefchlagen wird. Der Bühnenboden ift, wie bereits angedeutet, auf gleicher Höhe mit den Räumen des Erdgefchoffes, die fämmtlich zu diefen Feftlichkeiten hinzugezogen werden. Im Untergefchofs des Mittelbaues befinden fich die Heizvorrichtungen, Feuerlöfch-Einrichtungen, Theater-Magazine etc.

In den Flügelbauten find in einem 7 m hohen Erdgefchofs einerfeits Empfangs- und Converfations-Salons *(Salon* und *Salon de converfation),* Mufik-, Lefe- und Damen-Salons *(Salon de mufique, Salon de lecture, Salon des dames),* fo wie das Gefchäftszimmer des Cafino-Directors *(Cabinet du directeur),* andererfeits Reftaurant mit Zubehör, Sonderzimmern *(Cabinets particuliers),* Billard-Salon, Kaffeefalon, Kaffeeküche *(Office cuifine)* etc. angeordnet. Ueber den rückwärtigen Räumen an der Nordfeite find in einem Zwifchengefchofs zwei in fich abgefchloffene Wohnungen, rechts für den Spieldirector *(Directeur des jeux),* links für den Cafino-Director *(Directeur du cafino)* untergebracht. Im Obergefchofs (Fig. 13) befinden fich die Spielfäle, bezw. die Räume des Hyères-Clubs. Im Sockelgefchofs liegen nach Norden einerfeits Gefindeftuben, andererfeits die Hauptküche mit Zubehör; beide werden durch Lichthöfe, die bis unter den Fufsboden des Untergefchoffes vertieft find, erhellt. An der Oft- und Weftfeite führen Eingänge zu gleicher Erde zu diefen Gelaffen, und hierdurch wird die Bedienung der Gäfte, die im Freien unter den Gartenlauben nächft dem Haufe fpeifen wollen, leicht ermöglicht. Auch find beide Seitenflügel im Untergefchofs durch Arbeitsgleife unter fich, durch Dienfttreppen und Speifen-Aufzüge mit den oberen Gefchoffen verbunden.

Die vorhandenen Mittel erlaubten nur ausnahmsweife die Verwendung von Haufteinen; hieraus find Sockel, Säulen, Pfeiler, Treppen und andere Structurtheile hergeftellt. Das Mauerwerk aber ift in der Hauptfache theils aus Bruchfteinen, theils aus Backfteinen aufgeführt und geputzt. Die Putzflächen find durch farbige Streifen und Sgraffiti gefchmückt; doch herrfcht im Ganzen die helle Farbenftimmung vor. Sowohl die Nord- als die Süd-Façade haben in der äufseren Architektur eine eigenartige Behandlung erhalten. Jene wird durch den Haupteingang, aufserdem nur durch Nebenräume, diefe aber durch die Säle gekennzeichnet. Naturgemäfs zeigt daher die zugleich mit dem Ausblick nach dem Meer gerichtete Südfeite einen feftlicheren, die Nordfeite einen einfacheren Charakter. Eine äufsere Anficht des Gebäudes von der Hauptfeite aus ift in Fig. 12 mitgetheilt. Diefe Abbildung, gleich wie der Grundplan in Fig. 14 zeigen die fchöne, für Zwecke eines Curortes höchft charakteriftifche Gefammtanlage in nächfter Umgebung des Cafinos.

23.
Beifpiel
XV.

Als Beifpiele von Curhäufern mit Spielfälen werden zur Erläuterung des oben Gefagten die Anlagen zu Homburg v. d. H. (fiehe die neben ftehende Tafel) und Monte Carlo beigegeben.

Das Curhaus zu Homburg zeigt eine hufeifenförmige Grundform; es ift zu verfchiedenen Zeiten erbaut worden. Der urfprüngliche (Mittel-) Bau wurde 1843 nach *Métivier* begonnen; 1852 wurden die Flügelbauten angefügt, und 1860—62 wurde dem Haufe von *Cluyffenaer*, unter Erhaltung der älteren Theile und durch Anbau des Theaters, die heutige Geftalt gegeben. Dennoch macht die Anlage den wohlthuenden Eindruck des abgefchloffenen Ganzen, wozu eben fo die Gefammtanordnung des Grundplanes, wie die Anlage der Galerien beitragen. Die letzteren verbinden die Säle des Mittelbaues auf den beiden Langfeiten, fo dafs die mangelhafte innere Verbindung wenig empfunden wird. Die Galerie nach der Parkfeite mit davor liegender Terraffe ift offen und wird bei günftiger Jahreszeit als Wandelbahn benutzt. Denfelben Zweck erfüllt die gefchloffene Galerie auf der Stadtfeite bei ungünftiger Witterung und in vorgerückter Jahreszeit. Gerade das Vorhandenfein der beiden Galerien aber verdient die höchfte Beachtung, weil fie zur Annehmlichkeit der Curgäfte und Fremden in hohem Mafse beitragen.

Die Mitte der Anlage bilden die Eingangshalle und daran anfchliefsend der grofse Concertfaal mit Galerien an den beiden Schmalfeiten; an die erftere fchliefsen fich das Gefchäftszimmer des Curdirectors und die Kleiderablage, die nach der Stadtfeite gerichtet find; der Saal ift nach der Parkfeite zu gelegen. An den Enden des Mittelbaues liegen links die beiden Spielfäle, rechts der Speifefaal; dazwifchen liegen einerfeits die Lefezimmer, andererfeits das Café und kleine Speifezimmer für gefchloffene Gefellfchaften. Im Flügel rechts find das grofse Theater, als folches mit befonderem Eingang für die Befucher aus der Stadt verfehen, und ein geräumiger Billardfaal angelegt, während die Räume links die verfchiedenfte Verwendung für Clubs, für Verwaltungszwecke etc. finden.

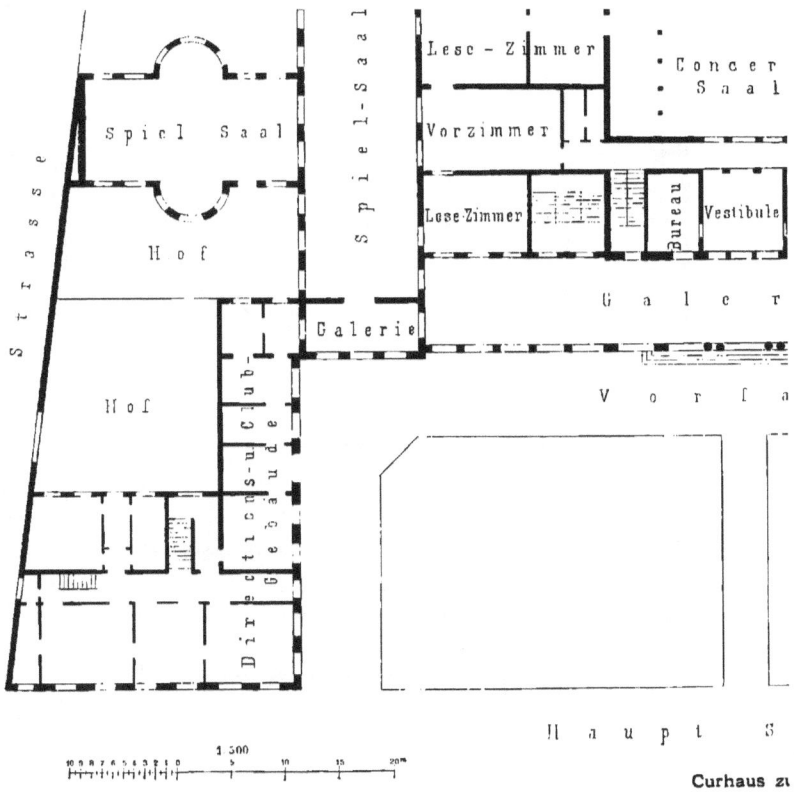

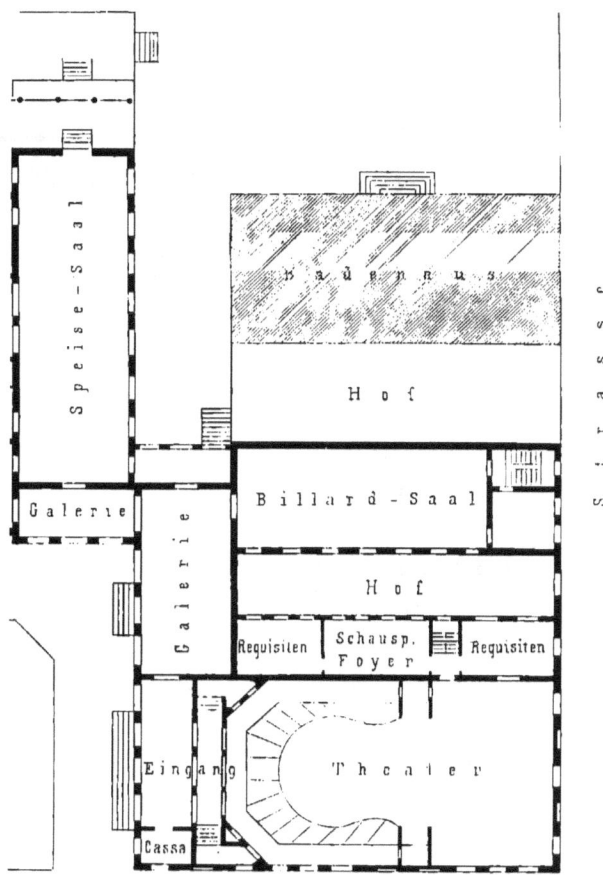

Nach einer Zeichnung von † J. Mylius.

Fig. 15.

24.
Beifpiel
XVI.

Ganz eigenartig erfcheint die Anlage des Cafinos in Monte Carlo, dem noch heute blühenden Spielorte, dem Mittelpunkte der Seebäder an der Riviera, in Folge der dort beftehenden aufsergewöhnlichen Verhältniffe (Fig. 15 u. 16[15]).

Auf einem Platze finden fich hier Cafino, Gafthof, Reftaurant und Café, alle demfelben Befitzer gehörig, vereinigt, was das Fehlen der Reftaurationsräume im Cafinogebäude felbft zur Genüge erklärt. Diefes, ein Prachtbau in modern-französifchem Renaiffance-Stil, befteht fomit nur aus einer auf der Rückfeite gelegenen grofsen Eintrittshalle, an welche fich rechts die Lefefäle, links die Spielfäle anreihen; in der Axe der Halle liegt das Theater, welches auch als Concertfaal dient, mit befonderem Eingang für den Fürften von Monaco.

Die Langfeite des Theaters bildet die Hauptfaçade des Bauwerkes, von deffen Architektur noch die Rede fein wird; Fig. 15 giebt ein Bild davon. Vor der Hauptfront erftreckt fich eine breite Terraffe,

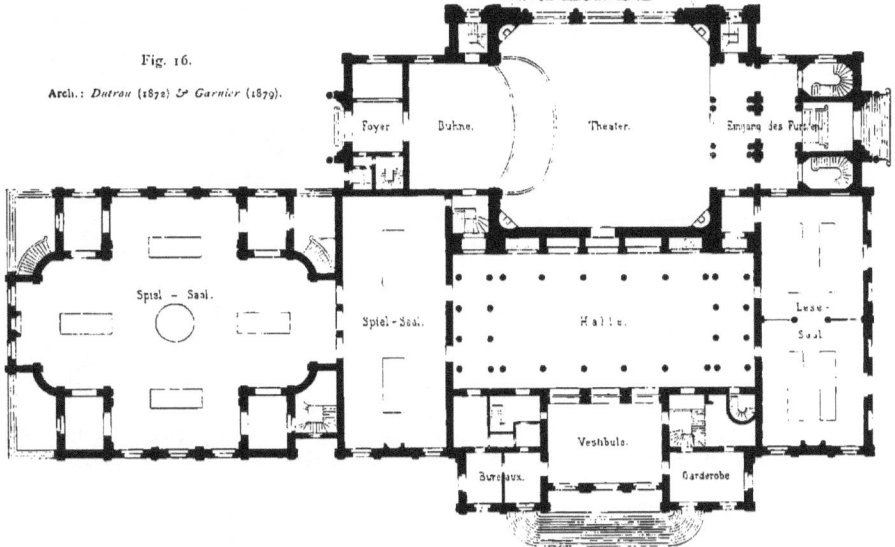

Fig. 16.

Arch.: *Dutrou* (1872) & *Garnier* (1879).

Cafino in Monte Carlo [15]).

an deren einem Ende eine halbkreisförmige Exedra, am anderen ein achteckiges Mufikzelt, beide in erhöhter Lage, errichtet find. Breite Treppen und Rampenanlagen verbinden diefe obere Terraffe mit einer tiefer liegenden zweiten Terraffe, die nach dem Meere zu fteil abfällt, durch bequeme Fahrwege aber vom Strande aus zugänglich gemacht ift. Die wunderbar fchöne Gegend und der üppige Pflanzenwuchs tragen das Ihrige zum Reiz des Bildes bei.

Diefes Converfationshaus wurde 1872 von *Dutrou* errichtet; der Bau des Theaters wurde 1879 von *Garnier* vollzogen.

25.
Schlufs-
bemerkungen.

Geht nun aus dem Gefagten hervor, dafs fich bei den ausgeführten Cur- und Converfationshäufern Grundplanbildungen entwickelt haben, welche zum Theile in ihrer claffifchen, zum Theile in ihrer eigenartigen Anordnung allen Erforderniffen

[15] Nach: *Croquis d'architecture. Intime club.* Paris. *1879, No. XII, f. 1, 2.*

unserer Zeit entsprechen, so läfst sich ein gleich günstiger Schlufs bezüglich der Gestaltung des Aeufseren nicht ziehen. Von Ausnahmen abgesehen, tragen die meisten Bauten, welche hier betrachtet wurden, entweder einen unnöthig monumentalen Charakter, welcher sich eben so wenig für eine Vergnügungsstätte eignet, wie der erste Neubau diefer Art, den König *Ludwig I.* mit feinem Curhaus zu Brückenau [16]), dem er die Basilikaform geben liefs, geschaffen hat, und wie so manche andere, die aus einer Zeit stammen, in welcher die Architektur noch ärger darnieder lag; oder sie haben durch barocke Formen und pikante Einzelheiten zwar einen festlichen Aufputz, ermangeln aber häufig der vornehmen Ruhe, die man auch bei diefen, den heiteren Lebensgenüffen gewidmeten Gebäuden nicht vermiffen darf.

Von diefem Mangel ift auch das so eben vorgeführte Cafino zu Monte Carlo nicht frei zu sprechen, wenn gleich die unverkennbaren Beftrebungen, in der äufseren Erscheinung des Haufes das Wefen deffelben zu kennzeichnen, fehr anzuerkennen find. Doch ift darin des Guten etwas zu viel gethan. Scheint es doch (fiehe Fig. 13), als ob der Meifter des grofsen, prächtigen Opernhaufes in Paris in der verhältnifsmäfsig kleinen Hauptfront des Cafinos zu Monte Carlo den Ueberflufs und die Geldgier, die in deffen Räumen herrfchen, im Aeufseren wiederspiegeln wollte. Die fchlanken, minaretartigen Thürme, die Gliederung und Einzelheiten der ganzen Façade haben etwas Orientalifches, wogegen an fich nichts einzuwenden wäre, wenn darin dem überwuchernden decorativen Element nicht zu viel Spielraum gewährt wäre. Die Architektur ift, mit einem Worte, eben fo üppig, wie die Naturumgebung, wie das Leben, das fich im Inneren des Haufes entfaltet, und mufs in fo fern als richtiger, wahrheitsgetreuer Ausdruck deffelben bezeichnet werden. Ift es aber nicht die Aufgabe der Kunft und des Künftlers, einen an fich unfchönen Vorwurf in der Auffaffung und Darftellung des Bildwerkes zu veredeln?

Andererseits ift nur anzuerkennen, dafs die heitere, lebensfrohe Stimmung in der Erscheinung des in Rede ftehenden Bauwerkes so gut getroffen ift. Das helle, beinahe weifse Material, die kecken, übermüthigen Formen heben fich von den dunkeln Palmenhainen, von dem tief blauen Himmel, von dem fernen Meeresspiegel auf das vortheilhaftefte ab. Die Wirkung ift eine nicht weniger packende und grofsartige bei Tage im Glanze der Sonne, wie Nachts bei Mondenlicht.

Es ift der Architektur diefes Beifpieles eine eingehendere Betrachtung gewidmet worden, weil die äufsere Erscheinung des Cafinos von Monte Carlo unverkennbar als Vorbild für viele der feitdem entftandenen Curhäufer in Frankreich gedient hat. Die Ausfichtsthürme an den Ecken, die prunkhafte, theatralifche Wirkung, die etwas barocke Formenbildung find beinahe typifch geworden.

Diefer Einflufs giebt fich auch in dem nicht fehr entfernten, in Fig. 12 (S. 17) abgebildeten ftädtifchen Cafino von Hyères kund; zugleich ift darin aber auch eine felbftändige, eigenartige Behandlung der Architektur, die fich in einfacheren, ftrengeren Formen bewegt, zu erkennen. Es ift als eines der gelungenften Beifpiele feiner Art zu bezeichnen.

Nicht weniger charakteriftifch für die in Oefterreich und grofsentheils auch in Deutfchland herrfchende Auffaffung der dem Curhaufe zu gebenden Architektur ift das in Fig. 7 abgebildete (in Art. 16, S. 12 bereits befprochene) Beifpiel des Curfalons in Wien. Auch hier giebt fich das Streben nach eigenartiger, möglichft

---

[16]) Siehe: Allg. Bauz. 1841, Bl. 376—378.

feftlicher Wirkung durch einen grofsen Reichthum der Gliederung und eine Fülle von ornamentalem und figürlichem Schmucke kund. Etwas weniger wäre mehr gewefen. Es bleibt alfo in diefer Richtung, diesfeits und jenfeits der Vogefen, in der Entwickelung der in Rede ftehenden Bauten ein weites Schaffensfeld offen.

Literatur
über »Cur- und Converfationshäufer«.

Ausführungen und Projecte.

WEINBRENNER, F. Das Kur-Gebäude in Baden und das Hub-Bad bei Bühl. Carlsruhe 1835.
Das Kurfaal-Gebäude zu Bad Brückenau in Franken. Allg. Bauz. 1841, S. 5.
EISENLOHR, F. Entwürfe von Gebäuden verfchiedener Gattung etc. Carlsruhe 1852.
Heft 9: Kurhaus zu Badenweiler.
Der Spielfaal in Homburg. ROMBERG's Zeitfchr. f. prakt. Bauk. 1855, S. 337.
New Spa faloon, Scarborough. *Building news*, Bd. 4, S. 817, 957.
The affembly rooms, Yarmouth. *Building news*, Bd. 6, S. 860.
HITZIG, F. Feftivitätsräume des Spielpächters *Benazet* in Baden-Baden. Zeitfchr. f. Bauw. 1862, S. 281.
Projet de cafino à Vichy. *Gaz. des arch. et du bât*. 1863, S. 71.
Saltburn-by-the-fea affembly rooms. *Builder*, Bd. 22, S. 776.
Southfea baths and affembly-rooms. *Building news*, Bd. 21, S. 248.
HAUSSMANN. Der Stadtpark von Wien fammt Kurfalon und Refervegarten. Allg. Bauz. 1872, S. 325.
BAYER, F. R. Das Bad- und Kurhaus in Salzburg. Allg. Bauz. 1872, S. 353. Deutfche Bauz. 1873, S. 119.
DOLLINGER. Gefellfchaftshaus im Kurgarten zu Friedrichshafen. HAARMANN's Zeitfchr. f. Bauhdw. 1874, S. 1.
MICHEL, H. Der neue Kurfaal in Ifchl. Allg. Bauz. 1876, S. 14.
MOSER, R. Das Kur- und Converfationshaus in Baden (Schweiz). Eifenb., Bd. 7, S. 81.
Scarborough Spa. *Building news*, Bd. 33, S. 406.
STÜBBEN, J. Das Bauwefen von Oftende. Das neue Kurhaus. Zeitfchr. f. Bauw. 1879, S. 231.
ANDRÉ, O. *Nouveau cafino de Plombières*. *Nouv. annales de la conft.* 1879, S. 130.
NEUMANN, E. Kurhaus in Zoppot. Wochbl. f. Arch. u. Ing. 1881, S. 370.
Grand hôtel et établiffement d'hydrothérapie à Southport. *Monit. des arch.* 1881, Pl. aut. I.
Royal academy of arts gold medal prize defign. A cafino. *Building news*, Bd. 42, S. 12, 44, 74. *Architect*, Bd. 28, S. 131.
REBENTISCH, A. Die Kur- und Wafferheilanftalt Wilhelmshöhe bei Kaffel. Deutfche Bauz. 1883, S. 541.
GIRETTE, J. *Cafino municipal de la ville d'Hyères*. *Encyclopédie d'arch.* 1884, S. 89 u. Pl. 963, 968, 975, 976, 979, 980, 983.
FASSBENDER & KATSCHER. Das neue Curhaus in Baden bei Wien. Wochfch. d. öft. Ing.- u. Arch.-Ver. 1885, S. 249.
Preisgekröntes Concurrenz-Projekt der Herren Architekten *J. Niedzielski* und *J. Zawiejski* für das Kurhaus in Krynica. Wiener Bauind.-Ztg. 1885, S. 407.
FASSBENDER & KATSCHER. Das neue Curhaus in Baden. Wiener Bauind.-Zeitg. 1885, S. 601.
Defign for a pavilion for a fafhionable watering-place. *Builder*, Bd. 48, S. 463.
Defign for a cafino. *Building news*, Bd. 48, S. 726.
Kurhaus, Scheveningen, Holland. *Building news*, Bd. 49, S. 246.
Clifton fpa and pump room. *Building news*, Bd. 49, S. 1028.
Etabliffement thermal et cafino de Vittel. *La conftruction moderne*, Jahrg. 1, S. 581, 594 u. Pl. 104—106.
VERMEHREN & DORN. Das Soolbad Segeberg. Deutfche Bauz. 1886, S. 253.
Cafino à Bagnères de Bigorre. *Moniteur des arch.* 1887, S. 48, 80, 96 u. Pl. 16, 30, 36.
Cafino de Royan. *La conftruction moderne*, Jahrg. 2, S. 329 u. Pl. 55, 56.
Cafino des Sables d'Olonne. *Encyclopédie d'arch.* 1887—88 u. Pl. 1136—37, 1142, 1161—62, 1190, 1197.
GONVERS, J.-CH. *Cafino fur la plage de B. . .-fur-mer*. *La femaine des conft.*, Jahrg. 13, S. 254, 293.
Cafino de B.-fur-mer. *La conftruction moderne*, Jahrg. 4, S. 53.
LENOIR, L. *Cafino à Gourmalon*. *L'architecture* 1888, S. 173.
Boulogne-fur-mer. *Scient. American*, Bd. 59, S. 150.

CONTAG, M. Neuere Eifenconftructionen des Hochhaus in Belgien und Frankreich. Berlin 1889.
S. 9: Die Hallenconftruction des Kurfaales von Oftende.
DURVILLE. *Cafino à Dieppe. Nouv. annales de la confl.* 1889, S. 89.
Die Preisbewerbung um das »Strandfchlofs« in Colberg. Centralbl. d. Bauverw. 1890, S. 394.
Le Kurfaal d'Anvers. La conftruction moderne, Jahrg. 6, S. 114.
Nouveau cafino à Nice. La femaine des confl., Jahrg. 15, S. 510.
Le cafino de Gérardmer. La conftruction moderne, Jahrg. 7, S. 30.
Le cafino de Biarritz. La conftruction moderne, Jahrg. 8, S. 91, 103.
Cafino des bains de Befançon. La conftruction moderne, Jahrg. 8, S. 353, 369, 380.
Architektonifche Studien. Veröffentlichung vom Architekten-Verein am Königl. Polytechnikum in Stuttgart.
Heft 20, Bl. 5: Gefellfchaftshaus im Kurgarten zu Friedrichshafen a. B.; von DOLLINGER.
Architektonifche Rundfchau. Stuttgart.
1887, Taf. 25, 35, 36: Cafino von Monte Carlo bei Monaco.
1888, Taf. 6: Badeanftalt und Kafino in Vittel; von GARNIER.
1892, Taf. 79: Kurhaus auf der Infel Fan; von PUTTFARCKEN & JANDA.
Entwürfe des Architecten-Vereins zu Berlin. Neue Folge.
Jahrg. 1878, Bl. 1 u. 2: Entwurf einer Bad- und Kurhaus-Anlage; von KIESCHKE.
WULLIAM & FARGE. *Le recueil d'architecture.* Paris.
8e année, f. 22, 29: *Cafino et bains hydro-thérapeutiques. Station balnéaire de Puys;* von CALIGNY.
14e » , f. 15, 68, 70: *Cafino d: Vittel;* von GARNIER.
15e » , f. 2, 7, 8, 17, 18, 57, 58: *Cafino municipal de la ville d'Hyères;* von GIRETTE.
18e » , f. 53, 54: *Cafino de Gérardmer;* von MOUGENOT.
f. 68, 69: *Cafino pour la jetée promenade de la ville de Cannes;* von GAILLOT.
Croquis d'architecture. Intime club. Paris.
18e année, No. VII, f. 3, 4: *Un établiffement thermal;* von AUTHELAIN.
19e » , No. III, f. 5, 6: *Un établiffement de bains de mer;* von MAISTRASSE.
No. V, f. 1, 6: *Un établiffement thermal d'eaux minérales.*
20e » , No. 9, f. 3: *Cafino à Trouville.*

2. Kapitel.
Trinkhallen, Wandelbahnen und Colonnaden.

Manche heilfame Quelle ergiefst fich unbenutzt in nahe Bäche und Flüffe, anftatt eine angemeffene Verwendung, theils für äuserlichen, theils für innerlichen Gebrauch ist zur Heilung oder Linderung von körperlichen Leiden zu finden.

26.
Allgemeines.

Das erfte Erfordernifs zu diefem Ende ift die Bohrung und Faffung der Quelle, die Herftellung eines Quellenfchachtes, wohl auch die Ueberbauung deffelben; letztere befonders dann, wenn das Waffer an Ort und Stelle als Gefundbrunnen genoffen werden foll. Hierzu dient die Trinkhalle, die man indefs häufig auch entfernt vom Urfprung der Quelle, an einem anderen für die Trinkcur geeigneten Orte, dem das Waffer von dort zugeführt wird, errichtet.

Die zur Anfammlung und Leitung des Waffers erforderlichen Vorkehrungen, gleich wie die anderweitige Verwendung des Waffers zum Baden etc. kommen hier nicht in Betracht.

Die Brunnen- oder Trinkhalle foll dem Curtrinker einen gegen die Unbilden der Witterung gefchützten Ort zum Auf- und Abwandeln fichern; fie mufs daher die erforderliche Gröfse, insbefondere eine genügende Längenausdehnung haben, damit die Gäfte in den Paufen zwifchen dem Trinken der einzelnen Becher fich eine angemeffene Bewegung verfchaffen können.

27.
Beftimmung.

Denfelben Zweck, aber in fehr ausgedehnter, ganz allgemeiner Weife, haben die Wandelbahnen, Arcaden und Colonnaden, da fie, wie bereits bei Beginn diefes Abfchnittes gefagt wurde, zur Vermittelung des Verkehres aufserhalb der Curgebäude, befonders aber zur Benutzung bei fchlechtem Wetter, wenn das Luftwandeln im Park und in der freien Umgebung nicht ftattzufinden pflegt, beftimmt find. Um einigermafsen Erfatz für die dadurch verurfachte Entbehrung zu fchaffen, werden die Wandelbahnen zuweilen mit Gewächshäufern in Verbindung gebracht und an fchönen Ausfichtspunkten vorübergeführt. Auch pflegt man, um zur Zerftreuung und Anregung der Gäfte etwas beizutragen und zugleich die Gefchäftsintereffen zu fördern, im Anfchluffe an diefe Baulichkeiten oft Verkaufsbuden oder Läden anzuordnen.

Brunnenhalle und Wandelbahnen find häufig vereinigt. Sie bilden, nach Früherem, entweder felbftändige Anlagen, oder fie find Beftandtheile von anderen Gebäuden für den Curgebrauch. Bei beiden find, je nach der Natur der Bauftoffe, Conftructionen aus Stein, Holz, Eifen oder aus mehreren diefer Stoffe gemifcht zu unterfcheiden.

a) Trinkhallen.

28. Bauftelle und Lage.

In dem eben erwähnten Falle eines zum Bade- oder Curhaufe gehörigen Trinkfaales ift die Bauftelle von vornherein gegeben. Sie ift nicht minder beftimmt, wenn man die Halle in unmittelbare Verbindung mit dem Brunnen- oder Quellenhaufe bringen will. Letzteres wird die naturgemäfse und zugleich die vortheilhaftefte Lage fein, falls nicht die weite Entfernung der Cur- und Wohngebäude von der Quelle, die örtliche Befchaffenheit und fonftige Rückfichten auf die Platzverhältniffe im Allgemeinen dazu veranlaffen, eine andere Bauftelle für die Trinkhalle zu wählen und der letzteren, wie fchon angedeutet, das Waffer durch Rohrleitungen, erforderlichenfalls mit Hilfe von Mafchinenkraft, zuzuführen.

29. Hauptraum.

Die Lage foll möglichft gefchützt, die Anordnung fo getroffen fein, dafs die Curtrinker vor Wind und Wetter geborgen find. Dies ift unfchwer zu erreichen, wenn die Trinkhalle als Theil einer gröfseren Gebäudeanlage erfcheint; bildet fie einen felbftändigen, frei ftehenden Bau, fo wird fie nach der am meiften ausgefetzten Langfeite gewöhnlich mit einer Mauer, zuweilen auch an den beiden Schmalfeiten mit

[17] Nach: Allg. Bauz. 1872, S. 183, Bl. 30.

Fig. 17.

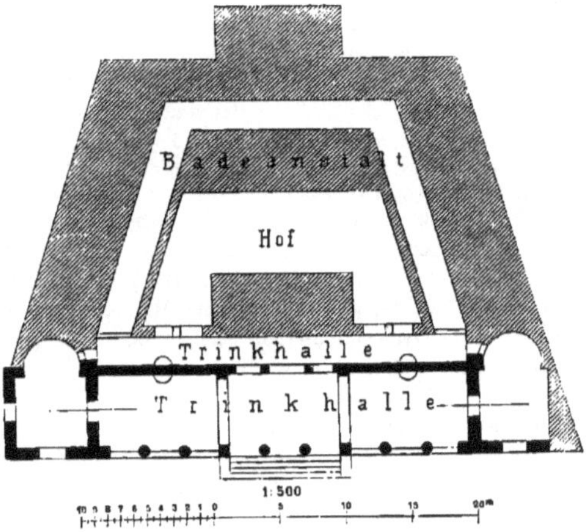

Trinkhalle der Cur- und Bade-Anftalt zu Ragaz[17].
Arch.: *Knukler.*

gefchloffenen Wänden verfehen. Nur die gefchützt liegende Vorderfeite pflegt frei nach aufsen geöffnet zu fein, und in manchen Curorten find aufser der offenen Trinkhalle noch gefchloffene Hallen vorhanden, in denen ebenfalls der Brunnen genoffen werden kann.

Dies ift u. a. der Fall bei der in Fig. 17[17]) abgebildeten Trinkhalle in Ragaz (Arch.: *Kunkler*), wo die Curgäfte bei Regen und Wind im inneren Flurgang fich bewegen. Hier, gleich wie im vorderen offenen Bau, fprudelt das Thermalwaffer aus zwei an der Rückwand ftehenden Brunnen.

Die Heil- und Mineralwaffer pflegen aber auch zum Theile auf weite Entfernung vom Urfprung der Quelle getrunken und zu diefem Behuf in Flafchen oder Krüge gefüllt und verfandt zu werden. Das Füllen gefchieht allerdings nicht in der Trinkhalle felbft, wohl aber im Brunnenhaufe, und bei unmittelbarer Verbindung beider fchliefsen fich die nöthigen Räume zur Aufbewahrung voller und leerer Flafchen, zum Verkorken und Verpacken derfelben meift in geeigneter Weife an den Hallenbau an.

30. Nebenräume.

Bei der auf der Tafel bei S. 16 im Grundriffe dargeftellten Quellen- und Trinkhalle von Hall in Oberöfterreich (Arch.: *Baumgartner*) ift die Verfendung des jod- und bromhaltigen Waffers von folcher Bedeutung, dafs die dazu erforderlichen Gelaffe den gröfseren Theil des Gebäudes einnehmen. Ueber dem Bretter-Magazin und der Werkftätte befindet fich eine kleine Wohnung des Hauslifehlers.

Auch mit dem neu erbauten Colonnaden-Gebäude nebft Trinkhalle zu Langenfchwalbach [18]) find grofse Flafchen-Magazine mit einer Brunnenmeifterswohnung vereinigt. (Vergl. Art. 33, S. 40.)

Zuweilen wird im Trinkfaal felbft oder in einem Nebenraume behufs Verabreichung von Erfrifchungen ein Buffet aufgeftellt. Ferner find meift, mit Rückficht auf die Wirkung des Waffers auf die Curtrinkenden, Aborte in naher Verbindung mit der Halle erforderlich.

Anlage und Geftaltung des Baues im Allgemeinen werden durch die blofse Benennung deffelben als »Halle« durch den Hinweis auf den Inhalt früherer Abfchnitte diefes Handbuches [19]) genügend gekennzeichnet. Die naturgemäfse Grundform ift fomit das lang geftreckte Rechteck. Doch wird in der Regel die Halle in paffender Weife getheilt; der Mittelraum, wohl auch die beiden Enden der Halle werden ausgezeichnet, um hierdurch das Vorherrfchen der Längenausdehnung zu mildern. Natürlich kommt diefe Anordnung in der inneren und äufseren Erfcheinung des Gebäudes zum Ausdruck.

31. Anlage, Gröfse und Form.

Das unbedingte Erfordernifs einer angemeffenen Längenausdehnung der Halle, mit Rückficht auf die übliche Benutzung derfelben als Wandelbahn, ift bereits in Art. 27 (S. 25) betont worden. Die Länge follte defshalb nicht unter 40 m betragen.

Unter den hier mitgetheilten Beifpielen hat die Trinkhalle von Ragaz die geringfte Länge (27,3, bezw. 42 m), diejenige von Baden-Baden die gröfste Länge (rund 80 m).

Die Breite kann $1/5$ bis $1/7$ der Länge und die Höhe, je nach der Art und Form der Ueberdeckung [20]), gleich, gröfser oder kleiner als die Breite fein.

Ohne auf den architektonifchen Aufbau der Halle des Näheren hier einzugehen, fei nur kurz auf die aufserordentliche Mannigfaltigkeit der Durchbildung, deren die Anlage, durch Anwendung von Säulen- oder Pfeilerftellungen, durch gerade Ueberdachung oder Ueberwölbung etc., fähig ift, hingewiefen und daran erinnert, dafs befonders die Ecken und Kreuzungspunkte der Wände in geeigneter Weife zu verftärken und zu gliedern find. Im Uebrigen wird die Formgebung im Einzelnen, bei der Halle vielleicht mehr, als bei vielen anderen Werken der Baukunft, durch den Bauftoff, die Conftruction und die Bauweife bedingt.

[18]) Siehe: Zeitfchr. f. Bauw. 1884, S. 79.
[19]) Siehe u. A. Theil IV, Halbbd. 1 (Abfchn. 5, Kap. 1, unter a) diefes Handbuches.
[20]) Siehe ebendaf., Abfchn. 3, Kap. 7, unter a (Artikel über Proportionen).

32. Trinkbrunnen. Ein willkommenes Motiv für die Architektur der Trinkhalle bildet hierbei die Anlage des Brunnens. Er wird in die Haupt- oder Queraxe des Baues, je nach Umständen in fymmetrifcher Anordnung doppelt, theils frei ftehend gebildet, theils an eine Wand oder in eine Nifche gelegt.

Unftreitig läfst die monumentale Faffung des fprudelnden Quells eine Fülle der fchönften und grofsartigften Löfungen der Aufgabe zu. Was ift im Alterthum, was in der Renaiffance, was in der Neuzeit in diefer Richtung Alles gefchaffen worden! Wenn man der zahlreichen Fontainen in Italien, der Wafferkünfte und *Châteaux d'eau* in Frankreich gedenkt, fo drängt fich der Wunfch auf, dafs ein wenig von diefem Ueberflufs des lebendigen Elementes, ein Theil des Reizes und Reichthumes, der diefen Werken innewohnt, auch auf die Anlage und Architektur unferer Gefundbrunnen und Trinkhallen übertragen werde. Doch darf felbftverftändlich beim Entwurf derfelben der mafsgebende Gefichtspunkt, dafs man es vor Allem mit einem Brunnen für den Gebrauch der Curtrinkenden, fo wie mit einer bedeckten und gefchützten Halle für diefelben zu thun hat, niemals aufser Acht gelaffen werden.

33 Ausfchmückung. Es liegt gewiffermafsen in der Natur der Aufgabe, zum Schmuck der Wandflächen, Bogen, Gewölbe und Decken die Malerei und Bildnerei mit heranzuziehen. Kaum bietet irgend ein anderes Werk eine folche Fülle geeigneter Motive für die Phantafie des Künftlers; und nichts wirkt anregender auf den Befchauer, auf den Curgaft, als ein finniger Bilderfchmuck; zur Eigenart deffelben trägt jeder Badeort durch feine Gefchichte das Seinige bei.

Für die Technik des künftlerifchen Schmuckes, überhaupt für die Wahl der Bauftoffe zur Bekleidung der Wandfläche, ift das Moment entfcheidend, dafs diefelben gegen die Einflüffe der Witterung, des Thermalwaffers etc. möglichft unempfindlich fein müffen. Der untere Theil der Wand pflegt mit glattem, zuweilen polirtem Material, je nach Umftänden mit Marmor, Werkftein, Fayencen oder Putz, der Fufsboden mit Mofaik-Pflafter, Fliefen etc. belegt zu werden.

1) Selbftändige Trinkhallen.

34. Hallen in Stein. Die in allgemeinen Umriffen gekennzeichneten typifchen Eigenthümlichkeiten der Anlage kommen am deutlichften bei den felbftändigen Trinkhallen zum Ausdruck.

Vor Allem ift es die Ausführung in Stein, welche für die monumentale Geftaltung der in Rede ftehenden Bauwerke am geeignetften erfcheint und auch in den meiften Fällen angewendet wird.

35. Beifpiel I. Als bemerkenswerthes Beifpiel eines vollftändigen Steinbaues, fo wie als eine der früheften und grofsartigften Anlagen diefer Art ift die 1837—40 von *Hübfch* erbaute Trinkhalle in Baden-Baden zu nennen. Sie kennzeichnet zugleich, in Conftruction und Formgebung, die ganze Schaffensweife des Meifters und die Kunftrichtung feiner Zeit. (Siehe die Tafel bei S. 16 u. Fig. 18 [21].)

Diefes Bauwerk befteht, wie der Grundrifs zeigt, aus einer grofsen offenen Säulenhalle, an die fich rechtwinkelig, in der Hauptaxe des Baues, der eigentliche Brunnenfaal mit Nebenräumen zu beiden Seiten anfchliefst. Sowohl Brunnenfaal als Trinkhalle haben in Stein gewölbte Decken erhalten; erfterer ift mit vier flachen, 9,5 m im Scheitel hohen Kugelkappen, letztere über jedem der Intercolumnien mit muldenförmigen, 10 m im Lichten hohen Kappen überfpannt. Die Gewölbe beider Räume ruhen auf flachen, von fchlanken Säulen getragenen Segmentbogen. Um den dadurch bedingten, nach aufsen wirkenden Seitenfchub über dem einftöckigen lichten Hallenraum aufzuheben, find über jedem Bogen fichtbare eiferne

---

[21]) Nach: HÜBSCH, H. Bauwerke etc. Karlsruhe 1838—59. Heft 2, Bl. 1 bis 4.

Fig. 18.

Trinkhalle in Baden-Baden [21]).

Arch.: *Hübsch.*

Anker in folcher Nähe der Deckenfläche angebracht, dafs fie, nach Anficht des Meifters, »in die Kategorie von Deckenunterzügen oder Gewölbegurten treten«. Sockel und Säulen, desgleichen die Thüreinfaffungen, fo wie der in einfachften Formen durchgebildete Brunnen find aus Sandftein, alles Uebrige ift in Backftein-Rohbau ausgeführt. Wände und Decken haben eine Bekleidung von Thonfliefen, die in Felder abgepafft find, erhalten. Fresken von *Götzenberger*, *Heinefetter* und *Gleichauf* zieren die Wände. Der plaftifche Schmuck ift von *Reich*.

36. Beifpiel II.
Die ebenfalls in Stein ausgeführte Trinkhalle nebft Quellenhaus zu Hall in Oberöfterreich (fiehe die Tafel bei S. 16) bilden eine Anlage anderer Art, als die fo eben gefchilderte, nicht allein wegen der in Art. 30 (S. 27) bereits erwähnten Verbindung mit grofsen Flafchenlagern und Wächterwohnung, fondern vermöge der überaus gefchützten Lage und Anordnung des Trinkfaales. Auch die Abmeffungen find hier viel geringer als dort.

Der Bau ift mit der Hauptfront nach Südoft gerichtet, der Trinkfaal ringsum gefchloffen und flach überwölbt. Er fteht in engfter Verbindung mit der Jodquelle, deren Heilwaffer den Curtrinkern durch eine lebensgrofse Statue gefpendet wird, die in der Nifche des Mittelraumes aufgeftellt ift. Eine lange Fenfterreihe gewährt freie Ausficht in das Thal und in die fchöne Umgebung.

37. Hallen in Holz.
Die Trinkhallen in Holz- oder Fachwerkbau ftammen meift aus früherer Zeit und find meift ohne grofse architektonifche Bedeutung. Daran find aber einestheils die früher herrfchenden Gefchmacksftrömungen, anderentheils Mangel an Verftändnifs oder Gefchick in Auffaffung der Aufgabe Seitens der fchaffenden Künftler Schuld. Denn es kann nicht zweifelhaft fein, dafs fowohl reiner Holzbau, als Stein- und Zimmerwerk vereinigt, wenn gleich weniger monumental und vornehm als Steinbau, weniger zierlich und leicht als Eifenbau, doch in höchft charakteriftifcher und wirkfamer Weife ausgeprägt werden können. In manchen Gegenden ift der Holzbau durch den Mangel anderer Bauftoffe und durch die Natur der Umftände geradezu bedingt. Auch greifen Salzfoole, manche Thermalquellen und deren Dämpfe den Stein mehr an, als das Holz, auf welches diefelben zum Theile eher einen confervirenden Einflufs ausüben. Die Anwendung der genannten Stoffe und Bauweifen ift fomit zuweilen die einzig fachgemäfse.

Trotzdem dürften, wie fchon erwähnt, Beifpiele von hölzernen Trinkhallen, die in künftlerifch formaler Hinficht als völlig gelungen bezeichnet werden könnten, fchwer zu finden fein.

38. Beifpiele III u. IV.
Es mögen defshalb die Hinweife auf die Trinkhallen in Badenweiler und Antogaft, einfache Fachwerk- und Steinbauten von *Eifenlohr* [22]), ferner auf die Kauf- und Trinkhalle in Bad Liebenftein in Thüringen [23]), von *Hoppe* erbaut, genügen. Letztere ift ziemlich reich gefchnitzt und bildet eine etwa 60 m lange Hallenanlage, an deren Langfeite fich eine Anzahl kleiner Kaufläden, ferner ein Raum für Molken- und Mineralwaffer-Ausfchank, nebft Kaffeefchank, in der Mitte ein offener Saal anfchliefsen.

39. Hallen in Eifen
Trinkhallen von Eifen oder von Stein und Eifen werden in der Regel mit Wandelbahnen verbunden; auch die formale Ausbildung ift ähnlicher Art.

Es kann defshalb auf die unter b mitgetheilten Beifpiele, u. A. auf die neue, in Eifen und Stein conftruirte Halle in Badenweiler (Arch.: *Helbling*) aufmerkfam gemacht werden.

40. Beifpiel V.
Ein ganz aus Eifen conftruirter, zierlicher Bau ift die neue Trinkhalle in Wildbad, die nach den Plänen und unter der Leitung von *v. Bok* 1885 ausgeführt wurde. Fig. 19 [24]) ftellt ungefähr die Hälfte diefer Anlage dar.

---

[22]) Siehe: EISENLOHR, F. Entwürfe von Gebäuden verfchiedener Gattung etc. Heft 9 u. 10. Carlsruhe 1852.
[23]) Siehe: HAARMANN's Zeitfchr. f. Bauhdw. 1870, S. 50, Bl. 10.
[24]) Facf.-Repr. nach von Herrn Baudirector *v. Bok* in Stuttgart zur Verfügung geftellten Zeichnungen.

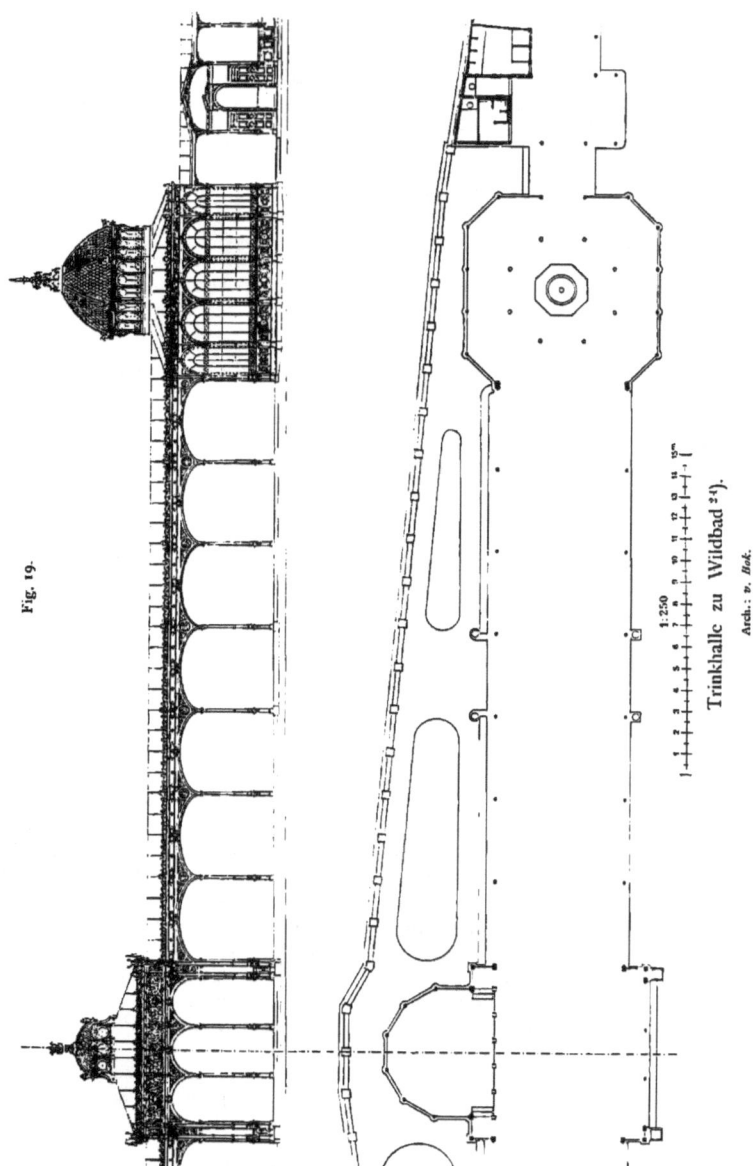

Fig. 19.

Trinkhalle zu Wildbad [24].

Arch.: v. Bok.

Die Hallenanlage, die auf einer mit Stein-Baluftrade abgegrenzten Ebenung des Wildbader Parkes errichtet ift, hat die anfehnliche Länge von rund 90 m. Die 6 m weiten Wandelhallen verbinden die vorgelegten kuppelgekrönten Pavillons, die in der Mitte und an den beiden Enden angeordnet find und zu denen einige Stufen von der Ebenung hinaufführen. Die thermale Trinkquelle befindet fich im vorderen linksfeitigen Eckpavillon; fie liegt 2 m tiefer, und Granitftufen führen zu ihr hinab. Im Anfchlufs an den rechtsfeitigen Eckpavillon, in welchem eine Brunnenfchale für kaltes Trinkwaffer mit Brunnenfigur fteht, find die Bedürfnifsanftalten angebracht. Hieran reihen fich die Verkaufsbuden mit fortlaufendem Wandelgang. Der Mittelbau ift aus der quadratifchen Grundform von 8×8 m entwickelt und durch eine nur 3 Stufen erhöhte, 6×4 m meffende Mufiknifche erweitert.

Für den in fehr fchmucker Ausgeftaltung durchgeführten Bau, welcher eine mannigfaltige Anwendung von Emblemen der Mufik, der Wiffenfchaften und der Künfte, fo wie der Induftrie und der Landwirthfchaft zeigt, ift der Eifengufs vom königlichen Hüttenwerke Wafferalfingen, die Zinkarbeit von *Leins & Cie.* in Stuttgart geliefert und ausgeführt.

41.
Beifpiel
VI.

Die Trinkhalle für die Helenen-Quelle in Bad Pyrmont ift ein kleiner, auch in Eifen ausgeführter, aber nicht mit anfchliefsenden Wandelhallen verfehener Bau und von *Queisner* entworfen (Fig. 20 u. 21 [25]).

Fig. 20.

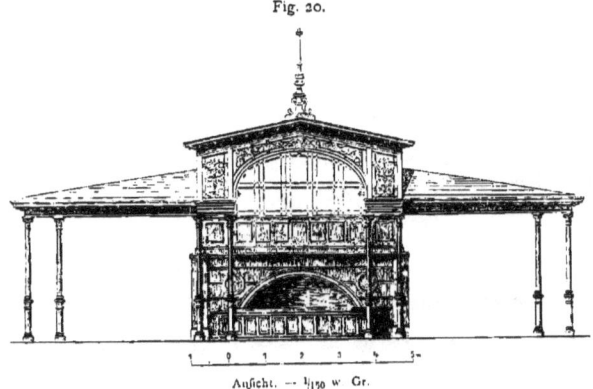

Anficht. — $^{1}/_{150}$ w. Gr.

Fig. 21.

Trinkhalle   zu Pyrmont [25]).

Arch.:   *Queisner*.

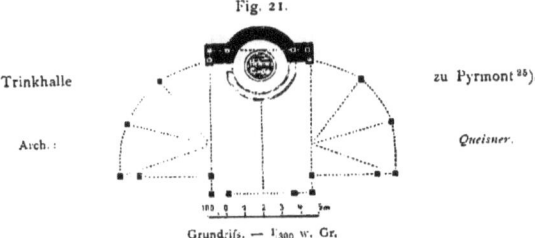

Grundrifs. — $^{1}/_{300}$ w. Gr.

Da die hart an der Klofterallee liegende Helenen-Quelle nicht verlegt werden und aus diefem Grunde die Halle nicht über der Quelle erbaut werden konnte, mufste fie in der dargeftellten Weife vor der Quelle angeordnet werden. Sie liegt am Eingang der Curanlagen von hohen Bäumen umgeben, in

[25]) Facf.-Repr. nach: Baugwks.-Ztg. 1887, S. 204.

einem befonders abgefchloffenen Curgarten, der mit Tuffsteingrotten und reichem Blumenflor gefchmückt
ift. Die Gründung gefchah auf Schwellroft, um den Druck auf eine möglichft grofse Grundfläche zu
vertheilen, da dies wegen der Ergiebigkeit der Quelle von Wichtigkeit war. Um jeden Zug zu vermeiden,
find die Wände, fo weit es nöthig erfchien, mit mattem Glas verglast. Die Dächer find mit Zinkwellblech
gedeckt. Der Bau koftete rund 10000 Mark.

2) Trinkhallen in Verbindung mit anderen Curanftalten.

Nach dem Vorhergegangenen kann ohne Weiteres auf die Betrachtung einiger
charakteriftifcher Beifpiele von Trinkhallen in Verbindung mit anderen Baulichkeiten
für den Curgebrauch eingegangen und hierbei die Unterfcheidung von Stein-,
Holz- und Eifenbau ganz fallen gelaffen werden, da es fich im Nachfolgenden hauptfächlich um die Kennzeichnung der Gefammtanlage des Baues handelt.

Eine nach vorn offene Halle ift dem Badehaus zu Ragaz vorgelegt und in
Fig. 17 (S. 26) im Grundrifs dargeftellt. Sie dient, in Verbindung mit dem dahinter
liegenden gefchloffenen Flurgang, zum Aufenthalt der Curtrinkenden.

Die offene Hauptfront der Halle ift gegen Weften gerichtet. Die Abmeffungen derfelben find
geringer, als die der übrigen Beifpiele: die Länge beträgt nur 27,5 m und einfchliefslich der Wartefäle an
den beiden Enden, die jedoch zu den Badeabtheilungen gehören, 42 m; die Weite ift 6,3 m, die Höhe
6,0 m im Lichten. Der Raum wird von einer fchlichten, auf Unterzügen ruhenden Balkendecke überfpannt. Im Uebrigen ift der Bau aus Sandftein von St. Margrethen ausgeführt und in einfacher Weife
ausgeftattet. Die trapezförmige Grundgeftalt des ganzen Haufes und die Einfchränkung der Höfe war
dem Architekten *(Künkler)* durch die Geftaltung der Bauftelle auferlegt.

Als Mufter eines vollftändig gefchloffenen Baues ift die grofsartige Saalanlage
des Friedrichsbades zu Baden-Baden, von *Dernfeld* 1871—77 erbaut, zu bezeichnen.
Sie dient fowohl den Curtrinkern, als den Badegäften zum Aufenthalt.

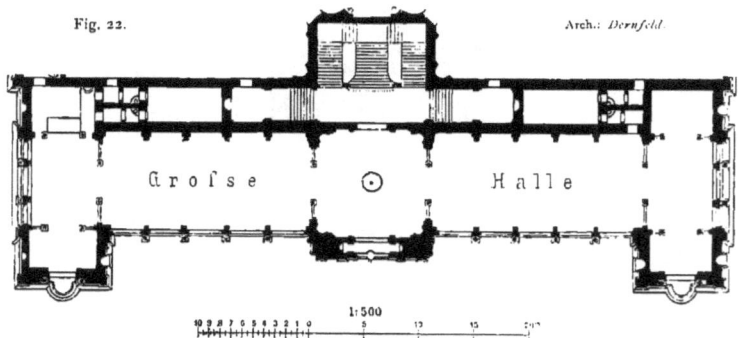

Fig. 22. Arch.: *Dernfeld.*

Grofse Halle des Friedrichsbades zu Baden-Baden [26].

Die Halle (Fig. 22 [26]) liegt im I. Obergefchofs des Badehaufes, deffen ganze Hauptfront fie einnimmt, und ift mit der Eintrittshalle des Erdgefchoffes durch eine ftattliche Treppe verbunden. Am Auf-
gange derfelben befinden fich links und rechts Nifchen, in denen zwei Delphine kaltes Quellwaffer und
Lithium-Waffer in zierliche Brunnenfchalen ausgiefsen. Die obere grofse Halle, die eine Gefammtlänge
von 60 m im Inneren hat, ift in fünf zufammenhängende Abtheilungen gegliedert. Der quadratifche Mittelraum von 10 × 10 m Grundfläche ift mit den Sälen zu beiden Seiten, diefe wieder find mit den Galerien

---

[26] Nach: Das Friedrichsbad zu Baden-Baden. Baden-Baden 1878.

an den Enden je durch einen 8 m weiten Bogen, der von zwei jonifchen Säulen auf Poftamenten getragen wird, vereinigt. Die mit Architraven überdeckten kleineren Seitenöffnungen find durch niedrige, mit Baluftern ausgefetzte Brüftungen abgefchloffen. Im mittleren Kuppelraum fprudelt das Waffer aus einer Brunnenfchale hervor. Die Säle zu beiden Seiten find mit Spiegelgewölben, die Endgalerien mit Caffettendecken, fo wie einer kleinen Kuppel in der Mitte überdeckt und fämmtlich mit Malereien gefchmückt. Die Erhellung erfolgt theils durch ein grofses Deckenlicht der Hauptkuppel, theils durch die in Uebereinftimmung mit der Axentheilung der Säulenftellungen geordneten Bogenöffnungen. Die dadurch hervorgebrachten Lichtgegenfätze im Inneren, die kräftige Gliederung des Baues im Aeufseren bringen in Verbindung mit der Formgebung eine durchaus monumentale Wirkung hervor. Dazu trägt in nicht geringem Grade das fchöne Material, der weifsliche, feinkörnige Murgthal-Sandftein, der für Säulen, Pfeiler, Bogen und fämmtliche übrige Architekturtheile verwendet ift, bei.

Auch die in unmittelbarer Verbindung mit Wandelbahnen und anderen Baulichkeiten für den Gebrauch der Curgäfte errichteten Trinkhallen in Art. 49 (S. 35) u. Art. 52 (S. 39) find hier mit anzuführen.

b) Wandelbahnen und Colonnaden.

46. Aehnlichkeit mit den Trinkhallen.

Die allgemeinen Gefichtspunkte der Anlage von Wandelbahnen (auch Colonnaden, bezw. Arcaden genannt) find zu Anfang diefes Kapitels, theilweife auch in Kap. 1 bereits erörtert worden. Ferner ift faft Alles, was über Anordnung, Conftruction und Geftaltung der Trinkhallen gefagt wurde, auf die Wandelbahnen anwendbar. Auch Lage und Bauftelle geben keinen Anlafs zu Bemerkungen, da fie, fowohl für frei ftehende Anlagen, als für folche, die in Verbindung mit Curfaal oder Badehaus ftehen, nach Mafsgabe der örtlichen Umftände beftimmt werden müffen.

47. Verfchiedenheiten.

Abweichungen der Anlage beider Baulichkeiten ergeben fich indefs in folgenden Punkten. Während die Trinkhallen mindeftens an einer Langfeite, zuweilen aber ringsum gefchloffen find, werden die Wandelbahnen mitunter nach beiden Seiten geöffnet und nur mit einem leichten, ftark vorfpringenden Dach, um Schutz vor Regen und Sonnenftrahlen zu gewähren, verfehen. Wenn indefs eine Wandelbahn in kälteren, Wind und Wetter ausgefetzten Gegenden ihren Zweck vollkommen erfüllen foll, fo mufs fie fehr gefchützt angelegt, unter Umftänden, wie einige der mitgetheilten Beifpiele zeigen, theilweife gefchloffen fein. Anderentheils dienen mitunter blofse Laubengänge, die zu Sitzplätzen und Ausfichtspunkten führen, als Erfatz der Wandelbahnen oder als Fortfetzung derfelben, zum Luftwandeln der Gäfte.

Auch die Grundform ift dem gemäfs eine höchft mannigfaltige; bogenförmige Wandelbahnen, Colonnaden oder Laubengänge find nicht felten und paffen fich in Grundrifs und Aufrifs den Haus- und Gartenanlagen vortrefflich an [27]).

Bezüglich der Gröfse ift zu bemerken, dafs zwar die Länge der Wandelbahn naturgemäfs oft eine fehr beträchtliche ift, Breite und Höhe dagegen geringer zu fein pflegen, als bei den Trinkhallen.

Die nachfolgenden Beifpiele, zu deren Betrachtung nunmehr übergegangen wird, geben auch in diefer Hinficht die nöthigen Anhaltspunkte.

48. Beifpiel IX.

Unter den frei ftehenden Wandelbahnen nehmen die Colonnaden nebft Kaufläden in Wiesbaden [28]) die erfte Stelle ein. Die neben ftehende Tafel ftellt den Gefammtgrundrifs der grofsartigen Anlage dar, durch welche in der That eine bedeutende architektonifche Wirkung erzielt wird.

[27] Siehe: Theil IV, Halbbd. 1 (Abfchn. 5, Kap. 2, unter a) diefes »Handbuches«.
[28] Das Curhaus wurde 1809—10 von Zais unter Mitwirkung von v. Wollzogen, die alten Colonnaden wurden 1825 von Zengerle erbaut.

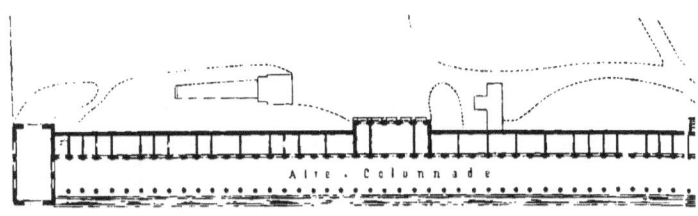

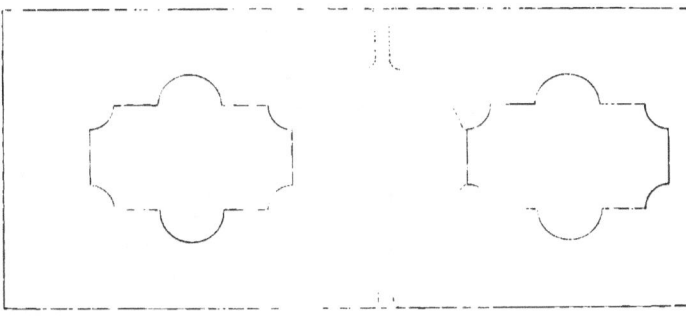

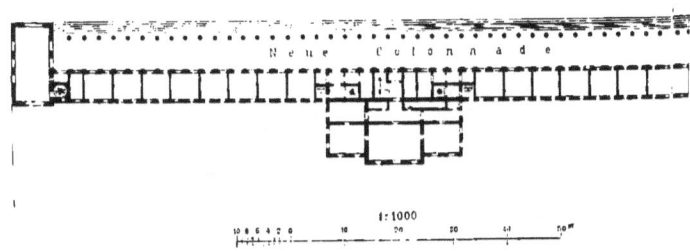

1:1000

Curhaus und Clo

Handbuch der Architektur. IV. 4, b. (2. Aufl.)

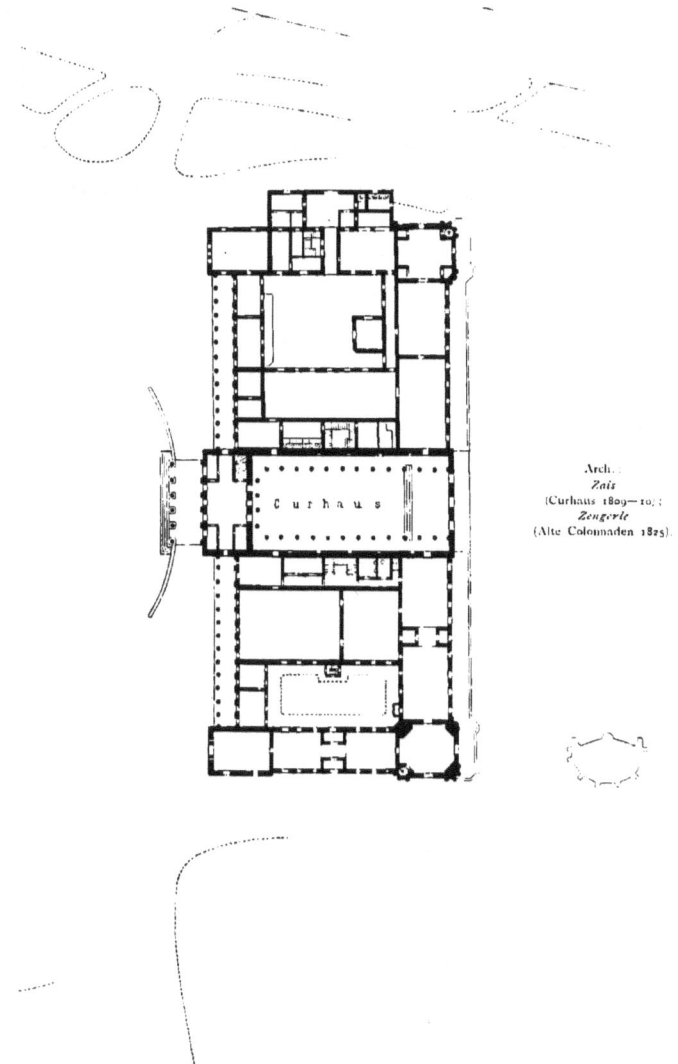

Arch.:
Zais
(Curhaus 1809—10);
Zengerle
(Alte Colonnaden 1825).

Wiesbaden.

Die Colonnaden bilden mit dem Curhaufe im Hintergrunde den Abfchlufs eines grofsen Platzes, an deffen beiden Langfeiten fie fymmetrifch angelegt find. Es find in Stein ausgeführte Gebäudekörper von je 145 m Länge und 12 m Tiefe. Die Colonnaden haben eine Breite von 6,0 m, die Läden eine Tiefe von ca. 4,5 m. Die Axenweite der Säulen beträgt 2,1 m, fo dafs je ein, zwei oder drei Intercolumnien einer Ladenbreite entfprechen. Zu diefen Einzelheiten ift erläuternd zu bemerken, dafs die Ausstellung der Verkaufsgegenftände auf Tifchen in den Colonnaden felbft ftattfindet, die Verkäufer alfo fich vor den Läden aufhalten, was zur Lebhaftigkeit des Verkehres in den Colonnaden nicht zum wenigften beiträgt.

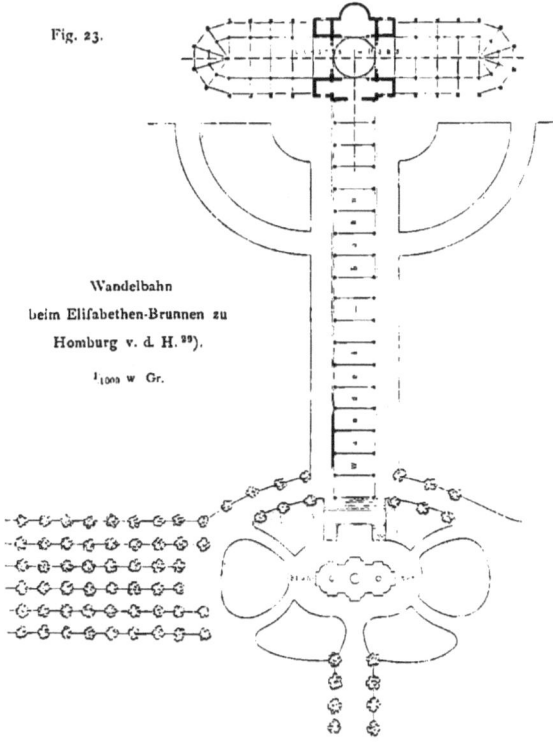

Fig. 23.

Wandelbahn
beim Elifabethen-Brunnen zu
Homburg v. d. H.[29]).

$\frac{1}{1000}$ w Gr.

Ein weiteres bemerkenswerthes Beifpiel bildet die Wandelbahn beim Elifabethen-Brunnen zu Homburg v. d. H. (Fig. 23[29]).

Dies ift eine offene, nur 2 Stufen über den äufseren Boden erhöhte Halle, die, ganz in Eifen conftruirt, 7 m breit, 75 m lang und etwa 5 m hoch ift. Sie lehnt fich an den in einer Mulde befindlichen berühmten Trinkbrunnen an und findet ihren Abfchlufs in einem Palmen-(Gewächs-)Haufe. Da aber diefe offenen Hallen ihren Reiz und eigentlichen Werth nur in der richtigen Wahl des Platzes finden, fo hat, in Erkenntnifs deffelben, der Brunnen feinen Zugang vom Curhaufe aus durch eine über 20 m breite fechsreihige Baumallee erhalten, während die Wandelbahn auf der anderen Seite des Brunnens ihre Fortfetzung

[29]) Nach einer Zeichnung von † J. Mylius.

in einer grofsen Allee von gleicher Breite wie die Halle findet. Der landfchaftlichen Perfpective ift dadurch in jeder Beziehung Rechnung getragen.

Der Mufikzeltbau, die Füll- und Lagerhäufer befinden fich in der Nähe des Elifabethen-Brunnens.

Eine der prächtigften Anlagen der in Rede ftehenden Art find die neuen Kreuzbrunnen-Colonnaden in Marienbad, welche die P. P. Prämonftratenfer nach den Entwürfen von *Mikfch & Niedzielski* 1892—93 erbauen liefsen (Fig. 24 u. 25 [30]).

Die Colonnade befteht aus einem in der Hauptaxe angeordneten Mittelbau und aus zwei mit Kuppeln gekrönten Pavillons an den Endpunkten. Zwifchen Mittelbau und Pavillons erftreckt fich die der Bodengeftaltung fich anfchmiegende, bogenförmig geführte Halle, auf der eine durchlaufende Laterne auffitzt. Den architektonifch hervorragendften Theil des gröfstentheils in Eifen-Conftruction durchgeführten Neubaues bildet das in Fig. 24 dargeftellte, zwifchen breiten Marmorpfeilern triumphbogenartig emporragende Mittel-

Fig. 24.

Neue Kreuzbrunnen-Colonnaden zu Marienbad [30]).
Arch.: *Mikfch & Niedzielski.*

thor. Paffender Bilderfchmuck in den reich verzierten Pfeilernifchen und über der Bogenkrönung, ferner die lichten Glasmalereien verleihen diefem Hauptbeftandtheil einen befonders heiteren Charakter.

Auch in den übrigen Theilen mangelt es dem Bauwerk nicht an reichem bildnerifchem und malerifchem Schmuck. Ein Bild von der inneren Ausgeftaltung der Colonnaden, die eben fo forgfältig und baukünftlerifch durchdacht ift, wie die äufsere Erfcheinung derfelben, giebt Fig. 25. Damit ift augenfcheinlich dargethan, dafs fich auch mit der Eifen-Conftruction bedeutende baukünftlerifche Wirkung erzielen läfst. Die conftructiven Elemente find fo glücklich verwerthet, dafs die Abmeffungen der riefigen Halle keinerlei fchädigende Wirkung auf den architektonifchen Eindruck, den der Raum hervorbringt, ausüben.

---

[30]) Nach: Wiener Bauind.-Ztg., Jahrg. 10, S. 254, 316 u. Beil. dazu: Wiener Bauten-Album, II., 45 u. 53.

Die Wandelbahn zu Badenweiler, ein neuerer, frei ſtehender Bau von *Helbling*, ist als Muſter einer Conſtruction aus Eiſen und Stein in Fig. 26 u. 27 [34]) in Grund und Aufriſs dargeſtellt. Beiſpiel XII.

Fig. 25.

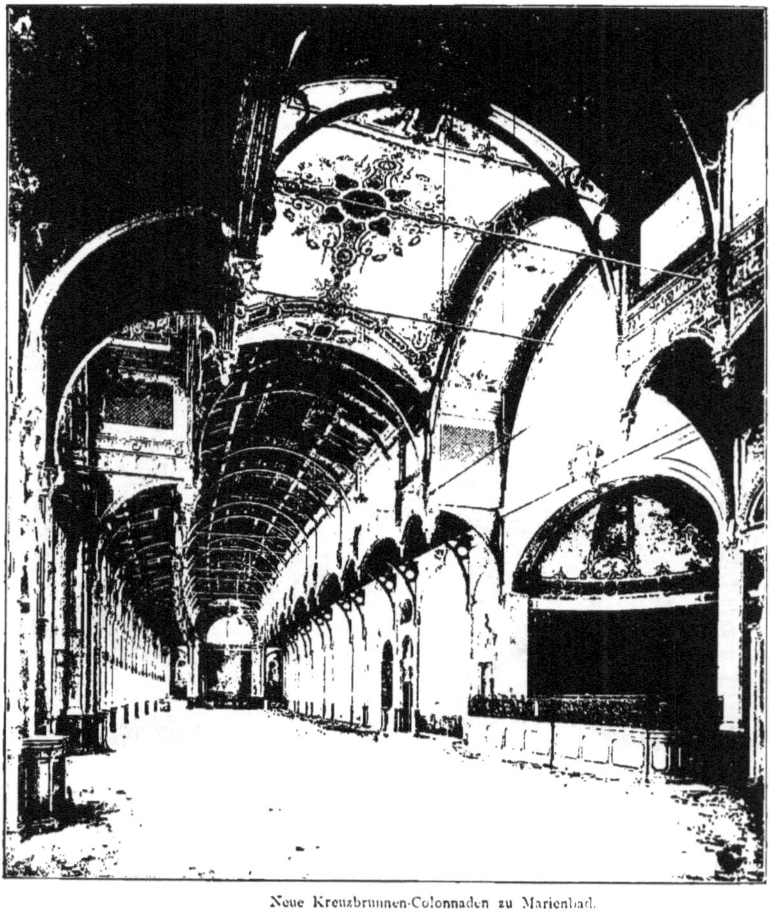

Neue Kreuzbrunnen-Colonnaden zu Marienbad.

Innenanſicht [33]).

Der Sockel, ſo wie die Pfeiler der Mittel- und Eckbauten ſind aus rothem Sandſtein; die Rückwand iſt aus Backſtein, alles Uebrige aus Eiſen. Der Haupteingang liegt in der Mitte der Vorderfront; zwei

[34]) Nach den von Herrn Baudirector † *Helbling* in Karlsruhe mitgetheilten Original-Plänen.

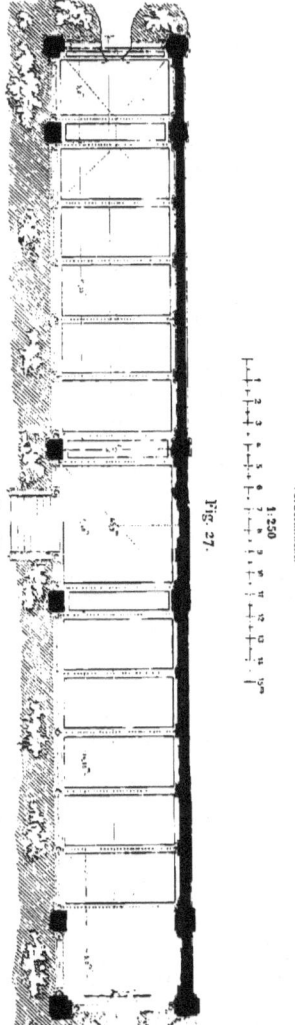
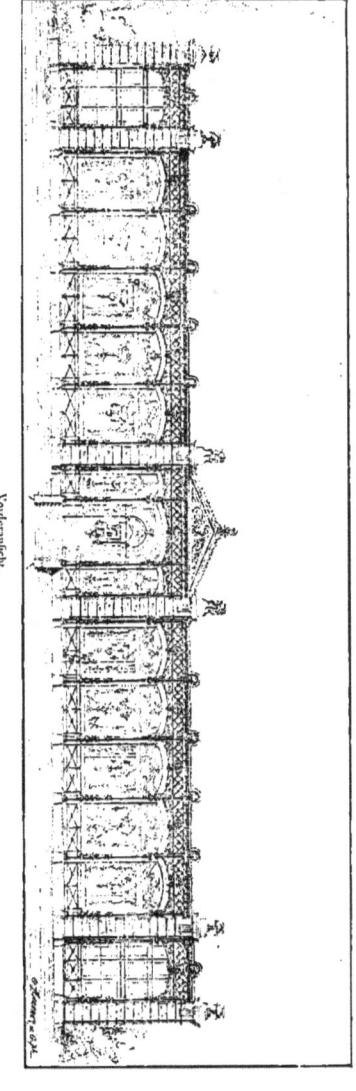

Fig. 26.

Fig. 27.

Vorderansicht.

1:250

Grundriß.

Wandelbahn zu Badenweiler[21].

Arch.: Helbing

weitere Thüren befinden fich an den Schmalfeiten, die, gleich wie die Vorderfeite der Eckvorlagen, verglast find. Die leichte Gufseifen-Architektur dazwifchen (zierliche Säulchen von 2,1 m Axenweite durch Segmentbogen mit durchbrochenem Zwickel-Ornament nebft fortlaufendem Fries überfpannt und mit einem Confolen-Gefims bekrönt) wird in angemeffener Weife durch Pfeiler mit Ruftica-Quadern unterbrochen. Die äufsere Erfcheinung des Baues erhält hierdurch eine kräftigere Maffenwirkung, als ohne Anbringen der Steinpfeiler zu erlangen gewefen wäre. Die Vorlagen der Rückwand find in Rohbau, die Flächen dazwifchen geputzt und mit Malerei gefchmückt.

Die in gefchützter Lage errichtete Wandelbahn hat eine Länge von 45,5 m auf eine Breite von 6,5 m und eine Höhe von 6,0 m.

Von an Cur- und Badehäufer angelehnten Wandelbahnen geben die Anlagen in Kap. 1 genügenden Auffchlufs.

Eine felbftändigere Stellung nehmen die zwei letzten Beifpiele, die hier noch mitgetheilt werden, ein. Dies ift der Fall mit der in Fig. 28 [32]) abgebildeten Wandelbahn in Verbindung mit Trinkhalle und Badehaus zu Oeynhaufen bei Rehme, von *Kaweran, Cremer & Buffe*, wenn gleich erftere nur als ein Anbau des monumentalen Gefammthaufes erfcheint.

52. Beifpiel XIII

An der Südfeite der Strafse des bekannten Sool-Badeortes (Nordfeite des Anwefens) gelangt man in der Mitte durch einen Vorhof über 2 breite Rampen nach dem Hauptportal des Gebäudes, von da durch die von korinthifchen Säulen getragenen Bogenöffnungen in Vorhalle und Rundbau. Letzterer vermittelt den Zugang nach den 3 Hauptabtheilungen der Gebäudegruppe. Ueber den Räumen, welche den Rundbau umgeben, ift ein niedriges Halbgefchofs zur Wohnung eines Unterbeamten, zur Aufbewahrung von Leinenzeug etc. eingerichtet; daffelbe ift durch eine Wendeltreppe von der Trinkhalle aus zugänglich. Die Kellerräume dienen zum Theile zur Bereitung künftlicher Mineralwaffers. Die Trinkhalle ift durch jonifche Marmorfäulen in einen quadratifchen Mittelraum und zwei rechteckige Seitenräume zerlegt. Zwifchen den Säulen linker Hand ftehen Schenktifche, hinter denfelben und durch eine 2,2 m hohe, verzierte Holzwand verdeckt, find die Einrichtungen für Bereitung der Mineralwaffer, welche von hier aus an die Brunnengäfte verabreicht werden.

Die Wandelbahn, 64,0 m lang und 8,5 m breit, ift durch 3 von korinthifchen Pfeiler-Kapitellen getragene Bogenöffnungen mit der Südfeite der Trinkhalle verbunden und befteht aus einer Anzahl von Bogenftellungen, an welche fich am oberen Ende Verkaufsläden nebft darüber liegenden Wohnzimmern für die Händler links und rechts anreihen.

Die Structurtheile find aus Oberkirchner Sandftein, das Mauerwerk ift aus Ziegeln mit Mörtelputz ausgeführt. Ein Theil der Parkanlage, Fufswege, Wafferbecken, Blumenbeete, Ruhebänke und Weinlauben am Ende der Wandelbahn, Poftamente für Vafen und Figuren etc. find aus dem Grundrifs in Fig. 28 erfichtlich.

Der Bau ift 1854—58, unter der Oberafficht *Kaweran's* von *Cremer & Buffe*, ausgeführt worden.

---

[32]) Nach: Zeitfchr. f. Bauw. 1858, S. 129, Bl. 19 bis 24.

53. Beifpiel XIV.

Schliefslich fei noch aus neuerer Zeit das Colonnaden-Gebäude nebft Trinkhalle zu Langenfchwalbach[33]) als ein ebenfalls hierher gehöriges Bauwerk erwähnt.

Das Gebäude befteht aus einem Mittelbau, in deffen oberftem Gefchofs fich die in Art. 30 (S. 27) erwähnte Brunnenmeifters-Wohnung befindet, ferner aus zwei fich anfchliefsenden Flügeln mit Verkaufs-läden und vier Flafchen-Magazinsräumen. Die Enden der Flügel werden von je einem Pavillon flankirt. Die Trinkhalle des Mittelbaues ift im Jahre 1885 zur Ausführung gelangt.

Der ftellenweife fumpfige Baugrund wurde zur Sicherung der Fundamente durch Beton-Einfchüttung gedichtet. Für den Sockel ift Niedermendiger Bafalt-Lava, für die Verblendung des aufgehenden Mauerwerkes find fog. Oelfteine verwendet. Säulen und Verbindungsbogen der Hallen beftehen aus Gufseifen; das Dachgefpärre über denfelben ift aus Schmiedeeifen hergeftellt. Der Mittelbau ift mit glattem Zinkblech auf Holzleiften, Hallen und Flafchen-Magazine find mit Wellblech eingedeckt. Sowohl die Läden als die Hallen haben, zum Schutz gegen das Auffteigen von Erdfeuchtigkeit, einen Afphalt-Fufsboden erhalten.

Das Bauwerk war zu 59000 Mark (87 Mark für 1 qm oder 13 Mark für 1 cbm) veranfchlagt.

54. Schlufs-bemerkungen.

Zum Schlufs möge die Errichtung von Wandelbahnen und Trinkhallen als eine dankbare Aufgabe allen gröfseren Städten empfohlen fein. Nicht jede Stadt ift in der Lage, dem Beifpiele Wiens folgend, einen Curfalon zu erbauen; dagegen ift das Bedürfnifs, eine Trinkcur für diejenigen Curbedürftigen zu ermöglichen, welche eine Badereife nicht unternehmen können, wenn auch vielleicht nicht immer ausgefprochen, doch ziemlich allgemein vorhanden. Die Anlage einer Wandelbahn an geeigneter Stelle, in einem öffentlichen Spazierweg oder in einem Stadtpark, in deren Mittelpunkte ein Mufikzelt zu errichten fein würde, wäre wohl dazu berufen, einen Theil des Nutzens und der Annehmlichkeiten des Badelebens nach den Städten zu verpflanzen.

Literatur

über »Trinkhallen, Wandelbahnen und Colonnaden«.

Ausführungen und Projecte.

SCHINKEL, C. F. Sammlung architektonifcher Entwürfe etc. Berlin 1823—40.
Heft 4: Der Mineral-Trinkbrunnen auf dem Friedrich-Wilhelms-Platz in Aachen.
EISENLOHR, F. Entwürfe von Gebäuden verfchiedener Gattung. Carlsruhe 1852.
Heft 10: Trinkhalle in Antogaft.
Kauf- und Trinkhalle in Bad Liebenftein. HAARMANN's Zeitfchr. f. Bauhdw. 1870, S. 50.
KUNKLER, J. C. Die neue Trinkhalle und Badeanftalt zu Ragatz im Canton St. Gallen (Schweiz). Allg. Bauz. 1872, S. 183. Deutfche Bauz. 1873, S. 10.
Die neue Sprudelhalle zu Carlsbad. Deutfche Bauz. 1879, S. 213.
Pavilion at Matlok. *Building news*, Bd. 45, S. 1022.
Colonnadengebäude nebft Trinkhalle zu Langenfchwalbach. Zeitfchr. f. Bauw. 1884, S. 79.
Trinkhalle für die Helenenquelle in Bad Pyrmont. Baugwks.-Ztg. 1887, S. 704.
WIETHOFF. Statiftifche Nachweifungen betreffend die in den Jahren 1881 bis einfchl. 1885 vollendeten und abgerechneten Preufsifchen Staatsbauten aus dem Gebiete des Hochbaues. Abth. IV. Berlin 1892.
VII bis X, C, b: Gebäude für Erholungszwecke. S. 96.
Die neuen »Kreuzbrunnen-Colonnaden« in Marienbad. Wiener Bauind.-Ztg., Jahrg. 10, S. 254, 316 u. Beil.: Wiener Bauten-Album, Bl. 45, 53.
Architektonifches Skizzenbuch. Berlin.
Heft 168, Bl. 2: Bedeckte Halle und Balkon für Bad Ems; von JACOBSTHAL.
WULLIAM & FARGE. *Le recueil d'architecture*. Paris.
16e année, f. 36: Escalier et promenoir couvert à Pau; von GEISSE.

---

[33]) Siehe: Zeitfchr. f. Bauw. 1884, S. 79.

IV. Theil, 4. Abtheilung:

GEBÄUDE FÜR ERHOLUNGS-, BEHERBERGUNGS- UND VEREINS-
ZWECKE.

5. Abschnitt.
Gebäude für Gesellschaften und Vereine.

Das Gesellschafts- und Vereinswesen steht mit der Culturentwickelung und den Errungenschaften unserer Zeit im Zusammenhange und hat im Laufe dieses Jahrhundertes dem entsprechend eine ganz ausserordentliche Verbreitung und Bedeutung gewonnen. Fast alle Classen der Bevölkerung besitzen ihre Vereine und Genossenschaften, die sich gebildet haben, um durch gemeinsames Wirken gleich gesinnter Mitglieder bestimmte Ziele zu erreichen.

Zu wirklich erfolgreichem Schaffen gehört aber vor Allem die Werk- und Heimstätte, das eigene Haus. Dieses ist in den grossen Städten, in den Sammelplätzen der Bevölkerung des Landes, wo die meisten Vereine ihren Wohnsitz haben, gewöhnlich schwierig zu beschaffen. Nur verhältnissmässig wenige Vereine sind in der glücklichen Lage, sich ein Gebäude zu ihrem ausschliesslichen Gebrauch einzurichten. Zu den günstigeren Fällen gehört es, wenn geschlossene Gesellschaften sich wenigstens einen Theil eines Hauses für ihre Zwecke dauernd sichern können; ein anderer Theil pflegt — behufs Erzielung von Erträgnissen, welche dazu beitragen, die Anlagekosten des Gebäudes zu decken — für Wohnungen, Läden und andere Geschäftsräume verwendet, wohl auch als Saalbau für öffentliche Aufführungen, Feste und Versammlungen vermiethet oder an Privatgesellschaften abgegeben zu werden.

Die meisten Vereine aber müssen selbst zur Miethe wohnen, und hierbei bietet die Verbindung mehrerer Körperschaften in der Art, dass sie in demselben Hause, mitunter in ein und demselben Saale, ihre Versammlungen abhalten, manche Vortheile.

Hiermit ist bereits in allgemeinen Umrissen die Lage der Vereinshäuser unserer grossen Städte gekennzeichnet. In kleineren Städten ist es naturgemäss für die Vereine leichter, ein eigenes Besitzthum und Haus zu erwerben.

Die Vereinshäuser müssen sich, ihrer Bestimmung entsprechend, den Erfordernissen der Vereine, denen sie dienen, anpassen; diese aber verfolgen verschiedenartige Zwecke, theils allgemeiner, theils besonderer Art, und hiernach lassen sich die diesen Zwecken dienenden Gebäude folgendermassen eintheilen:
1) Gebäude für gesellige Vereine und Clubhäuser;
2) Freimaurer-Logen;
3) Gebäude für gewerbliche und sonstige gemeinnützige Vereine;
4) Gebäude für gelehrte Gesellschaften, wissenschaftliche und Kunstvereine.

Ungeachtet der grofsen Verfchiedenheit in der Anlage der Vereinshäufer herrfcht doch in manchen Punkten Uebereinftimmung; defshalb können einige der in den nachfolgenden Kapiteln gemachten Beobachtungen verallgemeinert werden.

Ferner kann ganz allgemein bezüglich der Wahl der Bauftelle gefagt werden, dafs diefelbe meift durch die in jedem einzelnen Falle vorliegenden Umftände von vornherein beftimmt und da, wo dem nicht fo ift, in folcher Weife getroffen wird, dafs das Vereinshaus denjenigen Kreifen der Bevölkerung, denen feine Mitglieder angehören, möglichft leicht und bequem zugänglich ift.

Faft allen Vereinshäufern gemeinfam ift das Vorkommen von Räumen für Verabreichung von Speifen und Getränken, fei es ausfchliefslich für die Mitglieder der Gefellfchaften, fei es zugleich oder aufserdem für Gäfte im Allgemeinen.

Anordnung und Einrichtung diefer Trink- und Speiferäume, gleich wie diejenige fämmtlicher Beftandtheile des Vereinshaufes, find in allem Wefentlichen denjenigen der im vorhergehenden Hefte (Abfchn. 1, Kap. 3, unter b) diefes Halbbandes eingehend befprochenen Gefellfchafts-, Gaft- und Wirthfchaftsräumen gleich. Nur die Ablegeräume, welche bei vielen Vereinshäufern eine nicht unbedeutende Rolle fpielen, find bislang noch nicht befprochen worden; doch findet fich in Theil IV, Halbband 6, Heft 3 (Abth. VI, Abfchn. 3, C, Kap.: Concert- und Saalgebäude) das Erforderliche über Abmeffungen, Anlage und Einrichtung folcher Räume.

Die Befonderheiten der Anlage gehen aus der nachfolgenden Betrachtung der einzelnen Arten von Vereinshäufern hervor.

1. Kapitel.
Gebäude für gefellige Vereine und Clubhäufer.
Von Dr. Heinrich Wagner.

56 Allgemeines.

Die Unterfchiede der Anlage von Gebäuden für gefellige Vereine und von Clubhäufern find hauptfächlich in den verfchiedenartigen Anfprüchen und Gepflogenheiten der einzelnen Claffen der Gefellfchaft, aus denen fich die Vereine zufammenfetzen, theilweife auch in örtlichen Eigenthümlichkeiten zu fuchen.

a) Gebäude für gefellige Vereine.

57. Zweck und Entftehung.

Die Pflege der Gefelligkeit ift es, die nach vorftehender Bezeichnung von diefen Vereinen vorzugsweife ausgeübt wird. Gerade bei uns in Deutfchland und in den ftammverwandten Ländern haben das gefellige Leben und das Vereinswefen, welches die Förderung des erfteren zu einer feiner Aufgaben gemacht hat, von jeher einen fruchtbaren Boden gehabt.

Den deutlichften Beweis liefert die fprachliche Abftammung des Wortes, das den Begriff ›gefellig‹ feft ftellt. Gefell ift fo viel, als Mitglied der betreffenden Gefellfchaft oder Genoffenfchaft (Corporation). Den Zünften gegenüber beftanden nämlich fociale und politifche Gefellfchaften unter den Gefchlechtern und angefehenen Bürgern der Städte fchon von früher Zeit her; in Frankfurt a. M.[34]) z. B. fchon feit dem XIV. Jahrhundert befonders die Gefellfchaften Limpurg, Frauenftein, Löwenftein und Laderam. Unter diefen behauptete die erftere von jeher den erften Rang, da fie aus Angehörigen adeliger Gefchlechter

---

34) Nach: Cornill, O. Neujahrsblatt des Vereirs für Gefchichte und Alterthumskunde zu Frankfurt a. M. für das Jahr 1871. Frankfurt a. M. 1871. S. 2.

und alter Patrizier-Familien bestand. In der Gesellschaft Frauenstein befanden sich vorwiegend die angesehenen und reichen Kaufleute. Die Gesellschaften Löwenstein und Laderam bestanden nicht so lange, wie die beiden anderen. Die Namen hatten die Gesellschaften von den Häusern angenommen, in denen sie ihre Zusammenkünfte hielten.

Aehnliche Verhältnisse bestanden an anderen Orten, und es geht daraus hervor, dafs in den alten Zeiten diese Gesellschaften die Standesvorrechte ihrer Mitglieder auf das strengste gewahrt haben. Auch bei den geselligen Vereinen von heute, die sich theils seit Ende des vorigen, theils seit Anfang dieses Jahrhundertes überall gebildet haben, sind die Classenunterschiede keineswegs verwischt. Für die Entstehung und Entwickelung unserer Vereine war das Leben in den zahlreichen kleinen Residenzstädten, das mitunter gar sehr der Anregung bedurfte, ganz günstig, obgleich Anfangs noch sehr einfache, zum Theile höchst eigenthümliche Zustände herrschten.

56. Entwickelung.

Dies zeigt u. A. die Geschichte der Museums-Gesellschaft in Stuttgart[35]), die aus einem seit 1784 bestehenden Lese-Institut hervorging. Mit letzterem war schon zu jener frühen Zeit die Veranstaltung geselliger Vergnügungen verbunden; doch scheint die Gesellschaft in der Entwickelung allmählich zurückgegangen zu sein. Denn 1804 bestand dieselbe nur noch aus 80 Mitgliedern, welche einen Saal mit einem Nebenzimmer gemiethet hatten, worin 8 Lesetische, ein eben so vielen Talglichtern erhellt waren und etwa 25 Stühle die ganze Einrichtung bildeten. Seit 1807 machten sich die Bestrebungen einer Reformpartei geltend, die Neuerungen und Verbesserungen verlangte, »um auch von dieser Seite eine günstige Opinion für die nunmehrige königliche Haupt- und Residenzstadt im Auslande zu fixieren«. Als es diesen Kreisen endlich gelang, ihre Ideen durchzusetzen, nahm die Gesellschaft einen raschen Aufschwung. Sie führte von da an den Namen »Museum«; Mitglieder aus den besten Kreisen der Residenz schlossen sich an; Subscriptions-Bälle und Concerte wurden abgehalten, wobei jedoch »Frauenzimmer, welche die Confirmation noch nicht überstanden hätten, nicht erscheinen sollten«. Anordnung, Programm und Eintrittsgelder wurden von der Polizei vorgeschrieben. Schon beschäftigte sich die Museums-Gesellschaft mit dem Gedanken der Erwerbung eines eigenen Hauses; da traf sie plötzlich, wie ein Schlag aus heiterem Himmel, am 26. Febr. 1808 ein mittels sofortiger Schliefsung der Wirthschafts- und Conversations-Zimmer vollzogener allerhöchster Befehl, weil »das Institut eine ganz andere Wendung genommen habe, nicht mehr »literarische Beschäftigung, sondern Spiel, Tanz und Efsgelag sein Zweck sei, ja selbst mittels Zusammen»schiefsung ansehnlicher Summen die Erbauung eines eigenen Hauses beabsichtigt werde und hierdurch »Familienväter aus den Kanzleien, aus der Kauf- und Handelschaft, aus der Classe der höheren Staatsdiener »zu einem Aufwande verleitet werden, welcher offenbar den mehr oder weniger eingeschränkten Ver»mögensmitteln in keinem Verhältnifs stehe«.

Es blieb bei dem erlassenen Verbote, bis 1815 den Museums-Mitgliedern wieder gestattet wurde, zu musikalischen Unterhaltungen ohne Tanz, so wie zu erlaubten Spielen sich zu vereinigen und in ihren Räumen Erfrischungen verabreichen zu lassen. Im nächsten Jahre — König *Wilhelm* hatte die Regierung angetreten — erfolgte der Ankauf des alten Museums-Hauses in der Kanzleistrafse, und schon 1818 konnte der unterdefs neu erbaute Festsaal mit einem solennen Maskenballe, an dem auch der König und dessen Gemahlin theilnahmen, eröffnet werden. Von dieser Zeit an hat sich die Gesellschaft einer stetigen Weiterentwickelung zu erfreuen gehabt und besitzt nunmehr ein im Anschlufs an jenes alte Gebäude 1872—75 von *Wagner & Walter* errichtetes neues stattliches Haus[36]), aufserdem einen grofsen Garten mit prächtiger Aussicht und besonderem Gesellschaftshaus, die sog. »Silberburg«, die für Sommervergnügungen dienen.

Aehnlich wie in Stuttgart mag in anderen süddeutschen Residenzstädten das Vereinsleben sich entwickelt haben. In Karlsruhe wurde schon 1813 von *Weinbrenner* das dortige »Museum« und nach dessen Vorbild in Darmstadt 1816 von *Moller* das Haus der »Vereinigten Gesellschaft« erbaut. Letzteres wurde in dem nach guter alter Sitte beim Richtfest vorgetragenen Zimmermannsspruch als »Schule der feinen Geselligkeit« bezeichnet.

Aufser der mehr erwähnten, in Süddeutschland üblichen Benennung »Museum« und dem häufig vorkommenden Namen »Casino« werden vielfach auch andere Be-

---

[35]) Nach: Schwäbische Kronik, des Schwäbischen Merkurs zweite Abtheilung. Stuttgart 1876. Nr. 29, S. 22.
[36]) Siehe: Deutsche Bauz, 1873, S. 67 u. 1875, S. 443. — Deutsches Bauhandbuch. Band II, Theil 2. Berlin 1884. S. 760. — Architektonische Studien. Veröffentlichung vom Architekten-Verein am Kgl. Polytechnikum in Stuttgart. Heft 18, Bl. 5.

zeichnungen für das Vereins- oder Gesellschaftshaus, als »Ressource«, »Harmonie«, »Union«, »Erholung«, »Eintracht« etc., gebraucht.

59. Hauptbedingung. Wie indefs auch diefe Heimstätten der Gefelligkeit und des Frohfinnes heifsen mögen, fo haben doch die zunächft in Rede ftehenden Vereinshäufer das Gemeinfame, dafs etwaige Berufs- oder Fachangelegenheiten der Mitglieder wenig oder gar nicht hervortreten, vielmehr die Abhaltung von Concerten, Bällen und anderen Feftlichkeiten, welche unter Betheiligung der Damen ftattfinden, eine Hauptbedingung bildet. Dies ift für die bauliche Anlage und das Raumerfordernifs des Gebäudes von ausschlaggebender Bedeutung.

60. Räumliche Erforderniffe. Es geht daraus hervor, dafs in den Häufern der gefelligen Vereine vor Allem vorhanden zu fein pflegen:

1) Fefträume, beftehend aus:
   α) einem Concert- und Ballfaal, mit anfchliefsendem Damen-Salon und zugehörigen Nebenräumen;
   β) einem zweiten kleineren Saal, zugleich Speifefaal mit Anrichte;
   zuweilen kommen hinzu
   γ) Salons oder Converfations-Zimmer, die theils bei gröfseren Feftlichkeiten mit benutzt, theils an kleinere, gefchloffene Gefellfchaften abgegeben werden;
   δ) Flurfaal oder Vorzimmer, fo wie die erforderlichen Ablegeräume (Garderoben) für Damen und Herren, die in getrennter Lage und in Verbindung mit Wafch- und Bedürfnifsräumen anzuordnen find.

   Weitere Beftandtheile find:

2) Erholungsräume, und zwar:
   ε) Lefezimmer und Bibliothek, zuweilen mit Bücher-Abgaberaum;
   ζ) Billard-Zimmer;
   η) Karten-Spielzimmer;
   ϑ) Kegelbahn.

3) Bewirthungsräume, theils ausfchliefslich für Vereinsmitglieder, theils für andere Gäfte beftimmt:
   ι) Speife- und Trinkftuben, Reftaurations-Saal;
   in Verbindung damit, zuweilen
   κ) Garten mit Gafträumen im Freien, Hallen, Terraffen etc.;
   λ) Hauswirthfchaftsräume von angemeffener Ausdehnung.

   Die Keller find mitunter von namhafter Bedeutung, befonders dann, wenn grofse Weinvorräthe von der Gefellfchaft in Selbftverwaltung angekauft, gelagert und verkauft werden.

   Sowohl für die Erholungs-, als auch für die Bewirthungsräume unter 2 und 3 find befondere Kleiderablagen, Wafch- und Bedürfnifsräume anzuordnen.

4) Verwaltungsräume:
   μ) Sitzungszimmer des Vereinsvorftandes;
   ν) Zimmer für den Hausmeifter (auch Hausverwalter, Cuftos etc. genannt);
   ξ) Thorwartzimmer oder Pförtnerftube.

   Erforderlich find endlich noch

5) Vor- und Verbindungsräume, Neben- und Dienfträume, als:
   ο) Unterfahrt oder Auffahrt, Eingangshalle oder Flurfaal, Gänge, Haupt- und Nebentreppen;
   π) Wohnungen für Wirth, Hausmeifter, Dienerfchaft etc.

Innerhalb des im Vorftehenden gefchaffenen Rahmens können Zahl und Gröfse der Räume je nach Umftänden entfprechend eingefchränkt oder ausgedehnt werden. Das wefentliche Unterfcheidungsmerkmal der in Rede ftehenden Gattung von Vereinshäufern im Vergleich mit anderen bleibt aber immer das Vorkommen der unter α bis δ genannten Fefträume.

61. Vertheilung der Räume.

Die meiften Gefellfchaften haben ihren Sitz im Inneren der Stadt; auch nehmen die für ihre Zwecke erforderlichen Räume nach dem Vorhergehenden, felbft bei kleiner Anlage, eine folche Ausdehnung an, dafs die an verkehrsreichen oder vornehmen Strafsen und Plätzen gelegenen Vereinshäufer in der Regel zweigefchoffig, mitunter dreigefchoffig errichtet werden müffen. Die Fefträume liegen dann nicht, wie bei vielen anderen Saalbauten und Gefellfchaftshäufern, im Erdgefchofs, fondern bilden naturgemäfs das über dem letzteren gelegene Hauptgefchofs. Die Bewirthungsfäle, fo wie ein Theil der Erholungsräume pflegen im Erdgefchofs, die übrigen Räume theils in diefem, theils in den anderen Gefchoffen zweckentfprechend untergebracht und in folcher Weife vertheilt zu werden, dafs die Benutzung der verfchiedenen Gruppen von Gemächern ohne gegenfeitige Störung der Befucher gefchehen kann. Das etwaige Hinzufügen von Sälen für öffentliche Zwecke, Verkaufsläden etc. ift derfelben Bedingung unterworfen und beeinflufst Vertheilung und Anordnung der Räume.

62. Grundrifsbildung.

Je nach Lage und Anordnung der Fefträume, insbefondere derjenigen des grofsen Saales, laffen fich verfchiedene Grundrifs-Typen unterfcheiden, welche wohl bei verwandten Gebäudearten, gleich wie bei anderen Vereinshäufern vorkommen, zu deren Kennzeichnung aber die nachfolgenden Beifpiele befonders geeignet erfcheinen. Es kann hierbei zugleich die Betrachtung der Anlage im Einzelnen vorgenommen werden.

63. Typus 1

Als einfachfte und knappfte Grundrifsanordnung kann diejenige bezeichnet werden, wobei der Saal, der nahezu die eine Hälfte der Grundrifsfigur einnimmt, mit den übrigen Fefträumen ein Hufeifen bildet, zwifchen deffen Armen Haupttreppe und Flurfaal liegen. Die Axe diefer Vorräume ift fenkrecht zur Saalaxe und zu dem in der Mitte der Langfeite des Haufes befindlichen Eingangsflur gerichtet. Diefen Typus zeigt das 1881—82 von *Lender* erbaute »Deutfche Cafino« zu Strafsburg (Fig. 29 bis 31 [37]).

Aufser den in den beiden Grundriffen angegebenen Räumen enthält das Gebäude im Sockelgefchofs rechts vom Eingang eine grofse Pförtnerftube, links ein Wirthfchaftszimmer, aufserdem Keller, Küche und Zubehör; im Knieftock befindet fich die Wohnung des Reftaurateurs, von 3,5 m lichter Höhe. Erdgefchofs und Hauptgefchofs haben einfchliefslich Gebälk eine Höhe von 5,0 m; der Feftfaal hat durch Hinzuziehen des Knieftockes 7,5 m lichte Höhe, das Untergefchofs eine folche von 3,0 m erhalten; die Sockelhöhe über der Erde beträgt 2,6 m. Die Decke des Gefellfchafts- und Billard-Saales ift in Tannen-

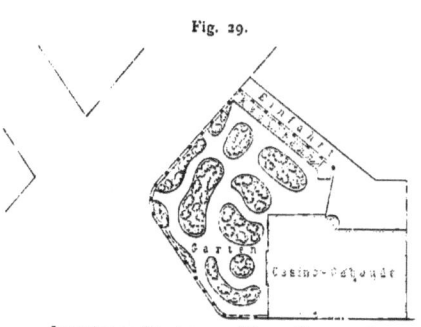

Fig. 29.

Lageplan zu Fig. 30 u. 31 [37]. — 1/1000 w. Gr.

---

[37] Nach den von Herrn Director und Architekt *H. Lender* in Heidelberg freundlichft mitgetheilten Original-Plänen.

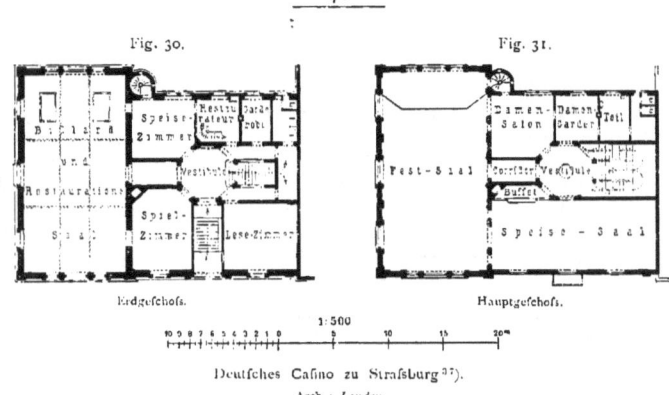

Fig. 30.   Fig. 31.

Erdgefchofs.   Hauptgefchofs.

1:500

Deutfches Cafino zu Strafsburg[37]).
Arch.: *Lender*.

holz und von der Gebälke-Conftruction getrennt hergeftellt, um bei Bällen, Concerten und anderen Feftlichkeiten die Verbreitung des Tones möglichft zu verhindern, was in Wirklichkeit ziemlich vollftändig erreicht worden ift.

Der Façaden-Sockel, gleich wie fämmtliche Treppenftufen find von rothem Vogefen-Sandftein, die Structurtheile der oberen Gefchoffe von warmgelbem Sandftein aus Bitfch in Lothringen, die Façadenflächen aus ledergelben Blendfteinen von *Holzmann & Co.* in Frankfurt a. M., fämmtliche Scheidewände im Inneren aus Backfteinen hergeftellt.

Die Baukoften des Haufes fammt Terraffe beliefen fich auf 108 000 Mark und, einfchl. Gaskronen und Mobiliar-Einrichtung, auf 122 000 Mark, alfo bei 470 qm überbauter Grundfläche auf rund 230 Mark, bezw. 260 Mark für das Quadr.-Meter. Die Erwerbung des Bauplatzes beanfpruchte 72 000 Mark, Zinfen und Unkoften weitere 6000 Mark, fo dafs der Gefammtaufwand rund 200 000 Mark betrug. Fig. 29 zeigt den Lageplan des ganzen Anwefens.

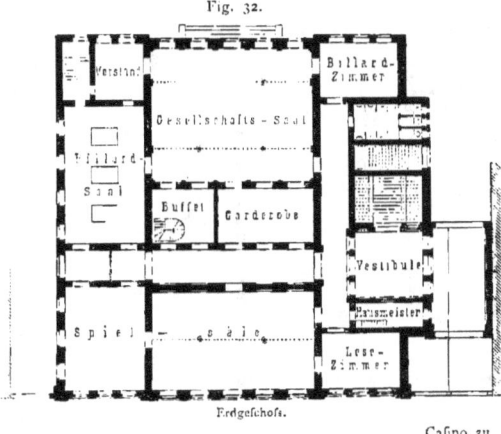

Fig. 32.

Erdgefchofs.

¹/₃₀₀ w. Gr.

Cafino zu

Eine ähnliche Grundrifsanordnung ift dem in Art. 121 zu befprechenden »kaufmännifchen Vereinshaus« zu Leipzig (Arch.: *Grimm*), ferner dem Logengebäude zu Schneeberg i. S. (Arch.: *Prifchmann*[38]) u. a. zu Grunde gelegt.

64. Typus II.

Die weitaus am häufigften vorkommende, für gröfsere Gebäudeanlagen fehr geeignete Grundrifsanordnung kennzeichnet fich durch eine im Wefentlichen fymmetrifche äufsere Erfcheinung des Haufes; den Mittelbau deffelben bilden Feftfaal

[38]) Siehe: Baugwks.-Ztg. 1884, S. 288.

und Vorſaal; hieran ſind, mit paralleler Axenrichtung, einerſeits Speiſeſaal mit Nebenräumen, andererſeits die übrigen Geſellſchafts- und Vorräume angereiht. Dieſen Grundriſs-Typus zeigen u. A. das Caſino im Augarten zu Brünn (1855 von *L. v. Förſter* erbaut [39]), das Caſino zu Saarbrücken (1865—66 von *Raſchdorff* erbaut [40]), ſo wie mehrere der in Theil IV, Halbband 6, Heft 3 dieſes »Handbuches« (Abth. VI, Abſchn. 3, C) noch zu beſprechenden Concert- und Saalgebäude.

Als Beiſpiel diene das zweigeſchoſſige Vereinshaus »Caſino« in Wiesbaden (Fig. 32 u. 33 [41]), das 1872—73 von *Bogler* auf der Bauſtelle, welche die Gebäude des früheren Caſinos einnahmen, in der Friedrichsſtraſse erbaut wurde.

Das I. Obergeſchoſs umfaſst die anſehnlichen Feſträume, beſtehend aus: dem groſsen Saal, 22 m lang, 15 m breit und 10 m hoch; dem Vorſaal, 15 m lang, 9 m breit und 5,5 m hoch, mit darüber liegender groſser Orcheſter-Galerie; den Speiſeſälen, zuſammen 25,5 m lang, 7 m breit und 5,5 m hoch, mit Anrichte und Lauftreppe; dem Damenzimmer mit Zubehör nach der Rückſeite und Muſik-Salon nach der Vorderſeite, dazwiſchen Nebentreppe, Flurhalle, Haupttreppe und Herrenaborte, durch den Flurgang unter einander in Verbindung geſetzt. Die Kleiderablage bildet einen beſonderen Anbau an die Flurhalle.

Unmittelbar darunter im Erdgeſchoſs befinden ſich Anfahrt und Eintrittshalle, mittels deren man zu einem quer unter dem groſsen Saal angeordneten Flurgang gelangt, der einerſeits zu den Spielſälen, andererſeits durch Kleiderablage und Buffet zu dem nach dem Garten geöffneten Reſtaurations- und Geſellſchaftsſaal führt. Vom Ende des Ganges aus gelangt man in den Billard-Saal. Das kleine Vorſtandszimmer an der Rückſeite des Hauſes hat einen beſonderen Zugang vom Vorplatz der Nebentreppe und ſteht auſserdem mit dem Geſellſchaftsſaal in unmittelbarer Verbindung. Ein weiteres kleines Zimmer und ein Leſezimmer liegen an den entſprechenden Ecken der Eingangsſeite und ſind, gleich wie die Herrenaborte, von dem längs der Haupttreppe angeordneten Flurgang aus zugänglich. Die Höhe des Erdgeſchoſses beträgt 5,5 m.

Fig. 33.

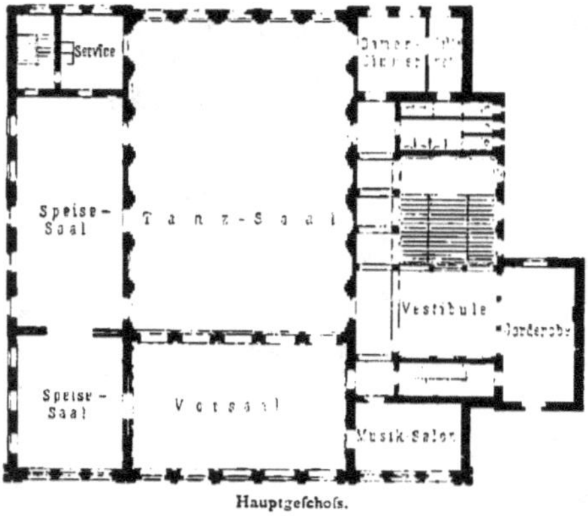

Ueber dem Vorſaal des Hauptgeſchoſſes, in dem mit einem II. Obergeſchoſs verſehenen Mittelbau, befindet ſich auſser der ſchon erwähnten Orcheſter-Galerie die Wohnung des Hausmeiſters. Das Sockelgeſchoſs enthält die Küchen- und Kellerräume, auch die Heizöfen der Feuerluftheizung, mittels deren die Caſinoräume erwärmt werden.

Das in Putzbau ausgeführte Hauptgebäude beanſpruchte eine Bauſumme von rund 240000 Mark oder 200 Mark für das Quadr.-Meter ohne innere Einrichtung und Mobiliar.

Wiesbaden [41]. Hauptgeſchoſs. Arch.: *Bogler*.

c. Typus III.

Eine weitere Entwickelung der Grundriſsanordnung entſteht, wenn die Feſtſäle nicht unmittelbar, ſondern mittels Flurſaal, Gänge und Treppenhaus in geeigneter Weiſe verbunden, im Uebrigen ähnlich wie in Typus II nach parallelen oder ſenkrecht zu einander gerichteten Axen geordnet ſind. Die kleineren Geſellſchaftsräume werden den örtlichen Umſtänden, der Geſtaltung der Bauſtelle etc. entſprechend, angereiht.

---

[39]) Siehe: Allg. Bauz. 1855, S. 198 u. Bl. 707 bis 712.
[40]) Siehe: Zeitſchr. f. Bauw. 1869, S. 193 u. Bl. 28 bis 30.
[41]) Nach den von Herrn Architekten *Bogler* in Wiesbaden freundlichſt mitgetheilten Original-Plänen.

In klarer und schöner Weise erscheint dieser Typus in den Grundrissen der »Harmonie« zu Heilbronn (Fig. 34 u. 35 [42]), von *Reinhardt* erbaut, durchgeführt. Die Saalanlage ist im Aeufseren durch den basilikalen Aufbau, so wie durch die kräftigen Mittel-Vorlagen in den Stirnseiten des Haufes ausgedrückt. Der grofse Saal hat eine Bodenfläche von 330 qm, der kleine Saal eine folche von 153 qm; die lichte Höhe beträgt 11 m, bezw. 10 m. Beide Säle haben eine Orchester-Galerie, erfterer über dem Vorfaal, letzterer über der Loggia erhalten. Die rückwärts

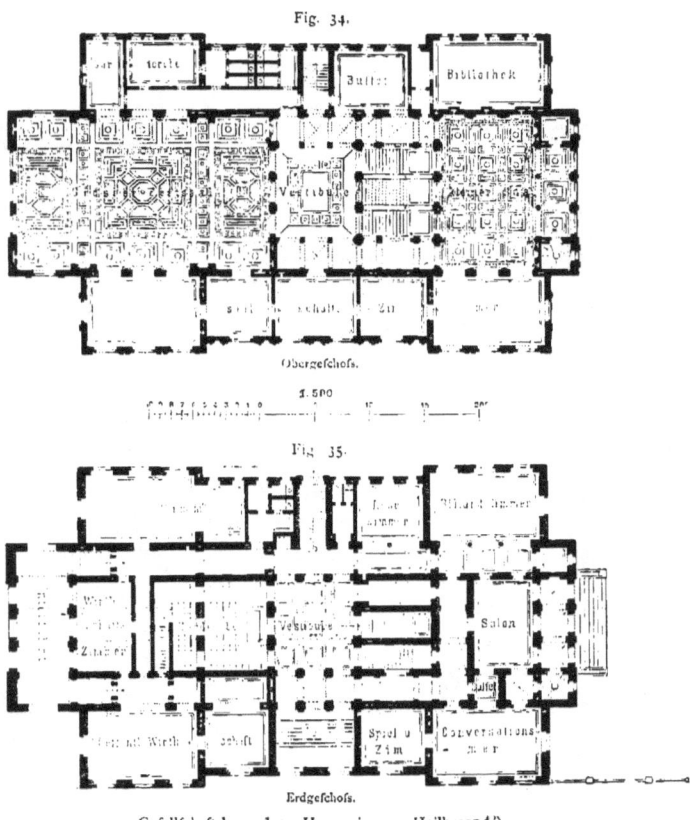

Gefellfchaftshaus der »Harmonie« zu Heilbronn [42]).
Arch.: *Reinhardt.*

liegenden, die ganze hintere Langseite einnehmenden Nebenzimmer sind viel niedriger, als die vorderen Gesellschaftsräume, so dass über jenen die Wohnungen für Wirth und Hausmeister, je mit abgeschlossenem Gange, untergebracht werden konnten.

Das Erdgeschofs, einschliefslich Gebälke 5 m hoch, zerfällt in zwei getrennte Hälften; die eine derselben enthält die gegen den anstofsenden Garten mittels einer Halle geöffneten Erholungsräume der Ge-

---

[42] Nach: Allg. Bauz. 1880, S. 8 u. Bl. 1 bis 3.

sellschaft, die andere die gegen die Nachbargrenze zu gelegenen, von der Unterfahrt aus zugänglichen öffentlichen Wirthschaftsräume, auserdem Haupt-Ablegeraum, Probezimmer und Aborte, die von dem Flursaal und von der Eingangshalle aus betreten werden. Diese liegen inmitten der ganzen Anlage und stehen durch die Haupttreppe, so wie die anschliefsenden Galerien mit den Fest- und Gesellschaftsräumen in bequemer Verbindung. Die Durchführung der vier Fensteraxen in der Rücklage der vorderen Langseite, im Hauptgeschofs und Erdgeschofs, bedingte die Anordnung zweier symmetrischer Eingangsthüren, an Stelle deren ein Mittelportal zur Auszeichnung der Hauptaxe vorzuziehen gewesen wäre.

In dem nur wenig über dem Erdboden erhöhten Sockel- und Kellergeschofs sind die Hauswirthschaftsräume, die Kaminern für Feuerluftheizung etc. untergebracht.

Die Haupt-Structurtheile der äufseren Architektur sind aus schönem Heilbronner Sandstein, die grofsen und kleinen Giebelfelder aus Cementguss, die Eckaufsätze und bekrönenden Adler der Vorlagen aus Zinkgufs, das Mauerwerk im Aeufseren und Inneren aus Backstein mit Putz hergestellt.

Der Bau ist im Spätherbst 1875 begonnen und zu Anfang 1878 der Benutzung übergeben worden. Die Gesammtbaukosten (ohne Architekten-Honorar) betrugen 306 764 Mark; hiernach berechnet sich, bei 1330 qm überbauter Grundfläche und 19 515 cbm Rauminhalt (von Sockelunterkante bis Oberkante des obersten Hauptgesimses gemessen), das Quadr.-Meter zu rund 230 Mark, das Cub.-Meter zu 15,72 Mark.

Nach demselben Grundrifs-Typus sind u. A. der Plan des in Kap. 4 (unter b) mitgetheilten Architekten-Vereinshauses in Berlin (Arch.: *Titz, Ende & Boeckmann*), das auf links und rechts angebauter, ziemlich beengter Baustelle steht, ferner die im gleichen Kapitel (unter c) beschriebene Anlage des Künstlerhauses in Wien (Arch.: *Weber*) und des Casino-Gebäudes in Carlstadt i. S. (Arch.: *Turner* [42]) gebildet.

Als andere häufig vorkommende Grundrisbildungen mögen diejenigen in ⌐-, ⌐- und ⌐-Form, unter Hinweis auf die nachfolgenden Beispiele, kurz hervorgehoben werden. Der Saal bildet hierbei den mittleren, bezw. den seitlichen Theil; dem entsprechend sind Eingang und Vorräume entweder in der Hauptaxe der Vorderfront oder an der Ecke derselben angeordnet.

16. Typen IV, V u. VI.

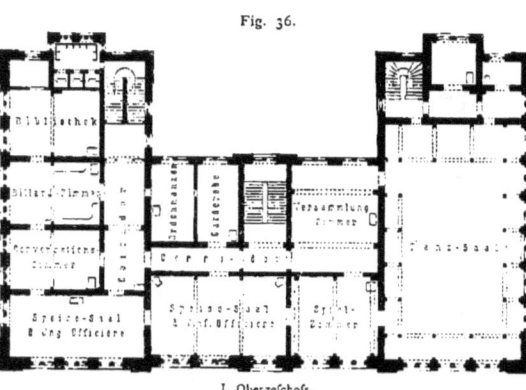

Fig. 36.

I. Obergeschofs.
1:500

Militär-Casino zu Stettin [47].
Entworfen von der Königl. Fortification in Stettin.

Die ⌐-Form zeigen z. B. das Marine-Casino in Pola (Arch.: *Adam* [44]), so wie das Gesellschaftshaus der »Concordia« in Hagen (Arch.: *Henke* [45]); die ⌐-Form ist dem für dasselbe Gesellschaftshaus zu Hagen entworfenen, doch nicht ausgeführten Plane *Ende's* [46], ferner dem in Kap. 4 (unter e) besprochenen Kunstvereinshaus zu Cassel (Arch.: *Scholtz*) und dem Gesellschaftshause der Georgs-Marien-Hütte bei Osnabrück (in Kap. 3, unter d beschrieben) zu Grunde gelegt.

Als eine unter diese Typen zu reihende Anlage in ⌐-Form

[43] Siehe: Allg. Bauz. 1882, Bl. 10—12.
[44] Siehe: Zeitschr. d. bayer. Arch.- u. Ing.-Ver. 1871, S. 544 u. Bl. 9.
[45] Siehe: Zeitschr. f. Bauhdw. 1863. S. 155 u. Bl. 22.
[46] Siehe: Zeitschr. f. prakt. Bauk. 1862, S. 10 u. Bl 3 u. 6.
[47] Nach: Deutsche Bauz. 1871, S. 289 u. 293.

Handbuch der Architektur. IV 4, b. (2. Aufl.)

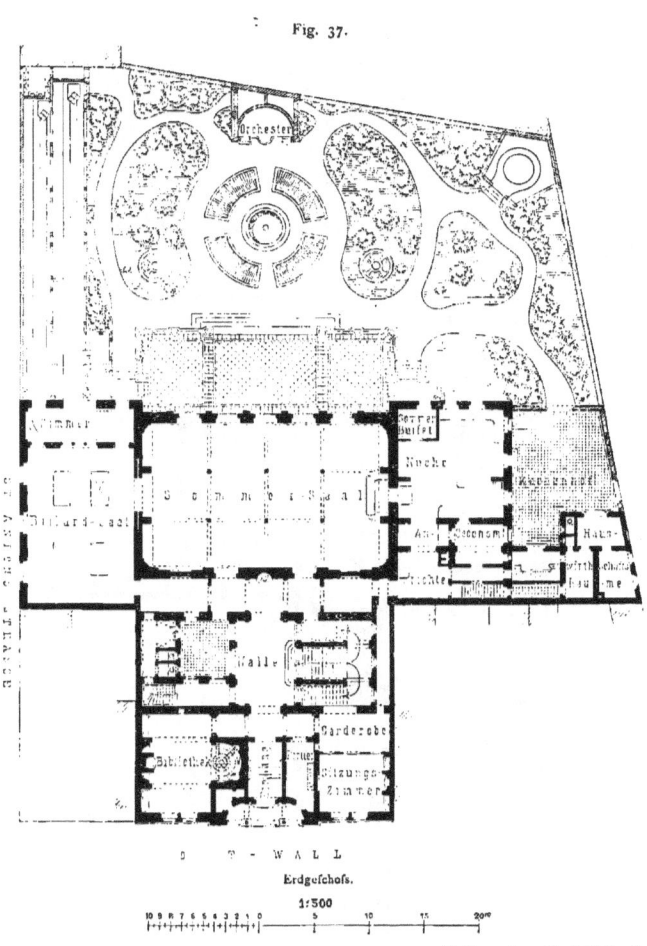

Fig. 37.

Erdgefchofs.
1:500

Cafino der Gefellfchaft

wird in Fig. 36[17]) der Grundrifs des Militär-Cafinos zu Stettin mitgetheilt. Daffelbe dient zugleich als Beifpiel diefer eigenartigen, einen Beftandtheil vieler Cafernen bildenden Offiziers-Cafinos.

Die Cafinoräume beftehen aus 1 Feftfaal und 7 grofsen Gefellfchaftszimmern mit den nöthigen Neben- und Vorräumen und nehmen das ganze Hauptgefchofs des Gebäudes ein. Der Saal, 22,0 m lang, 12,5 m breit und 9,4 m hoch, ift zweigefchoffig und mit umlaufenden Galerien ausgebildet, die Decke caffettirt. Der übrige Theil des II. Obergefchoffes, gleich wie das Erdgefchofs, enthalten die Mannfchafts-zimmer. Im Kellergefchofs liegen die Hauswirthfchaftsräume, fo wie die Heizkammer für die Feuerluftheizung des Saales. Die in der Mittellinie des Gebäudes gelegene Haupttreppe führt zu den Cafinoräumen und endigt im I. Obergefchofs.

Das 1869—70 in Backftein-Rohbau, in gelben Birkenwerder Verblendfteinen und Terracotten ausgeführte Gebäude wurde f. Z. Seitens der Königl. Fortification in Stettin entworfen und im bautechnifchen Bureau des Kriegsminifteriums bearbeitet. Die Baukoften für Caferne und Militär-Cafino berechnen fich zu 210 Mark für das Quadr.-Meter und 8,3 Mark für das Cub.-Meter.

Weniger häufig find die ausfchliefslich den Zwecken der Militär-Cafinos dienenden felbftändigen Gebäude, die in allem Wefentlichen mit den Häufern der gefelligen Vereine übereinftimmen.

In letzter Reihe find die mehr oder weniger unregelmäfsigen Grundrifsbildungen zu nennen, die in Anordnung und Gruppirung der Räume theils dem einen, theils dem anderen der vorbefprochenen Typen ähnlich find.

Bei den durch die Zertheilung und Geftalt der Grundftücke bedingten, oft fehr eingeengten ftädtifchen Anlagen pflegen die Säle im Hinterlande der Bauftelle untergebracht zu werden, und die Eigenthümlichkeiten und Schwierigkeiten der

Fig. 38.

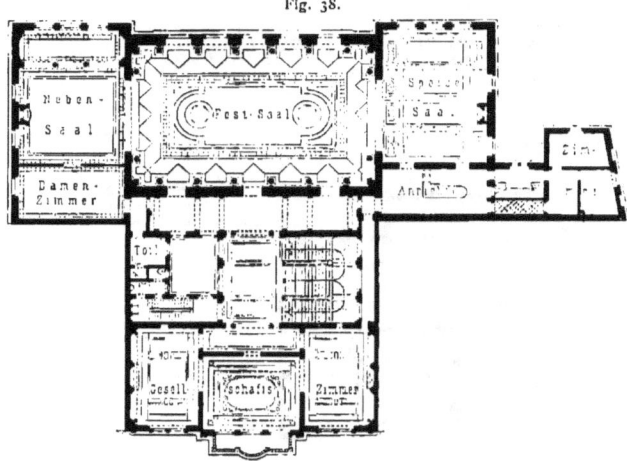

Hauptgefchofs.

Arch.: *Giefe*.

Vereine zu Crefeld [49]).

Aufgabe geben, gleich wie bei manchen anderen Gebäudearten [48]), Anlafs zu höchft lehrreichen, eigenartigen Löfungen.

Eine beinahe ganz regelmäfsige, in T-Form entwickelte Anlage zeigt das Cafino der Gefellfchaft »Verein« zu Crefeld (Fig. 37 u. 38 [49]), entworfen von *Giefe* und von demfelben in Gemeinfchaft mit *Deckers* ausgeführt.

[48]) Siehe: Allgemeines Militär-Cafino in Metz. Zeitfchr. f. Baukde. 1879, S 148.

[49]) Nach den von Herrn Baurath Profeffor *Giefe* in Dresden freundlichft mitgetheilten Plänen, erfchienen in: Architektonifche Entwürfe, gefammelt vom Architekten-Verein am Kgl. Polytechnikum zu Dresden. Jahrg. III, Nr. 42 bis 44.

Der Grundrifs des Gebäudes ift in äufserft gefchickter Weife der befchränkten, an zwei Strafsenzügen grenzenden Bauftelle angepafst. Diefelbe ift an der Hauptfront am Oftwall durch die beiden Nachbarhäufer eingeengt, nach hinten aber beträchtlich erweitert. In Folge deffen wurden die Säle, welche theils vom Garten, theils von der St. Antons-Strafse aus erhellt find, im rückwärtigen Theile des Anwefens, die Gefellfchaftszimmer, Bibliothek, Sitzungszimmer und Eingangshalle an der Vorderfront am Oftwall und

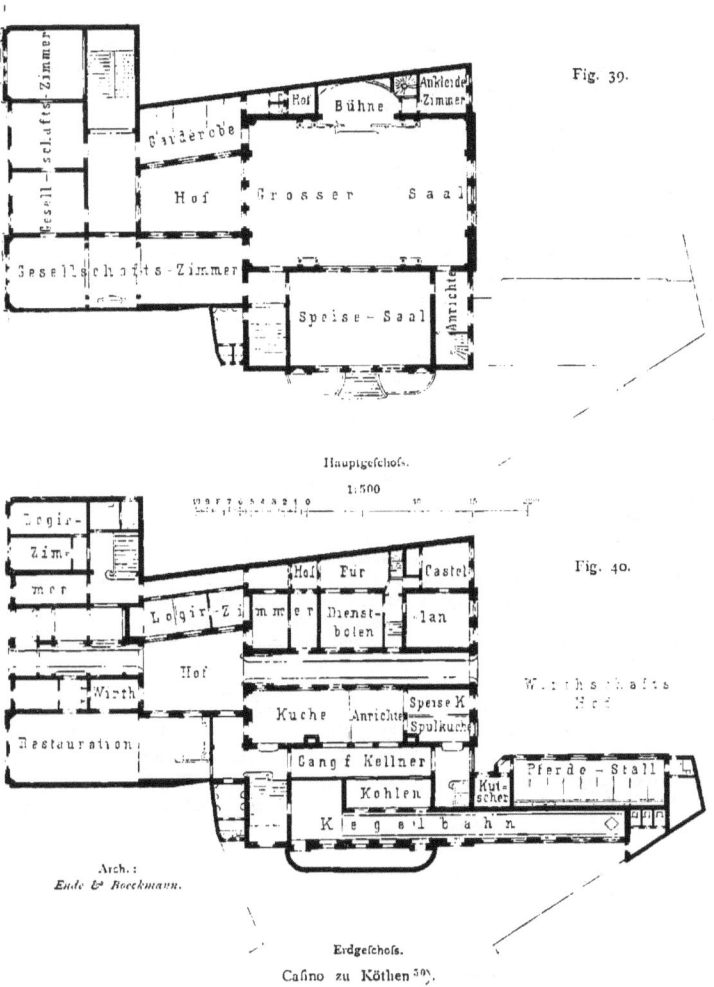

Fig. 39.

Hauptgefchofs.
1:500

Fig. 40.

Arch.:
Ende & Boeckmann.

Erdgefchofs.
Cafino zu Köthen [50]).

---

[50]) Nach den von den Herren *Ende & Boeckmann* in Berlin freundlichft mitgetheilten Original-Plänen.

zwifchen diefen Räumen die Treppen, Flure und Bedürfnifsräume im Lichthof angeordnet. Die Verbindung ift fowohl im Hauptgefchofs, als im Erdgefchofs durch breite, längs des Feftfaales und darunter liegenden Sommerfaales angereihte Quergalerieen, fo wie durch die Flurhallen und die hinter der Haupttreppe befindlichen Dienftflure bewerkftelligt. Küche und Zubehör liegen nicht minder vortheilhaft für die Bewirthung der Gäfte im Sommerfaal und Speifefaal, als derjenigen im Garten. Ein befonders eingefriedigter Küchenhof und die Räume eines zweigefchoffigen Anbaues dienen zur Vervollftändigung der Hauswirthfchaftsräume.

Der Feftfaal hat eine lichte Höhe von 9,3 m, die übrigen Säle haben eine folche von 5,3 m bis 5,8 m erhalten. Die Architektur im Inneren und Aeufseren des Haufes ift in würdiger Weife durchgebildet. Die Gartenanlage ift mit breiter Terraffe vor dem Sommerfaal, Fontaine und halbkreisförmigem Mufikzelt nach der Hauptaxe des Ganzen geordnet. Dem Billard-Saal fchliefst fich die Kegelftube mit doppelter Kegelbahn an; in der ftumpfen Ecke des Gartens ift ein Sommerhaus errichtet.

Die Ausführung des Gebäudes erfolgte in zwei Zeitabfchnitten. Zuerft wurde 1872 der Hinterbau mit den Sälen, alsdann 1873 der Vorderbau mit den Gefellfchaftszimmern am Oftwall, letzterer Theil unter der alleinigen Oberleitung *Giefe*'s erbaut. Die Baukoften betrugen für den Hinterbau 234000 Mark, für den Vorderbau 182000 Mark; in diefen Summen find die Koften für Heizung (6000 Mark), Gasleitung, Beleuchtungskörper, Mobiliar etc. nicht inbegriffen.

Nicht weniger bemerkenswerth ift das von *Ende & Boeckmann* auf fehr unregelmäfsiger Bauftelle errichtete Vereinshaus in Köthen (Fig. 39 u. 40 [50]).

Im Grundrifs des oberen (Haupt-) Gefchoffes (Fig. 39) erfcheinen der grofse Saal und der Speifefaal in unmittelbarem Anfchlufs an einander nach parallelen Axen geordnet und mit den nöthigen Vor- und Nebenräumen im rückwärtigen Theile des Grundftückes gegen den Wirthfchaftshof und Garten gerichtet. Die Bühne des grofsen Saales liegt in der Queraxe; der Zugang erfolgt durch die Gefellfchaftszimmer, bezw. durch die Kleiderablage, welche nebft Treppe und Gang um den Binnenhof gruppirt find. Vom Speifefaale aus gelangt man mittels einer Freitreppe auf die gegen den Garten zu liegende Terraffe.

Sehr zweckmäfsig find die Dienft- und Nebenräume der Säle, Ankleidezimmer neben der Bühne mit befonderer Treppe und Eingang von der unteren Durchfahrt, Anrichte mit Lauftreppe auf der anderen Seite, Damenaborte in Verbindung mit der Kleiderablage etc. angeordnet. Die Herrenaborte befinden fich im Erdgefchofs nächft der Nebentreppe.

Das Erdgefchofs wird durch die Durchfahrt getheilt; es enthält einerfeits neben der Einfahrt einen befonderen, zur Haupttreppe führenden Fufsgängereingang, eine Anzahl Schlafzimmer für auswärtige Vereinsmitglieder und Wohnräume für Caftellan und Dienftboten; andererfeits liegen Reftaurations- und Wirthsräume, Kegelbahn, Küche mit Zubehör und, in befonderem Anbau gegen den Wirthfchaftshof, Kutfcherftube und Stallungen für die Pferde der mit eigenem Wagen anfahrenden Mitglieder der Gefellfchaft. Das Erdgefchofs hat, einfchl. Gebälk, eine Höhe von 4,0 m; die Gefellfchaftszimmer des Hauptgefchoffes find 4,80 m, der Speifefaal ift 7,0 m und der grofse Saal 9,0 m hoch, von Oberkante zu Oberkante der Balken gemeffen. Die Grundfläche des Feftfaales hat 18,7 × 20,0 m, diejenige des Speifefaales 8,7 × 13,0 m.

Das in Backftein-Rohbau durchgeführte, mit Sgraffiti gefchmückte Aeufsere erfcheint befonders wirkungsvoll nach der Gartenfeite zu.

Zu den Beifpielen von auf befchränkter Bauftelle, in gefchloffener Reihe mit Nachbargebäuden errichteten Vereinshäufern gehört auch dasjenige der Gefellfchaft »Erholung« zu Aachen (Arch.: *Ewerbeck* [51]). Eines der gröfsten ift das in Art. 58 (S. 43) bereits erwähnte Haus der »Mufeums«-Gefellfchaft in Stuttgart.

Schliefslich mag noch als Grundrifs-Typus von ganz unregelmäfsigen, frei entwickelten Eckhäufern auf die im Folgenden (unter b) zu befprechenden Gebäude des *St. Stephen's-club* zu London, des *Jockey-club* zu Paris u. a. m. verwiefen werden.

b) Clubhäufer.

Die Clubs von ehemals waren nach *Johnfon* »Verfammlungen guter Genoffen. (*Good fellows*), die unter Einhaltung gewiffer, felbft auferlegter Beftimmungen zu gemeinfamem Zwecke zufammenkamen. »Das Ziel unferes Clubs ift die Förderung der Unterhaltung und Freundfchaft«, fagt *Swift*.

65. Zweck und Entftehung

---

[51]) Siehe: Zeitfchr. d. Arch.- u. Ing.-Ver. zu Hannover 1874, S. 349 u. Bl. 5.3 bis 604.

Es war während der Glanzzeit Englands, noch unter Königin *Elifabeth*, als die erften Clubs in London entftanden [52]). Sie hatten ihren Sitz in den angefehenen Tavernen von *Fleet-ftreet* oder *Covent-garden* aufgefchlagen.

Der erfte Club foll von *Sir Walter Raleigh* in der famofen »Waffernixe« *(Mermaid)* in *Friday-ftreet* geftiftet worden fein; hier pflegten *Shakefpeare, Ben Johnfon, Beaumont, Fletcher* und deren Geiftesgenoffen zu verkehren; der zweite wurde von *Ben Johnfon* in der »Teufels-Taverne« *(Devil tavern)* in *Fleet-ftreet* gegründet. Auch *Dick*'s und *Will*'s *Coffee-houfes* u. a. m. [53]) hatten ihre Clubs, in denen Staatsmänner, Schöngeifter, Künftler und Handelsherren nach des Tages Laft und Mühe die willkommene Erholung und Labung in gefelligem Kreife fanden und genoffen.

So verblieb es während des XVII. und XVIII. Jahrhundertes. Die Schriften eines *Steele, Addifon, Johnfon* etc. find fämmtlich mit den Zuthaten des Clublebens gewürzt. Den befcheidenen Anfprüchen jener Zeit gemäfs genügte hierfür noch ein einziger fchlichter Raum; heute müffen grofse, palaftartige Bauten, die ausfchliefslich den Zwecken des Clubs dienen, errichtet werden.

69. Jetztzeit.

Die gegenwärtig übliche Art von Clubhäufern gehört in der That zu den Schöpfungen unferes Jahrhundertes.

In London waren es vornehmlich die nach der Schlacht von Waterloo in grofser Zahl in den Ruheftand getretenen Officiere, die an gefelliges Zufammenleben gewohnt waren und zu ungeftörter Fortführung deffelben eigene Clubhäufer errichten liefsen, in denen fie ohne gar zu grofsen Aufwand ihre Mufseftunden in angemeffener und behaglicher Weife verbringen konnten. Die Würdenträger der Kirche, Univerfitäts- und Magiftrats-Perfonen, Rechtsgelehrte, Aerzte, Schriftfteller etc. folgten den gegebenen Beifpiele, indem fie ihrerfeits Clubs bildeten, deren Angehörige ähnlichen Sinnes und Standes find und deren Namen *(United Service, Army & Navy, Athenaeum, Travellers, Univerfity, Confervative, Reform* etc.*)* gewiffermafsen als Schild des Haufes erfcheinen, mit welchem das Wefen und die Eigenart der einzelnen Gefellfchaften bezeichnet werden.

In den Clubhäufern Londons erfreuen fich die Krieger der Flotte und der Armee der Segnungen des Friedens und folgen den Kriegsereigniffen in fernen Ländern. Hier findet der Gelehrte und Schriftfteller Alles, was feinen Zielen und Anfchauungen entfpricht; hier geniefst der Junggefelle die Vorzüge eines fchönen, behaglichen Daheims. In den politifchen Clubs weilen die Referven der Parteien für und gegen das Minifterium, für Majorität oder Minorität; es wirken darin die Veteranen und Führer der einzelnen Bezirke, welche die »Seele der Kriegsführung« (*Sinews of war*), die Geldmittel, herbeifchaffen, die Organifation der Partei beftändig aufrecht erhalten und Stimmung zu machen fuchen.

70. Erforderniffe.

Wie verfchieden indeffen die Ziele der einzelnen Kreife fein mögen, fo ftimmen fie doch in einigen Grundzügen überein, u. A. in dem unbedingten Ausfchlufs der Damen. Bälle, Concerte, Sommerfefte etc., die in vielen unferer Vereinshäufer, Cafinos etc. ftattzufinden pflegen, kommen dort nicht vor.

Hierdurch ift zugleich das Mafs der räumlichen Erforderniffe bis auf einen gewiffen Grad feft geftellt und begrenzt. Für das Clubhaus find nur die dem gefelligen Zufammenleben von Herren, oder genauer von *Gentlemen*, dienenden Gemächer mit den zugehörigen Verkehrs- und Hauswirthfchaftsräumen, diefe aber auch in um fo ausgedehnterem Mafse, nöthig.

Die der allgemeinen Benutzung der Mitglieder geöffneten Haupträume [54]) eines wohl geordneten Clubhaufes find gewöhnlich folgende:

---

[52]) Die Bezeichnung »Club« in diefem Sinne kommt indefs erft nach 1680 vor: »Club« von dem Skandinavifchen *klub*, nahe verwandt mit *klump*; »a *clump of people*«, ein »Klumpen« Leute. (Vergl.: SKEAT, W. W. *An etymological dictionary of the Englifh language etc.* Oxford 1882.)

[53]) Siehe im vorhergehenden Heft (Abfchn. 1, Kap. 3, unter 3, 1) diefes »Handbuches«.

[54]) Vergl. die bezüglichen Angaben über Einrichtung englifcher Kaffeehäufer und Reftaurants im vorhergehenden Hefte (Abfchn. 1, Kap. 3, unter a und unter c, 2) diefes »Handbuches«.

1) ein Salon, zuweilen deren zwei (*Morning- and Evening-room*);

2) der Kaffeesaal (*Coffee-room*), der als allgemeines Erfrischungs- und Efs-zimmer dient;

3) der eigentliche Speisesaal für das Mittagsmahl (*Dining-room*), wozu wohl auch einige Sonder-Speisezimmer und mitunter der *Grill-room* gehören;

4) das Rauchzimmer (*Smoking-room*), neuerdings oft in Verbindung mit dem Schenkzimmer (*Bar*) für Verabreichung von Erfrischungen;

5) Billard- und Karten-Spielzimmer (*Billiard- and Card-rooms*);

6) Bibliothek (*Library*), so wie Lese- und Schreibzimmer (*Reading- and Writing-rooms*).

Aufserdem enthält das Haus — und dies ist bezeichnend für Londoner Verhältnisse — gewöhnlich:

7) eine Anzahl Schlaf- und Wohnzimmer (*Residential chambers*) für diejenigen Mitglieder, die hier für längere oder kürzere Zeit wohnen wollen;

ferner:

8) Ankleideräume mit zugehörigen Kleiderspinden und Badestuben, welche für die Bequemlichkeit und das Umkleiden der auch in den Clubräumen des Abends immer im Gesellschaftsanzuge erscheinenden Mitglieder unentbehrlich sind;

9) Ablegeräume für Oberkleider (*Cloak-room*); im Anschlufs hieran Wasch- und Bedürfnisräume (*Lavatories, Closets, Urinals*).

Für Verwaltungszwecke sind erforderlich:

10) ein Sitzungszimmer, das häufig auch anderen Zwecken dient;

11) mehrere Geschäftszimmer für den Secretär, den Hausverwalter (*Steward, Manager*) und deren Gehilfen (*Clerks*).

Die Hauswirthschaftsräume zeichnen sich durch grofse Vollständigkeit und Ausdehnung, sogar durch eine nach unseren Begriffen mitunter zu weit gehende Trennung und Theilung der Gelasse aus. Dazu kommen noch Geschäfts- und Schlafzimmer für den Kellermeister (*Butler*), der zugleich erster Diener ist, die Haushälterin (*Housekeeper*), den Oberkoch (*Cook*), so wie die beigegebene zahlreiche Dienerschaft.

Im *Reform-club* zu London waren schon 1857 im Ganzen 60 Bedienstete, vom Hausverwalter und Oberkoch bis zum Pagen und Aufwaschmädchen herab, beschäftigt, deren jährlicher Lohn, zwischen 4000 und 240 Mark betragend, eine Gesammtsumme von rund 33 000 Mark, also durchschnittlich 550 Mark auf 1 Person beanspruchte[55]).

Auch der unter 11 angeführte Hausverwalter, so wie dessen Gehilfen und zuweilen der Secretär erhalten Wohn- und Schlafzimmer.

Bezüglich der Vor- und Verbindungsräume ist kurz zu bemerken, dafs der stattliche Flursaal den Mittelpunkt des Verkehres bildet. An diese Centralhalle schliefsen sich naturgemäfs die Haupttreppe, ein Empfangszimmer, Vorhalle und Pförtnerstube. Auch Post-, Telegraphen- und Telephon-Zimmer sind mitunter vorhanden und nächst der Eintrittshalle angeordnet. Zur Verbindung der Hausräume dienen, aufser den nöthigen Lauftreppen, auch Personen- und Speisen-Aufzüge, Läutewerke etc.

In Gesammtanlage und Grundrifsbildung zeigen die englischen Clubhäuser die typischen Eigenthümlichkeiten der meist in geschlossener Reihe mit anderen, auf verhältnifsmäfsig schmaler, aber tiefer Baustelle errichteten Londoner Häuser; nämlich:

71. Gesammt-anlage und Grundrifs.

[55]) **Siehe:** *Revue gén. de l'arch.* 1857, S. 342.

α) äufserſte Ausnutzung der Grundfläche durch faſt vollſtändige Ueberbauung derſelben im Sockel- und Kellergeſchofs (1. & 2. *Baſement*), theilweife auch im Erdgeſchofs;

β) Anordnung des mehr erwähnten, bis auf den Boden des unterſten Geſchoſſes vertieften Lichtgrabens oder Lüftungshofes (*Area*), ferner Deckenlicht-Erhellung für einzelne bedeutende Räume im Keller- oder Erdgeſchofs.

Nicht allein der *Grill-room*, mitunter auch das Rauchzimmer mit *Bar* und Billard-Saal find unterirdifch angelegt, z. B. in dem von *Waterhoufe* erbauten *National liberal club* in London [56]).

Charakteriſtiſch iſt auch die äufserſt zweckmäfsige, immer dem einzelnen Falle angepafste Gruppirung der Haupträume für allgemeine Benutzung um den Mittelflur im Erdgeſchofs und I. Obergeſchofs. Die Säle zeichnen ſich durch ſehr bedeutende Abmeſſungen, insbefondere durch eine anſehnliche Höhe aus.

Im *Reform-club*[57]) zu London beträgt die lichte Höhe der Säle 6,1 m, im vorgenannten *National liberal club* 7,3 m etc.

Im II. und III. Obergeſchofs befinden ſich die Zimmer der im Haufe wohnenden auswärtigen Mitglieder. Dagegen erhalten die vorerwähnten Ankleidezimmer mit Zubehör, da ſie zwar abgeſondert, aber für Mitglieder, die nur ihre Abſteigeſtätte im Club haben, möglichſt leicht zugänglich fein müſſen, ihren Platz im Sockelgeſchofs oder in einem Halbgeſchofs darüber. Sie werden, gleich wie die in die oberen Geſchoſſe verlegten Mitgliederzimmer, mit einem befonderen Eingang, zugehöriger Treppe und Flurgang verſehen.

Die Hauswirthſchaftsräume wurden früher meiſt im Sockel- oder Kellergeſchofs angeordnet; in den neueren Clubhäuſern pflegen ſie in das oberſte oder Dachgeſchofs verlegt zu werden. Hier befinden ſich auch die Schlafkammern der weiblichen Dienſtboten, während diejenigen der männlichen Dienerſchaft im Sockelgeſchofs liegen oder umgekehrt. Auch die Hauswirthſchaftsräume erhalten einen befonderen Eingang, Treppe etc.

Dies ſind die Grundzüge für die Anordnung des engliſchen Clubhauſes. Dagegen kann von ganz beſtimmten, öfters wiederkehrenden Syſtemen der Grundrisbildung, in dem Sinne, wie ſolche bei den früher befprochenen Vereinshäuſern (mit Feſtſälen etc.) bezeichnet werden konnten, hier kaum die Rede fein. Am eheſten iſt ein eigentliches Grundrifs-Syſtem bei den älteren, in den 30-ger und 40-ger Jahren erbauten Londoner Clubs zu erkennen.

72. *Reform-club* zu London.

Eines der früheſten und zugleich bemerkenswertheſten Beiſpiele dieſer Art iſt das von *Sir Charles Barry* entworfene und Ende 1838 begonnene Haus des *Reform-club* in London (Fig. 41 bis 43 [58]).

Daſſelbe ſteht mit anderen ariſtokratiſchen Gebäuden in *Pall-Mall*, einem der vornehmſten Stadttheile Londons, neben dem von demfelben Architekten erbauten *Travellers' club*. Das Haus enthält die zur Aufnahme einer grofsen Zahl von Mitgliedern (bis zu 1600) bemeſſenen Räume in 6 Geſchoſſen: Erdgeſchofs, I. und II. Obergeſchofs, Dachgeſchofs und zwei Kellergeſchoſſe. Fig. 41 bis 43 veranſchaulichen die Anlage derjenigen Beſtandtheile des Bauwerkes, die einestheils zur Kenntnifs von deſſen baulichem Organismus, anderentheils zur Beſchaffung aller Erforderniſſe des vollkommenſten Comforts geeignet erſchienen.

Man hat hierbei gewiſſermafsen ein »Unterhaus« und ein »Oberhaus« zu unterſcheiden. Von erſterem geben die Grundriſſe in Fig. 41 u. 43 einen Begriff durch die zahlreichen, im Keller- und Sockelgeſchofs vertheilten Hauswirthſchaftsräume, welche allerdings eine ſehr beträchtliche Ausdehnung beanſpruchen, dem *Reform-club* aber auch den Ruf einer ganz vorzüglichen Küche, insbeſondere unter deren lang-

---

[56]) Siehe: *Building news*, Bd. 48, S. 165 u. 652.
[57]) Siehe den nächſten Artikel.
[58]) Nach: *Revue gén. de l'arch.* 1857, S. 342 u. Pl. 35 bis 43. — *Building news*, Bd. 4, S. 272 u. 316.

jährigem, berühmten Chef (*Mess Soyer*) verschafft haben. Die Hauptküche, beträchtlich höher als die übrigen Kellerräume, ragt mit dem oberen Theil in das Sockelgeschofs hinein. Anlage und Erhellung der beiden Untergeschoffe find in der in England üblichen Weise durchgeführt, wobei sich die Kellergewölbe jenseits des Lichtgrabens (*Area*) zum Theil unter den Strafsenkörper erstrecken. Der Fufsboden des Sockelgeschoffes liegt nur um Weniges tiefer, als Strafsenhöhe; ersteres konnte defshalb aufser einigen zum Küchendienst gehörigen Gelassen auch Geschäftsstuben für den Secretär mit Gehilfen, Sitzungszimmer für Commissionen, so wie Schlafzimmer für den Secretär und für einzelne Angehörige der männlichen Dienerschaft erhalten, während die Schlafsäle der übrigen Bediensteten im unteren Kellergeschofs untergebracht find.

Im hoch gelegenen Erdgeschofs erscheint die Grundrifsanordnung wesentlich anders als im Sockelgeschofs. Sämmtliche Gemächer find 6,n m hoch und gruppiren sich in klarster Weise in diesem, so wie

Fig. 41.

Kellergeschofs zu Fig. 42 u. 43 [58]. — 1/300 w. Gr.

in den darüber liegenden Stockwerken um einen nach Art eines italienischen *Cortile* angelegten, glasüberdeckten Hallenhof, den Salon, der inmitten sämmtlicher Räume liegt und in den beiden Hauptgeschoffen von Säulengängen umgeben ist. Die Haupttreppe führt in zweimaliger rechtwinkeliger Umbrechung nach dem I. Obergeschofs, wo sie über dem als Diensttreppe bezeichneten Raume in der Ecke des Säulenganges endigt. Das Lesezimmer dient zugleich als Morgen-Salon. Der *Coffee-room* nimmt die ganze Länge der Rückseite ein.

Das I. Obergeschofs von 6,n m lichter Höhe umfafst, an der Hauptfront zur Linken beginnend einen Privat-Salon, ein Sitzungszimmer, Bibliothekar- und Karten-Spielzimmer; an der Nebenfront Büchern und Anrichte, an der Rückseite den grofsen Salon; endlich gegen den Hof — in so weit dieser Theil

---

[58]) Siehe Art. 70, unter 2 (S. 55).

nicht von Treppen und Nebenräumen beansprucht ist — ein Spielzimmer.

Das II. Obergeschofs von 3,05 m lichter Höhe enthält, aufser einem über dem eben erwähnten Spielzimmer und dem Treppenhaufe sich erstreckenden Billard-Saal, Schlaf- und Wohnzimmer für diejenigen Mitglieder, welche hier für kürzere oder längere Zeit gemiethet haben.

Das Dachgeschofs enthält in der Hauptfache die 2,3 m hohen Kammern der weiblichen Dienstboten des Clubs. Der Zugang findet durch die längs der Umfaffungsmauern angeordneten Flure, die Erhellung durch Fenster über dem niedriger liegenden, nach innen entwäfferten Dachwerk der Lichthothallen vom II. Obergeschofs statt.

In der äufseren Erscheinung des Gebäudes sind eigentlich nur die drei Hauptgeschoffe zur Geltung gebracht; Sockel- und Kellergeschofs sind grofsentheils durch die den Lichtgraben umgebenden Baluftraden dem Blick entzogen; der Dachstock ist von dem stark vorspringenden Hauptgesims verdeckt. Die Architektur ist in den Formen der italienischen Renaissance durchgeführt.

Eine gewisse Verwandtschaft der Anlage zeigen die theils früher, theils fpäter als der *Reform-club* erbauten Häuser der *Travellers-, Conservative-, Carlton-, Army and Navy-clubs* u. a. m.[60]). Vom *Reform-club* aber wird gerühmt, dafs er unter den gleichzeitigen

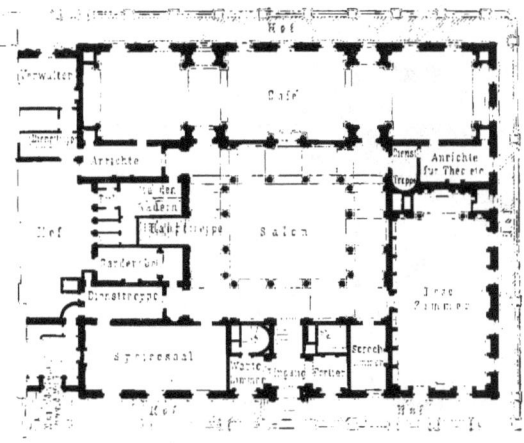

Fig. 42.

Erdgeschofs.

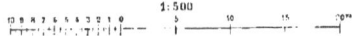

1:500

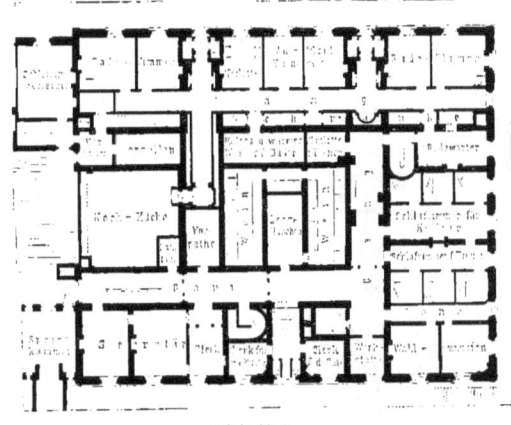

Fig. 43.

Sockelgeschofs.

Haus des *Reform-club* zu London[59]).
Arch. *Sir Charles Barry.*

---

[60]) Siehe die betreffenden Quellen im Literaturverzeichnifs am Schluffe diefes Kapitels.

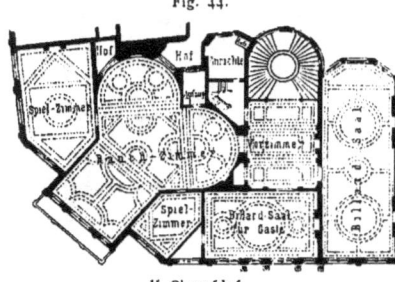

Fig. 44.

II. Obergefchofs.

Fig. 45.

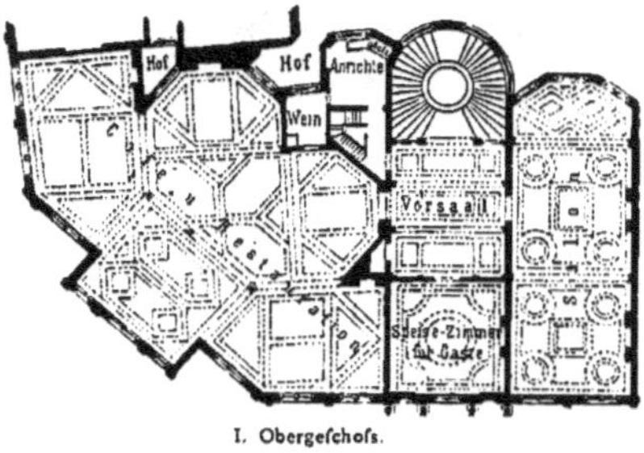

I. Obergefchofs.

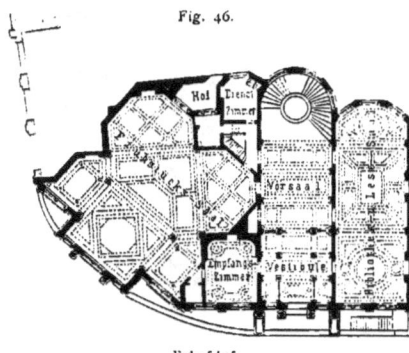

Fig. 46.

Erdgefchofs.

St. Stephen's-club zu London [61]).
1/300 w. Gr.
Arch.: Whichcord.

[61]) Nach: Builder, Bd. 32, S. 311.

Bauten diefer Art nicht feines Gleichen habe und dafs fein Erfinder es verftanden habe, darin Comfort mit Pracht, Sparfamkeit mit Luxus zu verbinden.

Diefe in den vornehmften Stadttheilen Londons, insbefondere, wie fchon erwähnt, in *Pall-Mall* errichteten Clubhäufer bilden auch in ihrer äufseren Erfcheinung ein eigenartiges, bedeutfames Element der Londoner Architektur. Venedig, Rom, Florenz haben die Vorbilder für die älteren, grofsentheils von *Sir Charles Barry* und *Sidney Smirke* gefchaffenen ftattlichen Bauwerke geliefert. Die neueren Clubhäufer zeigen mehr die Richtung der englifchen oder franzöfifchen Renaiffance.

Zu letzteren gehört das 1872–74 von *Whichcord* erbaute Haus des *St. Stephen's-club* in London (Fig. 44 bis 46 [61]), das die Grundzüge der feitdem noch vollftändiger durchgebildeten neueren Anlagen zeigt, im Uebrigen aber eine ganz eigenartige Grundrifsbildung hat, zu der die höchft unregelmäfsige Geftalt der Bauftelle Veranlaffung gab. Auch kommen darin einzelne Erforderniffe der politifchen Clubs Englands zum eigenartigen Ausdruck.

Der von den Confervativen für Förderung ihrer Zwecke Anfangs der fiebenziger Jahre geftiftete Club hätte für die Errichtung feines Haufes keinen günftigeren Platz finden können, als das dicht am Parlamentshaufe an der Ecke des *Victoria-Uferdammes* (*Embankment*) und der *Bridge-street*, *Weftminfter*, gelegene Grundftück. Ein Hauptvorzug diefer Lage, den keine andere Bauftelle hätte gewähren können, ift das Vorhandenfein einer unmittelbaren Verbindung zwifchen Clubhaus und Parlamentshaus mittels des neuen unterirdifchen Ganges, der vom Sockelgefchofs des erfteren nach dem des letzteren führt. In Folge deffen können die im Club weilenden Mitglieder, die einen Sitz im

73. Aeufsere Erfcheinung.

74. St. Stephen club zu London.

Parlamentshaufe haben, in jedem Augenblicke zu den Verhandlungen gerufen werden und wenige Minuten nachher an der Abstimmung sich betheiligen.

Von demselben Ausgange im Sockelgeschofs gelangt man unter einem Schutzdach zur Eifenbahn-Halteftelle (Victoria-Station) und zum nahe gelegenen Dampfboot-Landungsplatz.

Das Gebäude ift für die Aufnahme von 1500 Mitgliedern bemeffen und enthält die dazu erforderlichen Räume in 7 Gefchoffen, einfchl. der 2 Kellergefchoffe und 2 Dachgefchoffe, vertheilt. Die Form der über Ecke gelegenen Haupträume ift durch die Unregelmäfsigkeit der Bauftelle gerechtfertigt.

Anordnung, Beftimmung und Gröfse der Räume im Erdgefchofs, I. und II. Obergefchofs find aus Fig. 44 bis 46 zu entnehmen.

Der in Fig. 46 als Frühftücksfaal bezeichnete Hauptraum im Erdgefchofs dient zugleich und vornehmlich als Morgen-Salon (*Morning-room*), während der im I. Obergefchofs liegende eigentliche Salon (*Drawing-room*) Abends nach der Hauptmahlzeit benutzt zu werden pflegt. Zum Speifen der Mitglieder ift der grofse Ecksaal, für die fremden Gäfte das anftofsende kleine Speifezimmer beftimmt.

Das II. Obergefchofs enthält die Spiel- und Erholungsräume mit den zugehörigen Vor-, Verbindungs- und Dienfträumen. Diefe find auch in den übrigen Stockwerken in ausreichendem Mafse vorhanden, Wafchräume und Aborte in Zwifchengefchofstheilen untergebracht.

Die oberften Gefchoffe im Dachraume umfaffen alle zum Küchendienft und für die Beherbergung der zahlreichen Bedienfteten des Haufes erforderlichen Räume.

In dem zum Theile ebenerdigen Sockelgefchofs (*Basement*) find Wafch-, Bade- und Ankleidezimmer mit Zubehör und in demfelben Gefchofs auch Commiffions-Zimmer und Schreibftube eingerichtet. Das untere Kellergefchofs (*Sub-basement*), zu dem von der Strafse aus eine Granittreppe herabführt, enthält u. A. das Hausverwalter-Zimmer, ausgedehnte Getränkekeller etc.

Das Haus ift im Inneren mit allen, den englifchen Anforderungen an Behaglichkeit und Annehmlichkeit entfprechenden Vorkehrungen und Einrichtungen verfehen. Die äufsere, in der Form franzöfifcher Renaiffance gegliederte, dreigefchoffige Façade mit hohem Dachftock ift in Portland-Stein ausgeführt. Die Säulenfchäfte find aus grauem polirtem Granit. Statuen in Nifchen zieren das Aeufsere.

Vor Ausführung des Uferdammes hatte die Themfe ihren Lauf bis nahe an die Bauftelle; das Gebäude ift defshalb durchaus auf 1,8 m dickem Concret gegründet; die untere Hälfte ift aus Portland-Cement, die obere aus blauem Lins-Kalk hergeftellt.

<small>75. Andere englifche Clubs.</small>

Es ift bisher ausfchliefslich von den Clubhäufern Londons die Rede gewefen, da diefelben anerkanntermafsen eine Eigenthümlichkeit, nicht allein der Hauptftadt, fondern man kann wohl fagen, des ganzen Landes find.

Andere englifche Städte befitzen wohl auch ihre Clubhäufer; diefe haben aber in der Regel weder den Umfang, noch die Bedeutung der Londoner Beifpiele; ein grofser Theil derfelben find blofse Lefeanftalten.

<small>76. Confervative club zu Liverpool.</small>

Anders verhält es fich mit dem Haufe des *Confervative club* zu Liverpool, das an hervorragender Stelle, nächft Rathhaus und Verwaltungsgebäuden der Stadt, nach dem Entwurf und unter der Leitung von *F. & G. Holme* erbaut wurde und als eine der beften neueren Anlagen diefer Art bezeichnet werden kann (Fig. 47 u. 48 [62]).

Aus der kurzen, unten [62]) angegebenen Befchreibung und der zugehörigen perfpectivifchen Anficht des Aeufseren ift zu erfehen, dafs das Gebäude aufser dem in Fig. 47 u. 48 dargeftellten Erdgefchofs und I. Obergefchofs noch ein II. Obergefchofs und ein hohes Dachgefchofs, aufserdem ein Sockelgefchofs, vermuthlich auch ein unteres Kellergefchofs enthält. Ueber die Verwendung diefer über und unter Erd- und Hauptgefchofs liegenden Stockwerke, fo wie deren Höhen ift nichts mitgetheilt; doch läfst fich annehmen, dafs die Anordnung ähnlich derjenigen der in Art. 72 u. 74 befprochenen englifchen Clubhäufer getroffen ift. Der in grofsen Zügen aufgefafsten äufseren Erfcheinung liegt die italienifche Palaft-Architektur zu Grunde; doch find Anklänge an die franzöfifche Renaiffance, insbefondere in der Gliederung des II. Obergefchoffes, fo wie des Attika-Stockes, an den Vorlagen von Lucarnen-Fenftern bekrönt ift, bemerklich. Die Hauptfront an *Dale-ftreet*, fo wie die beiden anftofsenden Seitenfronten find, mit Ausnahme eines Theiles längs *Cumberland-ftreet*, in *Stourton*-Stein, das Uebrige in weifslichen Blendziegeln mit Einfaffungen und Gefimfen in Werkftein ausgeführt.

<small>[62]) Nach: *Builder*. Bd. 46, S. 572.</small>

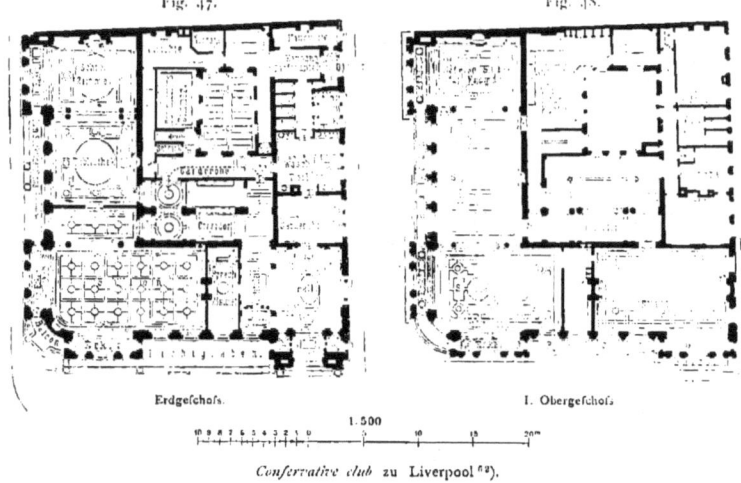

Fig. 47. Fig. 48.

Erdgefchofs.   I. Obergefchofs

1:500

Confervative club zu Liverpool [62]).
Arch.: F. & G. Holme.

In den letzten Jahrzehnten ift das englifche Clubfyftem auch auf dem Feftland immer mehr in Aufnahme gekommen. Die Parifer *Cercles*, die für ihre Räume früher fehr hohe Miethpreife in fremden Häufern zahlen mufsten, haben meift eigene Häufer mit prunkhafter Ausrüftung errichtet; doch pflegen hier nur ein oder zwei Gefchoffe für Zwecke der Clubs beanfprucht zu werden.

77. Parifer Cercles.

Aufser den in Kap. 3 enthaltenen franzöfifchen Clubhäufern mag hier auf die nach der unten bezeichneten Quelle [63]) mehrfach wiedergegebenen Pläne des *Jockey-club* in Paris verwiefen und das nachfolgende Beifpiel mitgetheilt werden.

Das Haus des landwirthfchaftlichen Vereins (*Cercle agricole*) in Paris (Fig. 49 [64])

78. Cercle agricole zu Paris.

Fig. 49.

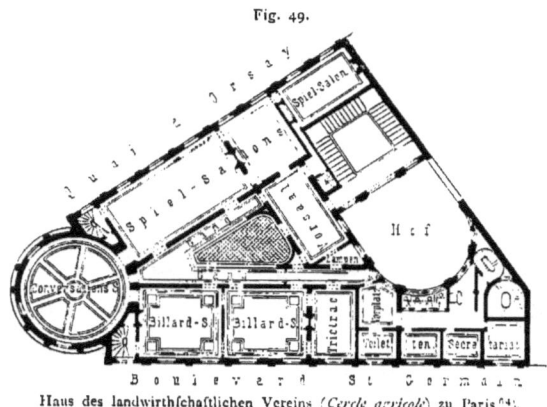

Haus des landwirthfchaftlichen Vereins (*Cercle agricole*) zu Paris [64]).
Hauptgefchofs. — 1/500 w. Gr.
Arch.: Blondel.

[63]) *Nouv. annales de la conft.* 1868, S. 33.
[64]) Nach ebendaf., S. 98 u. Pl. 47. 48.

nimmt die Ecke des *Boulevard Saint-Germain* und des *Quai d'Orſay* ein und wurde 1866—68 von *Blondel* erbaut.

Die Unregelmäſsigkeit der Bauſtelle verurſachte Schwierigkeiten; der Grundriſs in Fig. 49 zeigt, in welcher Weiſe dieſe überwunden ſind. Der Verein hat ſämmtliche Räume des Erdgeſchoſſes und des I. Obergeſchoſſes inne; die übrigen 2 Geſchoſſe ſind an Mitglieder des Vereines vermiethet.

Das Hauptgeſchoſs iſt nach Fig. 49 faſt vollſtändig für Spielzwecke verwendet; es enthält auſser den Sälen einige Ankleidezimmer, deren Zahl indeſs durch diejenigen des theilweiſe darüber angeordneten Halbgeſchoſſes, in dem auch ein Badezimmer liegt, weſentlich vermehrt und vervollſtändigt wird; ferner ſind die Zimmer des Secretärs, die Verbindungs- und Nebenräume zu erwähnen. Im Mittelpunkte liegt ein dreieckiger Flurſaal (*Salle des pas perdus*), in welchem der Thee eingenommen zu werden pflegt; die Erhellung dieſes Raumes iſt durch Deckenlicht bewirkt.

Die Eintheilung des Erdgeſchoſſes entſpricht im Weſentlichen derjenigen des Hauptgeſchoſſes; der doppelte Thorweg für Ein- und Ausfahrt iſt unter den zwei Axen der Ankleide-Cabinete am *Boulevard St.-Germain* angeordnet; rechts davon Loge und Wohnung des *Concierge*; links von der Einfahrt reihen ſich, in derſelben Aufeinanderfolge wie im I. Obergeſchoſs, die Bibliothekräume, an dieſe der kreisrunde Speiſeſaal, weiterhin, am *Quai d'Orſay*, ein groſser länglich rechteckiger und ein kleiner, nahezu quadratiſcher Speiſeſaal, endlich an dieſen letzteren Anrichte mit Zubehör an. Unter dem Vorzimmer befindet ſich der Ablegeraum.

Die beiden unteren Geſchoſſe haben 5,25 m lichte Höhe. Die Ausſtattung, insbeſondere die der Gemächer des Erdgeſchoſſes, iſt eine durchaus vornehme. Die bebaute Grundfläche, ausſchl. der Höfe, beträgt 803 qm. Die Koſten werden auf rund 800 Mark (= 1000 Francs) für das Quadr.-Meter geſchätzt.

<small>79. Deutſche Clubs.</small>

In Deutſchland hat das Clubweſen, wie daſſelbe in Art. 70 (S. 54) verſtanden iſt, vorzugsweiſe in Berlin Eingang gefunden. Die Clubräume nehmen in der Regel einen Theil eines gröſseren Wohn- oder Geſchäftshauſes ein.

<small>80. Adeliges Caſino zu Berlin.</small>

Ein Beiſpiel ſolcher Art iſt das in Fig. 50 [65]) dargeſtellte »Adelige Caſino« in Berlin, deſſen Grundriſs im Einklange mit den vielen, groſsentheils durch die Eintheilung der Wohnungen in den Obergeſchoſſen bedingten Anforderungen entworfen iſt.

Das »Adelige Caſino«, deſſen Mitglieder vorzugsweiſe Officiere höherer Grade ſind, hat ſich in einem an der Südſeite des Pariſer Platzes gelegenen Hauſe eingemiethet, welches das 1. Garde-Regiment zu Fuſs durch Umgeſtaltung des früheren, Vater *Wrangel'*ſchen Wohnhauſes, nach dem Entwurf und unter der Leitung *v. Stralendorff*'s, von *Roſsmann & Jacob* ausführen ließ.

Der Club hat das ganze Erdgeſchofs inne, mit Ausnahme der zu den Wohnungen gehörigen Haupttreppe, ſo wie der Pferdeſtälle, Wagenräume, Kutſcherkammern etc. Der Club verfügt auſserdem zur Bequemlichkeit ſeiner Mitglieder über eine Anzahl Ankleidezimmer, welche durch Einziehen eines Halbgeſchoſſes über Anrichte und Dienerzimmer, ſo wie über den Waſch- und Bedürfniſsräumen des Erdgeſchoſſes gewonnen wurden. Der gegenüber liegende Flügelbau, über der Stallungen enthält, iſt mit einem 3,0 m hohen, durchgehenden Zwiſchengeſchoſs verſehen, in welchem die Wohnungen des Rechnungsbeamten und des Hauswartes untergebracht ſind. Die im Anſchluſs hieran folgenden Kutſcherwohnungen und Knechtekammern bilden das Dachgeſchoſs des Eckbaues, und liegen in gleicher Höhe mit dem ſymmetriſch gelegenen Saalanbau abſchlieſst. Die dem letzteren zugekehrte Aufſenwand iſt durch 3 Niſchen mit Statuen geſchmückt, die früher auf dem Giebel des alten Palais geſtanden hatten.

Der Hof dient zum Wenden der Wagen und bildet zugleich eine Terraſſe, die von den rückwärtigen Clubzimmern aus den 1,3 m tiefer gelegenen Garten führt. Letzterer, ausſchlieſslich an den Club vermiethet, ſteht in keiner unmittelbaren Verbindung mit den Wohnungen. Zum Garten, ſo wie zur Kegelbahn gelangt man auch von der vor Speiſe- und Billard-Saal gelegenen Halle.

Im Kellergeſchofs befinden ſich, nächſt dem Eingang zu den Vereinszimmern, die Wohnräume des Caſino-Pförtners, welche durch einen zum Hofe führenden Gang von der Wohnung des Hauspförtners und den Kellern der oberen Geſchoſſe getrennt ſind. Nach hinten, unter dem linkſeitigen Flügelbau, ſind groſse Küchen- und Kellerräume, Rechner-, Diener-, Probirſtuben etc. mit Ausgang nach dem Garten angeordnet.

<small>65) Nach den vom Architekten Herrn *v. Stralendorff* in Berlin freundlichſt mitgetheilten Plänen. (Vergl. auch: LICHT, H. Architektur Deutſchlands. Berlin 1882. Bd. 2, Bl. 156 bis 158 — ſo wie: Blätter f. Arch. u. Kunſthdwk. 1894, S. 14 u. Taf. 29.)</small>

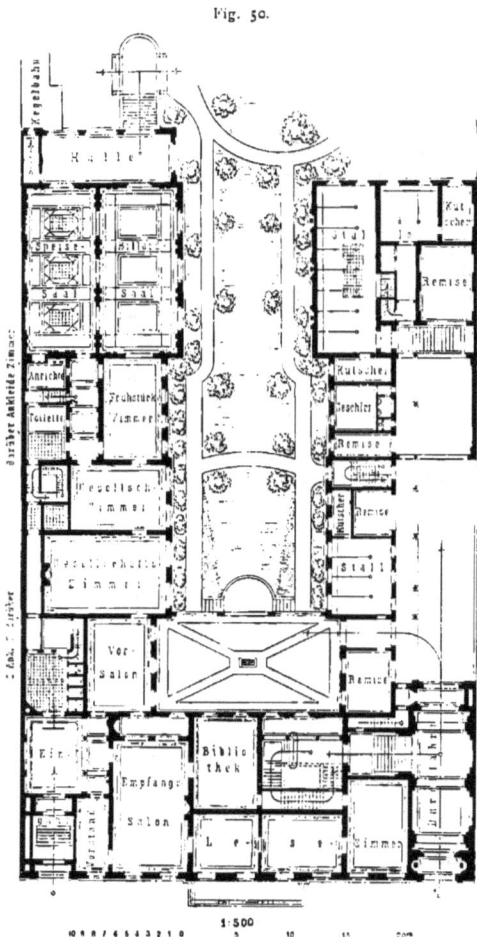

Fig. 50.

Adeliges Cafino zu Berlin[65]).
Arch.: *v. Stralendorff*.

Die oberen Gefchoffe enthalten aufser zwei grofsen Herrfchaftswohnungen einige kleine Wohnungen, die für Officiere des 1. Garde-Regimentes beftimmt find, welche zeitweife an die Kriegsfchule nach Berlin befohlen find.

Die Decken fämmtlicher Verfammlungs-, Spiel- und Erfrifchungsräume des Adeligen Cafinos find in heller Tönung, die der Lefefäle und der Bibliothek dagegen in tief farbiger Bemalung gehalten. In den erfteren Räumen find die Wände in lichtgelbem Stucco-luftro über Holztäfelung ausgeführt, in letzteren mit Ledertapete bekleidet.

In der ornamentalen Ausfchmükkung der Façade weifen mehrfache Abzeichen des Kriegswefens auf den jetzigen Eigenthümer, das Doppelwappen im Giebelfeld auf den früheren Befitzer des Gebäudes, der daffelbe dem 1. Garde-Regiment hinterlaffen hat, hin. Die Baukoften betragen 720000 Mark.

81. Millionen Club zu Berlin.

Der fog. »Millionen-Club« in Berlin befindet fich gegenwärtig im I. Obergefchofs des Gefchäftshaufes der Lebensverficherungsgefellfchaft Germania an der Ecke der Friedrich- und Franzöfifchen Strafse (Arch.: *Kayfer & v. Grofsheim*[66]).

82. Unions-Club zu Berlin.

Ein eigenes Haus befitzt der »Unions-Club« in Berlin[67]), der zur Zeit der Pferderennen Mitglieder aus allen Theilen Deutfchlands und Oefterreichs in feinen Räumen vereinigt.

Das zweigefchoffige, 1881—82 von *Heim* an der Schadow-Strafse erbaute Clubhaus enthält im Erdgefchofs im Wefentlichen die dem Tagesverkehr dienenden Erholungs- und Bewirthungsräume, im I. Obergefchofs die hauptfächlich am Abend benutzten Spiel- und Billard-Zimmer. Im Sockelgefchofs liegen verfchiedene Nebenräume, die der Clubverkehr erfordert, in dem als II. Obergefchofs eingerichteten Dachftock die Wohnung des General-Secretärs, die Bureaus des Clubs und die Küchenräume; im eigentlichen Dachgefchofs befinden fich Wohnungen

---

[65]) Siehe: LICHT, H. Architektur Deutfchlands. Berlin 1873—82. Band 2, Bl. 125—129. — Baugwks.-Ztg. 1881, S. 3.
[67]) Siehe: Deutfche Bauz. 1882, S. 528.

des Haushofmeifters und Koches, fo wie die Schlafftuben der Bedienfteten. Näheres über diefes in mehrfacher Beziehung lehrreiche Beifpiel ift in der umftehend[67] bezeichneten Quelle zu finden.

83. Harmonie zu Leipzig. Ein neueres deutfches Clubhaus ift das Gebäude der Harmonie-Gefellfchaft zu Leipzig (Fig. 51[68]), mit deffen Errichtung *Rofsbach* beauftragt wurde, nachdem fein Entwurf in einem 1885 veranftalteten Wettbewerb als Grundlage für die Ausführung ausgewählt worden war.

Diefes Bauwerk, welches aufser 2 Kellergefchoffen aus Erd-, I. und II. Obergefchofs befteht, enthält die den Zwecken eines Herrenvereins dienenden Räume, nämlich im Erdgefchofs (Fig. 51) hauptfächlich Reftauration, Sitzungszimmer, Kleiderablagen etc.; im I. Obergefchofs Spiel-, Lefe- und Converfations-Zimmer, fo wie einen grofsen Speifefaal; im II. Obergefchofs lediglich Billard- und andere Spielzimmer. Im I. Kellergefchofs find die geräumige Kegelbahn, Küchen- und fonftige Wirthfchaftsräume, im II. Kellergefchofs die Anlagen für die Sammelheizung und Lüftung, die Einrichtungen für elektrifche Beleuchtung und die ausgedehnte Weinkellerei untergebracht.

Die Baukoften betrugen rund 400000 Mark.

Fig. 51.

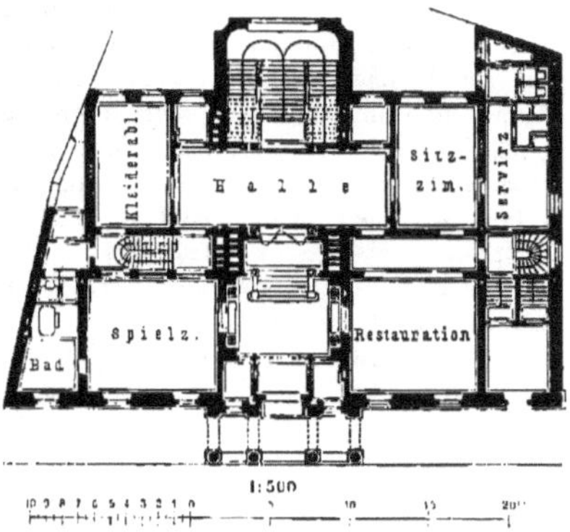

Gebäude der Harmonie-Gefellfchaft zu Leipzig. Erdgefchofs[68]. Arch.: *Rofsbach*.

84. Oefterreichifche Clubs. Bei den öfterreichifchen Clubhäufern find die Verhältniffe ganz ähnlicher Art, wie bei den deutfchen.

85. Beifpiel I. Als eines der wenigen, in der Hauptfache nach dem Vorbilde der englifchen Clubs angelegten Vereinshäufer Wiens ift das »Adelige Cafino«[69] dafelbft zu nennen, das 1866—68 nach dem Entwurfe v. *Schwendenwein*'s erbaut wurde.

Die Clubräume, unter denen fich auch eine Anzahl Ankleidezimmer, fo wie mehrere kleine Wohnungen für die Mitglieder befinden, nehmen fämmtliche 4 Gefchoffe des Gebäudes, mit Ausnahme der Räume einer kleinen, mit befonderem Eingange verfehenen öffentlichen Schank- und Speifewirthfchaft, im Erdgefchofs ein. Im Sockelgefchofs liegen die Hauswirthfchaftsräume.

86. Beifpiel II. Ganz anderer Art ift die Heimftätte des öfterreichifchen Jokey-Club in dem von *König* 1884 erbauten »Ziererhof« an der Auguftinerftrafse in Wien[70].

Nur das Hauptgefchofs und ein Theil des darunter liegenden Halbgefchoffes (über dem Erdgefchofs) dienen den Zwecken des Clubs; die übrigen Theile des grofsen vierftöckigen Gebäudes enthalten Läden und Wohnungen.

c) Häufer für ftudentifche Verbindungen.

87. Entftehung und Wefen. Als eine befondere Art der unter a erörterten Häufer für gefellige Vereine müffen die Häufer für ftudentifche Verbindungen gelten. Letztere haben in neuerer Zeit den bei ihnen vorherrfchenden Geift der Zufammengehörigkeit mehr und mehr dadurch bethätigt, dafs fie fich in den Befitz eigener Häufer, fei es durch Erwerb alter Stammkneipen, fei es durch den Bau eines neuen Haufes, verfchafft und hiermit dauernde Heimftätten gefichert haben. In richtiger Würdigung des feften Haltes,

---

[68] Nach: Leipzig und feine Bauten. Leipzig 1892. S. 505.
[69] Siehe: Wiener Neubauten. Band 1. Wien 1879. Bl. 1—5.
[70] Siehe: Wochfchr. des öft. Ing.- u. Arch.-Ver. 1884, S. 318 — ferner: Architektonifche Rundfchau 1885, Taf. 1 u. 2.

welcher jeder gefellfchaftlichen Vereinigung durch den Befitz des eigenen Haufes erwächst, haben namentlich auch die »Alten Herren« der ftudentifchen Verbindungen den »Corpsgeift«, von dem fie noch in fpäteren Lebensjahren befeelt zu fein pflegen, durch das Aufbringen der Mittel zum Ankauf fchön gelegener Grundftücke inmitten oder in nächfter Umgebung der Univerfitätsftädte, fo wie zum Bau felbft bekundet.

Solche Häufer für ftudentifche Verbindungen umfaffen ein Kneipzimmer, einen Schank- und Anrichteraum, Convents-Zimmer, Vorzimmer oder Vorraum, nicht felten einen gröfseren Feftfaal und Zimmer für die Activen, wohl auch ein Lefezimmer mit Archiv und einen Fechtfaal, ferner die Wohnung des Corpsdieners. Diefe Räume find in paffender Weife in mehreren Stockwerken vertheilt. Das Sockelgefchofs enthält den Fechtfaal, die Wohnung des Dieners und Vorrathsräume, das Erdgefchofs die eigentliche Kneipe und überhaupt die Zimmer für den täglichen Gebrauch, denen offene, meift überdeckte Hallen, Terraffen mit Freitreppen und Gartenanlagen vorgelegt zu fein pflegen. Im Obergefchofs können Feftfaal, Convents-Zimmer u. A. m. untergebracht werden. Erker und Balcone fchliefsen fich diefen Räumen an.

88. Erforderniffe und Eintheilung.

Die vorerwähnten Zuthaten in Verbindung mit freier malerifcher Gruppirung der Räume und tüchtiger Durchbildung der Architektur kennzeichnen das ftudentifche Haus fchon von aufsen und bringen die fröhliche Jugendluft und das heitere Leben und Treiben der Corps- und Verbindungsleute, die darin tagen und nachten, zum Ausdruck. Je nach den vorhandenen Mitteln und örtlichen Umftänden find Fachwerk- und Maffivbau, Haufteine, Backfteine, Putz u. dergl. für die Ausführung verwendet.

89. Aeufsere und innere Erfcheinung.

An behaglicher, traulich gefelliger Einrichtung im Inneren darf es nicht fehlen, und hierzu tragen die getäfelten Wände und Decken, das einfach gefchnitzte Mobiliar, die Waffen- und Wappenzier, die Ausftattung mit farbigen Stoffen, fo wie malerifcher und bildnerifcher Schmuck, in denen der muntere ftudentifche Sinn, aber auch die Liebe zu Fürft und Vaterland, gleich wie zu allem Schönen und Erhabenen fich kund geben, das Ihrige bei.

Im Uebrigen geben die im Nachfolgenden dargeftellten Corpshäufer, welche als paffende typifche Beifpiele aus der Zahl der in neuerer Zeit entftandenen Gebäude für ftudentifche Verbindungen ausgewählt find, über deren Anlage näheren Auffchlufs.

Zu den erften Neubauten der in Rede ftehenden Art gehört das Corpshaus der »Gueftphalia« in Heidelberg, welches im Sommer 1885 begonnen und im Juli 1886 beim 500-jährigen Jubelfeft der Univerfität eingeweiht wurde. Der Bau ift ein Werk *Behaghel*'s (Fig. 52 u. 53 [71]).

90. Beifpiel 1.

Die geringe Tiefe des von einer Serpentine der neuen Schlofsftrafse umzogenen Bauplatzes war beftimmend für die gedrängte Grundrifsanlage, bei welcher ein Hauptaugenmerk darauf gerichtet werden mufste, dafs neben den regelmäfsigen Zufammenkünften auch gröfsere Fefte im Corpshaufe abgehalten werden könnten. Zu diefem Zwecke wurde die Kneipftube mit einer faft 4 m breiten Schiebethüre verfehen, welche bei befonderen Anläffen eine Vereinigung mit dem gegen Norden liegenden Feftfaal geftattet. Letzterer ragt durch zwei Stockwerke durch und ift mit einer als Balcon vorgebauten Mufikbühne verfehen, die nach Abfchlufs der Balconthüren den Flurgang für die den Activen des Corps eingeräumten Wohnungen bildet [72]).

Aufser den in den Grundriffen des Erdgefchoffes und Obergefchoffes verzeichneten Räumen enthält das Haus im Kellergefchofs, neben den üblichen Gelaffen, eine als gothifche Gewölbehalle ausgebildete

---

[11]) Nach: Architektonifche Rundfchau. Stuttgart, 1893, Taf. 72 u. Textbeil.
[12]) Diefes Corpshaus der »Gueftphalia« ift bezüglich feiner räumlichen Erforderniffe und Eintheilung gewiffermafsen grundlegend für die feitdem errichteten neueren Häufer für ftudentifche Verbindungen geworden.

Kellerkneipe mit anftofsendem Dienerzimmer und im füdlichen Theil des Dachgefchoffes eine aus drei Zimmern und Küche beftehende Hausmeifterswohnung.

Das Gebäude, welches in den Formen der von der Spät-Gothik in die Renaiffancé übergehenden Architektur durchgebildet wurde, ift in feinem hauptfächlich auf malerifche Wirkung berechneten Aeufseren durchaus im rothen Sandftein des Neckarthales in unregelmäfsigem Verband mit hammergerichteten Hauptflächen gemauert und ausgefugt.

Das Innere ift entfprechend der Aufsenarchitektur behandelt, und zwar ift der Feftfaal mit feiner in den Dachraum eingezogenen gewölbten Holzdecke in gothifchen Formen durchgeführt, während die anfchliefsende Kneipe mit den zugehörigen Nebenräumen die Bauweife der deutfchen Renaiffance zeigt.

Die Baukoften beliefen fich auf rund 50000 Mark, wovon etwa 4000 Mark als unvorhergefehene Koften auf aufsergewöhnliche Gründungsarbeiten entfallen.

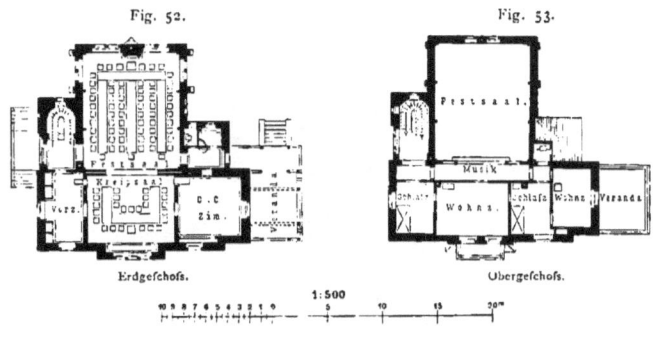

Corpshaus der »Gueftphalia« zu Heidelberg [71]).
Arch.: *Behaghel*.

91. Beifpiel II.

Das Haus der Burfchenfchaft »Teutonia« in Giefsen, eine der jüngften Neubauten der in Rede ftehenden Art, wurde nach den Plänen *Hofmann*'s erbaut und foll im Mai 1894 eingeweiht werden (Fig. 54 bis 57 [73]).

Das Gebäude enthält ein hohes Kellergefchofs, ein Erdgefchofs und ein Obergefchofs. Die Grundrifsanlage ift unregelmäfsig und von malerifchen Gefichtspunkten aus entworfen. Das Kellergefchofs enthält als gröfsten Raum einen Fechtfaal mit Vorraum, eine Küche mit Aufzug, einen Baderaum, fo wie Vorrathsräume für Getränke. Das Erdgefchofs wird in feiner ganzen Ausdehnung durch die Kneipräume in Anfpruch genommen. Diefelben beftehen aus einer grofsen und einer kleinen Kneipe, die unter fich abgefchloffen, jedoch bei gröfseren Veranlaffungen fo verbunden werden können, dafs die Möglichkeit des Aufftellens einer gröfseren Tafel gegeben ift. Zu den Kneipen gehören eine hohe, überdachte und eine tiefer liegende freie Terraffe, ein Chargirten-Zimmer, eine Kleiderablage und die fonft üblichen Nebenräume. Die grofse Kneipe reicht bis in das Obergefchofs und fteht hier mit der Mufikbühne in Verbindung. Die übrigen Räume diefes Gefchoffes dienen als Archiv und als Wohnung für den Diener der Burfchenfchaft.

Der im Grundrifs verfolgte Grundgedanke der freien Gruppirung der Räume kommt felbftverftändlich auch in der Geftaltung des Aeufseren zum Ausdruck. Das Haus ift theils in Stein-, theils in Fachwerkbau, der Sockel in Schichtenmauerwerk aus Sandftein ausgeführt. Die Architekturtheile, wie namentlich auch die Gebäudeecken, beftehen aus rothem Sandftein, für den in den Ecken ein unregelmäfsiges Quadergefüge gewählt ift. Die Mauerflächen find in naturfarbigem Kalkputz hergeftellt; für das Dach ift dunkelblaue, deutfche Schieferdeckung auf Schalung gewählt.

Die Durchbildung des Inneren entfpricht der fchlichten gefälligen Durchbildung des Aeufseren. Decoration und Malereien treten völlig in den Hintergrund; man fuchte einen Gegenfatz nur dadurch zu

---

[73]) Facf.-Repr. nach: Deutfche Bauz. 1893, S. 541.

erreichen, dafs die weifs getünchten Wände mit hohen, dunkel gebeizten Wandpaneelen zufammengeftimmt find, eine Anordnung, die der Beftimmung der Räume entfpricht, und dem Gelegenheitsfchmuck nicht die Möglichkeit einer felbftändigen und abwechfelnden Entfaltung raubt. Der Bau beanfpruchte einen Koftenaufwand von rund 30000 Mark.

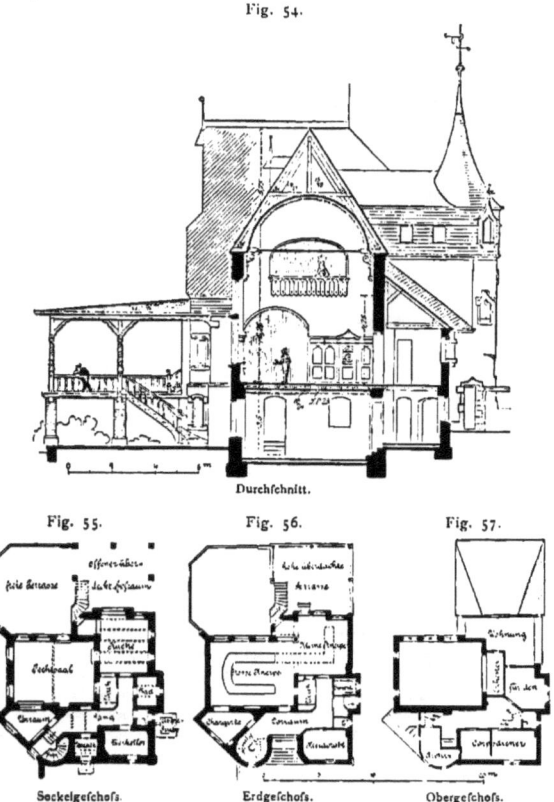

Fig. 54.

Durchfchnitt.

Fig. 55.   Fig. 56.   Fig. 57.

Sockelgefchofs.   Erdgefchofs.   Obergefchofs.

Haus der Burfchenfchaft »Teutonia« zu Giefsen [73]).
Arch.: *Hofmann.*

Schliefslich fei noch auf einige andere Bauausführungen der fraglichen Art: das Haus der Burfchenfchaft »Teutonia« zu Jena [74]), das Corpshaus der »Rhenania« zu Tübingen [75]) und das Corpshaus zu Erlangen [76]) verwiefen, welche in den unten namhaft gemachten Quellen veröffentlicht find. Im Bau begriffen find das Corpshaus der »Starkenburger« in Giefsen, das »Wingolfiten«-Haus dafelbft etc.

92.
Einige andere
Beifpiele.

[74]) Siehe: Deutsche Bauz. 1890, S. 1.
[75]) Siehe: LAMBERT & STAHL. Privat- und Gemeindebauten. II. Serie. Stuttgart 1887—88. Heft 1, Bl. 1 u. 2; Heft 3, Bl. 4 — *La conftruction moderne*, Jahrg. 2, S. 606, 617 u. Pl. 100.
[76]) Siehe: *Builder*, Bd. 49, S. 386.

Literatur

über »Gebäude für gesellige Vereine und Clubhäuser«.

Ausführungen und Projecte.

PUGIN & BRITTON. *Illustrations of the public buildings of London.* 2. Ausg. von W. H. LEEDS. London 1838. Bd. 2, S. 254: *University club-house.* S. 288: *Travellers' club-house.*
Clubs. Revue gén. de l'arch. 1840, S. 327 u. Pl. 11 u. 14.
FLOWER, H. *Gresham club-house, London. Builder,* Bd. 2, S. 114.
The new Carlton club-house. Builder, Bd. 5, S. 218.
Proposed army and navy club-house. Builder, Bd. 5, S. 518.
The Royal Irish yacht club-house, Kingstown. Builder, Bd. 9, S. 91.
The Carlton club-house, Pall-Mall. Builder, Bd. 13, S. 282, 330.
KNOBLAUCH, E. Ein Gesellschaftshaus in Erfurt. ROMBERG's Zeitschr. f. prakt. Bauk. 1857, S. 97.
Reform-club (Londres). Revue gén. de l'arch. 1857, S. 342 u. Pl. 35—43.
Junior united service club, London. Builder, Bd. 15, S. 306.
The junior united service club-house. Building news, Bd. 3, S. 209, 380, 429, 827, 982; Bd. 4, S. 746, 1004, 1024, 1290.
SCHINKEL, K. F. Sammlung architektonischer Entwürfe. Berlin 1857—58.
    84: Das Casinogebäude in Potsdam.
    107—108: Entwurf zu einem Gesellschaftshause im Friedrich-Wilhelmsgarten bei Magdeburg.
Les clubs anglais. Revue gén. de l'arch. 1858, S. 279.
London club-houses — the reform. Building news, Bd. 4, S. 259.
The reform club-house. Building news, Bd. 4, S. 271, 292, 316, 344.
The travellers' club-house, Pall-mall. Building news, Bd. 4, S. 1150.
The temperance society's hall, Birmingham. Builder, Bd. 18, S. 185.
The Kildare street club-house, Dublin. Building news, Bd. 6, S. 44, 83.
The conservative club, St. James's street. Building news, Bd. 6, S. 552.
The army and navy club-house. Building news, Bd. 6, S. 629.
The Carlton club-house, Pall-mall. Building news, Bd. 7, S. 87.
Design for a club-house. Building news, Bd. 7, S. 544.
ENDE. Erläuterung nebst Kostenüberschlag zu dem Entwurf von einem Casino-Gebäude für die Gesellschaft Concordia zu Hagen. ROMBERG's Zeitschr. f. prakt. Bauk. 1862, S. 9.
Heizung und Lüftung im Sprechzimmer der Baugewerkschule und im Clubgebäude zu Holzminden. HAARMANN's Zeitschr. f. Bauhdw. 1862, S. 63.
Das Gesellschaftsgebäude in Winterthur. HAARMANN's Zeitschr. f. Bauhdw. 1863, S. 36.
Das Gesellschaftsgebäude in Hagen. HAARMANN's Zeitschr. f. Bauhdw. 1863, S. 155.
The Brighton club. Building news, Bd. 10, S. 732.
New city club. Builder, Bd. 22, S. 650.
The junior Carlton club-house, Pall-mall. Builder, Bd. 25, S. 529.
DUBOIS, H. *Le jockey-Club de Paris. Nouv. annales de la const.* 1868, S. 33. Deutsche Bauz. 1868, S. 247.
BLONDEL. *Cercle agricole, construit au quai d'Orsay, à Paris, en 1866—68. Nouv. annales de la const.* 1868, S. 98.
The university club, London. Builder, Bd. 26, S. 357.
Manchester reform club. Builder, Bd. 28, S. 249. *Building news,* Bd. 18, S. 211.
University club. Building news, Bd. 15, S. 184.
The junior Carlton club. Building news, Bd. 15, S. 718; Bd. 27, S. 310.
RASCHDORFF. Casinogebäude in Saarbrücken. Zeitschr. f. Bauw. 1869, S. 193.
DIETRICH. Infanterie-Kasernement mit Militär-Kasino zu Stettin. Deutsche Bauz. 1871, S. 289.
ADAM. Das Marine-Casino in Pola. Zeitschr. d. bayer. Arch.- u. Ing.-Ver. 1871, S. 54.
The conservative hall, Boston. Building news, Bd. 24, S. 586.
Gebäude für Vereine in Wien: WINKLER, E. Technischer Führer durch Wien. Wien 1873. S. 183. — 2. Ausg. 1874. S. 125.
EWERBECK, J. Umbau des Gesellschaftslocales »Erholung« zu Aachen. Zeitschr. d. Arch.- u. Ing.-Ver. zu Hannover 1874 S. 349.

BLONDEL, H. *Cercle agricole, boulevard Saint-Germain, à Paris.* Revue gén. de l'arch. 1874, S. 10 u. Pl. 3, 4.
St. Stephen's-club, Weftminfter. Builder, Bd. 32, S. 311.
The Manchefter confervative club-houfe. Building news, Bd. 24, S. 323, 356; Bd. 25, S. 510. Builder, Bd. 32, S. 851.
Das neue Haus der Mufeums-Gefellfchaft in Stuttgart. Deutfche Bauz. 1873, S. 67; 1875, S. 443.
The junior naval and military club, Pall-Mall. Builder, Bd. 33, S. 10.
Manchefter confervative club-houfe. Building news, Bd. 29, S. 224.
St. Stephen's club, Weftminfter. Building news, Bd. 29, S. 278, 308.
Hannover fquare club. Builder, Bd. 34, S. 39.
The City liberal club, Walbrook. Builder, Bd. 34, S. 536.
Gebäude für Vereine in Berlin: Berlin und feine Bauten. Berlin 1877. Theil I, S. 368.
STIER, H. Gefellfchaftshaus der Gefellfchaft der Freunde zu Breslau. Deutfche Bauz. 1877, S. 11.
WÄCHTLER, L. Ueber den Bau des Redouten- und Cafinogebäudes in Oedenburg. Wochfchr. d. öft. Ing.- u. Arch.-Ver. 1877, S. 173.
Boat and club-houfe competition at Putney. Building news, Bd. 33, S. 402, 482.
The city liberal club. Building news, Bd. 34, S. 34.
Bedford park club, Turnham Green. Building news, Bd. 34, S. 442.
The reform club-houfe. Building news, Bd. 35, S. 551.
LÜTZOW, C. v. & L. TISCHLER. Wiener Neubauten. Band 1. Wien 1879.
Taf. 1—5: Adeliges Cafino; von SCHWENDENWEIN.
Die Stadthalle zu Crefeld. Deutfche Bauz. 1879, S. 476.
Allgemeines Militär-Cafino in Metz. ROMBERG's Zeitfchr. f. prakt. Bauk. 1879, S. 88 u. 148.
Liverpool reform club. Builder, Bd. 37, S. 176.
The French international club. Builder, Bd. 37, S. 428.
Neubauten zu Frankfurt a. M. Frankfurt a. M. 1878—80.
Bl. 16: Haus Speltz. Cafino-Gefellfchaft u. Café-Reftaurant Cafino; von SONNTAG.
REINHARDT, R. Gefellfchaftshaus der Harmonie in Heilbronn am Neckar. Allg. Bauz. 1880, S. 8.
GARNIER, CH. *Cercle de la librairie, boulevard St. Germain, à Paris.* Gaz. des arch. et du bât. 1880, S. 46. Revue gén. de l'arch. 1880, S. 154 u. Pl. 39—44. La femaine de conft. 1880, S. 318.
The publifhers and printers' club-houfe, Paris. Builder, Bd. 38, S. 96.
Der Neubau der »Germania« zu Berlin. Baugwks.-Ztg. 1881, S. 3.
Cafinogebäude in Carlftadt i. S. Allg. Bauz. 1882, S. 16.
HEIM. Das Clubhaus des Union-Club zu Berlin. Deutfche Bauz. 1882, S. 528.
Defign for a Weft-end club. Building news, Bd. 42, S. 386, 446.
TURNER, M. A. Monumentale Profanbauten etc. Serie I. Wien 1883.
Taf. XXVIII—XXXIII: Cafino in Carlftadt i. S.
HARDY, E. G. *Defign for a club.* Architect, Bd. 28, S. 145.
The national liberal club, Charing crofs. Builder, Bd. 44, S. 547.
The »Cafino Mercantil«, Barcelona. Builder, Bd. 45, S. 820.
The univerfity club, Edinburgh. Building news, Bd. 45, S. 886.
The new club, Glasgow. Building news, Bd. 45, S. 1000.
Competitive defign for the Bedford town and county club. Architect, Bd. 30, S. 405.
Das Haus der Mufeums-Gefellfchaft in Stuttgart: Stuttgart. Führer durch die Stadt und ihre Bauten. Stuttgart 1884. S. 108.
Defign for the club-houfe of Milwaukee club, Milwaukee. American architect, Bd. 14, S. 138.
KÖNIG, C. Wohnhaus »Ziererhof« in Wien. Wochfchr. d. öft. Ing.- u. Arch.-Ver. 1884, S. 318.
New county club-houfe at Bury St. Edmunds. Architect, Bd. 31, S. 109.
The confervative club, Liverpool. Builder, Bd. 46, S. 572.
The Hampden houfe refidential club. Builder, Bd. 47, S. 255.
Defign for Bedford town and county club houfe. Architect, Bd. 31, S. 125.
Gentleman's club, St. Leonards-on-fea. Architect, Bd. 31, S. 221.
The Birmingham liberal club. Architect, Bd. 31, S. 263.
Club-houfe of the union club, Chicago. American architect, Bd. 15, S. 307.
Club-houfe of the Peninfular club, Grand rapids. American architect, Bd. 16, S. 6.
Liberal club premifes, Great Grimsby. Building news, Bd. 47, S. 824.

The national liberal club. Building news, Bd. 48, S. 165.
Das neue Concert- und Vereinshaus in Stettin. Centralbl. d. Bauverw. 1885, S. 108.
The national liberal club, Builder, Bd. 48, S. 652.
The new conſtitutional club, Northumberland-avenue. Building news, Bd. 48, S. 1004, 1006.
Das neue Gebäude des Geſangvereins »Junger Männerchor« in Philadelphia. Techniker, Jahrg. 7, S. 169.
Projet de club à conſtruire à la Maloja. L'émulation 1885, Pl. 6.
The new Birmingham liberal club. Building news, Bd. 49, S. 480.
The conſtitutional club, Northumberland avenue. Architect, Bd. 36, S. 211.
The young men's inſtitute, Bowery branch for the young men's chriſtian aſſociation, of New York City. Building, Bd. 4, S. 30.
Deſign for a caſino. Building, Bd. 4, S. 54.
Club houſe for the Arion ſociety of New York. Building, Bd. 4, S. 198.
The new conſtitutional club. Northumberland avenue, London. Building, Bd. 5, S. 247.
Deſign for the club-houſe of the New York athletic club. American architect, Bd. 19, S. 175.
New club-houſe of the St. Louis Jockey club. Scient. American, Bd. 54, S. 295.
LAMBERT & STAHL. *Caſino de la Rhenania. La conſtruction moderne,* Jahrg. 2, S. 606, 617 u. Pl. 100.
Geſellſchaftshaus des Vereins »Arion« in New-York. Wochbl. f. Baukde. 1886, S. 235.
Das Vereins-Gebäude des »Arion«. Techniker, Jahrg. 8, S. 157.
The new club-houſe for the national liberal club. Builder, Bd. 52, S. 781.
The new union club-houſe, Newcaſtle-upon-Tyne. Builder, Bd. 53, S. 614.
Conſtitutional club, Burley-in-Wharfedale. Building news, Bd. 52, S. 12.
Bedford town and county club. Building news, Bd. 53, S. 576.
Scarborough conſtitutional club. Building news, Bd. 53, S. 669.
New club, Wiveliscombe, Somerſetſhire. Building news, Bd. 53, S. 894.
Jekyl Island club-houſe, Brunswick. American architect, Bd. 21, S. 20.
Accepted deſign for the Algonquin club-houſe, Boſton. American architect, Bd. 21, S. 30, 54.
Building of the young men's chriſtian aſſociation, Worceſter. American architect, Bd. 21, S. 271.
LAMBERT & STAHL. Privat- und Gemeindebauten. II. Serie. Stuttgart 1887—88.

    Heft 1, Bl. 1 u. 2 ⎫
    »   3, Bl. 4   ⎬ : Geſellſchaftshaus des Corps Rhenania in Tübingen; von KATZ.
    » 4, Bl. 3 u. 4: Saalbau der evangeliſchen Geſellſchaft in Stuttgart; von WITTMANN & STAHL.
Vereinshäuſer in Köln: Köln und ſeine Bauten. Köln 1888. S. 584.
Entwürfe zu einem Geſellſchaftshauſe für den Verein »Deutſches Haus« in Brünn. Deutſche Bauz. 1888, S. 103.
CREMER & WOLFFENSTEIN. Das Clubhaus des »Geſelligen Vereins der Geſellſchaft der Freunde« in Berlin. Deutſche Bauz. 1888, S. 165.
KNOBLAUCH. Der neue Feſtſaal der Muſeums-Geſellſchaft in Tübingen. Deutſche Bauz. 1888, S. 309.
PROKOP, A. Die Konkurrenzpläne für das »Deutſche Haus« in Brünn. Zeitſchr. d. öſt. Ing.- u. Arch.-Ver. 1888, S. 39.
Salle à manger du national liberal club à Londres. Moniteur des arch. 1888, S. 103 u. Pl. 38.
The Meiſterſingers' club, 63, St. James's-ſtreet, London. Building news, Bd. 55, S. 71.
Club houſe at Montclair, New Jerſey. Building, Bd. 8, S. 209.
Duquesne club competition, Boſton. Bulding, Bd. 9, S. 53, 61.
Marion ſocial club-houſe, Boylſton St., Boſton. American architect, Bd. 23, S. 114.
Deſign for club-houſe of the New York athletic club, Sedgemere. American architect, Bd. 23, S. 260.
THIENEMANN, O. Das deutſche Vereinshaus in Neutitſchein. Allg. Bauz. 1886, S. 88.
Le nouveau cercle de l'union. La conſtruction moderne, Jahrg. 4, S. 388, 454.
Village club houſe, Hartoſt. Builder, Bd. 56, S. 358.
Liberal club at Kettering. Builder, Bd. 57, S. 192.
New »Pelican« club premiſes, Gerhard-ſtreet, Shafteſbury-avenue, W. Building news, Bd. 57, S. 29.
Prince's racquet and tennis club. Building news, Bd. 57, S. 484, 518.
New conſervative club, Accrington. Building news, Bd. 57, S. 518.
Marylebone cricket club. Architect, Bd. 42, S. 253.
Sketch for club houſe at Princeton. Building, Bd. 10, S. 55.
A country club houſe. Building, Bd. 10, S. 89.
Propoſed conſolidated yacht-club houſe, Newport. American architect, Bd. 29, S. 29.

Gefellfchaftshäufer zu Hamburg: Hamburg und feine Bauten, unter Berückfichtigung der Nachbarftädte Altona und Wandsbeck. Hamburg 1890. S. 147.
HIRSCH, L. Das Haus der Burfchenfchaft »Teutonia« zu Jena. Deutfche Bauz. 1890, S. 1.
Projet de club pour l'affociation de la preffe. L'émulation 1890, Pl. 10—17.
Students' club, Erlangen. Builder, Bd. 59, S. 386.
Junior conftitutional club, Picadilly. Building news, Bd. 59, S. 500.
Defign for affembly and club-rooms for the Mofely united quoit and bowling club. Architect, Bd. 44, S. 96.
The Progress club, fifth avenue and fixty-third ftreet, New York. Architecture and building, Bd. 12, S. 259.
Club-houfe of the Lake St. Clair fifhing and fhooting club, St. Clair Flats, Lake St. Clair, Michigan. American architect, Bd. 29, S. 14.
Das deutfche Haus in Brünn. Deutfche Bauz. 1891, S. 356.
Junior conftitutional club. Builder, Bd. 60, S. 11.
Club-houfe and marine hotel, Hunter's quay, for the Royal Clyde yacht club. Building news, Bd. 60, S. 772.
The Manhattan athletic club, New York. American architect, Bd. 32, S. 167.
New young men's chriftian affociation building, San Francisco. American architect, Bd. 34, S. 59.
Vereinsgebäude in Leipzig: Leipzig und feine Bauten. Leipzig 1892. S. 503.
Cercle des étudiants à Montpellier. La conftruction moderne, Jahrg. 7, S. 174. 197.
St. Auftell liberal club. Building news, Bd. 62, S. 90.
Young men's chriftian affociation, Cork. Building news, Bd. 62, S. 168.
The Solway club, Syracufe. Architecture and building, Bd. 16, S. 207.
New York athletic club, Travers Island. Architecture and building, Bd. 17, S. 31.
The colonial club, New York. Architecture and building, Bd. 17, S. 139.
The exchange club, Bofton. American architect, Bd. 38, S. 90.
HOFMANN, L. Haus der Burfchenfchaft Teutonia in Giefsen. Deutfche Bauz. 1893, S. 539.
Das Forftkafino in Eberswalde. Blätter f. Arch. u. Kunfthdwk. 1893, S. 36.
Das evangelifche Vereinshaus in Nürnberg. Blätter f. Arch. u. Kunfthdw. 1893, S. 40.
Cercle de l'»Union chrétienne«, rue de Trévife, à Paris. Nouv. annales de la conft. 1893, S. 72.
Royal Weft Norfolk golf club, Brancafter. Building news, Bd. 64, S. 62.
The Leicefter conftitutional club. Building news, Bd. 65, S. 857.
The Newton club-houfe, Newton. American architect, Bd. 39, S. 77.
Cafinogebäude des II. Garderegimentes zu Fufs in Berlin. Blätter f. Arch. u. Kunfthdw. 1894, S. 15 u. Taf. 29.
The new conftitutional club buildings, Newport. Building news, Bd. 66, S. 183.
Architektonifches Skizzenbuch. Berlin.
    Heft 147, Bl. 3 u. 4: Vereinshaus in Köthen; von ENDE & BOECKMANN.
LICHT, H. & A. ROSENBERG. Architektur Deutfchlands. Berlin 1878—82.
    Bd. 1, Taf. 79—81: Harmonie in Heilbronn; von R. REINHARDT.
    Bd. 2, Taf. 156—158: Palais in Berlin; von v. STRALENDORFF.
Bauten und Entwürfe. Herausgegeben vom Dresdener Architekten-Verein. Dresden 1879.
    Bl. 85, 86, 95: »Haus Guttenberg« in Dresden; von PÄSSLER & MARTIN.
    Bl. 109 u. 110: Cafino der Gefellfchaft »Verein« zu Crefeld; von GIESE.
Architektonifche Studien. Herausg. vom Architekten-Verein am Königl. Polytechnikum in Stuttgart.
    Heft 33, Bl. 5 u. 6 ⎫
     » 34, Bl. 5 u. 6 ⎬ : Gefellfchaftshaus der Harmonie in Heilbronn; von REINHARDT.
     » 58, Bl. 5 ⎫
     » 66, Bl. 5 u. 6 ⎬ : Gebäude der Mufeumsgefellfchaft in Stuttgart; von WAGNER & WALTER.
Architektonifche Rundfchau. Stuttgart.
    1886, Taf. 86: Klubhaus der Frankfurter Rudergefellfchaft Germania; von GÜNTHER.
        Taf. 90: Konkurrenz-Entwurf zu einem Gefellfchaftshaus des Vereins »Harmonie« in Leipzig; von IHNE & STEGMÜLLER.
    1887, Taf. 73: Klubhaus der Gefellfchaft Harmonie in Leipzig; von A. ROSSBACH.
    1890, Taf. 33, 34: Kafino des VI. und VII. Bezirks in Budapeft; von PETSCHACHER.
    1893, Taf. 72: Corpshaus der »Gueftphalia« in Heidelberg; von BEHAGHEL.

2. Kapitel.
Freimaurer-Logen.
Von Dr. Heinrich Wagner.

93. Freimaurerbund.

Vor der Betrachtung der baulichen Anlagen der Logenhäuſer müſſen Weſen und Einrichtung der Brüderſchaft, deren Zwecken ſie dienen, kurz erörtert werden.

Allen jenen engeren Bündniſſen gegenüber, welche auf Gleichheit des Berufes, des Standes, der politiſchen Ueberzeugungen, der Stammesangehörigkeit, des religiöſen Bekenntniſſes beruhen und am Uebel der Ausſchliefslichkeit leiden, will der Freimaurerbund, als »Bund der Bünde«, alle guten Menſchen unter dem Grundgedanken der Gleichſtellung und Bruderliebe, d. i. der Humanität, und zum Zweck der ſittlichen Einwirkung auf Andere gleichſam in eine einzige Familie vereinigen[77]).

Dies ſpricht ſich im allgemeinen Grundgeſetz des Freimaurerbundes aus, berathen und angenommen auf der Jahresverſammlung des Vereines deutſcher Maurer zu Worms am Pfingſtſeſte des Jahres 1867[78]). Es beginnt: »Zweck des Freimaurerbundes iſt die Darſtellung der Menſchheit als Eines Ganzen, verbunden in brüderlicher Liebe zum gemeinſamen Streben nach allem Wahren, Schönen und Guten . . .«

Dieſe Ziele werden durch den Wortlaut des allgemeinen maureriſchen Grundgeſetzes beſtätigt, welchem der dritte Grofsmeiſtertag am 7. Juni 1870[79]) ſeine Zuſtimmung ertheilte: »Die Freimaurerei »bezweckt, in einer zumeiſt den Gebräuchen der zu Bauhütten vereinigten Werkmaurer entlehnten Form »die ſittliche Veredelung des Menſchen und menſchliche Glückſeligkeit überhaupt zu beſördern.«

In der That iſt durch die geſchichtlichen Forſchungen und die Prüfung der noch vorhandenen Urkunden über allen Zweifel klar geworden[80]), daſs der Urſprung der Freimaurerei nicht auf die Myſterien des Alterthumes, nicht auf Salomo's Tempelbau, noch auf die Tempelritter u. dergl. zurückzuführen, ſondern in den alten Verbindungen der Maſonen oder Steinmetzen zu ſuchen iſt.

Wie weit dieſe zurückgehen, iſt nicht mit Sicherheit feſt zu ſtellen. Die älteſte, bis jetzt bekannt gewordene, echte Urkunde iſt die von *Halliwell* im britiſchen Muſeum entdeckte Pergamentſchrift, die aller Wahrſcheinlichkeit nach zwiſchen 1427 und 1445 verfaſst wurde. Sie enthält 790 Reimverſe in altengliſcher Sprache, welche die alte Zunftſage, dann die Geſetze, ſchliefslich die Legende »von den vier Gekrönten« beſchreiben. Die mit dem früheſten zuverläſſigen Datum verſehene Urkunde aber iſt die „𝔒𝔯𝔡𝔢𝔫𝔲𝔫𝔤𝔢", welche „𝔲𝔪𝔟 𝔫𝔲𝔱𝔷 𝔲𝔫𝔡 𝔑𝔬𝔱𝔥𝔡𝔲𝔯𝔣𝔣𝔱 𝔴𝔦𝔩𝔩𝔢𝔫 𝔞𝔩𝔩𝔢𝔯 𝔐𝔢𝔦𝔰𝔱𝔢𝔯 𝔲𝔫𝔡 𝔊𝔢𝔰𝔢𝔩𝔩𝔢𝔫 𝔡𝔢𝔰 𝔤𝔞𝔫𝔱𝔷𝔢𝔫 𝔥𝔞𝔫𝔡𝔴𝔢𝔯𝔠𝔨𝔰 𝔡𝔢𝔰 𝔖𝔱𝔢𝔦𝔫𝔴𝔢𝔯𝔠𝔨𝔰 𝔲𝔫𝔡 𝔖𝔱𝔢𝔦𝔫𝔪𝔢𝔱𝔷𝔢𝔫 𝔦𝔫 𝔡ü𝔱𝔰𝔠𝔥𝔢𝔫 𝔏𝔞𝔫𝔡𝔢𝔫" zur Erneuerung und Läuterung des alten Herkommens niedergeſchrieben, „𝔎𝔞𝔭𝔦𝔱𝔢𝔩𝔰𝔴𝔦𝔰𝔢" in mehreren Verſammlungen vorberathen, zuerſt in Regensburg 4 Wochen nach Oſtern 1459 angenommen, dann in demſelben Jahre in Strafsburg, ſpäter in Speyer u. a. O. mehrfach umgearbeitet und erneuert, auch 1498 von Kaiſer *Maximilian I.*, hierauf von den folgenden Kaiſern beſtätigt wurde. Die norddeutſchen Bauhütten beſchloſſen 1462 zu Torgau eine neue Ordnung für ſich.

In der Strafsburger, gleich wie in der engliſchen Urkunde findet ſich die dort vorkommende Berufung auf die „𝔥𝔢𝔦𝔩𝔦𝔤𝔢𝔫 𝔙𝔦𝔢𝔯 𝔤𝔢𝔨𝔯ö𝔫𝔱𝔢𝔫"[81]) zu ewiger gedechtniſſe". Dieſe Uebereinſtimmung, ſo wie die oft überraſchende Aehnlichkeit der beiderſeitigen Satzungen und Gebräuche laſſen auf einen ſchon in früherer Zeit beſtandenen engen Zuſammenhang der Maſonen in England und der Steinmetzen in Deutſchland ſchlieſsen. Man entnimmt daraus weiter, daſs die Freimaurerei in derjenigen Form, welche die der Bildungsſtand ihres Zeitalters und ihrer jedesmaligen Träger anzunehmen erlaubte, ſchon ſehr früh vorhanden[82]), und zwar ſtets unzertrennlich verbunden mit den Baugenoſſenſchaften war. Andeutungen der geheimen Verbrüderung der Steinmetzen und Darſtellungen aus der ihnen bekannten Symbolik finden ſich an alten Baudenkmälern.

---

[77]) Siehe: Findel, J. G. Geſchichte der Freimaurerei etc., 3. Aufl. Leipzig 1870. S. 160.
[78]) Siehe ebendaſ., Anhang, S. 850.
[79]) Siehe: Allgemeines Handbuch der Freimaurerei. Bd. 4: Ergänzungen. Leipzig 1879. S. 41.
[80]) Siehe: Keller, W. Kurzgefaſste Allgemeingeſchichte der Freimaurerei etc. 2. Aufl. Gieſsen 1860. S. 5.
[81]) Geſchichte derſelben ſiehe: Kloſs, G. Die Freimaurerei in ihrer wahren Bedeutung etc. 2. Aufl. Berlin 1855. S. 258 — ſo wie: Allgemeines Handbuch der Freimaurerei etc. Bd. 3. Leipzig 1867. S. 435.
[82]) Die Bezeichnung *Free-maſon* für den Steinmetzen, der den bildſamen *Free-ſtone* (Hauſtein) bearbeitet, zum Unterſchiede von *Maſon* kurzweg, der als gewöhnlicher Maurer hauptſächlich mit dem *Rough-ſtone* (Bruchſtein) zu thun hat, wird nach Findel (a. a. O., S. 57 u. 83) zuerſt in einer Parlaments-Acte unter *Edward III.* erwähnt. Auch die entſprechenden Ausdrücke *liberi muratori* und *ſculptores lapidum liberorum* kommen (letzterer ſchon im Jahre 1212) vor. (Vergl. *Builder*, Bd. 27, S. 73.)

Die Freimaurerei in ihrer heutigen Form aber ift von England aus, erft feit dem zweiten Jahrzehnt des vorigen Jahrhundertes, verbreitet worden.

Im Februar 1717 vereinigten fich vier alte Bau-Logen Londons [83]), unter Anlehnung an die alten Gewohnheiten, Gebräuche und Satzungen der Werkmaurer-Brüderfchaft, zu einer Grofs-Loge unter einem Grofsmeifter mit dem Ziele, einen geiftigen Bau aufzuführen, der vermöge feiner Verbreitung über die ganze Erde der gefammten Menfchheit angehöre. So trat an Stelle der in voller Auflöfung begriffenen Steinmetz-Brüderfchaft ein neues Gebilde — der Freimaurerbund, der fich bald über die ganze Welt, über Deutfchland feit 1737, ausbreitete.

Für unfere Zwecke genügen folgende Angaben über die Einrichtungen des Bundes [84]).

Eine **Loge** ift der Ort, wo Maurer fich verfammeln und arbeiten; daher wird auch eine folche Verfammlung oder gehörig eingerichtete Gefellfchaft von Maurern eine Loge genannt.

Eine Loge ift entweder eine einzelne oder eine allgemeine; im letzteren Falle gehört fie zu einer **Grofs-Loge**, zu einem aus den Logen eines Bezirkes oder eines Landes gebildeten freien Logenbund (Syftem). Die meiften Grofs-Logen ftehen unter fich im Austaufch und Verhältnifs.

Die Logen heifsen Johannis-Logen, weil fie *Johannes den Täufer* als Patron verehren; fie arbeiten in den drei Graden des Lehrlings, Gefellen und Meifters.

Jede Loge führt einen fymbolifchen Namen, dem der Name des Ortes, wo fie ihren Sitz hat, beigefügt wird. Die Farbe der Johannis-Logen ift blau; doch findet man in der alt-englifchen Maurerei auch drei Farben: Blau, Purpur und Scharlach. Andere nehmen die Farben der vier Elemente: Weifs (Erde), Purpur (Waffer), Himmelblau (Luft), Carmoifin (Feuer) an etc.

An der Spitze einer jeden Loge fteht ein Beamten-Collegium, das durch Stimmenmehrheit der Brüder gewählt wird. Die Leitung der Logenangelegenheiten ift dem Meifter vom Stuhl (Logenmeifter) und nebft ihm dem erwählten oder zugeordneten Meifter vom Stuhl und den beiden Auffehern übertragen. An der Spitze jeder Grofs-Loge fteht ein **Grofsmeifter**, dem in gleicher Weife, wie dies bei jeder Johannis-Loge der Fall ift, ein Grofs-Logen-Beamten-Collegium zur Seite fteht.

Je nach dem Gebrauchthum (Ritual) unterfcheidet man innerhalb des Bundes verfchiedene Lehrarten (Syfteme), die indefs im Wefentlichen mehr oder weniger übereinftimmen. Bei einigen Lehrarten des Bundes giebt es aufser den drei urfprünglichen, dem Wefen der Maurerei entfprechenden Graden auch höhere Grade, welche indefs als Zuthaten aus der Zeit maurerifcher Verirrung bezeichnet werden.

In Deutfchland beftehen 8 Grofs-Logenabtheilungen und 5 einzelne unabhängige Logen, welche Ende 1878 im Ganzen 40719 Mitglieder [85]) zählten. Ganz Europa foll 3120, Amerika allein über 11000, Afien, Afrika und Auftralien zufammen 647 Logen befitzen. Die Gefammtzahl der Maurer wird auf mindeftens 600000 (?) gefchätzt.

_{94.
Andere
Geheimbunde.}

Auf andere, nach dem Mufter der Freimaurer-Brüderfchaft gebildete oder mit derfelben in Beziehung gebrachte Geheimbunde der Gegenwart, die in England und Amerika grofse Verbreitung haben, auf den »unabhängigen Orden der fonderbaren Gefellen« (*Independent Order of Odd Fellows*, *J. O. O. F.* [86]), welcher, gleich dem »Grofshain des vereinigten alten Ordens der Druiden« (*Grand Grove of the United ancient Order of Druids*, *U. A. O. D.*) feit 1870 auch nach Deutfchland ver-

---

[83]) Die Loge zu St. Paul im Wirthshaus zur Gans in *St. Paul's Church-Yard*, die Loge im Wirthshaus zur Krone in *Parker's Lane*, die Loge im Wirthshaus zum Apfelbaum in *Covent-Garden* und die Loge im Wirthshaus zum Römer in *Channel Row*.

[84]) Siehe hierüber die fchon angeführten Werke von *Keller* (S. 15) und von *Findel* (S. 10): Die Grundgefetze (*old charges*) der erften Grofs-Loge von 1723.

[85]) Siehe: Allgemeines Handbuch der Freimaurerei. Bd. 4: Ergänzungen. Leipzig 1879. S. 45.

[86]) Siehe ebendaf., S. 125; für die übrigen Geheimbunde: S. 47, bezw. S.82 u. 61.

pflanzt wurde; ferner auf den »*Harugari*«-Orden in den Staaten der Union, der von einem uralten deutfchen Ritterorden abftammen foll; endlich auf den Orden der »*Forefters*«, welche ihren Urfprung aus der Zeit ableiten, als die von Normannen befiegten Angelfachfen in die Wälder flüchten muſſten, braucht hier nicht näher eingegangen zu werden.

Die *Forefters* allein zählten am 1. Januar 1878 mehr als eine halbe Million zahlender Mitglieder.

95. Entftehung der Logenhäufer. Aus der älteften Zeit der Freimaurer-Brüderfchaft ift von ftehenden Logenhäufern nichts bekannt. Aber im Mittelalter entftanden überall, wo ein grofser Bau aufgeführt wurde, Bauhütten, die Anfangs mit den Klöftern vereinigt waren, fpäter unabhängig wurden. Daraus bildete fich, wie vorhin gezeigt wurde, die Steinmetz-Brüderfchaft, welche, gleich den Schutz- und Handwerksgilden, innerhalb der Ringmauern der Städte ihre Zunftfäle hatte. Mit dem Niedergange der fpätmittelalterlichen Kunft kam die Zeit des Verfalles diefer Einrichtungen; insbefondere in Deutfchland in Folge des dreifsigjährigen Krieges; weniger rafch in England, wo fich mit dem Ende des XVI. und dem Anfange des XVII. Jahrhundertes viele Nicht-Bauhandwerker der Brüderfchaft anfchloffen, fo dafs noch zu Ende des XVII. Jahrhundertes die Logen Londons in Wirthshäufern fich zu verfammeln pflegten, von denen fie ihre Namen erhielten.

Dann aber nahm, mit der Einrichtung der erften Grofs-Loge, die Maurerei eine feftere äufsere Geftalt an. Seitdem find zur Uebung des Gebrauchthums, zur ungeftörten Verfolgung aller Zwecke des Bundes und zur Ehre deffelben, namentlich in neuefter Zeit, überaus ftattliche Logengebäude errichtet worden.

96. Erforderniffe. Behufs Feftftellung der räumlichen Erforderniffe dienen folgende Anhaltspunkte.

Aufser den gewöhnlichen Arbeits-Logen (Aufnahme- und Unterrichts-Logen) werden zuweilen befondere Feft-Logen, ferner unter Zulaffung der Frauen, Töchter und nächften Anverwandten auch Schweftern-Logen, fo wie zum Gedächtnifs verftorbener Brüder Trauer-Logen gehalten.

Dazu bedarf es in erfter Linie des Hauptraumes, in welchem alle Arbeiten, Aufnahmen und Beförderungen der Freimaurer ftattfinden und wo diefelben ihre finnbildlichen Gebräuche ausführen, ihre Sinnbilder in Vorträgen erläutern etc. Hierzu dient:

1) Der Logen- oder Arbeitsfaal. Er liegt, wie es im Ausweife der englifchen Mafonen heifst, »nach Often und Weften, wie alle heiligen Tempel ftehen«. Der Meifter vom Stuhl hat feinen Platz im Often, wefshalb die Loge »Orient« genannt wird.

Ein Nebenraum mit befonderem Zugang zum öftlichen Ende des Saales ift erwünfcht.

Der Logenfaal darf keinen anderen Raum über fich haben; er wird defshalb bei mehrgefchoffiger Anlage des Haufes entfprechend angeordnet. Fenfter follen nicht vorhanden fein oder müffen wenigftens während der Logendauer, wie in mehreren der nachfolgenden Pläne angedeutet ift, durch dichte Schalwände gefchloffen werden können.

Hieran reihen fich folgende Räume:

2) Banket- und Feftfaal. Derfelbe wird zuweilen ausfchliefslich von der Brüderfchaft benutzt, häufig aber auch der öffentlichen Benutzung zur Abhaltung von Feftlichkeiten überlaffen und dem gemäfs angelegt und eingerichtet.

Der Zutritt zu den Sälen erfolgt durch:

3) Vorhalle oder Flurfaal, die als Wandelbahn benutzt werden; hierzu gehören:
4) Kleiderablage- und Wafchräume etc., fo wie
5) Bekleidungszimmer, in denen die dem Maurerhandwerk entlehnte, finnbildlich bedeutfame Bekleidung der Freimaurer für alle regelmäfsigen Logenverfammlungen anzulegen ift. Aufserdem kommen vor:
6) Vorbereitungs- und Prüfungskammer, die zu den Aufnahmevorbereitungen in den Freimaurerbund dienen. Die Prüfungskammer kann klein fein, darf aber auch keine Fenfter haben, es fei denn, dafs diefe vollkommen verdunkelt und verdeckt werden können. Diefer Raum foll vom Logenfaal entfernt oder wenigftens nicht unmittelbar neben diefem und dem Vorfaal liegen.

Bei gröfserer Bedeutung und Ausdehnung der Anlage find erforderlich:

7) Arbeitsräume für die höheren Grade, beftehend aus einem kleineren Logenfaal, wo möglich in Verbindung mit dem Flurfaal oder mit befonderem Vorzimmer; ferner Sitzungs- und Verwaltungszimmer.

In einem Grofs-Logengebäude dürfen eben folche Arbeitsräume für den Grofsmeifter und die Grofsbeamten nicht fehlen.

Zur Erholung, bezw. Bewirthung der Mitglieder dienen:

8) Lefezimmer und Bibliothek, zuweilen
9) Billard- und Spielzimmer;
10) Clubzimmer, zu gefelligen und anderen Zufammenkünften der Maurer ohne alle gebrauchthümliche Form.

Von den übrigen noch vorkommenden Dienft- und Nebenräumen der Logen braucht fchliefslich noch erwähnt zu werden:

11) Die Hauswart-Wohnung. Dem Hauswart oder Caftellan, der ein dienender Bruder, mitunter ein wirkliches Mitglied der Loge ift, liegt die Bewachung und Unterhaltung des Gebäudes und des darin befindlichen Inventars ob; er wird auch mit der Bewirthung betraut, und dem gemäfs find deffen Dienft- und Wohnräume zu bemeffen und anzuordnen.

In den englifchen Maurertempeln pflegen Räume für den »Ziegeldecker«, bezw. »Grofs-Ziegeldecker« (*Tyler, Grand-tyler*) vorzukommen[17]). Erfterer ift der wachthabende Bruder, der hauptfächlich dafür zu forgen hat, dafs die Loge von keinem Unbefugten betreten werde, und der für feine Mühewaltung Gehalt bezieht. Letzterer ift ein vom Grofsmeifter ernannter Meifter-Maurer, der bei Vorbereitung, Anordnung und Abhaltung der Verfammlungen der Grofsen Loge mitzuwirken, im Uebrigen ähnliche Obliegenheiten, wie die Ziegeldecker zu erfüllen hat. Beide werden zu den Beamten gerechnet.

Viele Logen haben kein eigenes Befitzthum und Haus, worin fie ihre Verfammlungen abhalten können. Unter den Logen in England hat ungefähr die Hälfte ihren Sitz in Wirthshäufern, Tavernen, Reftaurants etc. aufgefchlagen. Doch ift die Zahl der für Zwecke der Brüderfchaft errichteten Gebäude im Wachfen begriffen. Selten aber find darin fämmtliche vorangeführte Räume vereinigt; meift werden nur die unter 1 bis 6 bezeichneten, fo wie ein Sitzungs- oder Lefezimmer anzutreffen fein. Die Säle herrfchen naturgemäfs in Anlage und Grundrifsbildung des Haufes vor. Die Arbeitsräume pflegen in einem und demfelben Stockwerk, dem Hauptgefchofs, zu liegen; wenn möglich wird auch der Banket- und Feftfaal darin eingereiht; die übrigen Räume werden in zweckentfprechender Weife vertheilt.

Die Anordnung im Einzelnen wird am beften durch die Vorführung der nachfolgenden Beifpiele verdeutlicht. Hierbei kann von den am häufigften vorkommenden

[17]) Siehe Art. 103: Befchreibung der *Freemafon's hall* in London.

Fällen von Logen in Gebäuden, die urfprünglich anderen Zwecken dienten und fpäter für Ausübung der Freimaurerei fo gut es eben ging eingerichtet wurden, abgefehen werden.

99. Beifpiel I.
Ein einfaches Beifpiel einer kleinen eingebauten Anlage ift die Loge »Leopold zur Treue« in Karlsruhe (Fig. 58 [88]), von *Knoderer & Hannz* erbaut.

Der Grundrifs des in Fig. 58 dargeftellten Hauptgefchoffes zeigt den Arbeitsfaal, den Feftfaal und das Lefezimmer um den Vorfaal gruppirt, der durch die Treppe von der Durchfahrt im Erdgefchofs erreicht wird. Der Feftfaal, $16{,}5 \times 8{,}0$ m, nimmt die ganze Vorderfront des Haufes ein; der Arbeitsfaal, $13{,}0 \times 7{,}1$ m, liegt, gleich wie das Lefezimmer, nach rückwärts. Das Erdgefchofs enthält Wirthfchaftsräume. Drei grofse Rundbogenöffnungen und vier kräftige Mittellifenen, bekrönt von Terracotta-Figuren, die vier Jahreszeiten darftellend, darüber ein ftark vorfpringendes Hauptgefims kennzeichnen die Loge im Aeufseren [88]).

Fig. 58.

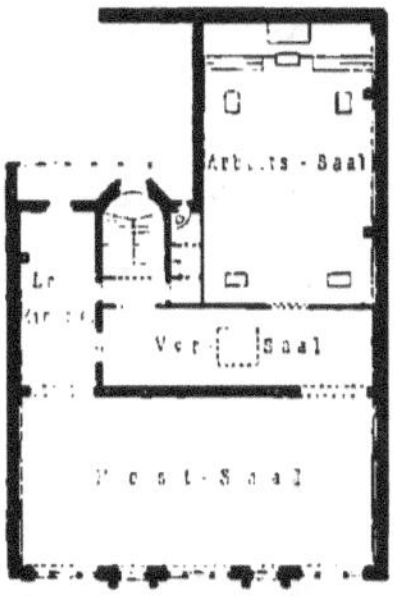

Haus der Loge »Leopold zur Treue« zu Karlsruhe [88]).
$\frac{1}{500}$ w. Gr.
Arch.: *Knoderer & Hannz.*

100. Beifpiel II.
Anders erfcheint das urfprünglich auf ganz freier Baustelle von *Moller* 1817—18 errichtete Haus der Loge »Johannes der Evangelift zur Eintracht« in Darmftadt, das feit 1846 auch den Zwecken der dortigen Grofs-Loge dient.

Der von hübfchen Gartenanlagen umgebene Tempel enthält nur die den Zwecken der Darmftädter Brüderfchaft genügenden Räume. Diejenigen des Erdgefchoffes find aus Fig. 59 [90]) erfichtlich; der Speifefaal wurde 1870 von *Harres* angebaut. Der Vorderflügel ift mit einem Obergefchofs verfehen, das aus Bibliothek und Archiv-Zimmer, fo wie aus Wohnung des Hauswartes befteht. Für die Prüfungskammer dient ein Raum des Kellergefchoffes.

Das Aeufsere ift durch einen ftattlichen, von 6 jonifchen Säulen getragenen Portikus gefchmückt, vor dem 2 Sphinxe lagern.

101. Beifpiel III.
Zu den neueren, bedeutenderen Gebäuden diefer Art gehört das von *Lieblein*, unter Zugrundelegung feines preisgekrönten Wettbewerb-Entwurfes, 1873—74 erbaute Haus der Loge »Karl zum aufgehenden Licht« in Frankfurt a. M. (Fig. 60 bis 62 [91]).

Die Grundrifseintheilung wurde grofsentheils durch Lage und Geftalt der Baustelle bedingt. Das vom Mozart-Platze aus zugängliche Haus hat nach der Rückfeite und Nebenfeite eine parkartige Umgebung, deren Freierhaltung durch Servituten gefichert ift. Nach diefer Seite wurden daher die eine ganz un-

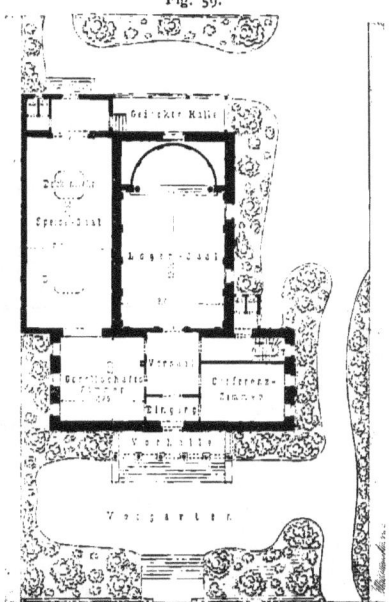

Fig. 59.

Haus der Loge »Johannes der Evangelift zur Eintracht« zu Darmftadt [89]). — $\frac{1}{500}$ w. Gr.
Arch.: *Moller.*

[88]) Nach den von den Herren Architekten *Knoderer & Hannz* in Karlsruhe mitgetheilten Original-Plänen.
[89]) Eine äufsere Anficht diefes Gebäudes ift zu finden in: Karlsruhe im Jahre 1870. Karlsruhe 1872. S. 81.
[90]) Nach einer vom Herrn Baumeifter L. *Harres* in Darmftadt mitgetheilten Zeichnung.
[91]) Nach den von Herrn Architekten *Lieblein* in Frankfurt a. M. überlaffenen Original-Plänen und Mittheilungen.

geftörte Lage beanfpruchenden Haupträume, nämlich der Logenfaal, darunter der Feftfaal, beide mit den nöthigen Vor- und Verbindungsräumen verfehen, angeordnet. Längs der Eingangsfeite am Marktplatze find die übrigen Räume in drei Gefchoffen über einander angereiht. Die Hauswirthfchaftsräume befinden fich im Kellergefchofs.

Der grofse Logenfaal und die zugehörigen, aus Fig. 61 zu entnehmenden Arbeitsräume bilden das oberfte und Hauptgefchofs. Der durch eine Glaswand abgefchloffene Vorplatz führt zur Vorhalle, deren Eingang durch ein Portal gekennzeichnet ift. Mit der Vorhalle in Verbindung fteht das Bekleidungszimmer. Durch die neben dem letzteren liegende Treppe gelangt man zu einem nach dem Logenfaale geöffneten oberen Raume, der zu mufikalifchen Aufführungen eines verborgenen Sängerchores oder Orchefters

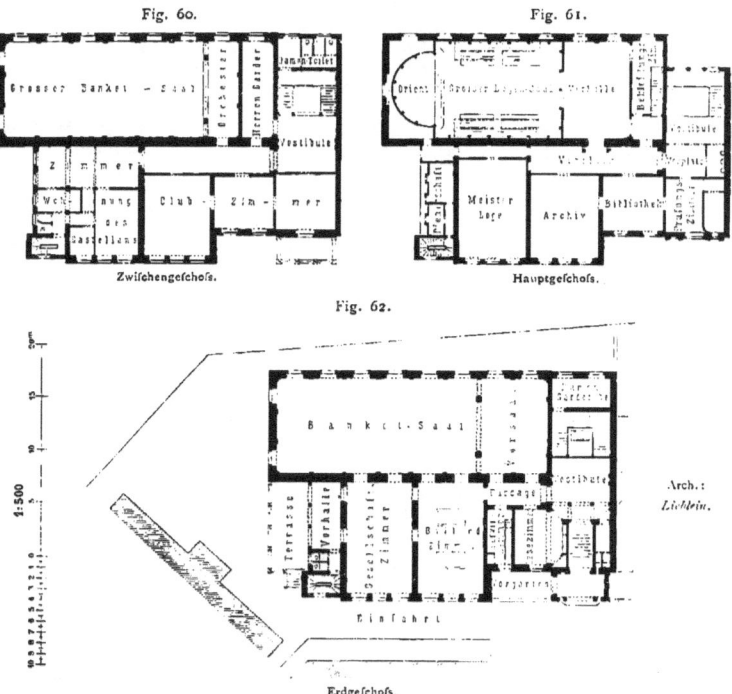

Haus der Loge «Karl zum aufgehenden Licht» zu Frankfurt a. M. *[1]).

dient. Die Sitze der Maurer find an den beiden Langfeiten des Saales angeordnet. Der Platz des Meifters vom Stuhl mit dem halbkreisförmigen Orient ift um vier Stufen über den Boden des Saales erhöht. Die farbige Behandlung deffelben ift nach der in den Farben der Johannis-Logen gehaltenen Decke, himmelblau mit angehefteten, filbernen Sternen von verfchiedener Gröfse, geftimmt und durchgeführt. Der vom Vorplatz abgezweigte Gang bildet einen befonderen Eingang zum Orient und zum kleinen Logenfaal. Archiv und Bibliothek dienen zugleich als Sitzungszimmer für die Beamten. Das kleine zu verdunkelnde Prüfungszimmer hat eine möglichft abgefonderte Lage erhalten.

Im Zwifchengefchofs liegen die Clubräume, die Wohnung des Hauswarts, welche durch die Dienfttreppe mit Küche und Keller, fo wie mit fämmtlichen oberen Gefchoffen in bequemer Verbindung fteht, ferner die Kleiderablage für Herren und die Orchefter-Galerie des unteren Banketfaales.

Fig. 63.

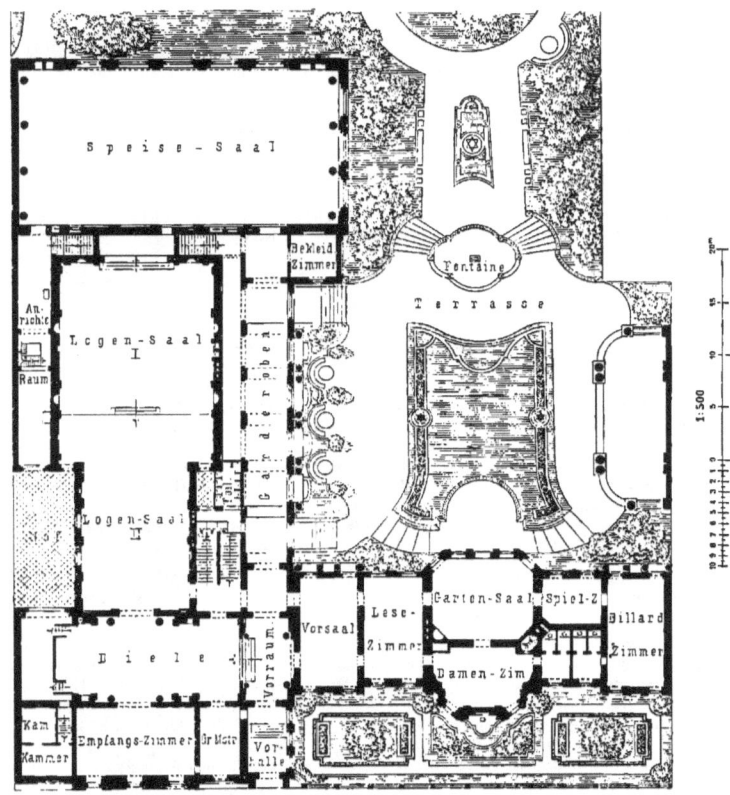

Erdgeschoſs.

Fig. 64.

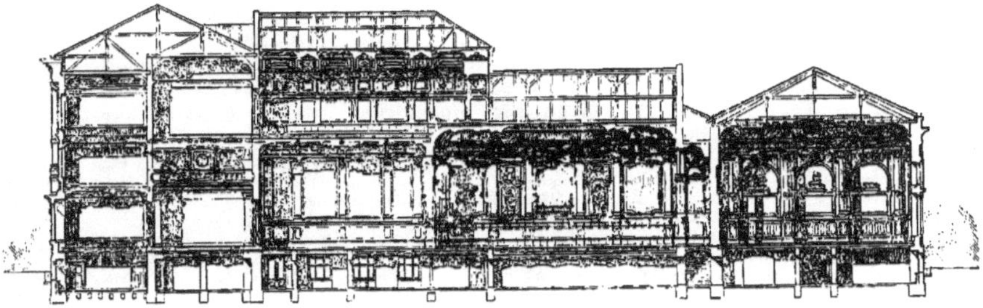

Längenſchnitt.

Haus der Loge *Royal York* zu Berlin [93]).
Arch.: *Ende & Boeckmann.*

Das Erdgefchofs umfafst den grofsen Banketfaal, der die Höhe diefes, fo wie des Zwifchengefchoffes einnimmt, und ungefähr eben fo hoch als breit (18,5 m lang, 9,0 m breit und 8,75 m hoch), auch von guter Klangwirkung ift. Hieran fchliefsen fich nach rückwärts der gleich breite Vorfaal, Ablegeraum für Damen und Haupttreppe mit Damen-Toilette in Ruhebankhöhe; nach vorn Eintrittshalle, Lefezimmer, Billard-Saal, ein gröfseres Gefellfchaftszimmer mit Halle und Terraffe gegen den Garten an. Der Feftfaal mit zugehörigen Vorräumen, nöthigenfalls auch die anderen Erdgefchofszimmer, werden zur Abhaltung von Feftlichkeiten vermiethet. Dem gemäfs ift die Grundrifsanordnung getroffen worden.

Das Erdgefchofs hat 5,15 m, das Zwifchengefchofs 3,20 m, die kleineren vorderen Räume des Hauptgefchoffes haben 3,60 m lichte Höhe erhalten.

Die Baukoften betrugen rund 240 000 Mark. Dies ergiebt bei 616 qm überbauter Grundfläche (ohne Terraffe und Portalbau) rund 390 Mark für das Quadr.-Meter. Material und Arbeitslöhne hatten zur Zeit der Ausführung den höchften Stand erreicht.

102. Beifpiel IV.

Eines der grofsartigften der in Rede ftehenden Gebäude in Deutfchland[92]) befitzt die Grofse Loge von Preufsen, genannt »*Royal York* zur Freundfchaft« in Berlin (Fig. 63 u. 64[93]).

Daffelbe befteht aus einem alten, eingefchoffigen, 1712 von *Schlüter* erbauten, 1780 in das Eigenthum der Loge übergegangenen und fpäter erweiterten Theile, der den zwifchen Vorgarten und Garten gelegenen rechten Flügel des Haufes bildet und zu den gewöhnlichen gefelligen Zwecken benutzt wird, fo wie aus dem im unmittelbaren Anfchlufs hieran von *Ende & Boeckmann* 1881—83 errichteten Haupttheil, dem eigentlichen Logenhaufe. Aufser den im Erdgefchofs-Grundrifs (Fig. 63) angegebenen Haupträumen umfafst der Neubau in dem längs der Strafsenfront mit einem Zwifchengefchofs und einem Obergefchofs verfehenen Theile nach vorn eine Anzahl Verwaltungsräume, nach rückwärts einen Arbeitsfaal für die höheren Ordensgrade (fiehe den Längenfchnitt in Fig. 64). Im Untergefchofs liegen Wohnung des Hauswartes, Hauswirthfchaftsräume etc. Näheres über die Ausfchmückung ift in Art. 105 zu finden.

Die Ausführung hat nicht ganz 2 Jahre gedauert und eine Summe von rund 500 000 Mark beanfprucht.

103. Beifpiel V.

Von den zahlreichen englifchen Freimaurerhallen wird als eines der hervorragendften Beifpiele in Fig. 65[94]) der Hauptgrundrifs des Haufes der vereinigten Grofs-Loge von England, der *Freemafons' hall* in *Great Queen-Street, Holborn*, zu London dargeftellt.

Das nach dem Entwurfe und unter der Leitung von *Cockerell* 1866—68 errichtete, am 7. April 1869 unter grofser Prachtentfaltung eingeweihte Gebäude befteht aus zwei verfchiedenen, in Grundrifs und Aufrifs beftimmt ausgefprochenen Theilen, der eigentlichen Maurerhalle und der Taverne oder der Schank- und Speifewirthfchaft. Beide bilden ein Ganzes, das Eigenthum der Grofs-Loge ift, die hier ihren Sitz hat. Auch eine Anzahl der vielen unter ihr ftehenden Logen Londons halten ihre Zufammenkünfte hier ab. Die der öffentlichen Benutzung dienende Taverne ift vermiethet.

Der ausfchliefslich für die Zwecke der Brüderfchaft beftimmte Haupttheil hat 27,5 m Frontbreite auf 61,0 m Tiefe. Im Erdgefchofs gelangt man durch das in der Axe gelegene Portal zur Eintrittshalle und zu der zu mit Deckenlicht erhellten Haupttreppe. Von hier aus zweigt nach hinten ein Flur ab, der zu den Gefchäftsräumen der Zunft, fo wie zu denen der drei Wohlfahrts-Inftitute[95]) und dem Sitzungszimmer mit Wartezimmern führt. An der Strafsenfeite liegen einerfeits ein Clubzimmer, zugleich Bibliothek, andererfeits eine gleichfalls für die Zunft ausfchliefslich beftimmte Wirthsftube (*Coffee-room*[96]), die von der Taverne aus bedient wird.

Das in Fig. 65 abgebildete I. Obergefchofs umfafst den alten Logenfaal der früher an diefer Stelle beftehenden Taverne. Er liegt in gleicher Bodenhöhe mit dem neu erbauten Banketfaal und dem »*Suffex*«-Zimmer[97]), aber 12 Stufen tiefer als die übrigen Arbeitsräume. Diefe beftehen aus zwei vom

---

[92]) Unter den Logenhäufern, welche in dem am Schluffe diefes Kapitels aufgeführten Litteraturverzeichnifs angeführt find, mag hier auf das Haus der Loge »Archimedes« in Schneeberg i. S., ferner auf das Logenhaus in Altftadt-Dresden, ferner auf die Logenhäufer in Cöln (fiehe: Köln und feine Bauten. Köln 1888. S. 397), Hamburg (fiehe: Hamburg und feine Bauten. Hamburg 1890. S. 149) und Leipzig (fiehe: Leipzig und feine Bauten. Leipzig 1892. S. 503) hingewiefen werden.

[93]) Nach: Deutfche Bauz. 1883, S. 233 u. 245.

[94]) Nach: *Builder*, Bd. 24, S. 611.

[95]) Die Vereinigte Grofs-Loge der Freimaurer von England hat grofse Erziehungshäufer für Knaben und Mädchen, mehrere Afyle für Freimaurer und fonftige Wohlthätigkeits-Anftalten gegründet.

[96]) Siehe Art. 70 (S. 55, unter 2).

[97]) Vermuthlich zu Ehren des um die Sache der Maurerei und insbefondere um die Wiedervereinigung der freien Maurer Englands zu einer einzigen Grofs-Loge hoch verdienten, langjährigen Grofsmeifters derfelben, des Herzogs *von Suffex* († 1843).

Flurraum aus zugänglichen kleinen Logenfälen mit Vorzimmern, fo wie den an der Strafsenfeite gelegenen zwei Zimmern für den Grofsmeifter und die Grofsbeamten, an die fich ein Speifefaal mit Vorzimmer anreiht. Auch diefer, gleich wie der unmittelbar darüber im II. Obergefchofs liegende Speifefaal, werden von der Taverne aus bedient.

Im Uebrigen befinden fich im II. Obergefchofs ähnliche, aber einfacher ausgeftattete Arbeitsräume, als die des Hauptgefchoffes.

Das III. Obergefchofs enthält Schlafftuben für die Bedienfteten der Grofs-Loge und für die der Taverne.

Im Sockelgefchofs (*Bafement*) find Räume für den »Grofs-Ziegeldecker« (*Grand-tyler*[98]), Vorrathskeller u. dergl.

Die Taverne hat eine Frontbreite von 13,4 m auf 61,0 m Tiefe und umfafst aufser drei an der Vorderfeite im Erdgefchofs und den beiden Obergefchoffen über einander liegenden Speifefälen den im rückwärtigen Theile gelegenen neuen Feft- und Banketfaal von 29,2 m Länge, 13,4 m Breite und 13,7 m Höhe; ferner unmittelbar darunter im Sockelgefchofs eine Küchenanlage von gleicher Ausdehnung, welcher fich nach vorn der Dienerfchaftsfaal von beträchtlicher Höhe, fo wie andere Hauswirthfchaftsräume anreihen. Man gelangt im Erdgefchofs neben dem ebenerdigen Speife-Salon mittels einer geraden Treppenflucht zu einem kuppelartigen, mit 8 Säulen gefchmückten Flurfaal und dem Vorfaal des Banketfaales, die 2,70 m höher, als der Boden des Erdgefchoffes liegen. Die Haupttreppe führt, noch 12 Stufen höher, von der Ruhebank aus zum Vorzimmer des Speife-Salons im I. Obergefchofs und weiterhin zu dem 13,7 m langen, 13,4 m breiten und 7,0 m hohen Speifefaal des II. Obergefchoffes, fo wie zu einem Vorraum und der Damen-Galerie.

Die in Portland-Stein ausgeführte Façade des Logengebäudes zeigt eine Dreitheilung, deren Oeffnungen im Hauptgefchofs durch je

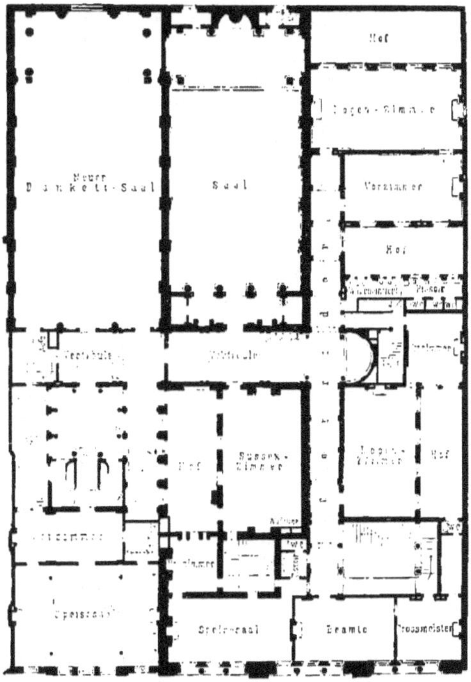

Fig. 65.

Hauptgefchofs. — 1/200 w. Gr.
Freemafon's hall in London [94].
Arch.: *Cockerell.*

drei von korinthifchen Säulen gebildete Intercolumnien gefchieden werden. Im II. Obergefchofs krönen 4 Figuren, die Haupttugenden mit ihren Abzeichen darftellend; die 4 vorgelegten Pfeiler. An der Archivolte der mittleren Bogenöffnung find die Zeichen des Thierkreifes, an anderen Stellen finnbildliche Darftellungen von Sonne, Mond und Sternen durchgeführt, auch Infchriften und maurerifche Embleme hinzugefügt.

Die Baukoften betrugen für die Maurerhalle bei 1677 qm überbauter Grundfläche rund 490 000 Mark (= £ 24 170), fomit 292 Mark für das Quadr.-Meter; für die Taverne rund 400 000 Mark (= £ 19 918) oder 490 Mark das Quadr.-Meter; bei letzterer alfo beträchtlich mehr, als bei erfterer, für welche die alte Logenhalle beim Umbau benutzt werden konnte.

[94] Siehe Art. 96 (S. 75).

Wegen der Nothwendigkeit, Vorkehrungen zur möglichst ungestörten Fortführung des Wirthschaftsbetriebes während der Bauzeit zu treffen, wurde eine längere Dauer der letzteren und stückweise Ausführung der Arbeit erforderlich.

Die Krone aller bisherigen Maurertempel aber soll in Philadelphia[99]) sein. Derselbe wurde 1873 eingeweiht und umfasst ausser den Räumen für die Hochgrade auch diejenigen der Templerei.

104. Beispiel VI.

Man gelangt vom Eingang aus in eine Galerie oder Vorhalle von 76,0 m Länge auf 6,0 m Weite; hieran schliefsen sich die mit 2 Säulenreihen versehene Bibliothek, 20,0 m lang, 13,7 m breit und 9,1 m hoch, der mit Wandmalereien ausgestattete Banketsaal, eben so breit und hoch, aber beinahe doppelt so lang, so wie die Haupttreppe, die am oberen Ende durch Gruppen prächtiger Pflanzen und einen Zierbrunnen geschmückt ist. Der Grofs-Logensaal ist in »korinthischem Stil«, der Kapitelsaal in italienischer Renaissance; aufserdem sind vorhanden eine ägyptische Halle, in Form eines ägyptischen Tempels, sodann eine normännische und eine jonische Halle, eine Halle der Commandeure der Grofs-Templer, wieder »korinthischen Stils«, und noch viele andere Räume, alle prunkvoll geschmückt. Ein 76,0 m hoher Eckthurm gehört zum Logengebäude, in dem 10 Millionen Backsteine verbaut wurden. Man erhält einen Begriff von den aufserordentlich reichen Mitteln, über welche die Grofs-Loge von Pennfylvanien verfügen muss, durch die Mittheilung, dafs während der 3 bis 4 Jahre, welche der Bau des Tempels beanspruchte, $ 1 400 000 darauf verwendet wurden.

Ueber Gestaltung und Ausrüstung der Logenhäuser im Allgemeinen geben die vorhergehenden Beispiele, so wie die vorangegangenen Bemerkungen einigen Aufschlufs. Ueber Form und Ausschmückung der eigentlichen Loge, des Ortes, in dem sich die Maurer verfammeln, ist in rituellen Schriften mancherlei enthalten. Daraus[100]) ist zu entnehmen, dafs zur Ausrüstung der Maurer-Loge dreierlei gehört, nämlich die »Zieraten, Geräthe und Kleinodien«. Die Zieraten sind: »das musivische Pflafter, der flammende Stern und die zackige, mit Quaften versehene Einfassung« (auch Randwerk mit »zackiger Quafte«). Als Geräthe werden »die Bibel, der Zirkel und das Winkelmafs«, als bewegliche Kleinode wieder »das Winkelmafs, das Richtfcheit und die Bleiwage«, als unbewegliche Kleinode »der Reifsboden[101]), der rauhe und vollkommene Hauftein[102])« bezeichnet. Es erscheint nicht nöthig und nicht räthlich, auf die sinnbildliche Bedeutung diefer Dinge näher einzugehen; es genügt die Bemerkung, dafs diefe und andere maurerische Wahrzeichen und Myfterien, z. B. die öfter genannten zwei Säulen *Jachin* und *Boaz* (vor dem Thore der mittleren Kammer des *Salomon*'fchen Tempels), der »Thronhimmel von verfchiedenen Farben«, die »zu den Wafferwolken reichende Leiter« etc., in der inneren Ausfchmückung der Loge mitunter eine Rolle zu fpielen fcheinen. Die Farbenftimmung ift an die durch das Gebrauchthum vorgefchriebenen vorerwähnten Farben des Ordens gebunden.

105. Gestaltung und Ausschmückung.

In diefer Hinsicht mögen nachfolgende Einzelheiten aus der Befchreibung[103]) des in Art. 102 (S. 79) befprochenen Haufes der Loge *Royal York* in Berlin (Arch.: *Ende & Boeckmann*) angeführt werden.

»(Die) lediglich auf künstliche Beleuchtung berechnete Erscheinung (des Tempels) ... foll offenbar ... das Gepräge feierlichen Ernstes, einen von der Stimmung des Tages ablenkenden Weihe tragen, und es lässt sich nicht leugnen, dafs schon die Grundfarbe des Saales, ein tiefes, grünliches Blau, wefentlich

---
[99]) Siehe: *Builder*, Bd. 34, S. 1262.
[100]) Vergl. *Browne's Masterkey* in: KRAUSE. Kunsturkunden der Freimaurerbrüderfchaft. 2. Aufl. Dresden 1819. Band 1, Abth. 2, S. 206 bis 219 und S. 256 bis 262; ferner S. 192 und 267.
[101]) Im englischen Original *Tracing-board* kann wohl auch mit *Kraufe* als »Reifsbrett« übersetzt werden; doch ist für letzteres Wort der Ausdruck *Drawing-board* üblicher.
[102]) Im englischen Original *Ashlar*; das Wort wird in alten Baugedingen häufig für Quader oder Haustein im Gegensatz zu Bruchstein gebraucht; z. B. in einem Contract für *Durham Dorm*. 1398: *Et erit (murus) exterius de puro lapide vocato achiler plane inscisso, interius vero de fracto lapide, vocato roghwall*. (Siehe: *Glossary of terms etc. used in Gothic architecture*. Oxford 1850. S. 47.)
[103]) Siehe: Deutsche Bauz. 1883, S. 245.

hierzu beiträgt. Sie beherrscht gleichmäfsig Wände und Decken; nur die in grauröthlichem Marmorstuck gehaltenen Pilaster, eine leichte Bronzirung, bezw. Vergoldung des plastischen Ornaments und einzelne ornamentale Malereien in hellerem Blau beleben die Flächen. Blau ist auch die Farbe des Vorhanges, durch welchen der Saal getheilt werden kann, und des Vorhanges, welcher den um mehrere Stufen erhöhten Orient abschliefst. An der Rückwand dieses Raumes, die zwischen zwei vorspringenden Sphinxen in flachem vergoldeten Gyps-Relief eine Palmenlandschaft mit Pyramiden zur Anschauung bringt, ist durch eine geschickte Beleuchtung dieses Bildes, deren Quelle dem Auge verborgen bleibt, ... ein überraschender Effect erzielt . . . . Vier vergoldete Nischen an den Seitenwänden des Hauptraumes sollen in allegorischen Figuren die 4 Logen (in Berlin), welche die Grofse Loge »Royal York« umfafst, verkörpern; zwischen den beiden Westnischen öffnet sich eine kleine Orgel-Empore.

Wiederum ein völlig anderes Bild gewährt der gröfsere Arbeitsfaal im Obergeschofs . . . . Die vorwiegenden Farben . . . . sind hier Roth und Gold. Purpur-Vorhänge verhüllen die Thür nach dem (in Schwarz decorirten) Nachbarraum und die Nische des Orients, der hier in einer von Sphinxen bewachten, auf hohem Unterbau sich erhebenden Tempelfront — mit dem Sonnenbild im Giebelfeld — sich öffnet . . .«

Nach derselben Quelle deutet schon im Speisesaale die Verwendung gewisser Thier- und Pflanzenformen — die Sphinx, der Phönix und der Pelikan, die Biene, die Palme, die Lilie — darauf hin, dafs es an bestimmten symbolischen Hinweisen nicht fehlt.

Aber auch in der äufseren Erscheinung der Freimaurer-Logen werden da und dort maurerische Sinnbilder und Abzeichen zur Darstellung gebracht [101]. Die in grofsen Zügen erdachte Architektur soll sich durch Ernst und Strenge der Formen und durch Anwendung von echtem und schönem Material auszeichnen.

Literatur

über »Freimaurer-Logen«.

Ausführungen und Projecte.

PUGIN & BRITTON. *Illustrations of the public buildings of London.* 2. Aufl. von W. H. LEEDS. London 1838. Bd. 2, S. 242: *Freemasons' hall.*
Asylum for worthy freemasons at Croydon. Builder, Bd. 10, S. 139.
Loge maçonnique, à Lure. Gaz. des arch. et du bât. 1865, S. 49.
Freemasons' hall, London. Builder, Bd. 24, S. 611.
Grofse Landesloge in der Oranienburger Strafse zu Berlin. Deutsche Bauz. 1867, S. 381.
Masonic hall. Builder, Bd. 25, S. 713.
The grand loge temple in Philadelphia. Builder, Bd. 34, S. 1262.
The new building of the Swedish freemasons at Stockholm. Builder, Bd. 35, S. 476.
Logenhäuser in Berlin: Berlin und seine Bauten. Berlin 1877. Theil I, S. 370.
Logenhaus in Altstadt-Dresden: Die Bauten, technischen und industriellen Anlagen von Dresden. Dresden 1878. S. 303.
Masonic hall and club, Kidderminster. Builder, Bd. 37, S. 1419.
SCHWATLO. Das Haupt-Gebäude der Loge Royal-York zur Freundschaft in Berlin. ROMBERG's Zeitschr. f. prakt. Bauk. 1880, S. 252, 265.
Loge »Friedrich Wilhelm zur Eintracht«: BÖTTCHER, E. Technischer Führer durch das Staatsgebiet der freien und Hansestadt Bremen. Bremen 1882. S. 13.
ENDE & BOECKMANN. Das Haus der Loge »Royal York«, Berlin. Deutsche Bauz. 1883, S. 233, 245.
Logengebäude in Schneeberg i. S. Baugwks.-Zeitg. 1884, S. 288.
Temple maçonnique construit à Bruxelles. L'émulation 1884, Pl. 29—32.
Loge Carl in Frankfurt a. M.: Frankfurt a. M. und seine Bauten. Frankfurt 1886. S. 272.
The freemasons' hall company's buildings, Melbourne. Building news, Bd. 52, S. 179.
Masonic building, Sommerville. Building, Bd. 7, S. 213.
Freimaurer-Loge zu Köln: Köln und seine Bauten. Köln 1888. S. 597.

---

[101] Vergl. Art. 99 (S. 80).

HEINECKE, C. Das Mutterhaus der Grofsen National-Mutter-Loge zu den drei Weltkugeln. Deutfche Bauz. 1888, S. 577.

Logenhäufer zu Hamburg: Hamburg und feine Bauten, unter Berückfichtigung der Nachbarftädte Altona und Wandsbeck. Hamburg 1890. S. 149.

Das Logenhaus »zur Akazie« in Meifsen. Deutfche Bauz. 1894, S. 50.

3. Kapitel.
Gebäude für gewerbliche und fonftige gemeinnützige Vereine.

Unter diefer Bezeichnung werden verfchiedenartige, theils den Gewerben und der Induftrie, theils gemeinnützigen und Wohlfahrtszwecken dienende Vereinsgebäude zufammengefafst.

<small>106. Allgemeines.</small>

Die Anlage derfelben, obgleich in vielen Dingen ziemlich übereinftimmend mit derjenigen der übrigen Vereinshäufer, zeigt doch manche, mit den Standesangelegenheiten und gefellfchaftlichen Verhältniffen der Zeit zufammenhängende Eigenthümlichkeiten, fo dafs eine befondere Erörterung derfelben um fo zweckmäfsiger erfcheint, je mannigfaltiger die Ziele der Vereine, für die fie beftimmt ift, find.

Hierbei werden unterfchieden;
a) Innungshäufer;
b) Gebäude für kaufmännifche Vereine;
c) Gebäude für Gewerbe- und Kunftgewerbe-Vereine, und
d) Gebäude für fonftige gemeinnützige Vereine und Wohlfahrts-Gefellfchaften.

Der entfcheidende Grund für die Zugehörigkeit einer Anftalt zu den hier in Rede ftehenden Gebäuden ift darin zu fuchen, dafs in denfelben den Vereinsmitgliedern felbft Gelegenheit geboten werde, die Vortheile des Vereinswefens in geeigneter Weife zu geniefsen. Ift dies nicht der Fall, fo find es keine Vereinshäufer in unferem Sinne; fie find es dann nicht, wenn in einem Haufe ein oder mehrere von Vereinen gegründete Inftitute, z. B. Ausftellungs- und Sammlungsgebäude, Schulen, Erziehungs-Anftalten, Herbergen etc. fich vorfinden; folche Anftalten etc. find an anderer Stelle diefes »Handbuches« zu fuchen.

a) Innungshäufer.
Von Dr. HEINRICH WAGNER.

Die Innungshäufer haben heute nicht mehr diefelbe Bedeutung, wie ehemals, weil die Körperfchaften, für deren Zwecke fie errichtet find, mit der Zeit ein anderes Wefen angenommen haben.

<small>107 Gilden.</small>

Innung ift fo viel als Zunft oder Gilde, welche Körperfchaften zum Theile auf ein fehr hohes Alter Anfpruch erheben.

<small>Die altnordifchen *Gildescale* [105]) und die unter königlichem Schutz ftehenden, Vorrechte geniefsenden Stuben und erlaubten Häufer oder *Laufshufom* wurden fchon unter König *Olaf* (Anfang des XI. Jahrhundertes) in den Handelsftädten Norwegens erbaut.</small>

<small>In Deutfchland finden wir faft in allen Städten Nachrichten über das Beftehen der gefchworenen Schutzgilden [106]), deren Genoffen aus der Zahl der Bürger mit Ausfchlufs aller Unfreien fich vereinigt und</small>

<small>[105]) Siehe: WINZER, J. Die deutfchen Bruderfchaften des Mittelalters etc. Giefsen 1859. S. 26 u. 147.</small>
<small>[106]) Siehe ebendaf., S. 28, 34 etc.</small>

zum gegenfeitigen Schutze gegen alle Vergewaltigung verpflichtet hatten. Ihre Urkunden find meist im
XIII. Jahrhundert abgefafft, tragen jedoch die fichtbaren Zeichen an fich, dafs es alte Einrichtungen und
Gefetze find, welche nach mündlicher Ueberlieferung längst ausgeübt, aber erst in jener Zeit fchriftlich
feft geftellt worden waren.

Sobald die Gilden die Beftätigungsbriefe des Kaifers und Landesherrn erhalten
hatten, befafsen fie das Recht voller Selbftändigkeit und eigener Gerichtsbarkeit;
dadurch wurden fie Herren der Stadt; die Gildangelegenheiten erweiterten fich zu

Fig. 66.

Saal der Schiffergefellfchaft zu Lübeck.

Staatsangelegenheiten, und der Friede des Gildenhaufes erftreckte fich über die
Stadtgrenze. Aus diefen Städtegilden wurden Handelsgilden, fpäter Adelsgilden.

Alle diefe Körperfchaften hatten das Streben gemein, ihre Vorrechte zu bewahren und zu fchützen. Dazu diente die Verbrüderung der Genoffenfchaften, zu
welcher auch die aus der Verfchiedenheit des Gewerbes hervorgegangene Scheidung
der Stände beigetragen hatte.

Längst fchon müffen neben den grofsen Stadtgilden auch Handwerksgilden
beftanden haben, deren Entwickelung und Ausbildung zum Theile dem Bedürfnifs
zuzufchreiben find, Schutz gegen die Uebergriffe der in den Städten herrfchenden
Patrizier-Familien zu gewähren.

So will z. B. die Webergilde fchon im XI. Jahrhundert entftanden fein; die Kramer und Gewand-
fchneider führen einen Gildebrief vom Herzog *Heinrich dem Löwen* aus dem Jahre 1152 an; die Fifcher

von Worms gehen mit ihrer Zunft auf das Jahr 1106 zurück etc. Auch fcheint ficher zu fein, dafs die meiften Handwerksgilden im XII. Jahrhundert, als fich zwifchen Deutfchland und Italien ein bedeutender Handelsverkehr entwickelte, entftanden find.

Für Gilde kam auch der Name »Amt« in Gebrauch, als die Gilden in Folge ihrer Betheiligung an den Wiedertäuferunruhen 1537 durch den Fürftbifchof *Franz von Waldeck* aufgehoben worden waren und 1553 von demfelben unter dem Namen „Amt« wieder hergeftellt wurden.

Die Gebräuche und Satzungen der Handwerksgilden oder Zünfte waren die der alten gefchworenen Schutzgilden, jedoch mit befonderer Beziehung auf das Handwerk.

Als Beifpiel mag auf die Strafsburger Steinmetzenordnung von 1459 hingewiefen werden.

Die Innungsbriefe des XIV. Jahrhundertes weifen die ganze Verfaffung der Handwerkergilden bereits fertig nach. Sie enthalten beftimmte Vorfchriften über die Verwaltung der gefellfchaftlichen Angelegenheiten, über die jährliche Wahl der Gildemeifter und Aelteften, über das Meifterrecht, die Lehrzeit, die Verbindlichkeit der Wanderfchaft, das Auferlegen von Bufsen etc. Die Ausübung der althergebrachten, urgermanifchen Sitte des gemeinfchaftlichen Mahles bei den Verfammlungen blieb erhalten. Am Fefte des Schutzheiligen durften auch die Frauen der Gildebrüder und die Schweftern an den Gelagen theilnehmen.

Das Gildewefen bildete fich mit dem Städtewefen zugleich aus und ift, je mehr die Gilden in den Städten zur Herrfchaft kamen, allmählich ftreng und ftarr geworden. Viele in alter Zeit theils vor, theils nach 1600 errichtete Häufer der Gilden und anderen Innungen beftehen jetzt noch, insbefondere in den norddeutfchen und belgifchen Handelsftädten.

Im vorhergehenden Hefte (Abfchn. 1, Kap. 3, unter b, 3) diefes »Handbuches« ift der Saal des Haufes der Schiffergefellfchaft in Lübeck mit feiner alten Sitzeinrichtung im Grundrifs dargeftellt. Eine befondere Abtheilung bildet das Aelteften-Gelage. Die neben ftehende Abbildung (Fig. 66) giebt einen Begriff von der malerifchen inneren Erfcheinung des Saales, der mit Merkwürdigkeiten und Prunkftücken der Zunft reich gefchmückt ift. Eine an einem Unterzugspfoften angebrachte Infchrifttafel von 1580 bekundet die Alterthümlichkeit der Einrichtung.

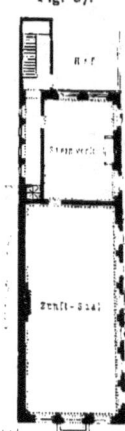

Kramer-Amtshaus zu Münfter i. W.[107], 1/200 w. Gr.

Ein anderes bemerkenswerthes Beifpiel aus alter Zeit ift das Kramer-Amtshaus zu Münfter i. W. (Fig. 67 [107]). Das Kramer-Amt zu Münfter war unter den 17 Gilden, die fich zu Münfter fchon im XIII. Jahrhundert gebildet hatten, eine der bedeutendften und gebot über reiche Mittel. Es war feit 1559 im Befitze eines Amtshaufes, das es im Sommer 1588 und 1589 neu, hoch und anfehnlich aufführen liefs. Die Lage im Mittelpunkt der Stadt, an der Ecke des alten Steinweges und der Kirchherrengaffe, fo wie die Grundrifsanordnung entfprechen den Anforderungen der Kramergilde, für die im Erdgefchofs (Fig. 67) ein grofser, hoher, hell erleuchteter Saal für die Verfammlungen der gefammten Gilde, aufserdem ein kleinerer Saal für die Gildemeifter nöthig war. Erfterer, der Zunftfaal, ift an den Wänden mit Holzgetäfel. Sitzen und einem prächtigen, in der Queraxe gelegenen Kamin verfehen; das »Steinwerk«, ift ringsum mit reichem Eichenholz-Schnitzwerk [108] aus dem Jahre 1621 getäfelt. Die Räume im Obergefchofs dienten zur Aufbewahrung der Gewänder, der Fahnen, der edlen Gefchirre etc., deren das Kramer-Amt bei feftlichen Gelegenheiten wohl bedurfte; auch Bibliothek und Archiv der Gilde wurden ehedem hier aufbewahrt.

Ueber dem Obergefchofs erftreckt fich der Söller unter einem hohen Satteldach. Letzteres wird im Aeufseren durch einen hohen Backfteingiebel gekennzeichnet, deffen ftufenartig anfteigende Abfätze von halbkreisförmigen Auffätzen gekrönt und durch drei Reihen ausgekragter Säulen mit Poftamenten und Gefimfen in Sandftein gegliedert find. Das ehemalige Kramer-Amtshaus dient gegenwärtig als Provinzial-Mufeum.

---

[107] Nach: Allg. Bauz. 1876, S. 44.
[108] Siehe ebendaf., Taf. 1 u. 2.

Später folgte die Zeit des Verfalles des Handwerks und des Niederganges der ftädtifchen Macht. Es konnte nicht ausbleiben, dafs das Innungswefen unter diefen Verhältniffen zu leiden hatte; doch überdauerte es auch diefen Zeitabfchnitt, und in manchen Orten war es fo kräftig entwickelt, dafs es noch im Laufe des vorigen Jahrhundertes fehr bemerkenswerthe Bauwerke hervorbrachte.

Wohl bekannt find z. B. die Zunfthäufer in Brüffel: das Haus der Brauer *(Hôtel des braffeurs)*, deffen Giebelfpitze das vergoldete Reiterbild des Herzogs *Carl von Lothringen* ziert; das Haus der Bogenfchützen, das nach einer Gruppe, die Säugung des *Romulus* und *Remus* darftellend, *Maifon de la louve* benannt ift; das Haus der Schiffer *(Maifon des bateliers)*, deffen Giebel dem Hintertheil eines grofsen Schiffes gleicht und mit vier vorragenden Gefchützen ausgerüftet erfcheint; ferner das Haus der Zimmerleute *(Maifon des charpentiers)*, fo wie das ehemalige Haus der Schneider *(la taupe)* mit reicher Vergoldung. Von diefen am Marktplatze in der Nähe des Rathhaufes gelegenen Zunfthäufern wurden die beiden letzten 1697, die übrigen kurz nach 1700 an Stelle der durch die Befchiefsung unter *Ludwig XIV.* 1695 zerftörten Gebäude errichtet.

110. Umwandelung.
Erft in neuerer Zeit ift das Zunftwefen des Mittelalters, das längft einer vollftändigen Umwandelung bedurfte, durch die Einführung der Gewerbefreiheit und Freizügigkeit gänzlich befeitigt worden. Freie Genoffenfchaften, facultative Innungen zur Förderung der gemeinfamen gewerblichen Intereffen können gegründet werden und find auch thatfächlich gegründet worden; die Innungsbewegung ift wieder im Steigen.

111. Aufgaben und Befugniffe.
Die »Gewerbeordnung für das Deutfche Reich« vom 1. Juli 1883[109]) hat die Aufgaben und Befugniffe der Innungen feft geftellt.

Für unfere Zwecke mögen diefem Gefetze folgende Beftimmungen, die für die bauliche Anlage neuer Innungshäufer von Einflufs fein werden, entnommen fein.

Den Innungen fteht zu:
1) Fachfchulen für Lehrlinge zu errichten und diefelben zu leiten;
2) zur Förderung der gewerblichen und technifchen Ausbildung der Meifter und Gefellen geeignete Einrichtungen zu treffen;
3) Gefellen- und Meifterprüfungen zu veranftalten und über die Prüfungen Zeugniffe auszuftellen;
4) zur Förderung des Gewerbebetriebes der Innungsmitglieder einen gemeinfchaftlichen Gefchäftsbetrieb einzurichten;
5) zur Unterftützung der Innungsmitglieder, ihrer Angehörigen, ihrer Gefellen und Lehrlinge ...... Caffen einzurichten;
6) Schiedsgerichte zu errichten, welche berufen find, Streitigkeiten ...... an Stelle der fonft zuftändigen Behörden zu entfcheiden.

112. Räumliche Erforderniffe.
Die Ausübung einiger oder aller diefer Befugniffe bedingt das Vorhandenfein der dazu geeigneten Räume im Innungshaufe.

Aufserdem erfcheint zur Abhaltung der Innungsverfammlungen, zur Pflege des Gemeingeiftes unter den Innungsmitgliedern[110]) ein Saal von geeigneter Gröfse und Anlage erforderlich. Für gefellige Unterhaltung und für Erfrifchung von Meiftern und Gefellen, zwifchen denen ein gedeihliches Verhältnifs herzuftellen und zu unterhalten ift, dienen die üblichen Erholungsräume. Auch die Befchaffung von Herbergen gehört zu den Aufgaben der Genoffenfchaft[111]). Endlich find für Zwecke der Verwaltung und für den Innungsvorftand Gefchäftsräume, Sitzungsfaal, Kanzlei, Bibliothek und Archiv, zuweilen auch Ausftellungsräume, im Uebrigen die üblichen Vor- und Verbindungsräume, Dienft- und Wirthfchaftsräume nothwendig; meift find auch kleine Wohnungen für den Hauswart, Beamte etc. vorhanden.

Es befteht indefs wohl kein eigentliches Innungshaus, das allen etwaigen Erforderniffen der Anlage in diefer Vollftändigkeit entfprechen würde. Das Deutfche

---
[109]) §. 97 und 97 a.
[110]) Siehe a. a. O., §. 97. unter 1.
[111]) Vergl. das im vorhergehenden Hefte (Abfchn. 3, Kap. 3) diefes »Handbuches« über »Herbergen zur Heimath« Gefagte.

Buchhändlerhaus in Leipzig (fiehe unten), fo wie einige der im Folgenden (unter d) zu befprechenden Gebäude für gemeinnützige Vereine und Wohlfahrts-Gefellfchaften kommen diefem Programme nahe. Bislang konnten die Innungen, in fo weit fie überhaupt beftehen, die Aufgaben, welche ihnen die Neuzeit zugewiefen hat, noch nicht in ihrem ganzen Umfange erfüllen. So lange dies nicht gefchehen und eine Anzahl neuer, zweckentfprechender Innungshäufer entftanden ift, kann auch kaum in beftimmterer Weife, als hier gefchehen, von den räumlichen Erforderniffen, noch weniger von typifcher Anlage und Grundrifsbildung der genannten Gebäude die Rede fein.

Halten wir uns daher an dasjenige, was in diefer Richtung bislang entftanden ift. Betrachten wir zuerft ein Bauwerk aus älterer Zeit, das Schneider-Amtshaus in Hamburg (Fig. 68 bis 70 [112]), das die Zunft nach dem grofsen Brande von 1842 von *de Chateauneuf*, als Erfatz für das abgebrannte, nur wenige Jahre vorher neu erbaute Amthaus am Pferdemarkt errichten liefs.

113. Schneider-Amtshaus zu Hamburg.

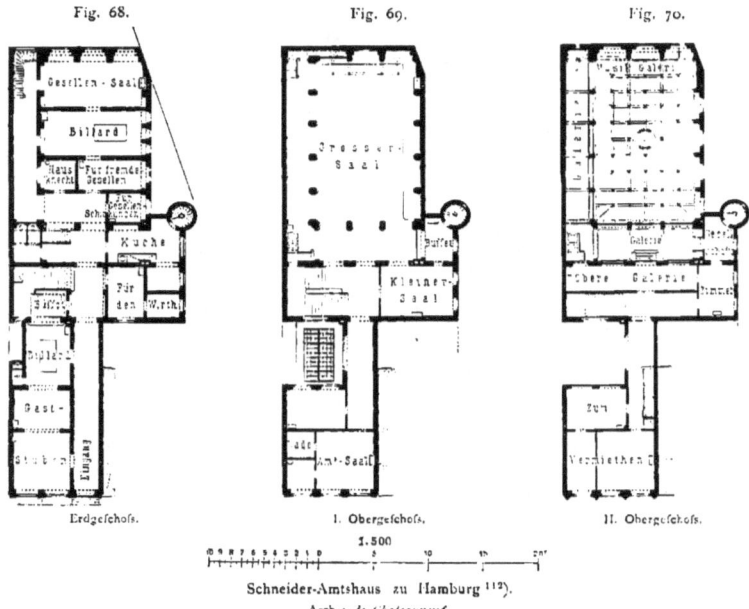

Fig. 68. Erdgefchofs.   Fig. 69. I. Obergefchofs.   Fig. 70. II. Obergefchofs.

1.500

Schneider-Amtshaus zu Hamburg [112]).
Arch.: *de Chateauneuf*.

Das Gebäude enthält, feiner Beftimmung zufolge, einen Saal mit den nöthigen Nebenräumen für die vierteljährlichen Verfammlungen der zünftigen Meifter, ein geräumiges Zimmer für die wöchentlichen Sitzungen der Zunftvorftände und etliche Räume für verfchiedene Amtshandlungen, als Meifterprüfungen etc.; fodann zwei getrennte Reftaurations-Zimmer zu gefelligen Zufammenkünften, das eine derfelben für Meifter, das andere für Gefellen beftimmt; aufserdem eine Anzahl von Schlafftellen für wandernde Handwerksburfchen und eine Wohnung für den Wirth, nebft den nöthigen Küchen, Kellern etc. Um aus dem vor-

112) Nach: Allg. Bauz. 1847, S. 42 u. Bl. 85, 86.

handenen Grundftück möglichften Nutzen zu ziehen, wurden endlich noch einige Miethwohnungen im Gebäude eingerichtet.

Der grofse Saal beginnt im I. Obergefchofs und reicht durch das darüber liegende II. hindurch. Die Mufikbühne liegt an der dem Haupteingange gegenüber liegenden fchmalen Wand; zu den Galerien des Saales gelangt man fowohl mit Hilfe der Haupttreppe vom Flur des II. Obergefchoffes aus, als auch mit Hilfe kleiner Nebentreppen im Saale felbft. Im Zufammenhange mit diefem und den Ausfchank- und Speiferäumen ftehen Küche und die Zimmer des Wirthes. Auch der kleine Saal im I. Obergefchofs, die Galerie und das Gefellfchaftszimmer im II. Obergefchofs find durch eine Wendeltreppe mit der Küche in Verbindung gebracht. Zwifchen dem Erdgefchofs und dem I. Obergefchofs ift ein kleines Zwifchengefchofs, in das man vom Ruheplatz der Haupttreppe aus gelangt, angeordnet. Es dehnt fich bis zum Billard-Zimmer der Gefellen aus und enthält die zum Saale gehörigen Kleiderablagen und Aborte. Die urfprünglich für den Wirth beftimmte Wohnung des II. Obergefchoffes ift vermiethet, da einige Zimmer im Erdgefchofs genügen. Der hintere Theil des Sockelgefchoffes unterhalb des Reftaurations-Saals für die Gefellen ift für fich abgefchloffen und enthält Schlafftellen für etwa 40 Handwerksburfchen.

Der Saal ift bis auf eine anfehnliche Höhe mit Holz getäfelt; die Galerien, die Mufikbühne und das Rippenwerk der Decke beftehen gleichfalls aus Holz. Anfichten deutfcher Städte, Spruchbänder, Ornamente, Laubwerk etc. zieren Wände und Decken.

Das Aeufsere ift unter gänzlicher Vermeidung von Putz in Backftein-Rohbau ausgeführt.

114. Vereinshaus der Prager Genoffenfchaft etc.

Ein anderes der Neuzeit angehöriges Beifpiel ift das »Vereinshaus der Genoffenfchaft der Prager Baumeifter, Steinmetzen und Maurer« (Fig. 71 u. 72 [113]), das gegen Ende der fiebenziger Jahre an Stelle der alten, nahezu dritthalb Jahrhunderte im Befitze der Genoffenfchaft gewefenen »Maurerherberge« errichtet wurde.

Die »ehrfame Zunft des Maurer- und Steinmetzen-Handwerks in der alten Stadt Prag« befafs bis Mitte des XVII. Jahrhundertes kein eigenes Heim. Sie erlangte es um diefe Zeit, als einer der Zunftgenoffen, der Prager Baumeifter *Dominic de Barifis*, ihr das ihm gehörende Haus auf dem Ziegenplatze »mit allen hierin von Alters her befindlichen Zugehörniffen, Tifchen, Bänken, Stühlen, kupfernen Ofen-Töpfen etc. und was darin nitt und nagel feft fich befindet . . . . zum eigenthümlichen, friedlichen, erblichen und ewigen Genufs, Schalt und Waltung« . . . . laut Teftament von 1646 hinterliefs, damit die »älteften Zech-

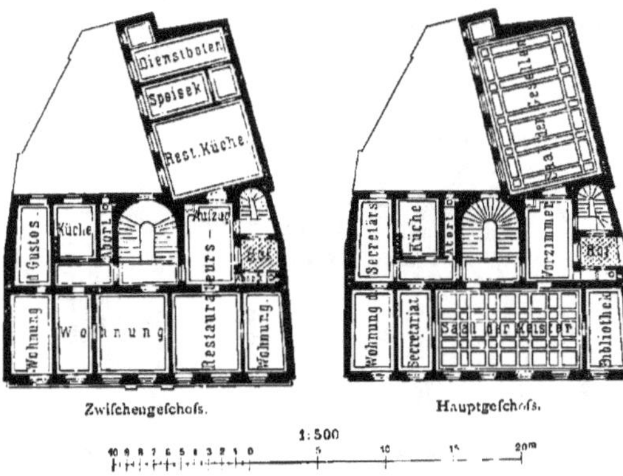

Fig. 71. Fig. 72.

Zwifchengefchofs. Hauptgefchofs.

1:500

Vereinshaus der Genoffenfchaft der Prager Baumeifter, Steinmetzen und Maurer [113]).

Arch.: *Schulz*.

meifter und Meifter, dann die ganze Zunft, gegenwärtige und zukünftige, im nämlichen Haufe immer ihre Herberge haben, im felben zur Zunft fich fammeln, zufammen kommen und die zur Zunft gehörigen nöthigen Sachen zu feiner Zeit verrichten . . . .«

Und fo gefchah und verblieb es, bis in unferen Tagen die gänzlich veränderten Zeitverhältniffe und Bedürfniffe die Befchaffung eines Neubaues mit geeigneten Räumlichkeiten nothwendig machten. Zu diefem Behufe mufste die Niederlegung der alten »Zednická hofpoda« erfolgen. Das neue Vereinshaus der Genoffenfchaft, in welchem auch der »Architekten- und Ingenieur-Verein im Königreich Böhmen« feinen Sitz

---

[113]) Nach: Mittheilungen des Arch.- u. Ing.-Vereins im Königreich Böhmen 1879, S. 145 u. Taf. 19 bis 21.

hat, wurde nach den von *Schulz*, auf Grund des preisgekrönten Entwurfes von *Zeyer & Wiehl*, umgearbeiteten Plänen ausgeführt. Fig. 72 zeigt die Eintheilung des Hauptgefchoffes, das ausfchliefslich den Vereinszwecken dient. Im Saale der Gefellen finden Vorträge, gröfsere Verfammlungen, das Freifprechen der Lehrlinge etc., im Saale der Meifter u. a. die Sitzungen des Vorftandes ftatt; hieran fchliefsen fich das Bibliothek-Zimmer, fo wie die Vereins-Kanzlei der Baumeifter-Genoffenfchaft und die Wohnung des Vereins-Secretärs. Das Zwifchengefchofs (Fig. 71) enthält im rückwärtigen Theile Küche mit Zubehör für den Reftaurant, welche Räume für die Bedienung von Hauptgefchofs und Erdgefchofs gleich günftig gelegen find, aufserdem die Wohnung des Wirthes, diejenige für den Cuftos des Architekten- und Ingenieur-Vereines, fo wie eine kleine Miethwohnung. Im Erdgefchofs find einerfeits Reftaurations-Zimmer, andererfeits Läden eingerichtet. Das II. und III. Obergefchofs umfafst je eine Miethwohnung; das Dachgefchofs enthält einige zum Uebernachten wandernder Maurergefellen beftimmte Schlafkammern.

Die Architektur der Façade, welche das Gepräge jener Zeit tragen follte, in welcher der Stifter *Barifs* gelebt hatte, zeigt einen aus Erdgefchofs und Zwifchengefchofs gebildeten Unterbau in leichtem Boffenwerk, darüber als Oberbau die drei Obergefchoffe, mit reichen Sgraffiti gefchmückt. Das Hauptgefchofs zeichnet fich durch die Gröfsenverhältniffe und die Gliederung der Fenfter, fo wie durch die Büften der alten Prager Baumeifter *Benes z Loun*, *Peter Parler* und *Mathias Rejfek*, als fichtbaren Vertretern der alten Genoffenfchaft aus. Der Sgraffito-Schmuck diefes und des darüber liegenden Gefchoffes ift dunkel auf hellem Grunde, derjenige des oberften Gefchoffes dagegen hell auf dunklem Grunde gehalten.

Auch die innere Ausftattung ift eine durchaus würdige und wirkungsvolle. Am meiften ift auf den Sitzungsfaal des Vorftandes, fo wie auf das anftofsende Bibliothek-Zimmer verwendet, während der Verfammlungs- und Vortragsfaal einfacher gehalten ift.

Angaben über die Baukoften fehlen.

Die englifchen Genoffenfchaften, deren Mitglieder zum Theile den höchften Kreifen der Gefellfchaft angehören, haben mit den Zünften und Gilden von ehemals nur den Namen gemein, find aber im Befitz von Schenkungen und Stiftungen, aus

Carpenters' hall zu London.

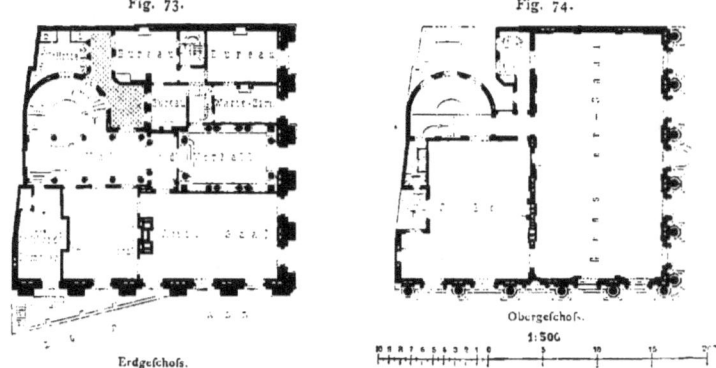

Fig. 73. Erdgefchofs. Fig. 74. Obergefchofs. 1:500

Carpenters' hall zu London [114]).
Arch.: *Willmer Pocock.*

deren reichen Mitteln nicht allein die Koften der Verwaltung der Körperfchaft beftritten, fondern nöthigenfalls auch die erforderlichen Gelder zur Errichtung neuer Zunfthäufer aufgebracht werden können. Letztere haben einige aus alter Zeit ftammende Eigenthümlichkeiten bewahrt. Dies zeigt u. A. die in Fig. 73 u. 74 [114])

---

114) Nach: *Builder*, Bd. 36, S. 141.

in den Grundriffen des Erdgefchoffes und Hauptgefchoffes dargeftellte Zimmermanns-Halle (*Carpenters' hall*) in London.

Die alte Zimmermanns-Gilde in London foll feit 1344, dem 17. Jahre der Regierung *Edward III.*, beftehen, den erften Freibrief (*Charter*) aber erft von *Edward IV.* am 7. Juli 1477 erhalten haben. Die frühefte Urkunde, die von der Zimmermannszunft in London Kunde giebt, ftammt von 1421, und aus ihrem Inhalt ift zu entnehmen, dafs hierbei von einer damals längft beftehenden Körperfchaft die Rede ift.

Die neue »Halle der ehrfamen Gefellfchaft der Zimmerleute« (*Worfhipful company of carpenters*) wurde 1876—78 an Stelle des alten abgetragenen Zunfthaufes (an der Ecke von *London-wall* und *Throgmorton-avenue*) nach dem Entwurfe und unter Leitung von *Willmer Pocock* erbaut.

Das Erdgefchofs (Fig. 73) hat 5,8 m lichte Höhe und enthält links vom inneren Flur einen Amtsfaal (*Court-room*) mit zugehörigem Ausfchank- und Imbifssaal (*Bar*), weiter das vom Ruheplatz der Haupttreppe aus zugängliche Ankleidezimmer. Rechts vom Vorflur aus gelangt man zu einigen Gefchäftszimmern nebft Wartezimmer, unter der Haupttreppe zum Wafchraum und zu den Aborten. Ueber den Gefchäftszimmern erftrecken fich, in einem von den Dienfttreppen aus zugänglichen Halbgefchofs, Räume zur Aufbewahrung von Glas, Porzellan und anderem Tafelgeräthe.

Das Hauptgefchofs (Fig. 74) darüber enthält den die ganze Längenfront einnehmenden grofsen Saal, der als *Livery hall*[115]), und zwar, bei 23,2 m Länge, 11,6 m Breite, und 11 m Höhe, als eine der gröfsten *Livery halls* Londons bezeichnet wird. In Verbindung damit fteht der kleine Saal oder Salon (*Drawing-room*), der auch vom Vorplatz der Haupttreppe aus unmittelbar zugänglich ift. Ein Gang führt zu einem Dienftraum mit Aufzug und Nebentreppe.

Im Kellergefchofs liegt die 6 m hohe Küche mit allem Zubehör, deren Leiftungsfähigkeit auf gleichzeitige Bewirthung von 250 Perfonen bemeffen ift. Der Aufzug wird nur zum Herunterfenden des Gefchirrs benutzt, während das Hinauftragen der Speifen vom Dienftperfonal beforgt wird, da fich diefes Verfahren rafcher und weniger umftändlich, als die Beförderung mittels Aufzuges erwiefen hat[116]). Unter den Bureau-Zimmern des Erdgefchoffes befindet fich ein feuerfefter, zur Aufbewahrung von Urkunden und Acten dienender Raum.

Die ftattlichen, mit Säulen gefchmückten Façaden find aus Portland-Stein ausgeführt. Die Baukoften betrugen 580 000 Mark (= £ 29 000), ausfchl. innerer Einrichtung und Ausfchmückung, oder für das Quadr.-Meter rund 1000 Mark.

116. Innungshaus der Schuhmacher zu Leipzig.

Eine der wenigen neu organifirten Innungen, welche fich ein eigenes Heim erbaut haben, ift die der Schuhmacher zu Leipzig.

Das in der Schlofsgaffe dafelbft gelegene Innungshaus wurde von *Zeifsig* entworfen und unter feiner Leitung erbaut. Im Erdgefchofs befinden fich Reftaurationsräume, im I. Obergefchofs der Sitzungsfaal mit angrenzendem Reftaurations-Zimmer, Archiv u. f. w. Die weiteren Gefchoffe enthalten Wohnungen. Das auf engem, von drei Seiten umbauten Raum errichtete Haus koftete 47 000 Mark[117]).

117. Deutfches Buchhändlerhaus zu Leipzig.

Zu den Innungshäufern gehört feinem Wefen nach auch das Deutfche Buchhändlerhaus zu Leipzig, das nach den Plänen von *Kayfer & v. Grofsheim* erbaut und 1888 in Benutzung genommen wurde.

Das grofsartige Bauwerk, das ausfchliefslich für die Zwecke des Börfenvereins Deutfcher Buchhändler entworfen und ausgeführt wurde, ift fo eigener Art, dafs es trotz feiner vielen Schönheiten als ein wirklich typifches Beifpiel für Innungshäufer nicht gelten kann, und daher auf eine der vielen Veröffentlichungen der Pläne[118]) hier verwiefen wird.

---

115) Unter *Livery men* verfteht man (nach: WORCESTER. *Dictionary of the Englifh language etc.* London) diejenigen Angehörigen der verfchiedenen Körperfchaften der ehemaligen Gilden von London, welche nach Bezahlung gewiffer Gebühren und nach der auf fie gefallenen Wahl berechtigt find, die Tracht (*Livery*) ihrer betreffenden Genoffenfchaft anzulegen. Sie geniefsen aufserdem befondere Vorrechte, find zur Ausübung der Wahl gewiffer Gemeindebeamte berufen etc.

116) Vergl. Abfchn. 1, Kap. 3 (unter b, 9).

117) Siehe: Leipzig und feine Bauten. Leipzig 1892. S. 513.

118) Siehe: Leipzig und feine Bauten. Leipzig 1892. S. 461. — LICHT, H. Architektur der Gegenwart. Berlin 1886-92. Taf. 15, 16. — Architektonifche Rundfchau. Stuttgart. 1887, Taf. 1. — Zeitfchr. f. bild. Kunft 1888, S. 262. — Deutfche Bauz. 1888, S. 261. — Centralbl. d. Bauverw. 1886, S. 261.

b) Gebäude für kaufmännifche Vereine.
Von Dr. Heinrich Wagner.

Die in der Ueberfchrift genannten Vereinshäufer gehören nicht einem Gewerbe allein, fondern dem ganzen grofsen Stande der Kaufmannfchaft unferer Zeit an. Die Intereffen eines einzelnen Gefchäftszweiges finden darin keine Stätte.

Die kaufmännifchen Vereine haben als freie, felbft gewählte Thätigkeit vor Allem den Nutzen der Gefammtheit, die Förderung der allgemeinen Bildung ihrer Kreife, fodann die Pflege der Gefelligkeit und — nicht in letzter Reihe — die Hebung und Vermittelung des Handels und Verkehres im Allgemeinen zum Gegenftand. Gerade diefe letzteren Ziele find es, welche die kaufmännifchen Vereine vor den rein gefelligen Vereinen, mit denen fie fonft Manches gemeinfam haben, auszeichnen.

Diefe Merkmale geben fich in den Erforderniffen der Gebäudeanlage kund. Für die Vorträge, welche die Vereine in regelmäfsiger Wiederkehr zu veranftalten pflegen, für die Abhaltung von Verfammlungen und Feftlichkeiten ihrer Mitglieder bedarf es wiederum eines grofsen, zuweilen auch eines kleineren Saales mit den zugehörigen Vor- und Nebenräumen; ferner für Erholung und Erfrifchung diefelben Räume, wenn auch in weniger ausgedehntem Mafse, als diejenigen, welche in den Häufern der gefelligen Vereine anzutreffen find. Dagegen kommen die den Fachintereffen dienenden Räume, als Stellenvermittelungs- und Auskunfts-Bureau, Gefchäfts-Bureau der Kaufmannfchaft, Sitzungszimmer des Vorftandes, Bibliothek und Lefezimmer, zuweilen ein Mufterlager und nicht felten Schulzimmer für den Unterricht in den Handelswiffenfchaften, für die Ausbildung der Kaufleute und kaufmännifchen Gehilfen etc. hinzu.

Das Haus der Dresdener Kaufmannfchaft [118]) in Dresden enthält im Hauptgebäude hauptfächlich Räume für die Handels-Lehranftalt, Gefchäftszimmer der Kaufmannfchaft, der Handels- und Gewerbekammer, fo wie der Sächfifchen Renten-Verficherungs-Gefellfchaft, im Nebengebäude einen Saal von rund 100 qm, der für die Sitzungen der Körperfchaft und zugleich als Aula für die Handels-Lehranftalt dient.

Dem entgegen befteht das Haus des Vereins junger Kaufleute von Berlin [120]), der fich einer grofsen Mitgliederzahl erfreut, faft nur aus Räumen für gefellige Zwecke, nämlich aus einem grofsen, durch zwei Gefchoffe reichenden Saal von nahezu quadratifcher Grundform, an den fich im unteren Gefchoffe Spiel- und Speifezimmer, oben Bibliothek, ein Lefe- und ein Berathungszimmer anfchliefsen.

Auch das Gefellfchaftshaus des Vereins chriftlicher Kaufleute, der fog. Zwinger-Gefellfchaft, in Breslau [121]) ift ein im Wefentlichen für gefellige Zwecke beftimmtes Vereinshaus, ganz nach Art der in Kap. 1 (unter a) befchriebenen Gebäude, das im Erdgefchofs einige Bureaus, die Spiel-, Lefe- und Speifezimmer mit Zubehör, fo wie die Kleiderablagen für Herren und Damen, im Obergefchofs Tanzfaal, kleinen Saal, Neben-, Vor- und Empfangsfäle, fo wie Damenzimmer und Zubehör enthält. Das Haus fteht im Zwinger-Garten an der Promenade.

Diefe Angaben, gleich wie die im Nachfolgenden zu befprechenden Beifpiele, zeigen, wie verfchieden die Anforderungen in den einzelnen Fällen find. Anlage und Grundrifsbildung des Haufes hängen aber wiederum vor Allem von der Zahl und Gröfse ab, fo wie vom Zwecke der verlangten Räume, fodann davon ab, ob man es mit einem felbftändigen, ganz oder wenigftens grofsentheils den Vereinszwecken gewidmeten Haufe zu thun hat, ob es frei ftehend oder in gefchloffener Reihe mit anderen Gebäuden errichtet, ob es ein-, zwei- oder mehrgefchoffig ift, etc.

---

[119]) Siehe: Die Bauten, technifchen und induftriellen Anlagen von Dresden. Dresden 1878. S. 309.
[120]) Siehe: Berlin und feine Bauten. Berlin 1877. Theil 1, S. 371.
[121]) Vergl.: Deutfche Bauz. 1888, S. 553 — und: Centralbl. d. Bauverw. 1887, S. 313.

121.
Kaufmänn.
Vereinshaus
zu
Leipzig.

Das Haus des Kaufmännifchen Vereins in Leipzig (Fig. 75 bis 77[122]), unter den Grundrifstypen in Art. 63 (S. 46) bereits genannt, kann als bemerkenswerthes Beifpiel einer frei ftehenden Anlage diefer Art gelten.

Der Kaufmännifche Verein zu Leipzig veranftaltete behufs Erlangung von Plänen für das Vereinshaus einen engeren Wettbewerb, und auf Grund des Ergebniffes deffelben wurde der Bau nach dem Entwurf und unter der Leitung *Grimm*'s von April 1876 bis März 1877 ausgeführt.

Dem Zwecke des Vereines entfprechend, der feine Hauptaufgabe in der Förderung des gefelligen Verkehres, in der Abhaltung von belehrenden Vorträgen für die zahlreichen jüngeren Mitglieder des Leipziger Handelsftandes fieht, nebenbei auch kleine Ausftellungen veranftaltet etc., enthält das Gebäude die dazu erforderlichen Räume; diefe find, aufser dem Sockelgefchofs, im Erdgefchofs mit theilweifem Halbgefchofs, fo wie im Hauptgefchofs nebft dem über einen Theil des letzteren fich erftreckenden Attika-Stock zweckdienlich untergebracht.

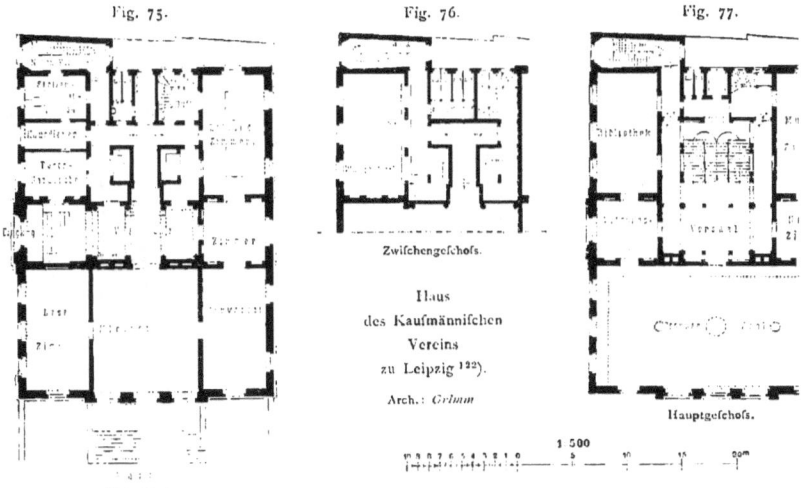

Fig. 75.   Fig. 76.   Fig. 77.

Haus des Kaufmännifchen Vereins zu Leipzig[122]).
Arch.: *Grimm*

Das Erdgefchofs (Fig. 75) ift hauptfächlich für den täglichen Verkehr der Mitglieder beftimmt und umfafst die verlangten Erholungsräume, aufserdem ein Stellenvermittelungs-Bureau für junge Kaufleute mit befonderem Seiteneingang, ferner Hausdienerzimmer und fonftige Dienft- und Nebenräume. Eintrittshalle und Flurfaal liegen in der Axe der Langfront an der Schulgaffe.

Das I. Obergefchofs (Fig. 77) wird mittels der inmitten des Haufes gelegenen Haupttreppe erreicht und enthält als Hauptraum den Saal, der befonders für die Abhaltung der wöchentlichen Vorträge und nur nebenbei als Feft- und Tanzfaal benutzt wird; er hat eine für deutliches Hören günftige Gröfse (21,4 m Länge, 11,4 m Breite, 7,5 m lichte Höhe) und gute Tonwirkung; in der Höhe des II. Obergefchoffes ift an 3 Seiten ein im Grundriffe angedeuteter Balcon ausgekragt, und hieran fchliefst fich die Mufikbühne über dem Vorfaal. An den Saal reihen fich im Hauptgefchofs einerfeits ein Salon, zugleich Nebenzimmer des anfchliefsenden Mufterlagers, andererfeits Sitzungszimmer und Bibliothek, nach hinten Aborte für Herren, Nebentreppen, Anrichte nebft Aufzug an.

Das durch Zwifchentheilung einiger Räume des Erdgefchoffes entftandene Halbgefchofs (Fig. 76) enthält die grofse Kleiderablage mit Wafchraum und Damenaborten, einen Raum für Aufbewahrung von Tifchen und Stühlen etc.

---
122) Nach den von Herrn Architekten *H. Grimm* in Leipzig freundlichft zur Verfügung geftellten Original-Plänen und Mittheilungen.

Der Attika-Stock erstreckt sich über die um den Lichtschacht des Treppenhauses liegenden Räume des Hauptgeschosses; über der Bibliothek und dem größeren Theil des Sitzungszimmers liegt die Wohnung des Wirthes; über dem Musterlager und Salon sind einige Reserve- und Diensträume erübrigt.

Im Kellergeschoß liegen längs der ganzen Eingangsfront Kegelstube und Kegelbahn, ferner unter dem kleinen Saale des Erdgeschosses doppelte, über einander angeordnete Keller; zum unteren, der als Bierkeller dient, findet der Eingang durch einen Vorkeller, der Ausgang durch einen äußeren Vorkeller statt, der zugleich Bierschenke für die Sommerwirthschaft im Garten ist. Vorbereitungsküche und Garten-Buffet für kalte Speisen liegen unter dem Conversations-Zimmer; Spülküche und Hauptküche schließen sich an der seitlichen Längsfront an; Anrichte mit Speisen-Aufzug, Heizkammern, Aborte etc. vervollständigen die Anlage des Kellergeschosses.

Die lichten Höhen betragen im Kellergeschoß 3,4 m, in Erdgeschoß 5,0 m, im I. Obergeschoß 4,0 m und im Attika-Stock ungefähr 3,0 m. Der Bauplatz liegt zum Theile auf dem Grund und Boden des alten Gebäudes, zum Theile im früheren Wallgraben der Festung; die Gründung mußte in Folge dessen bis

Fig. 78. Fig. 79.

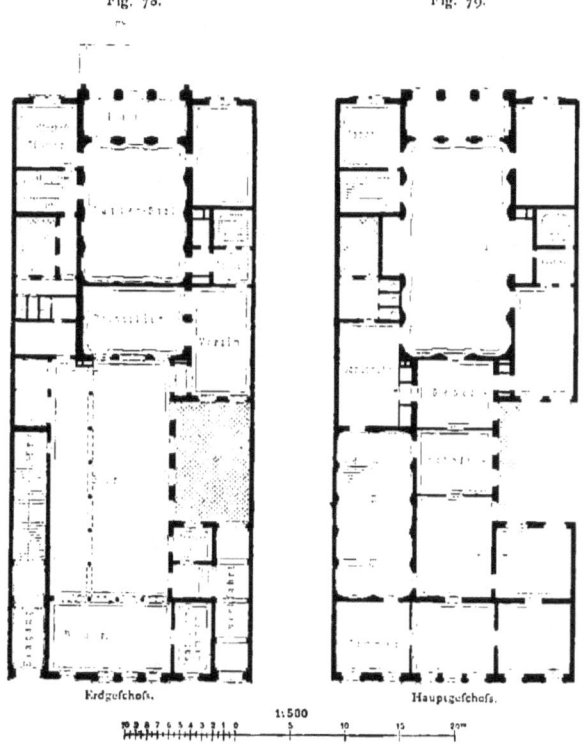

Erdgeschoß. 1:500 Hauptgeschoß.

Haus der Kaufmännischen Ressource in Berlin [123].
Arch.: *Heidecke*.

---

[123] Nach: LICHT, H. Die Architektur Berlins. Berlin 1874. Bl. 28 bis 30. — Vergl. auch: Berlin und seine Bauten. Berlin 1877. Theil 1, S. 372

zu 7 m unter die Strafsenkrone geführt und mittels einer 2 m hohen Betonschüttung, auf der das ganze Haus fitzt, bewerkftelligt werden. Die Ausführung der Façaden ift in Putzbau; fämmtliche Gliederungen find in Elbfandftein, die Decken-Conftruction über dem kleinen Saal ift in Eifen, über allen anderen Räumen in Holz hergeftellt, das Dach in Holzcement eingedeckt. Die innere Ausftattung ift einfach, aber würdig. Die Räume werden mittels Heifswafferheizung erwärmt; für geeignete Lüftung ift geforgt. Die Gefammtbaukoften, einfchl. Einrichtung, betrugen rund 225 000 Mark oder 300 Mark für das Quadr.-Meter.

122. Kaufmänn. Refource zu Berlin.

Als Beifpiel eines zu beiden Seiten zwifchen Nachbarhäufern errichteten Gebäudes diefer Art ift fodann das Vereinshaus der »Kaufmännifchen Reffource« an der Schadow-Strafse in Berlin, 1873—74 von *Heidecke* erbaut, in zwei Grundriffen (Fig. 78 u. 79 [123]) dargeftellt.

Das Gebäude befteht aus Kellergefchofs, Erdgefchofs und einem Obergefchofs; es enthält in letzterem und einem Theile des Erdgefchoffes die den gefelligen Zwecken des Vereines gewidmeten Räume. Der linksfeitige Eingang führt zur grofsen, einarmigen Haupttreppe, mittels deren man zum Hauptgefchofs gelangt. Die an der linken Seite des Feftfaales befindliche Treppe vermittelt den Verkehr mit denjenigen Räumen im hinteren Theile des Erdgefchoffes, welche zum Aufenthalte im Sommer dienen, mit dem Garten durch Hallen und Terraffen in unmittelbarer Verbindung ftehen und von der Strafse mittels der Durchfahrt zugänglich find. Der übrige Theil des Erdgefchoffes enthält Gefchäftsräume, zu denen der rechtsfeitige Eingang führt. Im Uebrigen ift die Grundrifseintheilung mit gefchickter Ausnutzung der fchmalen und tiefen Baufelle getroffen. Die Räume im inneren Theile des Haufes werden durch Lichthöfe und Deckenlichter an geeigneter Stelle genügend erhellt. Im Kellergefchofs find fämmtliche Wirthfchaftsräume untergebracht, welche durch die rechts neben dem Saale befindliche Treppe mit dem Anrichte-Zimmern, fo wie mit der im Dachgefchofs liegenden Wohnung des Verwalters verbunden find. Die Façade ift in Cottner Sandftein ausgeführt. Die Baukoften beliefen fich auf rund 440 000 Mark; dies ergiebt, bei 1200 qm überbauter Grundfläche, 366 Mark für das Quadr.-Meter.

123. Schlufsbemerkung.

Conftruction und Einrichtung der Häufer für kaufmännifche Vereine, auch Ausftattung im Inneren, gleich wie die Architektur des Aeufseren geben keinen Anlafs zu Bemerkungen.

c) Gebäude für Gewerbe- und Kunftgewerbe-Vereine.
Von Dr. EDUARD SCHMITT.

124. Wefen.

Die Gewerbe- und Kunftgewerbe-Vereine erftreben als Hauptziel die Hebung und Förderung der Induftrie, letztere insbefondere in der Richtung des Kunftgewerbes. Als Mittel, diefes Ziel zu erreichen, dienen: ftändige Sammlungen von gewerblichen Erzeugniffen und folchen der Kunftinduftrie, wechfelnde Mufterlager von neu auftauchenden induftriellen Gegenftänden, Wanderausftellungen der eben bezeichneten Objecte, Verfuchsftationen für Rohmaterialien etc., Auskunfts-Bureaus für die Gewerbetreibenden, Fachbibliotheken mit Lefezimmern, Vorträge, Errichtung von Gewerbe- und Kunftgewerbefchulen etc.

Nur wenige derartige Vereine find in der Lage, mit allen diefen Mitteln ihre Ziele zu verfolgen; nur den gröfseren derfelben, welche über bedeutende Geldmittel verfügen, wird dies möglich fein. Die meiften Vereine erftrecken ihre Thätigkeit blofs auf einige der angedeuteten Wege. Insbefondere fuchen einzelne Vereine ihren Schwerpunkt in den von ihnen errichteten Schulen und erhalten ihre Gebäude faft gänzlich den Charakter von Gewerbe-, bezw. Kunftgewerbefchulen; andere Vereine dagegen verlegen ihre Hauptthätigkeit in die Herftellung muftergiltiger Sammlungen und Veranftaltung von Ausftellungen, wodurch die betreffenden Gebäude dem Typus der Gewerbe-, bezw. Kunftgewerbe-Mufeen fehr nahe kommen.

125. Gefammtanlage und Grundrifsanordnung.

Beide Arten von Gebäuden, die Gewerbe- und Kunftgewerbefchulen, fo wie die Gewerbe- und Kunftgewerbe-Mufeen werden noch in der VI. Abtheilung (Halbband 6, Heft 3 u. 4) diefes Theiles abgehandelt werden, wefshalb es gerechtfertigt fein dürfte, an dieſer Stelle von ſolchen Gewerbe-, bezw. Kunſtgewerbe-Vereinshäuſern, die der einen oder der anderen Gattung ſehr nahe kommen, abzuſehen. Allein auch dann ergiebt ſich in den ausgeführten Gebäudeanlagen eine ſo große Mannigfaltigkeit, daſs allgemeine Gefichtspunkte nicht zu gewinnen ſind.

Dieſe Mannigfaltigkeit entſpringt aus den ſehr verſchiedenen (im Vorhergehenden

Fig. 80.

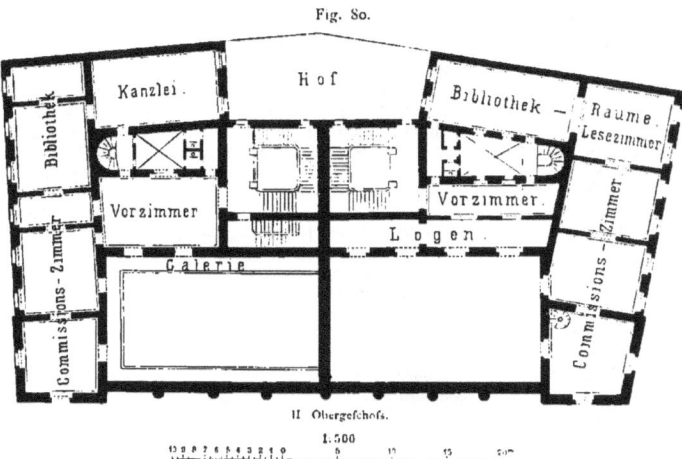

II. Obergeſchoſs.
1:500

Fig. 81.

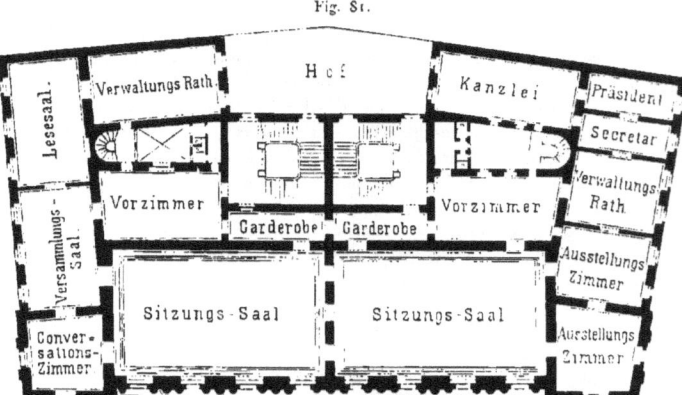

I. Obergeſchoſs.
Haus des
Oeſterr. Ingenieur- u. Architekten-Vereins   Niederöſterr. Gewerbe-Vereins
zu Wien [124].
Arch.: Wiesemann.

angedeuteten) Wegen, auf denen die Förderung und Hebung der Induftrie verfolgt und erreicht werden kann. Auch find, je nach den Mitteln, die angewendet werden follen, die baulichen Erforderniffe und defshalb auch die Gefammtanlage, fo wie die Grundrifsanordnung oft ganz anderer Art. Einige Beifpiele mögen das Gefagte erläutern, befonders auch die grofse Verfchiedenheit folcher Gebäude darthun.

126. Beifpiel I.

Aus Fig. 80 u. 81 [124]) ift die Anlage des nach den Plänen *Thienemann's* 1870–72 erbauten Haufes des Niederöfterreichifchen Gewerbe-Vereins in Wien zu erfehen.

Die umftehenden Grundriffe zeigen ein Doppelhaus, deffen rechtsfeitige Hälfte dem eben genannten Vereine, deffen andere Hälfte dem Oefterreichifchen Ingenieur- und Architekten-Verein angehört (fiehe Art. 154). Die grofsen Sitzungsfäle beider Vereine, durch das I. und II. Obergefchofs hindurchreichend, ftofsen unmittelbar an einander, können aber durch Entfernung beweglicher Mauerverfchlüffe zu einem gemeinfamen Feftraum vereinigt werden.

Das Erdgefchofs des Gewerbe-Vereinshaufes ift zu Verkaufsläden verwendet; die Gefchäftsräume des darüber gelegenen Halbgefchoffes find vermiethet; das I. und II. Obergefchofs enthalten die eigentlichen Vereinsräume; mit dem grofsen Verfammlungsfaal in gleicher Höhe befinden fich die Ausftellungsräume, die Bibliotheks-Räume dagegen im II. Obergefchofs.

127. Beifpiel II.

Das Münchener Kunftgewerbe-Vereinshaus (Fig. 83 u. 84 [125]) wurde am 1. October 1878 eröffnet und ift durch einen Umbau der ftädtifchen Leihanftalt (früher Klofter der Carmeliterinnen) entftanden.

An Räumen waren erforderlich: folche für die Verwaltung und für die ftändige Ausftellung, fodann ein Saal für Vorlefungen, Generalverfammlungen und gefellige Zufammenkünfte, mit welchem eine Reftauration, einfchl. der zugehörigen Nebenräume, in Verbindung gebracht werden follte; das II. Obergefchofs war für die Vereins-Zeichenfchule vorbehalten, wurde aber dem polytechnifchen Verein miethweife abgelaffen. Die beiden Grundriffe laffen erfehen, wie diefen Bedürfniffen entfprochen wurde; der Saal des I. Obergefchoffes reicht in das II. Obergefchofs hinein; im III. Obergefchofs befinden fich Wohnungen.

128. Beifpiel III.

Als Beifpiel eines Gewerbe-Vereinshaufes, welches vorwiegend Unterrichts-Anftalt ift, daher ausgedehnte Schulräume enthält, diene dasjenige in Mainz (Fig. 85 u. 86 [126]), von *Krebs* 1879 ausgeführt.

Daffelbe enthält, aufser den erforderlichen Wirthfchaftsräumen im Sockelgefchofs und der Wohnung des Dieners im Dachgefchofs, 8 Zeichenfäle im Erd-, I. und II. Obergefchofs, 1 Malerfaal im Dachgefchofs und 1 Refervefaal ebendafelbft; im Sockelgefchofs wurden durch Anlage von Lichtfchächten 1 Modellirfaal und 1 Lehrfaal für Chemie untergebracht; der fpätere Anbau zweier Flügel ift vorgefehen. Die Baukoften betrugen (ausfchl. Canalifirung, Gasleitung, Brunnen, Einfriedigung, Mobiliar etc.) 72 000 Mark.

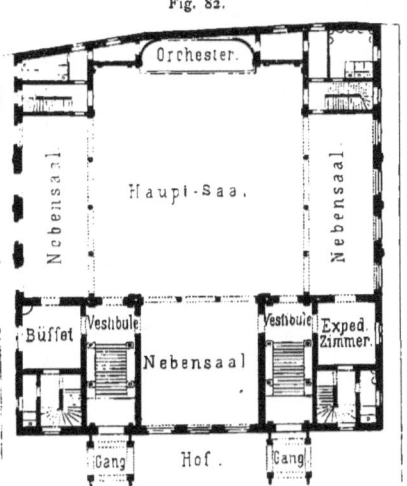

Fig. 82.

Gewerbehaus zu Dresden.
Obergefchofs [127]). — 1/600 w. Gr.
Arch.: *Schreiber*.

[124]) Nach: Allg. Bauz. 1873, S. 1.
[125]) Nach: Zeitfchr. f. Baukde. 1879, Hl. 1.
[126]) Nach: Gwbbl. f. d. Grofsh. Heffen 1879, S. 146.
[127]) Nach: Die Bauten, technifchen und induftriellen Anlagen von Dresden. Dresden 1878. S. 301.

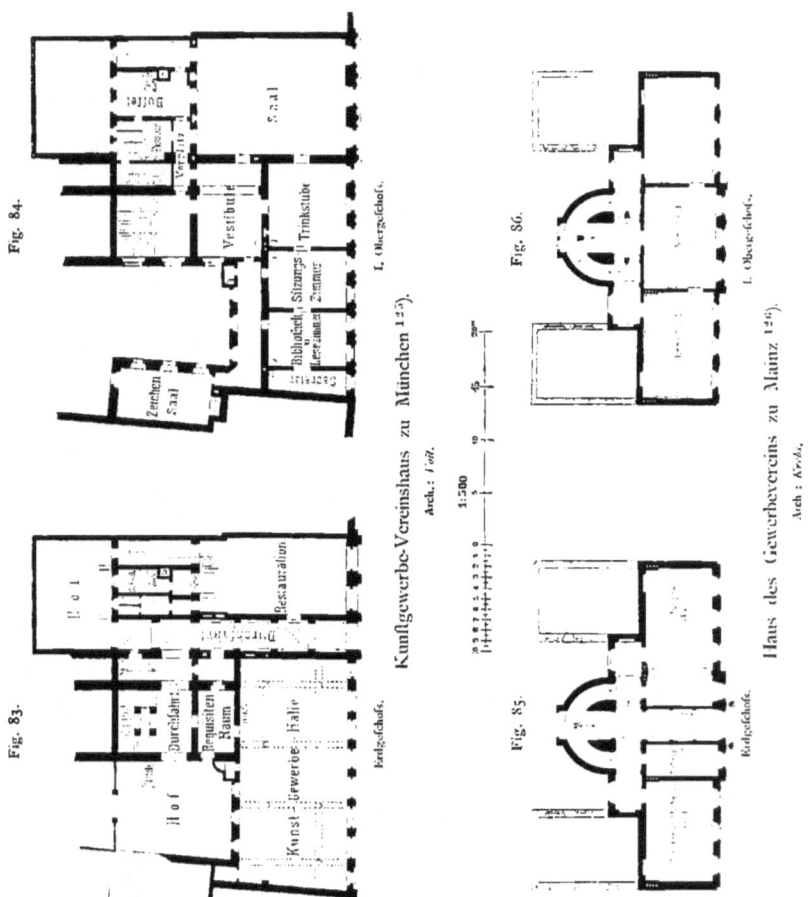

129.
Beifpiel IV.

Manche der in Rede ftehenden Gebäude haben im Hauptgefchofs den Charakter eines Saalbaues erhalten. So z. B. das Gewerbehaus in Dresden (Fig. 82 [127]), welches in den Jahren 1870—71 nach den Plänen *Schreiber*'s erbaut worden ift.

Das Erdgefchofs enthält auf der einen Seite grofse Reftaurationsfäle mit zugehörigen Wirthfchaftsräumen und zwei geräumige Kleiderablagen, auf der anderen Seite die Bibliothek des Gewerbevereines. Ueber die beiden Haupttreppen gelangt man zu 2 kleinen Eintrittshallen und von diefen aus zu den 4 Sälen des Obergefchoffes: 1 Hauptfaal (von 13,59 m Höhe) und 3 Nebenfäle; in diefen Sälen werden Verfammlungen, Ausftellungen, Fefte, Concerte etc. abgehalten. Aufserdem enthält das Hauptgefchofs noch das Buffet und ein Expeditions-Zimmer des Vereines. Das Obergefchofs, zu dem aufser den gedachten Haupttreppen noch 2 Treppen in den rückwärtigen Ecken des Haufes emporführen, enthält neben den 3 Sälen und 2 Zimmern, die den Seitenräumen des Hauptgefchoffes entfprechen, noch 2 Logen zur Seite der Orchefter-Nifche. Die Koften des Neubaus haben 195 000 Mark betragen, während der Kauf des Grundftückes 150 000 Mark erfordert hatte.

Diefer Saalbau fteht mit einem älteren, für die Zwecke des Vereines umgebauten Haufe durch zwei Gänge in Verbindung.

d) Gebäude für fonftige gemeinnützige Vereine und Wohlfahrts-Gefellfchaften.
Von Dr. Heinrich Wagner.

130.
Zweck und Entftehung.

Die Ueberfchrift zeigt, dafs diefe Gebäude, viel mehr als irgend welche der bislang betrachteten Vereinshäufer, in gewiffem Sinne der Allgemeinheit und nicht eng gezogenen Kreifen der Gefellfchaft angehören.

Unter den in Rede ftehenden Anlagen nehmen die Häufer der Arbeitervereine und -Genoffenfchaften einen hervorragenden Platz als Heim- und Erholungsftätten derjenigen Claffen des Volkes ein, welche, unbeirrt durch alle Hinderniffe, beftändig Anftrengungen machen, eine Verbefferung ihres Lebensloofes fich zu erringen. Bei diefer wichtigen Frage, welche feit geraumer Zeit unfere erften Staatsmänner und Menfchenfreunde befchäftigt, fpielen Bildung und Entwickelung der Vereine und Genoffenfchaften der arbeitenden Claffen eine bedeutende Rolle.

Der anregende Gedanke zur Gründung von Vereinen für Volksbildung ift von Lord *Brougham* fchon feit 1825 ausgegangen. Er gründete die *Mechanics'-inftitutions*, d. h. Anftalten, die nach feiner Auffaffung höhere Schulen für die Arbeiter, die fie befuchten, werden follten. Damals handelte es fich nur darum, Belehrung zu geben und zu verbreiten; aber man begriff fehr bald, dafs das Be-

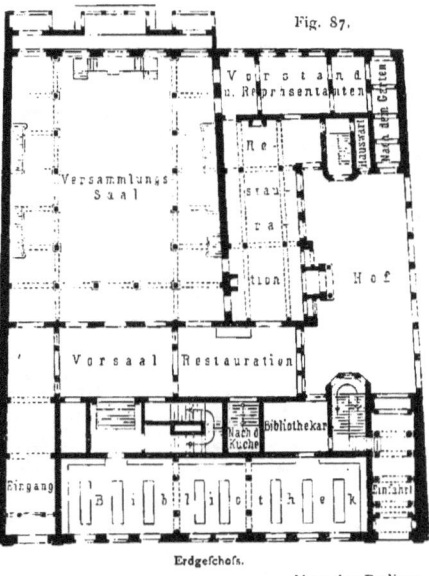

Fig. 87.

Erdgefchofs.
1:500 w. Gr.
Haus des Berliner

ftreben, die Arbeiter zu unterrichten, nicht genügte, dafs ihnen vielmehr auch die Mittel geboten werden müfsten, fich Erholung und Unterhaltung, auf die fie ein Anrecht hatten, zu verfchaffen.

Darauf hin wurden die *Workingmen's-clubs* oder Arbeiterclubs gegründet, in deren Häufern fich, vereint mit Vortrags- und Verfammlungsfälen, auch Billard- und Turnfäle etc. vorfinden.

Diefes Beifpiel fand Nachahmung; die Bewegung verbreitete fich von England aus über alle Länder der gebildeten Welt. Ueberall entftanden Arbeitervereine und Gebäude für diefe Vereine, in welchen den Mitgliedern, unter Ausfchlufs politifcher und kirchlicher Zwecke, Wiffen und Belehrung zu Theil werden, in denen fie fich aber auch nach freier Wahl verfammeln und worin fie Unterhaltung mancher Art finden können. In folcher Weife ift an vielen Orten dem Herumziehen der Arbeiter in den Wirthshäufern auf die wirkfamfte Weife gefteuert worden.

Die allgemeinen Erforderniffe find im Vorhergehenden gekennzeichnet. Die Gebäudeanlage ift, den örtlichen Verhältniffen und Bedürfniffen entfprechend, bald grofs und klein, bald mehr, bald weniger entwickelt. Unter diefen Umftänden können weitere Erörterungen über die einzelnen Anforderungen, fo wie über Anordnung und Grundrifsbildung der Häufer für Vereine (*Clubs.* bezw. *Cercles*) der arbeitenden Volksclaffen um fo mehr unterlaffen werden, als diefe Gefichtspunkte in anderen, bereits befprochenen Vereinshäufern genugfam in das Auge gefafst worden find.

131. Erforderniffe, Anlage, Grundrifs-anordnung.

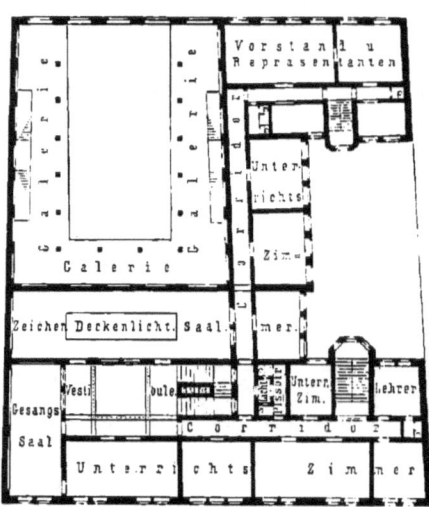

Fig. 88.

Hauptgefchofs.
Handwerker-Vereines [128]).
Arch.: *Kolfcher & Lauenburg.*

Zu den älteren bemerkenswerthen Anlagen diefer Art in Deutfchland gehört das Haus des Berliner Handwerker-Vereines in Berlin (Fig. 87 u. 88 [128]), der feit feiner 1843 erfolgten Gründung verfchiedene Wandelungen durchgemacht hat, fich feit 1864 des Befitzes eines eigenen, nach dem Entwurfe von *Kolfcher & Lauenburg* errichteten Haufes erfreut und feither zu hoher Blüthe gelangt ift.

132. Beifpiel 1.

Der mehrere taufend Mitglieder zählende Verein verfolgt feine Fortbildungszwecke, indem er einerfeits feinen Angehörigen Gelegenheit zu anregender Gefelligkeit, mit mufikalifch-declamatorifchen Abendunterhaltungen etc., giebt, andererfeits aber für fortlaufende volksthümlich-wiffenfchaftliche Vorträge forgt, eine Bibliothek und ein Lefezimmer, fo wie die von ihm gegründete Baugewerkefchule unterhält, Turnkunft und Gefang pflegt etc. Die Frauen

[128]) Nach: Baugwks.-Ztg. 1874, S. 253 — fo wie: Berlin und feine Bauten. Berlin 1877. Theil I. S. 371.

werden zur Theilnahme am Lernen und an der Gefelligkeit hinzugezogen. Dem gemäfs find die Einrichtungen des in einfachfter Weife ausgeftatteten Haufes getroffen, das vor feiner 1874 erfolgten Vergröfserung nur die linke Hälfte der in Fig. 87 u. 88 dargeftellten Grundriffe enthielt. Den ganzen hinteren Theil des Grundftückes nimmt der grofse Saal ein, der bei 24,8 m Länge, 18,0 m Breite und 11,2 m Höhe im unteren Theile und auf den breiten Tribunen über 2000 Perfonen fafst; er fteht mit dem Garten, von dem er fein Licht empfängt, in unmittelbarer Verbindung; an diefem Ende befindet fich die Rednerbühne. Die Ausftattung ift in den Formen der Holz-Architektur durchgeführt. Im Kellergefchofs befinden fich die Wirthfchaftsräume und ein Reftaurations-Tunnel. Das Vorderhaus ift in allen Gefchoffen zu Unterrichtszwecken ausgenutzt. Der rechtsfeitige, 1874 angebaute Theil enthält vorn an der Strafse Einfahrt und Treppe, einen Theil der Bibliothek und das Bibliothekar-Zimmer, weiterhin den neuen Reftaurations-Saal mit Gang zur Küche, im Hintergebäude gegen den Garten die Vorftands- und Repräfentanten-Zimmer nebft Gang zum Garten etc. Angaben über die Baukoften des neueren Baues fehlen; die linke ältere Hälfte des Haufes wurde für den Preis von 162 000 Mark ausgeführt.

Nach dem Mufter des Berliner Handwerker-Vereins find zahlreiche Anftalten ähnlicher Art in anderen Städten Deutfchlands errichtet worden.

133. Beifpiel II.

Als Beifpiel einer frei ftehenden, nicht ftädtifchen Anlage wird in Fig. 89 [129]) der Grundrifs des Gefellfchaftshaufes des Osnabrücker Hüttenwerkes mitgetheilt.

Die rafche Entwickelung des Vereinslebens in dem erft feit 1860 beftehenden Anwefen diefes Hüttenwerkes gab Veranlaffung zur Errichtung eines Gefellfchaftshaufes, in dem fich die aus den Werksangehörigen gebildeten Mitglieder des »Orchefter-Vereins«, des »Vereins für Hornmufik«, der »Liedertafel«, des »Schützenvereins«, der »Vereinigung« (für Ausbildung und Gefelligkeit) und des »Turnvereins« einfinden und von Zeit zu Zeit Familienabende geben, an denen auch die Angehörigen der Vereinsmitglieder theilnehmen können. Hierzu dient der grofse Saal, der eine Länge von 19,0 m, eine Breite von 12,5 m und 4,5 bis 7,5 m Höhe hat. Zur Ueberdeckung dient eine auf 2 Reihen Pfoften ruhende fichtbare Holz-Conftruction; dem rückwärtigen Ende ift eine geräumige Bühne angereiht. Der kleine Saal an der Front ift hauptfächlich für Vorträge, fo wie für die Uebungen der verfchiedenen Mufikvereine beftimmt und zu folchen Abenden nur für die Mitglieder derfelben geöffnet, während zum Billard- und Lefezimmer, wie auch zum Fremdenzimmer die Angehörigen fämmtlicher Vereine jederzeit Zutritt haben. Für die Mitglieder des Verwaltungsrathes und für die Sitzungen derfelben find noch einige Zimmer beftimmt; auch find für junge unverheirathete Beamte einige Zimmer hergerichtet. Dazu dienen vermuthlich die Räume des I. Obergefchoffes, fo wie des Dachgefchoffes des Vorderhaufes, der auf den beiden Seitenflügeln mit einem Knieftock verfehen ift. Die an der Rückfeite des Gefellfchaftshaufes befindliche Veranda ftöfst an eine Kegelbahn. Die ringsum liegenden Gartenanlagen ftehen mit dem $^1/_4$ Stunde entfernten Schützenhaufe in Verbindung. — Angaben über die Zeit der Erbauung (vor 1875) und den Architekten fehlen.

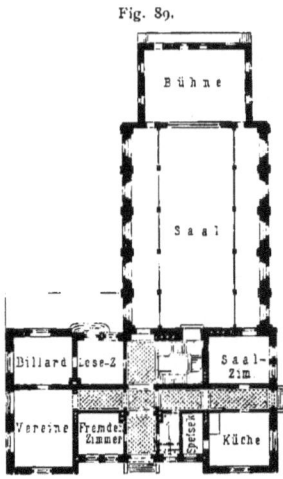

Fig. 89.

Gefellfchaftshaus des Osnabrücker Hüttenwerkes [129]). Erdgefchofs. — $^1/_{200}$ w. Gr.

134. Beifpiele III u. IV.

Ganz ähnlicher Art, wie das eben vorgeführte Gebäude, nur mit etwas verfchiedenem Grundrifs, ift das in der unten [130]) bezeichneten Quelle veröffentlichte, zu den *Workingmen's-clubs* gehörige Haus des *Nelfon-club* zu Warwick, während das Haus des Arbeiter-Dorfclubs (*Workmen's village-club*) in Wooburn-Green für viel befcheidenere Verhältniffe berechnet ift und als geeignetes Beifpiel einer ländlichen Anftalt in Fig. 90 [131]) mitgetheilt wird.

[129]) Nach: Zeitfchr. des öft. Ing.- u. Arch.-Ver. 1875, S. 300 u. Bl. 28.
[130]) *Builder*, Bd. 45, S. 856.
[131]) Nach: *Building news*, Bd. 39, S. 210 u. 240.

Fig. 90.

Haus des Arbeiter-Dorfclubs zu Wooburn-Green. — Erdgefchofs [131]).
1/500 w. Gr.
Arch.: *Vernon*.

Der Lefefaal und das Knabenzimmer können zu einem gröfseren Raume vereinigt werden, der zu Vorträgen, Verfammlungen etc. benutzt wird und die Höhe des ganzen Haufes einnimmt. Im Dachgefchofs der rechtsfeitigen Hälfte deffelben über der Eintrittshalle, dem Rauchzimmer, der Bibliothek und der Butterkammer im Erdgefchofs find Schlafkammern angeordnet. Ein Hintergebäude im Hof enthält eine Spülküche (*Scullery*), Kohlen- und Vorrathskammern, welche durch einen Gang mit dem Hausverwalter-Zimmer im Erdgefchofs verbunden find.

Zu den bedeutendften Vereinshäufern diefer Art gehört das Haus der Arbeiterkreife von Hâvre (*Cercle d'ouvriers*), genannt »Franklin«, das nach dem Entwurf und unter der Leitung *Huchon*'s im Mai 1875 begonnen und zu Ende deffelben Jahres noch vollendet wurde (Fig. 91 u. 92 [132]).

135. Beifpiel V.

Das Ziel des Vereines ift die »Förderung der gefellfchaftlichen, geiftigen und fittlichen Wohlfahrt feiner Mitglieder«, und zu diefem Behufe wurde, auf Anregung von *Siegfried*, der zuerft in Frankreich, und zwar 1860 in Mülhaufen, einen *Cercle* diefer Art gegründet hatte, fpäter auch in Hâvre eine anonyme Gefellfchaft mit dem Grundkapital von 160 000 Mark (= 200 000 Francs) in das Leben gerufen, für das indefs nur ein Zinsertrag bis zu 2 Procent, laut Statut, feft geftellt ift. So entftand der Verein, deffen Mitglieder 1878 einen Beitrag von monatlich 40 Pfennigen (= 50 Centimes) oder jährlich 4 Mark (= 5 Francs) zu zahlen hatten. Politifche und religiöfe Unterhaltungen find eben fo wenig geftattet, als Lärm und Ruheftörungen.

Die Stadt Hâvre, in Erkenntnifs der Nützlichkeit diefer Schöpfung, bewilligte für Errichtung des Gefellfchaftshaufes unentgeltlich einen Bauplatz im Mittelpunkt des Arbeiter-Stadttheiles mit der Bedingung, dafs der Platz, fammt den darauf errichteten Gebäuden, nach 32 Jahren wieder in das Eigenthum der Stadt übergehe; aufserdem wurden von diefer die Parkanlagen und die Einfriedigung des Platzes hergeftellt.

Das Bauwerk enthält nach den in Fig. 91 u. 92 dargeftellten Grundriffen:

1) Im Erdgefchofs: α) einen grofsen Verfammlungsfaal mit 1000 Sitzplätzen; die Gefammtzahl der Zuhörer kann jedoch auf 2800 gefteigert werden; dazu gehört eine Bühne mit allem Zubehör für Theatervorftellungen der Gefellfchaftsmitglieder, mit 3 Wandelfälen (Foyers), wovon einer für Damen beftimmt ift; β) einen grofsen Turnfaal, ausgeftattet mit den nöthigen Geräthfchaften für Erlernung und Ausübung der Turnkunft; γ) einen Lefefaal, in dem die Hauptblätter der Tagespreffe von Paris, der Departements und des Ortes aufgelegt find; δ) Bibliothek und Auffichts-Zimmer des Vereins; ε) einen Saal für Kugel- oder *Boule*-Spiel, in dem zwei normännifche Kegelbahnen (*Bouloirs*) eingerichtet find; ζ) einen Fechtfaal; η) Pförtnerftube und Küche für den Hauswart (*Concierge*); in Verbindung damit das Buffet, das der *Concierge* zu bedienen hat; ϑ) zwei Ablegeräume, einer für den Turnfaal, einer für den Fechtfaal, mit Gefachen, Wafcheinrichtung etc. ausgerüftet; ferner zwei Abortanlagen.

2) Im Obergefchofs: ι) einen zweiten Lefefaal für illuftrirte Zeitungen, Wochen- und Monatfchriften, wiffenfchaftliche Revuen etc.; κ) einen Spielfaal und 3 Billard-Säle; λ) einen Vortragsfaal für 250 Zuhörer; μ) Wafch- und Bedürfnifsräume für Damen, die an Concerten, Unterhaltungen, Plauderabenden etc. theilnehmen.

Der Grundrifs gehört dem in Art. 64 (S. 47) angeführten Typus II der Vereinshäufer an.

Die Ausführung beanfpruchte an eigentlichen Baukoften 161 744, für Mobiliar und Einrichtung 13 528, für Einrichtung des Turnfaales 1966 und an Architekten-Honorar 8498, zufammen 185 756 Francs oder rund 148 600 Mark. Dies ergiebt, bei 1580 qm bebauter Grundfläche, wovon 450 qm nur eingefchoffig, 1080 qm zweigefchoffig find, durchfchnittlich etwas weniger als 100 Mark für das Quadr.-Meter.

---

[132]) Nach: *Nouv. annales de la conftr*. 1878, S. 147 u. Pl. 39—42.

Fig. 91.

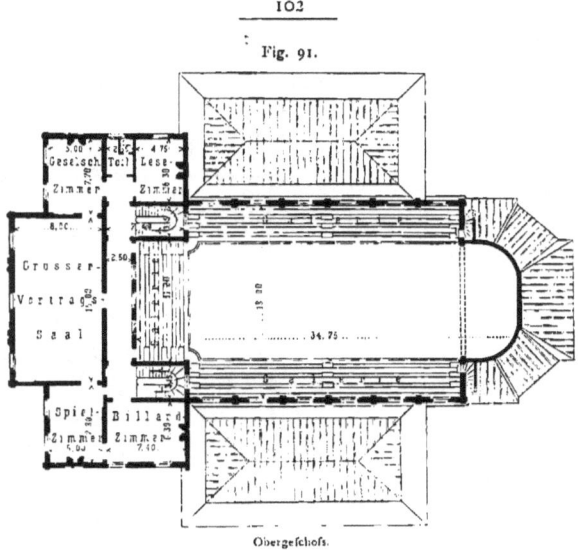

Obergeschofs.
1:250

Fig. 92.

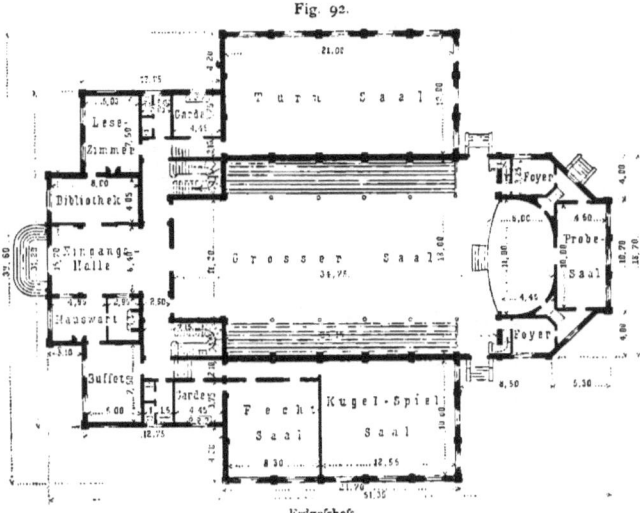

Erdgeschofs.

Vereinshaus der Arbeiterkreise von Hâvre, genannt »Franklin« [132]).
Arch.: *Huchon*.

Ein bemerkenswerther Neubau der in Rede stehenden Art ist das Haus der *Union chrétienne de jeunes gens, Rue de Trévise,* zu Paris, welches nach den Entwürfen und unter der Leitung von *Bénard* daselbst errichtet wurde (Fig. 93 bis 96 [133]).

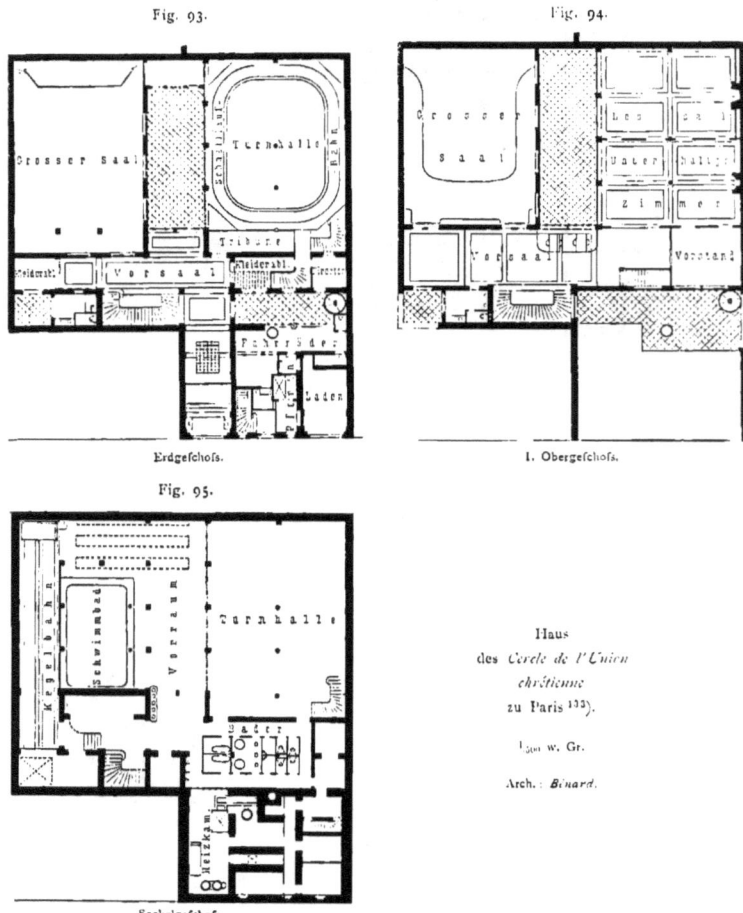

Fig. 93. Erdgeschofs.

Fig. 94. 1. Obergeschofs.

Fig. 95. Sockelgeschofs.

Haus des *Cercle de l'Union chrétienne* zu Paris [133].

1/500 w. Gr.

Arch.: *Bénard.*

Der Verein *Union chrétienne* zu Paris hat sich die religiöse, geistige, sittliche und körperliche Entwickelung junger Männer zum Ziele gemacht und veranstaltet zu diesem Behufe tägliche Zusammenkünfte, Lehrcurse und verschiedene Uebungen, ferner künstlerische und wissenschaftliche Festlichkeiten, sowie sonstige Versammlungen.

[133] Nach: *Nouv. annales de la constr.* 1893, S. 72 u. Pl. 20—21.

Um diefe Zwecke zu erfüllen und alles hierzu Erforderliche ins Werk zu fetzen, war die Befchaffung eines eigenen Vereinshaufes nöthig, und die Mittel zu deffen Errichtung wurden hauptfächlich durch Schenkungen zufammengebracht. Auf Anregung des freigebigften Wohlthäters der *Union chrétienne*, *Mr. James Stokes* von New-York, der allein die Hälfte der Gefammtkoften des Haufes bewilligt hatte, unternahm der mit dem Neubau beauftragte Architekt eine Reife nach Amerika zum Studium einiger ähnlicher dort beftehender Gebäude von Vereinen für gemeinnützige Zwecke, und auf Grund diefer Erhebungen wurde der Neubau entworfen und ausgeführt. Mafsgebend hierfür waren folgende räumliche Erforderniffe:

Fig. 96.

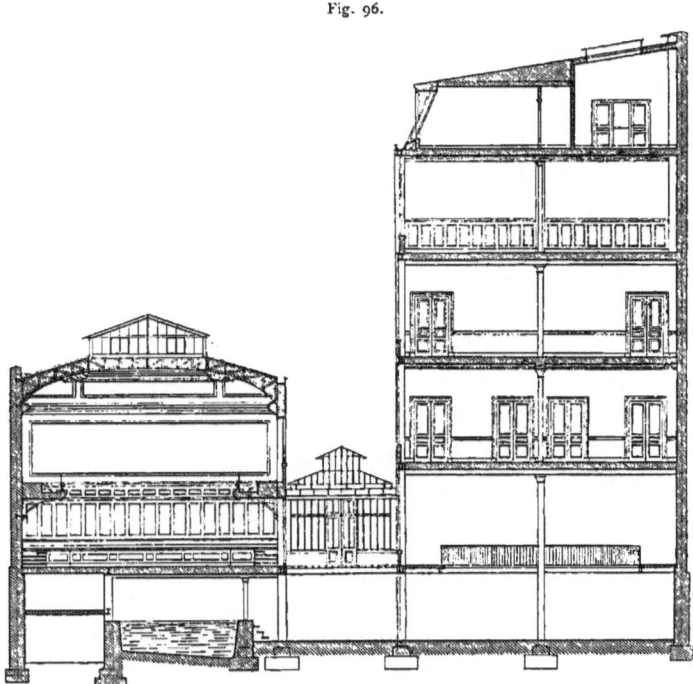

Haus des *Cercle de l'Union chrétienne* zu Paris [133]).

Schnitt. — 1/450 w. Gr.

Arch.: *Bénard*.

1) Säle zum Unterricht in Stenographie, Uebungen mit der Schreibmafchine, in englifcher, fpanifcher, franzöfifcher Sprache, in Gefang u. dergl.

2) Säle für Abhaltung von Verfammlungen zu biblifchen, fonftigen erbaulichen und philharmonifchen Studien, für gefellige Vereinigungen unter dem Vorfitze eines Vorftandsmitgliedes und Zufammenkünfte zum Zweck des Meinungsaustaufches über religiöfe Angelegenheiten überhaupt.

3) Ferner für allgemeine Zwecke: 1 grofser Verfammlungsfaal mit Nebenräumen, 1 Berathungszimmer des Vorftandes, 1 Hörfaal oder Bibliothekfaal, 1 Mufikfaal, aufserdem 1 Rauchzimmer, Reftaurationszimmer, fo wie zugehörige Wirthfchafts- und Dienfträume.

4) Endlich für gefundheitliche Zwecke: 1 Turnhalle mit Schnellaufbahn und Kegelbahn, fo wie 1 Schwimmbad, Wannen- und Braufebäder.

Alle diefe Räume mufsten in einem Gebäude untergebracht werden, das, einfchliefslich des Dienfthofes und zweier kleiner Lichthöfe, eine Grundfläche von 750 qm überdeckt und aus Sockelgefchofs, Erdgefchofs und 4 Obergefchoffen befteht.

Im Sockelgefchofs (Fig. 95) find alle Räume für körperliche Uebungen und Spiele, fo wie für gefundheitliche Zwecke angeordnet. Die Erhellung erfolgt durch die Lichthöfe, die in der Höhe des Erdgefchofs-Fufsbodens mit Rohglasplatten abgedeckt find. Ueber der Kegelbahn, die nur die halbe Höhe des Sockelgefchoffes hat, erftrecken fich Vorrathsräume.

Im Erdgefchofs (Fig. 93) liegen die Eingangshalle, der grofse Verfammlungsfaal mit allen nöthigen Nebenräumen, fo wie die Schnelllaufbahn, die um den durch das Erdgefchofs durchgeführten oberen Theil der Turnhalle ringsum geführt ift.

Das I. Obergefchofs (Fig. 94) umfafst die eigentlichen Vereinsräume, nämlich Unterhaltungs- und Lefezimmer, Vorftandszimmer, fo wie den Empfangs- und Hörfaal, der zu den Rängen des grofsen Saales führt.

Das II. Obergefchofs ift ganz für Unterrichtsfäle beanfprucht, und das III. Obergefchofs enthält aufser dem Reftaurant, der durch Auffüge mit den im IV. Obergefchofs liegenden Küchen- und Dienfträumen in Verbindung gebracht ift, den Mufikfaal, den Saal für gefellige Unterhaltungen und das von diefen Räumen und vom Reftaurant abgefonderte Rauchzimmer.

Im IV. Obergefchofs find (aufser der erwähnten Küche mit Zubehör) noch ein Lehrfaal, fo wie 5 Zimmer zum Vermiethen an einzelne Gefellfchaftsmitglieder eingerichtet.

Aufser den Miethern und den im Vereinsgebäude wohnenden Hauswart darf nach einer beftimmten Abendftunde Niemand im Haufe bleiben.

Fig. 96, welche den Durchfchnitt des Haufes darftellt, verdeutlicht die Anordnung der Räume in den verfchiedenen Stockwerken.

Das ganze Gebäude ift mit Wafferleitung, Dampfheizung, Lüftungseinrichtungen und elektrifcher Beleuchtung nebft den hierzu erforderlichen Mafchinen verfehen. Die Gefammtkoften, einfchl. Einrichtung, betrugen 336 000 Mark (= 420 000 Francs).

Die Häufer vieler fonftiger gemeinnütziger Vereine und der Gefellfchaften für Wohlfahrtszwecke erfordern keine Säle für gefellige Unterhaltung und gröfsere Verfammlungen. Ein Beifpiel diefer Art ift das Haus der Gefellfchaft freiwilliger Armenfreunde in Kiel (Fig. 97 bis 99 [134]), das von *Moldenhardt* auf Grund feines preisgekrönten Wettbewerb-Entwurfes 1873—75 ausgeführt wurde.

137. Beifpiel VII.

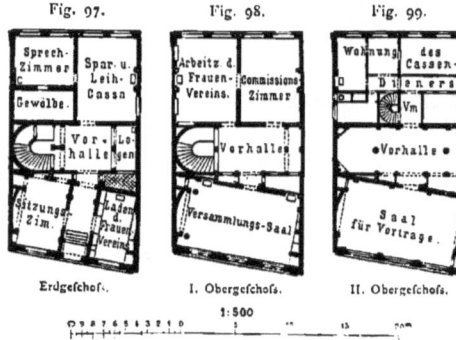

Haus der Gefellfchaft freiwilliger Armenfreunde zu Kiel [134].
Arch.: *Moldenhardt*.

Die Gefchichte der Gefellfchaft ift für die Entwickelung der Armenpflege in einer mittelgrofsen Stadt bezeichnend. Daraus fei, mit Hinweis auf die ausführlicheren Nachrichten der unten bezeichneten Quelle, mitgetheilt, dafs die Gefellfchaft feit 1792 befteht, feitdem mit unermüdlicher Thätigkeit ihrer Aufgabe, der Verwahrlofung der armen Claffen des Volkes zu fteuern, obgelegen hat, zu diefem Behufe im Laufe der Zeit eine Verforgungs-Anftalt, eine Arbeits-Anftalt, eine Freifchule, eine Spar- und Leihcaffe gründete, ihre Fürforge auch auf die aus der Schule entlaffenen Kinder, fo wie auf die Krankenpflege erftreckte etc. Mehrere diefer Anftalten find feit

[134] Nach: Deutfche Bauz. 1882, S. 42.

den letzten 10 bis 20 Jahren theils eingegangen, theils verändert worden. So ging die Freifchule in Folge der Neuordnung des flädtifchen Schulwefens in die Verwaltung der Stadtgemeinde über. Auch die Armenverwaltung fällt feit 1871 nach dem Gefetz, betreffend den Unterftützungswohnfitz, ausfchliefslich der Stadt zu.

Die Gefellfchaft hat feitdem eine andere Organifation angenommen. Sie bildete Helfer-, Arbeits-, Auffichts- und Erziehungs-Commiffionen, ferner eine Commiffion zur Fürforge entlaffener Sträflinge; fie gründete eine Volks-Bibliothek, eine Anftalt zur Ausbildung von Kindermädchen; fie machte Stiftungen für warme Bäder; fie errichtete eine Ferien-Colonie für arme kränkliche Schulkinder u. a. m.

Die Gefellfchaft befchränkte aber ihre Mittel nicht auf diefe mehr wohlthätigen Zwecke; fie unterflützte gemeinnützige Unternehmungen, gewährte einzelnen talentvollen Gewerbetreibenden oder Künftlern namhafte Beiträge für ihre Ausbildung etc.

Einen Einblick in die Thätigkeit der Gefellfchaft, deren gemeinnützige Beflrebungen der Stadt und dem Lande zur Ehre gereichen, erhält man durch die in Fig. 97 bis 99 abgebildeten Grundriffe des neuen Haufes, das die Stelle des feit 1793 im Befitze der Gefellfchaft befindlichen Haufes in der Schuhmacher-Strafse einnimmt.

Das Haus enthält, aufser den Räumen für die Spar- und Leih-Caffe, noch eine Anzahl gröfserer und kleinerer Räume, und zwar: α) für die Sitzungen der Commiffionen; β) für die Verfammlungen der Gefellfchaft und des Frauenvereins; γ) einen kleinen Verkaufsladen für die Arbeiten des Frauenvereins, eine Wohnung für die Verkäuferin, eine folche für den Caffendiener, endlich einen Saal für Vorträge und kleinere, mit dem Zwecke der Gefellfchaft in Zufammenhang flehende Ausftellungen. Die Verfchiedenheit und Selbftändigkeit der Benutzung diefer Räume liefsen ihre Trennung und Vertheilung in einzelne Stockwerke nicht allein zu, fondern machten diefelben geradezu wünfchenswerth.

Die Sparcaffe an der freien und fonnigen Hoffeite hat feuerfefte Caffengewölbe, welche der befchränkten Gröfse halber durch eine Untertheilung des Erdgefchoffes in zwei Gefchoffe getheilt find, von denen das obere durch eine Vorfetztreppe zugänglich ift. Im Kellergefchofs find Archiv, Keller und Aborte angelegt. Die Wohnung der Verkäuferin des Frauenvereins liegt über der Wohnung des Caffendieners und reicht in den Knieftock des Dachwerkes hinein.

Die Façade, in Ziegel-Rohbau mit Verwendung von Terracotten ausgeführt, ift von guter Wirkung. Die Gefammtkoften des eigentlichen Baues betragen, bei 265 qm bebauter Fläche, 108 309 Mark oder 465 Mark für das Quadr.-Meter, welcher hohe Preis fich durch die koftfpielige Gründung der hinteren Hälfte des Haufes auf Pfeilern, fo wie durch die hohen Tagelpreife zur Zeit der Ausführung erklärt.

Das im Vorhergehenden betrachtete Gebäude, obgleich das einzige hier abgebildete Beifpiel von Häufern für Wohlfahrts-Gefellfchaften, ift keineswegs ein vereinzeltes Vorbild in Deutfchland. Es mag u. a. auf das ausfchliefslich für die Aufnahme von Lehrlingen beftimmte Jugendvereinshaus in Stuttgart, das 1875 von *Wittmann & Stahl* erbaut und am 30. Januar 1876 eingeweiht wurde, hingewiefen werden.

Das neue Haus enthält: α) die Lehrlings-Herberge des Jugendvereins; β) die Feierabendflube; γ) die Speife-Anftalt für junge Leute; δ) den Saal für den Gottesdienft der Lehrlinge und für denjenigen der älteren Knaben; ε) Unterrichtsräume für die Kleinkinderfchule, für eine Abtheilung der freiwilligen religiöfen Kinder-Sonntagsfchule; ζ Saal für den Jünglingsverein, jüngere Abtheilung, und η) Jugend- und Volksbibliothek.

In den älteren Häufern des Jugendvereins find verblieben: α) die Herberge zur Heimath für zuwandernde Gefellen; β) der Handwerkerverein mit Koft- und Logirhaus; γ) das Vereins-Gafthaus; δ) eine Abtheilung der Kinder-Sonntagsfchule.

Eine eigenartige Bauanlage zeigt das Vereinshaus für Volkswohl zu Leipzig, das 1888—89 von *Rofsbach* erbaut wurde.

Der Vereinsbefitz gliedert fich in ein an der Löhrftrafse gelegenes Gebäude, das im Erdgefchofs einen Reftaurant, im I. Obergefchofs Claffenzimmer der abendlichen Lehrcurfe, im II. und III. Obergefchofs, fo wie im Dachflock Miethwohnungen enthält, und in das im Hinterlande der Bauftelle errichtete Saalgebäude, das im Erdgefchofs eine geräumige Turnhalle mit den nöthigen Kleiderablagen, im Obergefchofs den Vereinsfaal mit vollftändig eingerichteter Bühne, Ablageräumen, Neben-, Sitzungs- und Uebungszimmer umfafst. Der die beiden genannten Gebäude verbindende Flügelbau befteht aus dem Kellergefchofs, in welchem die Kegelbahn eingerichtet ift, und dem Erdgefchofs mit Küche und Zubehör, von denen aus der Reflaurant des Vorderhaufes und die Säle des Hintergebäudes gleich leicht bedient werden können. Im Erdgefchofs des Vorderhaufes hat auch die Vereins-Bibliothek Platz gefunden.

Der Saalbau hat eine bebaute Fläche von 460,8 qm und koftete 106500 Mark, der Zwifchenflügel eine folche von 50 qm und erforderte 12000 Mark. Das Vorderhaus endlich bedeckt eine Fläche von 286 qm und beanfpruchte 227000 Mark, der Gefammtbau fomit 345500 Mark [135]).

Literatur

über »Gebäude für Gewerbe-Vereine und andere gemeinnützige Gefellfchaften«.

Ausführungen und Projecte.

The mechanics' inflitute at Leeds. Building news, Bd. 7, S. 964.
Das Gebäude des Berliner Handwerker-Vereins. ROMBERG's Zeitfchr. f. prakt. Bauk. 1865, S. 259.
Das neue Gewerbehaus in Dresden. Deutfche Bauz. 1871, S. 116.
Das Berliner Handwerker-Vereinshaus. Baugewerks-Ztg. 1874, S. 245.
»Boyd« workmen's inflitute, Victoria docks. Building news, Bd. 28, S. 458.
Haus des Gewerbevereins in Dresden: Die Bauten, technifchen und induftriellen Anlagen von Dresden. Dresden 1878. S. 301.
Cercle des maçons et tailleurs de pierres, à Paris. Encyclopédie d'arch. 1878, Pl. 488, 490. *Gaz. des arch. et du bât.* 1884, S. 257.
Carpenter's hall, London wall. Builder, Bd. 36, S. 141.
Das neue Kunftgewerbe-Vereinshaus zu Mainz. Deutfche Bauz. 1879, S. 490.
Cercle d'ouvriers du Hâvre, dit Cercle Franklin. Nouv. annales de la conft. 1878, S. 147.
SCHUBERT, Z. v. Vereinshaus der Genoffenfchaft der Prager Baumeifter, Steinmetzen und Maurer. Mitth. d. Arch.- u. Ing.-Ver. in Böhmen 1879, S. 145.
VOIT. Das Münchener Kunftgewerbevereinshaus. Zeitfchr. f. Baukde. 1879, S. 1.
Das neue Gewerbevereinshaus zu Mainz. Gwbl. f. Heffen 1879, S. 145.
Handsworth public buildings. Building news, Bd. 36, S. 412.
Mechanics' club and inflitute Folkeflone. Building news, Bd. 37, S. 197.
New workmen's village club, Wooburn-Green. Building news, Bd. 39, S. 210, 240.
A working men's club. Builder, Bd. 45, S. 856.
Clifton and Newton working men's club. Building news, Bd. 49, S. 648.
Vereinshaus des kaufmännifchen Vereins zu Frankfurt a. M.: Frankfurt a. M. und feine Bauten. Frankfurt 1886. S. 272.
Das Buchhändler-Vereinshaus in Leipzig. Centralbl. d. Bauverw. 1886, S. 261.
Gewerbehaus in Bremen: BÖTTCHER, E. Bauten und Denkmale des Staatsgebiets der freien und Hanfeftadt Bremen. Bremen 1887. S. 17.
LAMBERT, A. & E. STAHL. Privat- und Gemeindebauten. II. Serie. Stuttgart 1887—88.
Heft 9, Bl. 4: Gewerbemufeum in Spaichingen; von v. SAUTER.
Das deutfche Buchhändlerhaus in Leipzig. Zeitfchr. f. bild. Kunft 1888, S. 262.
Die Preisbewerbung für Entwürfe zu einem Gefellfchaftshaufe des Vereins chriftlicher Kaufleute in Breslau. Deutfche Bauz. 1888, S. 353.
Preisbewerbung um ein Gefellfchaftshaus für den Verein chriftlicher Kaufleute in Breslau. Centralbl. d. Bauverw. 1888, S. 313.
KAYSER & v. GROSZHEIM. Das deutfche Buchhändlerhaus in Leipzig. Deutfche Bauz. 1888, S. 261.
»Innungshaus zur Bauhütte« in Leipzig. Deutfche Baugwks.-Ztg. 1888, S. 774.
Wettbewerbentwurf zu einem Gefellfchaftshaufe des Vereins chriftlicher Kaufleute zu Breslau. Blätter f. Arch. u. Kunfthdwk., Jahrg. 2, S. 2 u. Taf. 5.
Working men's club, Goring, Oxon. Building news, Bd. 56. S. 332.
The Boflon athletic affociation's building. American architect, Bd. 25, S. 160.
Jewifh working men's club-houfe and public hall. Building news, Bd. 59, S. 464.
Deutfches Buchhändlerhaus in Leipzig: Leipzig und feine Bauten. Leipzig 1892. S. 461.
Innungshaus der Schuhmacher zu Leipzig: Leipzig und feine Bauten. Leipzig 1892. S. 513.

---

[135]) Nach: Leipzig und feine Bauten. Leipzig 1892. S. 510.

Working men's unionist club, Ayr. Builder, Bd. 62, S. 461.
POST, J. & H. ALBRECHT. Mufterftätten perfönlicher Fürforge von Arbeitgebern für ihre Gefchäfts-
angehörigen. Bd. II. Berlin 1893. Theil II. S. 694: Erholungshäufer.
LICHT, H. Architektur der Gegenwart. Berlin 1886—92.
Taf. 15, 16: Deutfches Buchhändlerhaus.
Architektonifche Rundfchau. Stuttgart.
1887, Taf. 1: Das Buchhändler-Vereinshaus in Leipzig; von KAYSER & GROSSHEIM.

---

4. Kapitel.
Gebäude für gelehrte Gefellfchaften, wiffenfchaftliche und Kunftvereine.

Von Dr. EDUARD SCHMITT.

140.
Allgemeines.

Die in der Ueberfchrift genannten Gebäude haben mit den in den vorhergehenden Kapiteln befprochenen Vereinshäufern die meiften Erforderniffe gemein, und in Folge deffen geftaltet fich auch in vielen Fällen die bauliche Anlage ganz ähnlich. Indefs treten bei denfelben Räume für Bibliotheken und Sammlungen, Räume für Ausftellungen, fo wie für die in der Regel mit Vorträgen verbundenen Verfammlungen (Sitzungen) der betreffenden Gefellfchaft bald mehr, bald weniger in den Vordergrund, wodurch die Grundrifsbildung und der gefammte bauliche Organismus bald in gröfserem, bald in geringerem Mafse beeinflufst werden.

Die an diefer Stelle zu betrachtenden Gebäudeanlagen laffen fich in nachftehender Weife gruppiren:

a) Gebäude für die Akademien der Wiffenfchaften;

b) Gebäude für die fonftigen gelehrten Gefellfchaften und wiffenfchaftlichen Vereine, und

c) Gebäude für Kunftvereine und Künftlergefellfchaften.

a) Gebäude für die Akademien der Wiffenfchaften.

141.
Zweck.

Die Bezeichnung »Akademie« hat zur Zeit eine doppelte Bedeutung: entweder eine Gelehrtengefellfchaft oder eine Hochfchule, bezw. höhere Lehranftalt. Im letzteren (felteneren) Sinne werden mit diefem Namen Univerfitäten und technifche Hochfchulen, Akademien der bildenden Künfte, die an die Stelle unferer Facultäten tretenden Akademien Frankreichs etc., wohl auch landwirthfchaftliche, Forft-, Berg-, Mufik-, Handels-, Militär- etc. Akademien zufammengefafst, und in diefem Sinne ift auch die Bezeichnung »akademifch« entftanden.

Die Befprechung der letzteren Gruppe von Akademie-Gebäuden gehört der VI. Abtheilung (Halbband 6: Gebäude für Erziehung, Wiffenfchaft und Kunft, Heft 2 u. 3) diefes Theiles an. Im vorliegenden Falle handelt es fich um Akademien der erftgedachten (häufigeren) Bedeutung, demnach um Inftitute, welche fich die Förderung wiffenfchaftlicher Studien und damit die weitere Ausbildung der Wiffenfchaft zum Ziele gefetzt haben; fie pflegen die Wiffenfchaften nicht in Rückficht auf ihre praktifchen Zwecke, fondern um ihrer felbft willen.

Den Namen »Akademos« führte urfprünglich ein durch Culte geheiligter Platz des alten Athen, welcher im Norden der Stadt an der Strafse nach Theia gelegen war; er war mit Schattengängen von

Platanen verfehen und diente als öffentlicher Spazierweg. *Platon* pflegte hier feine Schüler um fich zu verfammeln und trug ihnen feine Philofopheme vor.

Bei den Römern erhielt das Wort »Akademie« durch *Cicero*, welcher diefen Namen zwei den Studien gewidmeten Landfitzen beilegte, bereits eine Bedeutung, die der heutigen fehr nahe kommt.

Als das eigentliche Vaterland der Akademien im Sinne von Gelehrtenvereinen ift das gräcifirte Aegypten, und zwar hauptfächlich Alexandria, wo das »Mufeum« von hoher Bedeutung war, anzufehen. Doch haben erft in Italien die Akademien (die drei älteften bildeten fich zu Florenz, Neapel und Rom) ihre gegenwärtige Bedeutung und Einrichtung erhalten.

Nach dem Vorgange Italiens haben fich in den beiden letzten Jahrhunderten faft in allen civilifirten Staaten folche Gelehrtengefellfchaften gebildet, welche den Namen »Akademie« oder auch eine andere Bezeichnung (Gefellfchaft der Wiffenfchaften etc.) führen. Sie führen den erfteren Namen befonders dann, wenn fie vom Staate anerkannt find und ihre Mitglieder Befoldungen erhalten.

Aufser diefen allgemeinen Akademien giebt es auch noch folche für befondere Wiffenfchaften, unter denen die für Sprachforfchung obenan ftehen.

Einigen Akademien, wie z. B. jener in Marfeille, ift der Namen »Athenäum« [136]) beigelegt worden.

Für die baulichen Erforderniffe eines Akademie-Gebäudes ift vor Allem deffen Beftimmung mafsgebend, welche in den meiften Verfaffungen folcher Gefellfchaften vorkommt. Jedes Mitglied wird für ein beftimmtes wiffenfchaftliches Fach erwählt, welches von ihm vorzugsweife oder ausfchliefslich gepflegt werden foll; die Mitglieder vereinigen fich zu beftimmten Zeiten in Sitzungen, in denen die Einzelnen die Ergebniffe ihrer Forfchungen vortragen; letztere werden befprochen und nach Befinden in den Acten der Gefellfchaft veröffentlicht.

Es befteht ferner an mehreren Akademien die Einrichtung, dafs an beftimmten Gedächtnifs- oder Fefttagen öffentliche Sitzungen veranftaltet werden, an denen Jahrespreife vertheilt, Feftvorträge abgehalten werden etc. und zu denen jeder Gebildete Zutritt hat.

Hiernach find im Wefentlichen folgende Räumlichkeiten in einem Akademie-Gebäude erforderlich:

1) Wo die letzterwähnte Einrichtung feftlicher Jahresverfammlungen befteht, ein grofser Feftfaal;

2) ein Verfammlungs-, bezw. Sitzungsfaal für die gewöhnlichen Vereinigungen der Gefellfchaft;

3) mehrere Commiffions-, bezw. Sections-Zimmer;

4) die Bibliothek und die etwa fonft noch nöthigen Sammlungsräume;

5) Gefchäftsräume für den Secretär der Gefellfchaft, den Bibliothekar, den Cuftoden der Sammlungen etc.;

6) Zimmer für den Pförtner (Hausmeifter, Caftellan etc.) und die übrige Dienerfchaft.

Hierzu kommen noch Dienftwohnungen, Eingangshallen, Kleiderablagen, fo wie andere Vor- und Nebenräume.

Die meiften Akademien der Wiffenfchaften find in Gebäuden untergebracht, die urfprünglich nicht für diefen Zweck erbaut worden find.

So ift z. B. die (1846 gegründete) k. k. Akademie der Wiffenfchaften zu Wien feit 1857 im ehemaligen Univerfitätsgebäude dafelbft untergebracht.

Einzelne diefer Gelehrten-Gefellfchaften hatten lange Zeit hindurch nicht einmal einen feften Sitz. So z. B. die »Kaiferlich Leopoldinifch-Carolinifch-Deutfche Akademie der Naturforfcher«, welche im Jahre

---

[136]) Vom griechifchen »Athenaion«, urfprünglich Tempel, Heiligthum der Göttin Athene; fpäter Bezeichnung höherer Bildungs- und Unterrichts-Anftalten, von der Stadt Athen, dem Sitze der Künfte und Wiffenfchaften, hergenommen. Das erfte und berühmtefte Athenäum diefer Art war das von *Hadrian* im Jahre 133 bis 136 zu Rom geftiftete.

Fig. 100. Akademie der Wissenschaften zu Athen [13*).
Arch.: 7. Hansen.

1652 in der freien Reichsftadt Schweinfurt begründet und von Kaifer *Leopold I.* 1677 zur Reichs-Akademie erhoben worden ift. In Folge ihrer Organifation verlegt fie ihre Gefchäftsräume an den Wohnort ihres jedesmaligen Präfidenten. Auf folche Weife wandelte die Akademie im Laufe diefes Jahrhundertes von Erlangen nach Bonn, Breslau, Jena und kam 1862 nach Dresden. Im Jahre 1863 wurde die Bibliothek der Akademie, welche bis dahin im Schloffe Poppelsdorf (bei Bonn) aufbewahrt worden war, nach Dresden in das der Akademie gehörige Haus (Poliergaffe Nr. 11) verlegt [137]).

Solche ältere, für die Zwecke der Akademien umgewandelte Bauwerke geben für den Entwurf keine fichere Grundlage; doch laffen fich für Anlage und Grundrifsanordnung der Akademie-Gebäude folgende Gefichtspunkte aufftellen.

Der Sitzungsfaal ift derjenige Raum, in welchem das geiftige Leben der Akademie zum wahrnehmbaren Ausdruck kommt. Diefer Raum wird defshalb beim Entwerfen eines Akademie-Gebäudes den Kern der ganzen Anlage zu bilden haben, um welchen fich die übrigen Räumlichkeiten gruppiren.

Fig. 101.

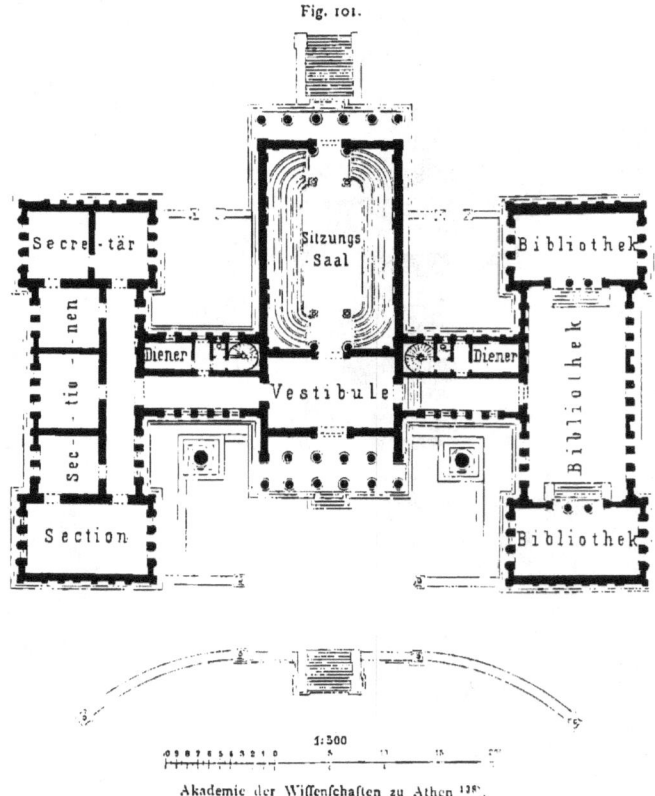

Akademie der Wiffenfchaften zu Athen [138]).

---

[137]) Siehe: Die Bauten, technifchen und induftriellen Anlagen von Dresden. Dresden 1878. S. 293

Gestattet der verfügbare Bauplatz eine freiere Entwickelung, so wird eine Scheidung der erforderlichen Räume nach drei Gruppen dem geistigen Inhalt der Composition am besten entsprechen. Die erste, thunlichst central anzuordnende Gruppe umfasst den Sitzungsaal mit Eingangshalle und den zugehörigen Nebenräumen; ist auch ein Festsaal erforderlich, so gehört dieser der Centralgruppe gleichfalls an. Von den beiden anderen, zu beiden Seiten der letzteren anzuord-

Fig. 102.

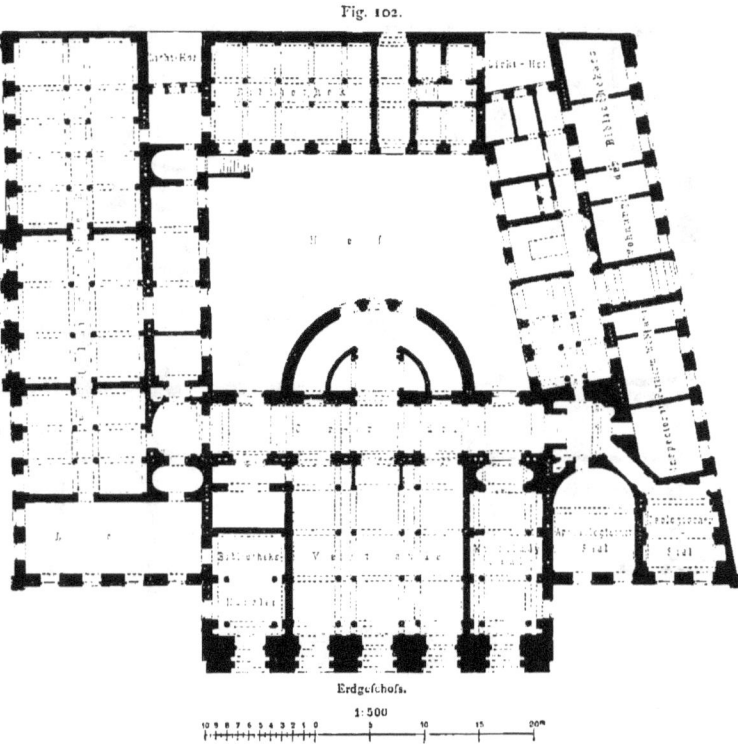

Erdgeschoss.
1 : 500

Königl. ungarische Akademie

nenden Raumgruppen enthält die eine die Bibliotheks- und sonstigen Sammlungsräume, die zweite die Sections- und Commissions-Zimmer, die Geschäftsräume des Secretärs, des Custoden etc.

143. Beispiel 1

Diese Dreitheilung wurde von *v. Hansen* bei der von ihm erbauten Akademie der Wissenschaften zu Athen (Fig. 100 u. 101 [138]) in trefflicher Weise durchgeführt.

Zu beiden Seiten des Hauptbaues sind zwei ganz gleiche Seitenflügel angeordnet, welche mit ersterem durch corridorartige Zwischenbauten verbunden sind. Die Aufsen-Architektur (Fig. 100) zeigt den Kern

---

[138] Nach: Zeitschr. f. bild. Kunst, Bd. 15, S. 8.

des dreifach gegliederten Baues als einen Amphiprostylos Hexastylos; mittels einer Rampe, welche von vorn durch eine Treppe abgekürzt ist, gelangt man zu den zwei Stufen des Stylobats und über diese in den Pronaos, weiter in die Eingangshalle (Vestibule) und schliefslich in den Sitzungs-faal. Die beiden Seitenflügel zeigen dem vorn stehenden Beschauer nur einfache Pilaster-Façaden.

In weniger ausgeprägter, indefs dem Wesen nach doch verwandter Weise sind von *Stüler* im Gebäude der Königl. ungarischen Akademie der Wissenschaften zu

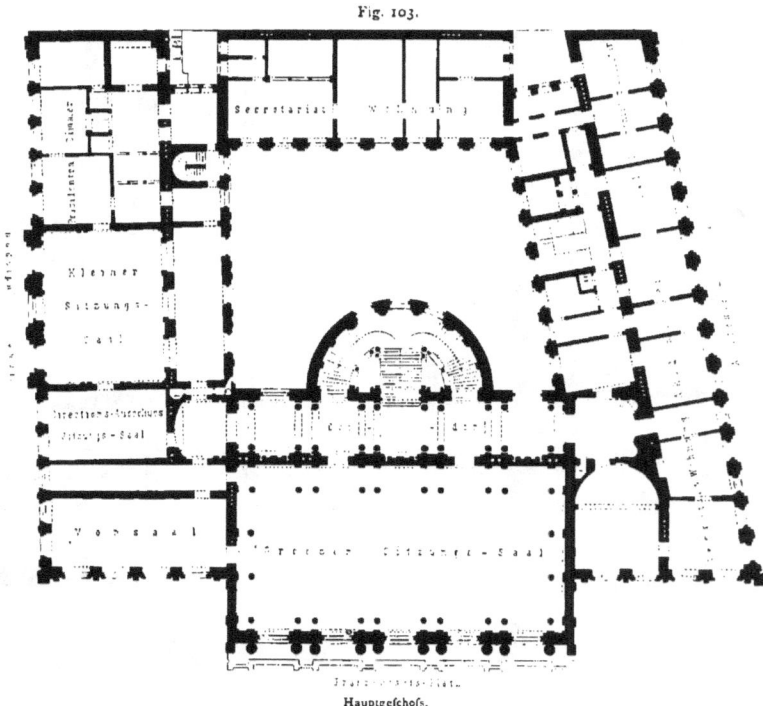

Fig. 103.

Hauptgeschofs.

Arch.: *Stüler*.

der Wissenschaften zu Budapest [139]).

Budapest (Fig. 102 u. 103 [139]) die Gesammtgruppirung des Baues und die Vertheilung der Räume vorgenommen worden.

Dieses 1860—65 ausgeführte Gebäude ist mit seiner Hauptfront nach dem Franz-Josefs-Platz gerichtet; zwei Seitenflügel liegen am Rudolf-Quai, bezw. an der Akademie-Strafse; der rückwärtige Hofflügel stöfst an ein der Akademie gehöriges Zinshaus. Der Haupttract (Fig. 102 u. 103) zerfällt in einen Hauptmittelbau und 2 Seitenbauten; die letzteren haben aufser dem Erdgeschofs zwei Obergeschoffe. Im Mittel-

---

[139]) Nach den im Auftrage des Herrn Ober-Secretärs der Akademie von Herrn Inspector *Rauprecht* freundlichst zur Verfügung gestellten Plänen und Mittheilungen.

Handbuch der Architektur. IV. 4, b. (2. Aufl.)

bau erhebt fich über dem Erdgefchofs ein Hauptgefchofs, welches durch die beiden Obergefchoffe der Seitenbaue hindurchgeht und den grofsen Sitzungs- und Feftfaal enthält; ein Attika-Gefchofs krönt den Mittelbau, der aufser dem Saale auch noch die Haupttreppe und den Hauptflurgang umfafst.

Die beiden anderen Strafsentracte und der Hofflügel find, wie die gedachten Seitenbauten am Franz-Jofefs-Platz, dreigefchoffig gehalten.

Das I. Obergefchofs, bezw. Hauptgefchofs des Hauptmittelbaues (Fig. 103) wurde vom Architekten dazu beftimmt, jene Räume aufzunehmen, welche die Zwecke der Akademie in erfter und vornehmfter Weife zu erfüllen haben, alfo im Hauptmittelbau den (wie fchon erwähnt durch zwei Stockwerke reichenden) grofsen Sitzungs- und Feftfaal, an den fich an der einen Seite ein Vorfaal anfchliefst; ferner nach dem Quai zu einen kleineren Sitzungsfaal, Directions- und Ausfchufs-Zimmer, Präfidenten-Zimmer; in Uebrigen endlich das Secretariat nebft Dienftwohnungen etc.

Das Erdgefchofs (Fig. 102) enthält aufser der grofsen Eingangshalle (Veftibule) hauptfächlich die Bibliothek-Räume mit Lefefaal, alsdann noch den *Kisfaludy*-, den archäologifchen und den geologifchen Saal, Dienftwohnungen etc.

Das II. Obergefchofs und das Attika-Gefchofs des Hauptmittelbaues find hauptfächlich zur Aufnahme der Landes-Bilder-Galerie beftimmt. Die betreffenden Säle finden fich im II. Obergefchofs des nach dem Quai gerichteten Flügels und im Hofflügel; die Räume des letzteren haben Deckenbeleuchtung; vom Hauptflurgang diefes Gefchoffes find auch die Galerien des grofsen Sitzungsfaales zugänglich; fonft find in diefem Stockwerk noch Dienftwohnungen etc. untergebracht. Die Bilderfäle des Attika-Gefchoffes erftrecken fich nicht nur über den Sitzungsfaal, fondern auch über die Treppenhaus; fie find zum gröfsten Theile durch Deckenlicht erhellt.

Für die Façaden-Architektur wurde die italienifche Renaiffance gewählt; den Architekten leitete dabei der Gedanke, dafs ein Gebäude zu errichten war, welches, auf die Quellen und Schätze des Alterthumes geftützt, der Belebung und Förderung der Wiffenfchaft dienen follte.

Einen intereffanten, von *Percier* herrührenden Entwurf für ein Akademie-Gebäude empfiehlt *Durand* in dem unten [140]) näher bezeichneten Werke.

146. Sitzungsfäle und -Zimmer.

Unter den Haupträumen eines Akademie-Gebäudes find nur die für die Sitzungen oder Verfammlungen der Gefellfchaft dienenden Säle und Zimmer befonders hervorzuheben.

Die Bibliothek- und Sammlungsräume find nach den gleichen Grundfätzen anzuordnen und einzurichten, wie diefelben noch in Theil IV, Halbband 6, Heft 4 (Abth. VI, Abfchn. 4: Gebäude für Sammlungen und Ausftellungen) diefes »Handbuches« entwickelt werden follen.

Ift ein Feftfaal vorhanden, fo wird diefer entweder nach Art gröfserer, amphitheatralifch angelegter Hörfäle in Hochfchulen oder nach Art kleinerer Parlamentsfäle eingerichtet. Von erfteren wird noch in Theil IV, Halbband 6, Heft 2 (Abth. VI, Abfchn. 2, A, Kap. 1, unter c), von letzteren in Theil IV, Halbband 7 (Abth. VII, Abfchn. 3, Kap. 1, unter c) diefes »Handbuches« die Rede fein.

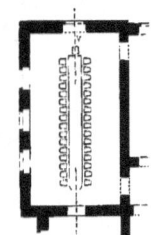

Fig. 104.

Das Gleiche gilt von den gröfseren Sitzungsfälen, wiewohl man, mit Rückficht auf die übliche Benutzungsweife folcher Räume, gut thun wird, fie nach den für gröfsere Hörfäle an Hochfchulen geltenden Regeln anzuordnen; es wird im Folgenden (unter b) über folche Verfammlungsräume noch Einiges gefagt werden.

Die Beleuchtung von folchen Sitzungsfälen gefchieht am beften durch hohes Seitenlicht; läfst fich diefes nicht befchaffen, fo ift Deckenlicht der gewöhnlichen feitlichen Fenfterbeleuchtung vorzuziehen.

Bisweilen ift die Zahl der an den Gefammtfitzungen einer

---

140) DURAND, J.-L.-N. *Précis des leçons d'architecture etc.* Bd. 2, Paris 1840. S. 54 u. Pl. 9.

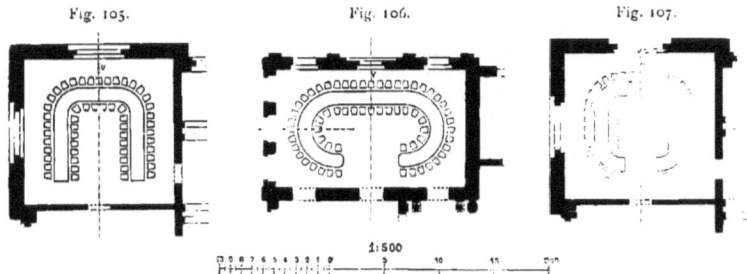

Fig. 105.   Fig. 106.   Fig. 107.

1:500

Akademie sich Betheiligenden eine geringe; eben so ist die Zahl der Theilnehmer an den Commissions- und Sections-Sitzungen stets eine verhältnifsmäfsig nur kleine. Alsdann sieht man in den betreffenden Versammlungsräumen von Amphitheatern ab und läfst die Theilnehmer an Tischen oder Tafeln (von 1,2 bis 1,5 m Breite) sitzen.

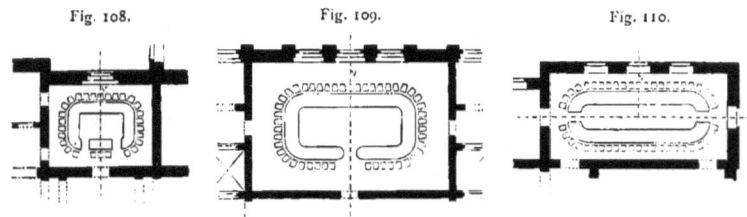

Fig. 108.   Fig. 109.   Fig. 110.

Die einfachste Anordnung besteht in diesem Falle in der Aufstellung einer Tischreihe in der Längsaxe des betreffenden Raumes (Fig. 104); doch läfst sich hierbei eine verhältnifsmäfsig nur geringe Zahl zweckentsprechender Sitzplätze gewinnen. Günstiger in dieser Beziehung ist die U-(hufeisen-)förmige (Fig. 105) und die C-förmige Gestaltung (Fig. 106 u. 107) der Sitzungstische; für eine noch gröfsere

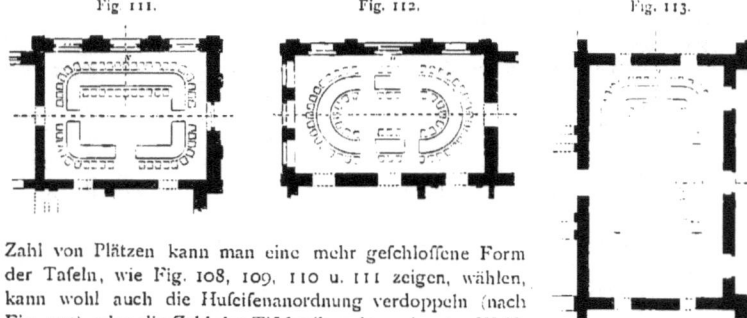

Fig. 111.   Fig. 112.   Fig. 113.

Zahl von Plätzen kann man eine mehr geschlossene Form der Tafeln, wie Fig. 108, 109, 110 u. 111 zeigen, wählen, kann wohl auch die Hufeisenanordnung verdoppeln (nach Fig. 112) oder die Zahl der Tischreihen in geeigneter Weise

Fig. 114.

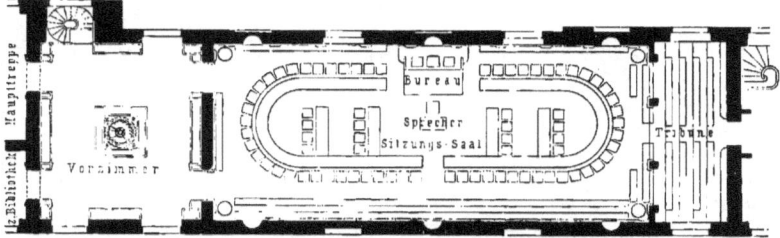

Sitzungsfaal der *Académie des fciences* zu Paris [141]). — 1/210 w. Gr.

(Fig. 113) vermehren. Man kann endlich hufeifenförmig geftaltete Tafeln in concentrifchen Doppelreihen auffftellen, wobei man zweckmäfsiger Weife die äufseren Tafeln auf eine ca. 20 cm hohe Bühne fetzen wird.

In den Anordnungen Fig. 104 bis 113 ift der Platz des Vorfitzenden durch den Buchftaben *v* gekennzeichnet.

Es fei auch auf die Anordnung der drei Reihen von Marmorbänken im Sitzungsfaale der Akademie der Wiffenfchaften zu Athen (fiehe Fig. 101, S. 111) aufmerkfam gemacht; diefer Saal bildet eine mit Glas eingedeckte Tempel-Cella.

Endlich fei noch auf den durch Fig. 114 u. 115 [141]) im Grundrifs und Querfchnitt dargeftellten Saal für die öffentlichen Sitzungen der *Académie des fciences* in Paris verwiefen, welcher in den Jahren 1831—32 von *Lebas* im Hofraume des *Palais de l'inftitut* erbaut wurde. An der einen Stirnfeite des Saales befinden fich in 2 Gefchoffen Tribunen für das Publicum.

Fig. 115.

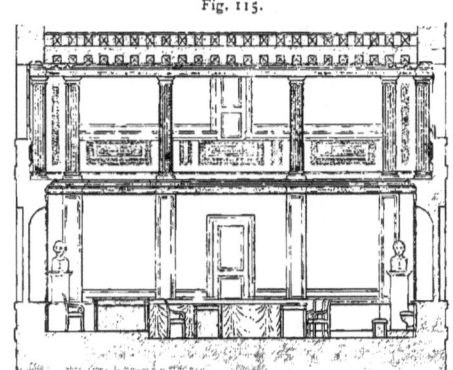

Querfchnitt zu Fig. 114 [141]). — 1/123 w. Gr.

b) Gebäude für fonftige gelehrte Gefellfchaften und wiffenfchaftliche Vereine.

147. Wefen.

Aufser den eben behandelten Akademien der Wiffenfchaften giebt es noch andere gelehrte Gefellfchaften, bezw. andere Vereinigungen von wiffenfchaftlich gebildeten Männern zu irgend einem wiffenfchaftlichen Zwecke. Während die Akademien häufig vom Staate geftiftet find und die Erweiterung des wiffenfchaftlichen Gebietes im Allgemeinen zum Zwecke oder, falls ihnen nur eine beftimmte Wiffenfchaft zugewiefen ift, die Aufgabe haben, diefe nach möglichft vielen Seiten auszubeuten, zu bearbeiten und zu erweitern, find die übrigen gelehrten Gefellfchaften und wiffenfchaftlichen Vereine meift private Vereinigungen, die fich ihre Grenzen enger ftecken und fich nicht felten auf einzelne Zweige der Wiffenfchaft zu befchränken pflegen. Es kommt wohl auch vor, dafs folche Gefellfchaften nicht die

---

[141]) Nach: COURLIER, BIET, GRILLON & TARDIEU. *Choix d'edifices publics projetés et conftruits en France etc.* Bd. 3. Paris 1845—50. Pl. 201.

Erweiterung einer Wiffenfchaft, fondern entweder nur die gegenfeitige Mittheilung der gewonnenen Ergebniffe oder die Einführung und Bekanntmachung derfelben im praktifchen Leben bezwecken.

Hierher gehören die archäologifchen und hiftorifchen, die geographifchen und die naturwiffenfchaftlichen, die medicinifchen und juriftifchen Vereine etc., fo wie nicht minder die Architekten- und Ingenieur-Vereine und die fonftigen höheren technifchen Vereine.

Allerdings ift die Einrichtung folcher Gefellfchaften fehr verfchieden; doch ftimmen fie meift darin überein, dafs fie die Ergebniffe ihrer Beftrebungen und ihrer Thätigkeit durch Vorlefungen oder durch Schriften einander mittheilen und dafs fie, wie dies den Zielen mancher derartiger Vereine entfpricht, ihre wiffenfchaftlichen Objecte in befonderen Sammlungen niederlegen.

148. Erforderniffe.

Die Gebäude, welche für derartige Gefellfchaften und Vereine auszuführen find, werden fich in Folge der Verfchiedenartigkeit der Gefellfchaften felbft auch fehr verfchieden ergeben. Schon die räumlichen Anforderungen weichen, je nachdem der Verein ein gröfserer oder kleinerer ift, je nachdem feine Ziele weiter gehende oder engere find, ziemlich ftark von einander ab.

Legt man eine gröfsere, wohl ausgerüftete Gefellfchaft diefer Art zu Grunde, fo werden hauptfächlich folgende Räume erforderlich werden:

1) ein grofser Verfammlungsfaal, der zugleich als Vortragsfaal dient;
2) ein kleinerer Verfammlungsfaal für die Sitzungen engerer Vereinsgruppen;
3) Berathungszimmer für die Commiffionen, bezw. Sectionen;
4) Bibliothek mit Lefefaal und fonftige Sammlungen, letztere bisweilen mit Arbeitsräumen verbunden;
5) Converfations-Zimmer, Wandelhallen etc., unter Umftänden mit Reftauration verbunden;
6) Gefchäftsräume der Verwaltung;
7) Magazine und Räume für Geräthe etc.;
8) Vorräume, Kleiderablagen und andere Nebenräume;
9) Zimmer für den Pförtner (Hausmeifter, Caftellan etc.) und fonftige Dienerfchaft; Dienftwohnungen etc.

Kleinere Vereine bedürfen nur einige diefer Räume und auch diefe nur in geringerer Gröfse.

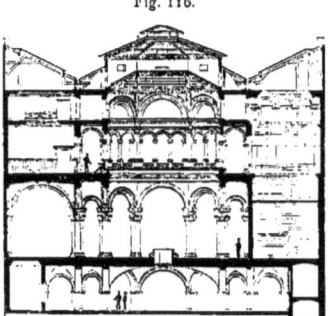

Fig. 116.

Querfchnitt zu Fig. 117 u. 118 [142]).
1/500 w. Gr.

Durch die Verfchiedenheit in Zahl und Art der verfchiedenen Räumlichkeiten, fo wie in deren Gröfse ift bei den hier in Rede ftehenden Vereinsgebäuden eine grofse Mannigfaltigkeit in der Grundrisanordnung entftanden, die durch die fehr verfchiedene Form der verfügbaren Bauplätze noch vermehrt werden mufste.

149. Anlage und Grundrifsanordnung.

Liegt der Schwerpunkt der Thätigkeit eines wiffenfchaftlichen Vereines in den Vorträgen, welche deffen Mitglieder halten, fo

[142]) Nach den von den Herren Architekten *Ende & Boeckmann* in Berlin freundlichft mitgetheilten Original-Plänen.

ragt im Grundrifs des betreffenden Gebäudes der Sitzungs-, bezw. Vorlefungsfaal mit Vorfaal, Kleiderablage etc. hervor.

<small>150. Beifpiel I.</small>
Ein folches Uebergewicht des Verfammlungsfaales ift u. A. in dem durch die beiden Grundriffe in Fig. 117 u. 118 [142]) dargeftellten Haufe des Architekten-Vereines zu Berlin zu erkennen, insbefondere dann, wenn man die nach der Strafse zu gelegenen, den eigentlichen Zwecken des genannten Vereines nicht dienenden Räume aufser Acht läfst.

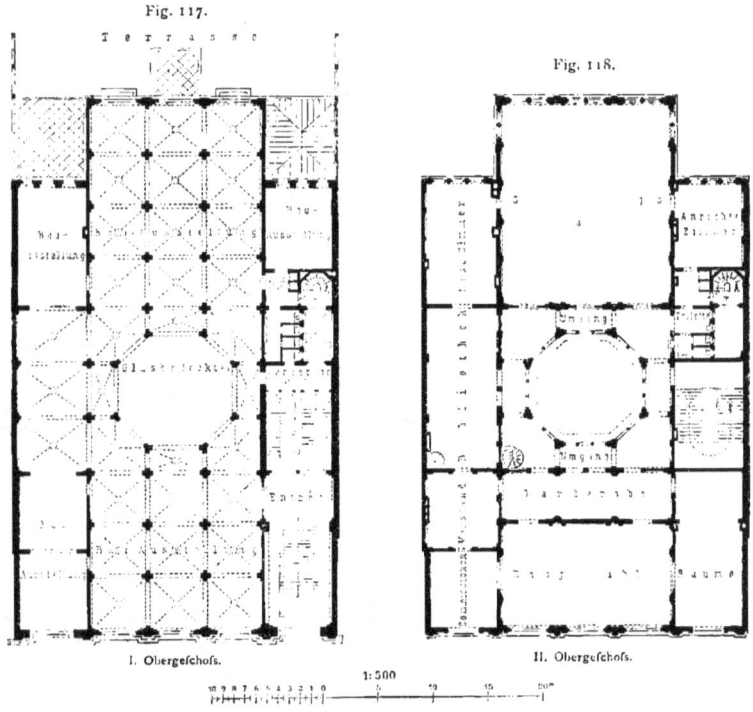

Fig. 117.   Fig. 118.

I. Obergefchofs.   II. Obergefchofs.

1:500

Haus des Architekten-Vereines zu Berlin [142]).
Arch.: *O. Titz jun.; Ende & Boeckmann.*

Diefes Gebäude hatte fich urfprünglich eine Brauerei-Gefellfchaft zur Ausfchankftätte und zur Vermiethung für Fefte und Verfammlungen (nach den Plänen von *O. Titz jun.*) erbauen laffen. Nach vollendetem Rohbau gerieth diefe Gefellfchaft in Liquidation, und das Gebäude ging 1875 in den Befitz des Berliner Architekten-Vereines über; die Vollendung des Baues (1876) gefchah durch *Ende & Boeckmann.*

Im I. Obergefchofs (Hauptgefchofs) liegt der grofse Verfammlungsfaal (15,10 × 18,42 m), der auch durch das darüber gelegene Stockwerk reicht und 8,50 m Höhe hat; vor demfelben liegen die grofsen Kleiderablagen, links vom Saal das Lefezimmer, rechts ein Converfations-Raum. Die Bibliothek befindet fich im mittleren, durch Deckenlicht erhellten Theile des linken Seitenbaues und ift zweigefchoffig angelegt; im II. Obergefchofs ftehen mit ihr die Wohnung des Secretärs, fo wie das Vorftands- und das Commiffions-

Zimmer im Zufammenhange. Die übrigen Räume diefer beiden Gefchoffe werden für verfchiedene Zwecke vermiethet, bezw. als einheitliche Feftraumgruppe zur Verfügung gehalten.

Das 4,40 m hohe Kellergefchofs bildet zum gröfsten Theile eine einheitliche überwölbte Reftaurations-Halle, deren rückwärtiger Theil dem Verein vorbehalten ift. Die im Erdgefchofs gelegene zufammenhängende Raumgruppe bildet die Stätte für die ftändige Bauausstellung und den Baumarkt; der mittlere achteckig geftaltete Centralraum (Fig. 116) ift durch die beiden Obergefchoffe geführt und durch Deckenlicht erhellt. Ein Umgang um diefen Kuppelraum bildet in den beiden Obergefchoffen die centrale Vorhalle für fämmtliche Räume.

Ueber die Küchen-Anlage diefes Gebäudes fiehe das vorhergehende Heft (Abth. IV, Abfchn. 1, Kap. 2. unter b, 9) diefes »Handbuches«.

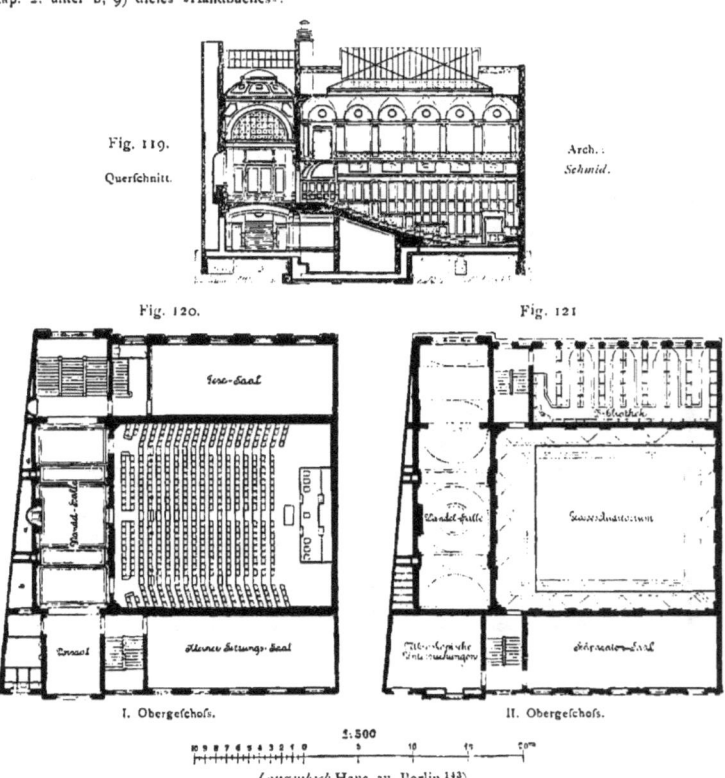

Fig. 119.
Querfchnitt.

Arch.:
Schmid.

Fig. 120. Fig. 121.

I. Obergefchofs. II. Obergefchofs.

1:500

Langenbeck-Haus zu Berlin [143]).

In gleicher Weife treten im *Langenbeck*-Haus zu Berlin gegen den grofsen Hörfaal alle übrigen Räume in den Hintergrund. Diefes Gebäude (Fig. 119 bis 121 [143]) ift das Vereinshaus der Deutfchen Gefellfchaft für Chirurgie, erhebt fich hart am Spree-Ufer zwifchen Weidendammer- und Eberts-Brücke und wurde 1891 bis 1892 von *Schmid* gebaut.

[143]) Facf.-Repr. nach: Deutfche Bauz. 1892, S. 497.

Der Eingang befindet fich an der Spiegelftrafse und führt über den Hof des Erweiterungsbaues der königl. Klinik durch eine breite Flurhalle, an deren Langfeite die geräumige Kleiderablage liegt, mittels einer dreiläufigen Treppe zu der im I. Obergefchofs (Fig. 120) befindlichen Wandelhalle. Im Erdgefchofs find ferner ein Zimmer für den Pförtner, die Wohnungen des Hauswarts und des Bibliothekars, fo wie ein Zimmer für den Präfidenten und ein folches für Patienten, welche unmittelbar aus der Klinik herübergetragen werden können, untergebracht.

Die Wandelhalle des I. Obergefchoffes ift in ihren feitlichen Theilen durch mit Caffetten gefchmückte Tonnengewölbe und in ihrem mittleren Theile durch ein mit bunter Verglafung gefchloffenes Kuppelgewölbe überdeckt; fie dient als Vorraum für den grofsen Hörfaal. In der Mitte der öftlichen Längswand der Halle ift in einer Nifche die Büfte der Kaiferin *Augufta* (von welcher der Plan angeregt wurde, zum Gedächtnifs für den grofsen Chirurgen *v. Langenbeck* ein Vereinshaus für die deutfchen Chirurgen zu gründen) aufgeftellt; in der gegenüber liegenden Längswand führen 3 Flügelthüren in den vom Erdgefchofs bis in das I. Obergefchofs amphitheatralifch anfteigenden Hörfaal. Letzterer ift 18 m lang, 20 m tief und enthält 468 Sitzplätze, ein Rednerpult und den vor demfelben angeordneten Demonftrationstifch. Die Wände find bis zu der die Galerie tragenden Hohlkehle mit Holztäfelungen und darüber mit gemuftertem Stoff bekleidet, was fich für die Akuftik als vortheilhaft erwiefen hat. Die Galerie enthält an der dem Rednerpult gegenüber liegenden Seite 80 Sitzplätze und hat an den Seitenwänden Raum für ca. 200 Stehplätze. Die Erhellung des Hörfaales gefchieht bei Tage ausfchliefslich durch das von der Stichkappen-Hohlkehle getragene Deckenlicht und am Abend durch 4 grofse Bogenlichter und mehrere Glühlichter. Hinter dem Rednerpult ift die Wand durch das lebensgrofse Bild *v. Langenbeck*'s gefchmückt.

Mit der Wandelhalle in gleicher Höhe befinden fich an der Hoffeite ein kleinerer Sitzungsfaal und an der Wafferfeite der Lefefaal; über letzterem ift die Bibliothek angeordnet; beide find durch einen Bücheraufzug verbunden. Der Bibliothek entfprechend ift im gleichen (II.) Obergefchofs (Fig. 121) an der Hoffeite ein Saal für Aufbewahrung von Präparaten, fo wie ein kleinerer Saal für mikrofkopifche Unterfuchungen gelegen.

Im Kellergefchofs find die Anlagen für die Sammelheizung untergebracht. Diefelbe zerfällt in eine Feuerluftheizung mit Druck- und Saugluftung und in eine Heifswaffer-Mitteldruckheizung; erftere erftreckt fich auf den grofsen Hörfaal und die Wandelhalle, letztere auf alle übrigen Räume, die Wohnungen und das Präfidenten-Zimmer ausgenommen, welche mittels Kachelöfen geheizt werden.

Die Baukoften belaufen fich ohne die Ufermauer, welche 25 000 Mark koftet hat, auf 300 000 Mark, fo dafs fich bei 1000 qm bebauter Grundfläche 1 qm auf 300 Mark und 1 cbm umbauten Raumes (von Erdgleiche bis Oberkante Hauptgefims gemeffen) auf 20 Mark berechnet [144]).

152. Beifpiel III.
Wenn die Ziele einer gelehrten Gefellfchaft, bezw. eines wiffenfchaftlichen Vereines eben fo durch die Vorträge, wie durch die Sammlungen (insbefondere Bibliothek etc.) erreicht werden follen, fo wird die Grundrifsanordnung des betreffenden Gebäudes zwei Gruppen von Räumlichkeiten zu zeigen haben, die nahezu gleichwerthig find. Hierbei kann die Anordnung entweder fo getroffen fein, dafs jede der beiden Gruppen ein Gefchofs für fich in Anfpruch nimmt, dafs fonach die Trennung derfelben eine wagrechte ift, oder es wird eine lothrechte Trennung durchgeführt.

1) Bei wagrechter Trennung wird man in Rückficht darauf, dafs für den Sitzungs-, bezw. Vortragsfaal gröfsere Höhenabmeffungen erforderlich zu fein pflegen, die demfelben zugehörige Gruppe in das obere, die Gruppe mit der Bibliothek etc. in das darunter gelegene Gefchofs verlegen.

Als Beifpiel hierfür mag das in den Grundriffen Fig. 122 bis 125 [145]) dargeftellte, von *Deminuid* herrührende, in den Jahren 1870—72 ausgeführte Gebäude der *Société des ingénieurs civils* in Paris angeführt werden.

Das II. Obergefchofs, welches den 150 bis 200 Perfonen faffenden Sitzungsfaal enthält, hat 6,0 m Höhe erhalten; das I. Obergefchofs, welches 4,2 m Höhe hat, ift für die Bibliothek, das Secretariat, das Archiv und das Verwaltungs-Comité beftimmt. Im Erdgefchofs (von 3,9 m Höhe) ift nur noch ein Raum, der eigentlichen Vereinszwecken dient, untergebracht.

---

144) Nach ebendaf., S. 493 u. ff.
145) Nach: *Nouv. annales de la couftr.* 1873, Pl. 25 u. 26.

Fig. 122.

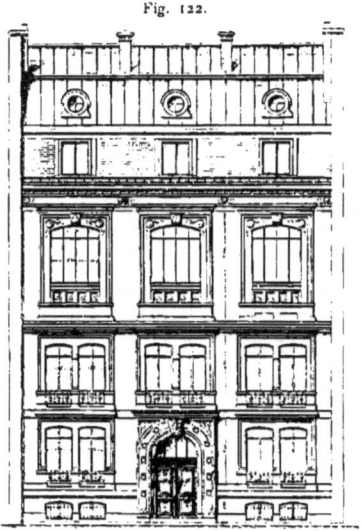

Vorderansicht.
1:250

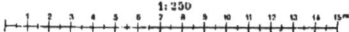

Fig. 123.   Fig. 124.   Fig. 125.

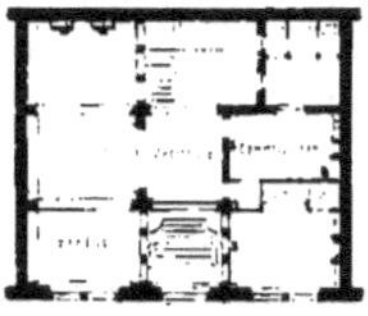

Erdgefchofs.   I. Obergefchofs.   II. Obergefchofs.
1:300

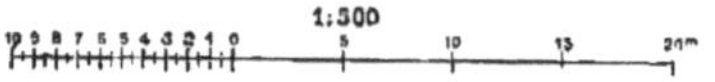

Haus der *Société des ingénieurs civils* zu Paris [143]).
Arch.: *Demimuid*.

Aufser diefen drei Gefchoffen find noch ein Sockelgefchofs und im Manfarden-Dach zwei weitere Gefchoffe untergebracht, welch letztere hauptfächlich zur Secretärs- und Pförtners-Wohnung dienen.

Die Baukoften (ohne Bauplatz) haben, mit Einrechnung des Mobiliars und der gefammten Ausftattung, etwa 183 600 Francs (= 146 900 Mark) betragen, worunter fich die befcheidenen Summen von 2500, bezw. 3625 Francs für decorative Malerei und Sculpturen befinden.

2) Bei lothrechter Trennung der beiden Raumgruppen reicht jede derfelben durch zwei oder noch mehrere Gefchoffe hindurch; doch zeigt fich im Grundplan eines jeden Gefchoffes die gleiche Scheidung.

155. Beifpiel IV.

Eine folche Trennung ift eben fo fcharf, wie gefchickt in dem von *Leudière* entworfenen, im Jahre 1878 vollendeten Haufe der *Société de géographie* (Fig. 126 bis 129 [146]) in Paris durchgeführt. Vorder- und Hinterhaus find durch eine zur Strafsenfront parallele Mauer gefchieden; letzteres enthält den grofsen Sitzungsfaal mit den Gefchäftsräumen der Central-Commiffion etc.; das Vorderhaus ift für die Bibliothek und für die übrigen Vereinszwecke beftimmt.

Wie der Längenfchnitt (Fig. 129) zeigt, hat das Vorderhaus ein Keller-, ein Erd-, ein Halb- und zwei Obergefchoffe, aufserdem noch ein Dachgefchofs. Die Eingangshalle (Veftibule) des Erdgefchoffes führt unmittelbar nach dem Sitzungsfaal; der Saal links von der Eingangshalle ift mit einer verfetzbaren Einrichtung für die Kleiderablage ausgerüftet; die Verwendung des Zwifchen- und I. Obergefchoffes ift aus Fig. 127 u. 128 ohne Weiteres erfichtlich. Im II. Obergefchofs (Fig. 129) find noch ein gröfserer und ein kleinerer Bibliothek-Raum untergebracht; im Dachgefchofs find Magazine und Wohnungen für die Beamten gelegen.

Der grofse Verfammlungsfaal hat 16,40 m Länge, 12,83 m Breite und 8,00 m Höhe und fafst 400 Perfonen; die Erhellung gefchieht durch Deckenlicht. In der einen Ecke ift ein Magazin für die bei den Sitzungen vorzuführenden Inftrumente etc. angeordnet; die Wände find äufserft einfach gehalten, da fie fehr häufig mit Karten etc. behangen werden.

Die Baukoften betrugen, das Mobiliar inbegriffen, 202 400 Mark (= 253 000 Francs), d. i. ca. 400 Mark (= 500 Francs) für 1 qm.

154. Beifpiel V.

Zwar nicht fo in die Augen fallend, aber doch ziemlich fcharf ift die lothrechte Trennung des Sitzungsfaales von den übrigen Vereinsräumen in dem nach den Plänen *Thienemann*'s 1870—72 erbauten Haufe des Oefterreichifchen Ingenieur- und Architekten-Vereins in Wien.

In den Grundriffen (Fig. 80 u. 81, S. 95) wurde diefes Vereinshaus, welches mit feinem Verfammlungsfaal an jenen des Niederöfterreichifchen Gewerbe-Vereins ftöfst, bereits dargeftellt.

Die Vertheilung der Räume in den beiden Obergefchoffen geht aus jenen Plänen hervor; das Erdgefchofs enthält Verkaufsläden und das Zwifchengefchofs anderweitig vermiethete Gefchäftsräume [147]).

155. Beifpiel VI.

Weniger fcharf ift die lothrechte Theilung der beiden Raumgruppen in dem durch die Grundriffe Fig. 130 u. 131 [148]) veranfchaulichten Gebäude der *Inftitution of civil engineers* in London; doch ift auch diefes von *Wyatt* entworfene, im Jahre 1868 erbaute Vereinshaus in die vorliegende Kategorie einzureihen.

156. Beifpiel VII.

Am allerfchärfften wird die in Rede ftehende Scheidung, wenn aus den zwei Raumgruppen zwei getrennte Baukörper gebildet werden, wie dies z. B. in dem

---

[146]) Nach: *Revue gén. de l'arch.* 1882, Pl. 18 bis 20.
[147]) Siehe auch: Denkfchrift zur Erinnerung an die 25-jährige Gründungsfeier des öfterreichifchen Ingenieur- und Architekten-Vereins. 8. Juni 1873.
[148]) Nach: *Engng.*, Bd. 5, S. 305.

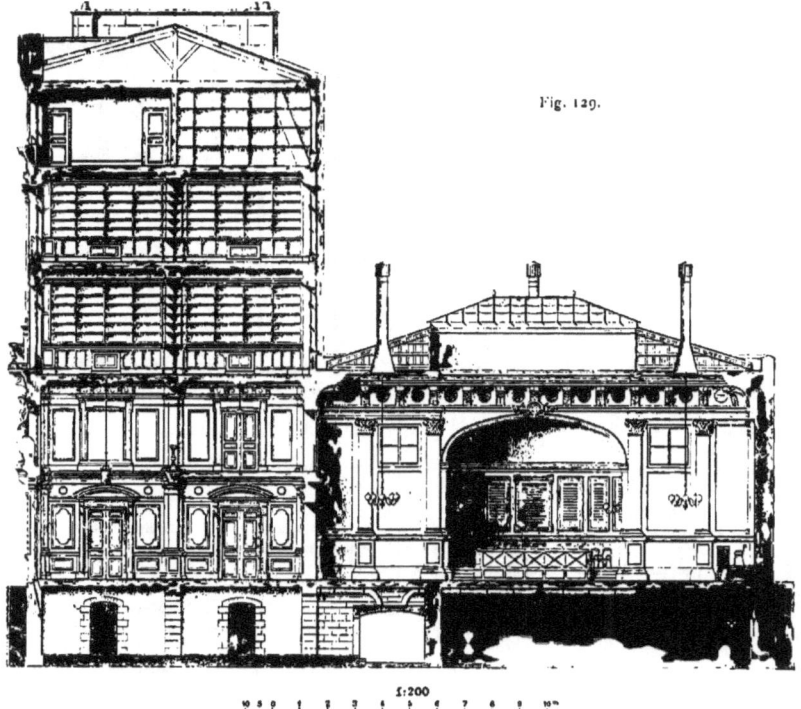

Fig. 129.

1:200

Längenfchnitt zu Fig. 126 bis 128 [146]).

durch Fig. 132 u. 133 [149]) erfichtlich gemachten Haus der *London inftitution* zu London gefchehen ift.

Das nach der Strafse zu gelegene Gebäude enthält die Räume für Bibliothek, Zeitungen und Flugfchriften, die Commiffions-Zimmer etc.; der rückwärtige Bau wird im Wefentlichen durch Vorlefungsfaal, Laboratorium und Apparatenraum gebildet, Flurgang, Treppenhaus und eine achteckige Flurhalle bringen die beiden Gebäude mit einander in Verbindung. Die Pläne diefes 1815—19 erbauten Haufes rühren von *Brooks* her.

Zum Schluffe ift noch der Gebäude für folche gelehrte Gefellfchaften und wiffenfchaftliche Vereine zu gedenken, welche nützliche Kenntniffe hauptfächlich durch Bibliothek und durch Lefezimmer, durch Sammlungen und Ausftellungen etc. zu befördern beftrebt find. In folchen Häufern überwiegen naturgemäfs die für diefe Zwecke erforderlichen Räume über den Vorlefungsfaal etc.; derartige Gebäude nehmen häufig den Charakter von Mufeen an.

157. Beifpiel VIII.

---

[146]) Nach: PUGIN & BRITTON, *Illuftrations of the public buildings of London*, 2. Aufl. von W. LEEDS, London 1838. Pl. 1.

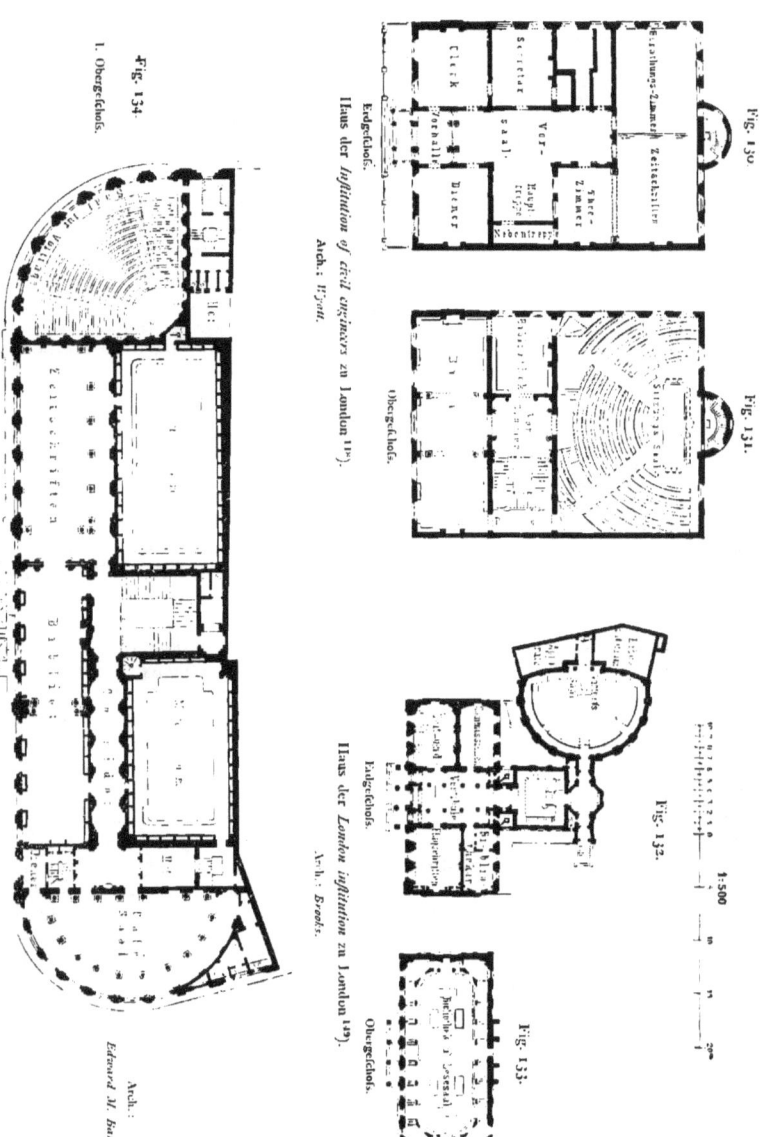

Als einschlägiges Beispiel diene das durch den Grundrifs in Fig. 134[150]) dargeftellte Gebäude des *Midland and Birmingham inftitute* zu Birmingham. Diefes von *Edward M. Barry* 1855 ausgeführte Gebäude enthält im Erd- und in den drei Obergefchoffen Bibliothek mit Leferäumen, Mufeen und andere Sammlungsräume, einen Vorlefungsfaal, eine Schule für technifche Wiffenfchaften und eine Kunftfchule. Die letztere ift im Attika-Gefchofs, die technifche Schule im II. Obergefchofs untergebracht.

Ein weiteres, in feiner Anlage eigenartiges Vereinshaus diefer Art mit gefchickt gelöfter Grundrifsanordnung befitzt die *Philofophical inftitution* zu Briftol.

Eine eingehende Befchreibung diefes Gebäudes mit Plänen befindet fich in den unten [151]) genannten Quellen. Hier fei nur erwähnt, dafs man aus der Eintrittshalle links in ein Commiffions-Zimmer gelangt, während dem Haupteingange gegenüber fich geräumige Mufeums- und Bibliotheksräume mit Lefezimmer, das Zimmer des Curators und alle nöthigen Gefchäftsräume befinden. Bibliothek und Lefezimmer find nahezu 11 m hoch und werden durch Deckenlicht erhellt; beide find mit Galerien verfehen, die einem Lefezimmer für Damen, welches in einem Halbgefchofs gelegen ift, entfprechen. Das I. Obergefchofs ift als Mufeum ausgebildet.

158. Beifpiel IX.

Eine befondere Gattung von Vereinshäufern der in Rede ftehenden Art bilden folche Gebäude, die für eine gröfsere Zahl von gelehrten Gefellfchaften und Vereinen errichtet werden.

159. Gebäude für mehrere Vereine.

So beherbergt z. B. das in der unten [152]) ftehenden Quelle näher befchriebene *New Burlington houfe* zu London folgende Gefellfchaften und Vereine: *The Royal Society, The Society of Antiquaries, The Linnean Society, The Geological Society, The Royal Aftronomical Society* und *The Chemical Society*.

Wie im Vorhergehenden (unter a, Art. 146, S. 114) bedarf auch unter den Haupträumen eines Gebäudes für eine gelehrte Gefellfchaft oder einen wiffenfchaftlichen Verein nur der Sitzungsfaal einer kurzen Betrachtung, da das über Bibliothek- und Sammlungsräume dort Bemerkte auch hier gilt.

160. Sitzungsfaal.

Bei den hier in Rede ftehenden Gebäuden dient der grofse Sitzungs- oder Verfammlungsfaal faft immer zu Vorträgen vor einem gröfseren Publicum. Sämmtliche, in den Grundriffen Fig. 117 bis 134 vorgeführte Säle diefer Art find für Vorlefungen beftimmt. Es find fonach die für den Bau grofser Hörfäle an Hochfchulen geltenden Regeln, worüber in Theil VI, Halbband 6, Heft 2 (Abth. VI, Abfchn. 2, A, Kap. 1, unter c, 1) diefes »Handbuches« noch ausführlich gefprochen werden wird, hier in Anwendung zu bringen. Vor Allem werden jedoch die Grundfätze zu beachten fein, die in Theil IV, Halbband 1 über »Saal-Anlagen« im Allgemeinen, insbefondere aber über »Säle zum Zweck guten Hörens und Sehens« entwickelt wurden; Abfchn. 5, Kap. 4 giebt (unter b) über die zu wählende Grundform des Vortragsfaales den erforderlichen Auffchlufs, eben fo über die Anforderungen guten Sehens, über die Anordnung der Sitzreihen etc. In Abfchn. 4, Kap. 2 deffelben Bandes ift unter a auch der decorativen Ausftattung von hier in Frage kommenden Sitzungs- und Vortragsfälen gedacht.

Finden die Sitzungen und Vorlefungen bei Tage ftatt, fo ift für eine entfprechende Tagesbeleuchtung Sorge zu tragen; diefelbe wird in der Regel nur durch Deckenlicht zu erreichen fein; doch ift hohes Seitenlicht nicht ausgefchloffen.

c) Gebäude für Kunft- und Künftlervereine.

Kunftvereine find Gefellfchaften, welche den Zweck haben, das Intereffe an der Kunft zu fördern. Sie fuchen diefen Zweck in der Regel durch öffentliche,

161. Wefen.

---

[130]) Nach: *Builder*, Bd. 13, S. 566.
[151]) *Builder*, Bd. 27, S. 710; Bd. 28, S. 186.
[152]) *Builder*, Bd. 29, S. 217, 226, 227.

theils vorübergehende, theils ftändige Ausftellungen und durch Ankäufe von neu gefchaffenen Kunftwerken zu erreichen.

In den folchen Gefellfchaften gehörigen Gebäuden treten die eigentlichen Vereinsräume biswcilen fo fehr in den Hintergrund, und die Galerie-, bezw. Ausftellungsräume haben in folchem Mafse das Uebergewicht, dafs die Kunftvereinshäufer alsdann vollftändig den Charakter von Kunft-Mufeen erhalten [153]). Von folchen Gebäuden wird hier nicht zu fprechen fein, da diefelben zweckmäfsiger in die VI. Abtheilung (Halbband 6, Heft 4, Kap. über »Mufeen für Kunft, Kunftwiffenfchaft und Alterthumskunde«) diefes Theiles einzureihen find.

Die fog. Künftlerhäufer werden in der Regel für gleiche Zwecke, wie die Kunftvereinshäufer erbaut; doch haben fie auch die Aufgabe zu erfüllen, der betreffenden Künftlergefellfchaft ein eigenes gemeinfchaftliches Heim zu bieten. Derartige Künftlerhäufer bilden den ftolzen und nach aufsen fichtbaren Vereinigungspunkt der Berufsgenoffen und dienen in diefer Richtung zur Pflege des gefelligen Verkehres unter den Künftlern, fo wie zur Pflege der Allen gemeinfamen Intereffen. Solche Gebäude bilden in gewiffem Sinne den Uebergang von den in Kap. 1 befprochenen Gebäuden für gefellige Vereine zu den Kunftvereinsgebäuden.

Nicht felten treten Kunftvereine (unter deren Mitgliedern fich nicht nur Künftler, fondern viele Kunftfreunde befinden) und Künftlergefellfchaften zufammen, um ein den beiderfeitigen Zwecken dienendes, gemeinfames Vereinshaus zu errichten.

162. Erforderniffe.

Kunftvereins- und Künftlerhäufer find in Gröfse, Anlage und Einrichtung ungemein verfchieden; die baulichen Erforderniffe laffen fich in allgemeiner Weife durchaus nicht feft ftellen, indem fie zu fehr von den verfchiedenartigen Zielen, die folche Gefellfchaften verfolgen, und von örtlichen Verhältniffen abhängig find.

In gröfseren Gebäuden diefer Art, die weit gehende Ziele haben und mit einem gewiffen Reichthum auszurüften find, dürften folgende Räume fich als erforderlich herausftellen:

1) ein Repräfentations- oder Feftfaal mit den erforderlichen Nebenräumen;
2) Ausftellungsräume für Gemälde, Sculpturen etc.;
3) Räume für gröfsere Zufammenkünfte und Berathungen, öffentliche Vorlefungen und Unterhaltungen, wie Bälle, Künftlerfefte etc.;
4) Räume für das tägliche gefellige Zufammenfein der Vereinsmitglieder, häufig verbunden mit Reftauration, Künftlerkneipe etc.;
5) Räume für fonftige Vereinszwecke, wie Bibliothekräume, Lefezimmer, Räume für künftlerifche Abendftudien während der Wintermonate, Ateliers, Räume für den Vorftand, für Sitzungen etc.;
6) Gefchäftsräume für die Verwaltung und Kleiderablagen;
7) Packkammer, Lagerraum für Emballage, Geräthcraum etc.;
8) Dienfträume für den Pförtner (Hausmeifter, Caftellan etc.), Verwalter etc., und
9) Wohnungen für den Verwalter (Cuftoden etc.), für Diener, für den Reftaurateur etc.

163. Grundrifsanordnung.

Nur wenige der ausgeführten Gebäude fraglicher Art enthalten alle diefe Räume; die verfchiedenen Anlagen gehen vor Allem in der Richtung wefentlich aus einander, dafs die einen Gebäude hauptfächlich zu Ausftellungszwecken dienen, während bei manchen anderen die Pflege der Gefelligkeit in den Vordergrund tritt.

---

[153] Vergl. die Kunfthalle in Hamburg (veröffentlicht in: Zeitfchr. f. Bauw. 1872, S. 3.

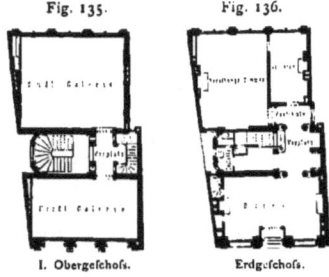

Fig. 135.   Fig. 136.

I. Obergefchofs.   Erdgefchofs.
Haus der *Art-union* zu London [154]).
1/500 w. Gr.
Arch.: *Edward M. Barry*.

Sobald Ausftellungsräume erforderlich find, werden diefe, im Intereffe einer möglichft guten Beleuchtung, fo weit als thunlich, in das Obergefchofs verlegt.

Ein Kunftvereinshaus im erftgedachten Sinne ift das 1879 vollendete, nach den Plänen *Edward M. Barry*'s ausgeführte Gebäude der *Art-union* in London; die beiden charakteriftifchen Gefchoffe find durch die Grundriffe in Fig. 135 u. 136 [154]) wiedergegeben.

164.
Beifpiel
I.

Die Verwendung deffelben ift aus den Plänen erfichtlich. Im Kellergefchofs und im II. Obergefchofs find Gefchäftsräume, Werkftätten, Packräume, Magazine etc. untergebracht.

Ein Gebäude, bei deffen Errichtung nicht allein Ausftellungsräume, fondern auch mehrere Maler-Ateliers befchafft werden follten, um fo der Kunft eine geeignete Heimftätte zu bereiten, ift das Mitte der achtziger Jahre von *Michel* ausgeführte Künftlerhaus zu Salzburg (Fig. 137 u. 138 [155]).

165.
Beifpiel
II.

Das Gebäude befteht aus Sockel- und Erd-(Haupt-)Gefchofs. Im Sockelgefchofs befinden fich die Wohnung des Hausmeifters, Magazine, ein Raum zum Auspacken und Beförderen der Gemälde mit Aufzug, ein kleiner Stall zur Aufnahme von Modellen für Thiermaler, die Heizkammer etc. Das Hauptgefchofs

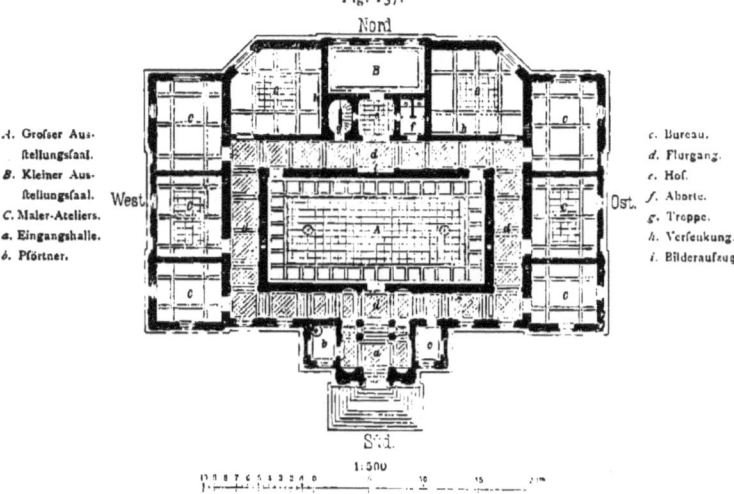

Fig. 137.

A. Grofser Ausftellungsfaal.
B. Kleiner Ausftellungsfaal.
C. Maler-Ateliers.
a. Eingangshalle.
b. Pförtner.
c. Bureau.
d. Flurgang.
e. Hof.
f. Aborte.
g. Treppe.
h. Verfenkung.
i. Bilderaufzug.

Künftlerhaus zu Salzburg. — Hauptgefchofs [155]).
Arch.: *Michel*.

---

[154]) Nach: *Builder*, Bd. 37, S. 21.
[155]) Facf.-Repr. nach: Allg. Bauz, 1887, Bl. 54 u. 55.

(Fig. 137) erreicht man durch eine Freitreppe, 2,5 m über Erdgleiche; von derselben gelangt man in eine kleine, in einem Vorbau gelegene Flurhalle mit Pförtnerzimmer und Kleiderablage; ein 2,7 m breiter, gewölbter Flurgang stellt die Verbindung mit jedem einzelnen Raume her. In der Hauptaxe ist der grofse Ausstellungssaal gelegen, der etwa 200 qm Grundfläche und 9,0 m Höhe hat und durch Deckenlicht erhellt wird. Nach Norden, Westen und Osten sind 8 Maler-Ateliers angeordnet, die ersteren blofs mit Seitenlicht, diejenigen aber, wo zu gewissen Tagesstunden das Seitenlicht durch die Sonne unbrauchbar wird, auch mit Deckenlicht versehen; sämmtliche Ateliers erhielten, um sehr hoch einfallendes Deckenlicht zu erzielen, 6,5 m lichte Höhe.

Die Decken sind durchgehends mit dunkel gebeizter Holztäfelung versehen. Die zwei gröfsten Ateliers besitzen eine Bilderversenkung (h im Grundrifs) für die Ausführung von grofsen Gemälden. Die Fundamente und die Mauern des Sockelgeschosses sind aus Beton hergestellt; so weit letztere über der Erdgleiche hervorragen, sind sie mit Untersberger Marmorquadern verkleidet. Im Uebrigen ist das Mauerwerk aus Backsteinen und Bruchsteinen hergestellt und geputzt. Die Dachdeckung geschah mit Eisenblech.

Die Baukosten betrugen, einschl. der inneren Einrichtung, der Gas- und Wasserleitung, der Abebnung des Bauplatzes etc. 170 000 Mark (= 85 000 Gulden [156]).

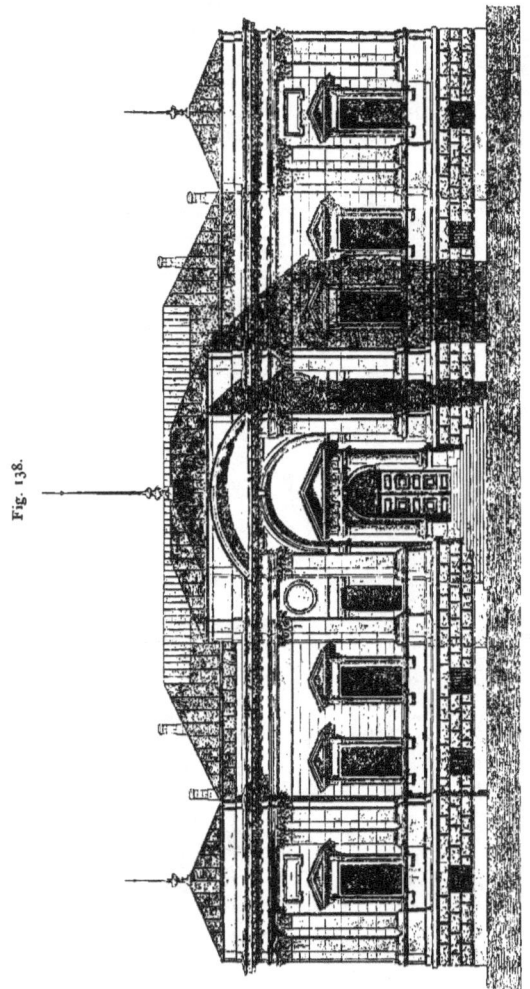

Fig. 138.

Künstlerhaus zu Salzburg [135]).

166. Beispiel III.

Für die Gebäude, welche eine, so zu sagen, entgegengesetzte Aufgabe zu erfüllen haben, nämlich hauptsächlich geselligen Zwecken dienen sollen, mag als

[156] Nach ebendas., S. 71.

129

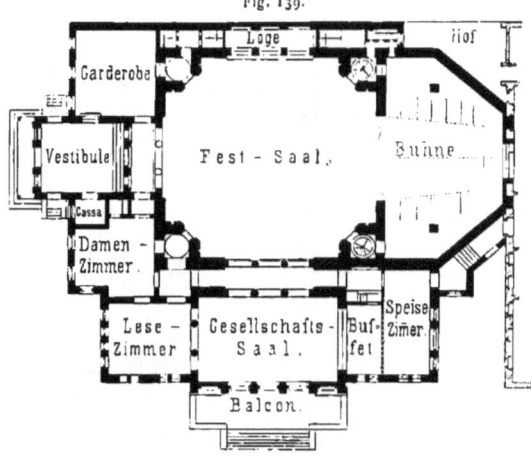

Fig. 139.

Bohnstedt's Entwurf
zu einem Gesellschaftshause für den Künstlerverein »Malkasten«
zu Düsseldorf. — Hauptgeschofs [157].
1:500

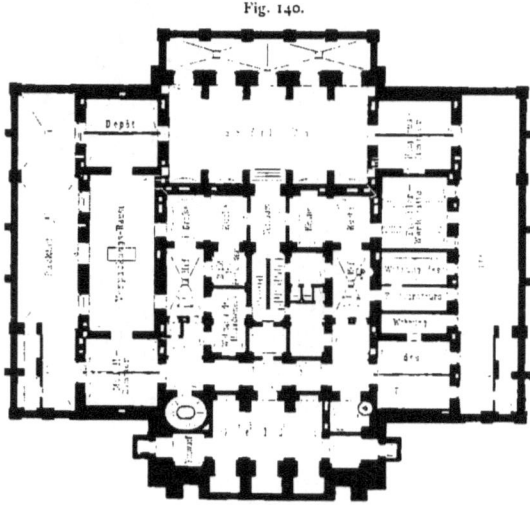

Fig. 140.

Sockelgeschofs zu Fig. 141 u. 142. — 1/500 w. Gr.
Handbuch der Architektur. IV. 4, b. (2. Aufl.)

Beispiel der Entwurf *Bohnstedt's* zu einem Gesellschafts-Local für den Künstlerverein »Malkasten« in Düsseldorf (Fig. 139 [157]) vorgeführt werden.

Dieses Künstlerheim war dazu bestimmt, nächst den Bedingungen gemüthlichen Verkehres auch theatralischen Aufführungen zu dienen; daher die mit dem Festsaal verbundene Bühne und Loge. Auch das an den Gesellschafts-Saal stofsende Buffet sollte als Improvisations-Bühne benutzt werden.

Ein Künstlerhaus, welches etwa denjenigen Anforderungen gerecht wird, die in Art. 162 (S. 126) angegeben wurden, ist das in Wien nach den Entwürfen *A. Weber's* in den Jahren 1866—68 erbaute.

Das durch die 3 Grundrisse in Fig. 140 bis 142 [158]) dargestellte Gebäude hat blofs ein Obergeschofs erhalten, um für sämmtliche Ausstellungsräume Deckenlicht zu erzielen; dadurch war auch eine thunlichste Ausnutzung des Sockelgeschosses geboten und an 3 Seiten des Hauses die Anlage von breiten, gemauerten und asphaltirten Lichtgräben nothwendig geworden. Die Ausstellungsräume bieten Platz für ca. 600 Gemälde; besonderen Schmuck haben das Treppenhaus und der sog. Stifterfaal erhalten, in

167. Beispiel IV.

[1] Nach L. B........'s Entwürfe. Leipzig 1870. Heft 6, Bl. 15
[2] Nach: Allg. Bauz. 1872, Bl. 40 u. 41.

9

welch letzterem die Bildniſſe ſämmtlicher Stifter friesartig aufgehängt ſind. Die Baukoſten betrugen ſammt Einrichtung 564 000 Mark (= 282 000 Gulden).

Im Jahre 1881 wurde von *Streit* und *Schachner* eine Erweiterung dieſes Hauſes vorgenommen.

Das Erdgeſchoſs wurde in den rückwärtigen Theilen der ſeitlichen Fronten und an der Rückſeite mit einer Reihe von Sälen, welche Deckenlicht erhielten und für Ausſtellungszwecke beſtimmt ſind, umgeben. Der frühere groſse Ausſtellungs- (zugleich Repräſentations-) Saal an der Hinterfront war damit für dieſe Zwecke nicht mehr verwendbar.

Einige Jahre ſpäter wurde nach *Deininger's* Entwürfen ein weiterer Umbau vollzogen, durch den das Gebäude die aus Fig. 143 [159] einigermaſsen erſichtliche Geſtalt erhielt, in der es 1888 erſtmals für die Jubiläums-Kunſtausſtellung Benutzung fand.

Es wurde u. A. der frühere Hofraum zu einer Centralhalle umgewandelt; es entſtand ſo ein Säulenſaal, welcher hohes Seitenlicht bekam und kuppelförmig gedeckt iſt. Die Mauern, welche das Treppenhaus enge begrenzten, wurden entfernt und die oberen Seitengänge beſeitigt, ſo daſs ein groſses Treppenhaus geſchaffen wurde etc.[160].

168. Beiſpiel V.

Schlieſslich ſei noch das Kunſtvereinshaus in

[159] Facſ.-Repr. nach: Wochſchr. d. öſt. Ing.- u. Arch.-Ver. 1888, Bl. C.

[160] Siehe hierüber ebendaſ., S. 90.

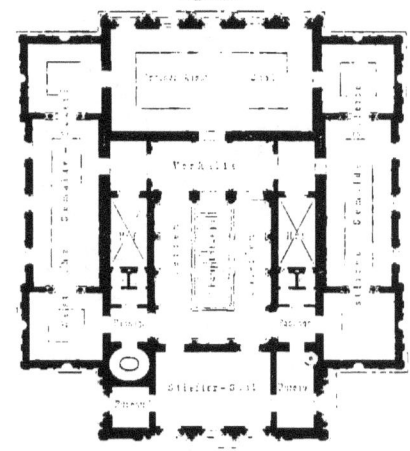

Fig. 141.

Obergeſchoſs.

1:500

Fig. 142.

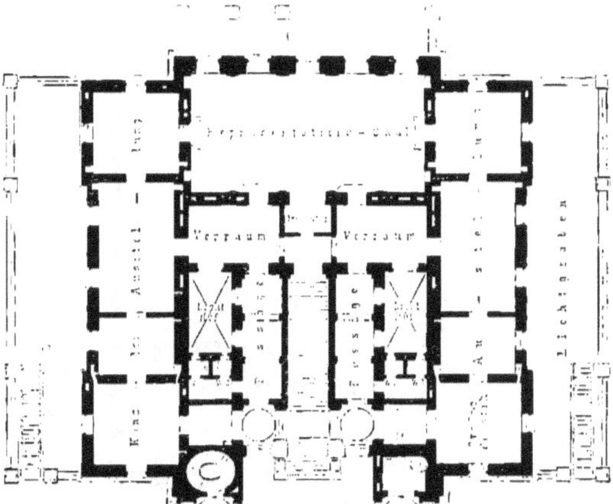

Erdgeſchoſs.

Künſtlerhaus zu Wien [158]).

Arch.: *Weber*.

Fig. 143.

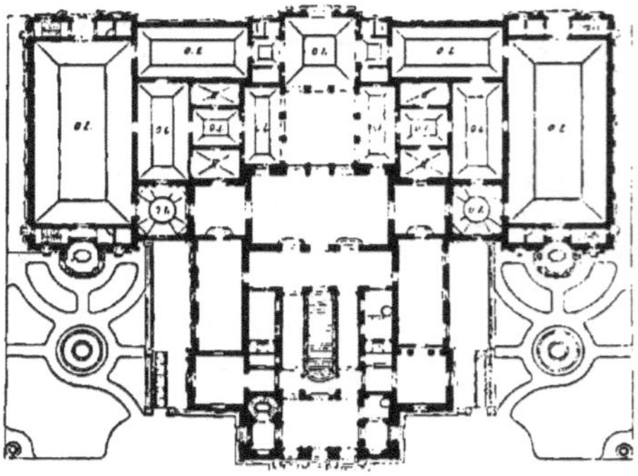

Künstlerhaus zu Wien.
Grundriss des Erdgeschosses nach der Erweiterung und dem Umbau [159]).

Caffel (Fig. 144 u. 145 [161]) hier vorgeführt als Beispiel der Vereinigung von Kunstverein und Kunstgenossenschaft zu dem Zwecke, um für die Gemäldeausstellungen und für die übrigen künstlerischen Zwecke ein gemeinschaftliches Gebäude zu errichten.

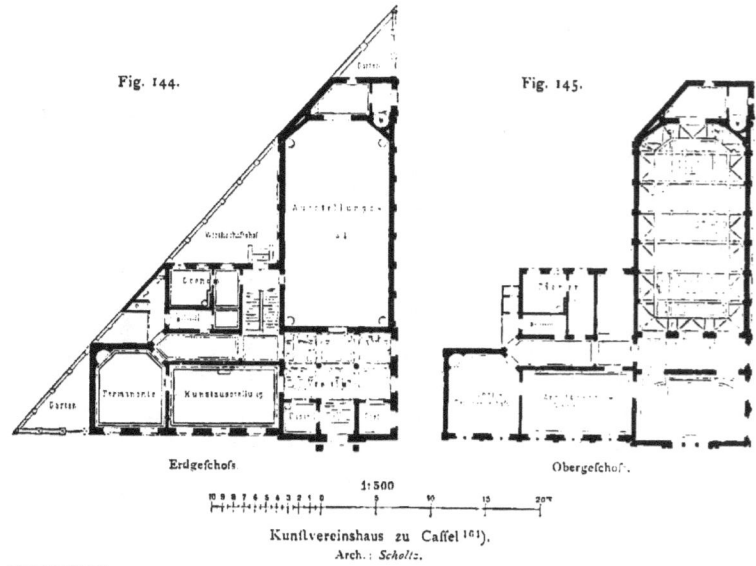

Fig. 144. Fig. 145.

Erdgeschoss. Obergeschoss.

Kunstvereinshaus zu Caffel [161]).
Arch.: *Scholtz.*

---

[161]) Nach: Zeitschr. f. Bauw. 1876, S. 339 u. Bl. 48.

Diefes durch die umftehenden Grundriffe veranfchaulichte Gebäude wurde 1869—71 von *Scholtz* erbaut. Der von der Eingangshalle (Veftibule) unmittelbar zugängliche grofse Ausftellungsfaal reicht in das Obergefchofs und erhält fein Licht von oben; für die Benutzung deffelben als Concertfaal find ein Stimmzimmer für die Mufiker, eine Mufikbühne etc. hergerichtet worden; im Obergefchofs ift eine grofse Loge angeordnet, welche durch Flügelthüren mit dem dahinter gelegenen Vereinsfaal in Verbindung gefetzt werden kann. In dem zum Saal rechtwinkeligen Gebäudeflügel befinden fich im Erdgefchofs die Räume für die ftändige Ausftellung, die Haupt- und Nebentreppe zum Obergefchofs und die Zimmer des Reftaurateurs. Dem Vereinsdiener find zwei Räume im Ober- und zwei darüber liegende im Dachgefchofs angewiefen. Die gefammten Baukoften betrugen 93 000 Mark.

Im Sockelgefchofs ziehen fich in der ganzen Länge des Deckenlichtfaales die Reftaurationsräume; diefelben find mit einer Anzahl nifchenähnlicher Abtheilungen verfehen.

169. Schlufs-Bemerkung.
Das Gebiet der Vereinshäufer ift mit den in Kap. 1 bis 4 diefes Abfchnittes gemachten Studien nicht erfchöpft. Es fehlen z. B. die Gebäude von Vereinen für kirchliche Zwecke, welche vor Allem einen Saal für gottesdienftliche Uebungen erfordern; es kommen ferner die Gebäude für Gefangvereine, überhaupt für Mufikvereine, für Turn- und Schützenvereine, fo wie die am Schlufs von Art. 106 (S. 83) genannten Anftalten im Vorhergegangenen nicht vor, weil fie entweder ihrer Hauptbeftimmung gemäfs nicht zu den Vereinshäufern in unferem Sinne gehören oder mit den letzteren fo viel Gemeinfames haben, dafs in den mitgetheilten Beifpielen Vorbilder für die Anlage der erfteren zu finden find.

Literatur

über »Gebäude für gelehrte Gefellfchaften, wiffenfchaftliche und Kunftvereine«.

Ueber gelehrte Gefellfchaften, ihren Geift und Zweck etc. München 1807.
PUGIN & BRITTON. *Illuftrations of the public buildings of London*. 2. Aufl. von W. H. LEEDS. London 1838.
Bd. 2, S. 223: *Society of arts*.
S. 232: *London inftitution*.
S. 238: *Ruffell inftitution*.
The Birmingham and Midland inftitute, Builder, Bd. 13, S. 442 u. 565.
The Architectural Union Company. Building news, Bd. 5, S. 229, 253.
STÜLER. Ueber das zu erbauende Akademiegebäude in Pefth. Zeitfchr. f. Bauw. 1862, S. 424.
Das Berliner Künftlerhaus. ROMBERG's Zeitfchr. f. prakt. Bauk. 1864, S. 167.
WEBER, A. Baupläne für das Wiener Künftlerhaus. Zeitfchr. d. öft. Ing.- u. Arch.-Ver. 1865, S. 41.
Die ungarifche Akademie der Wiffenfchaften in Pefth. Ein letztes Werk STÜLER's. ROMBERG's Zeitfchr. f. prakt. Bauk. 1866, S. 11.
Propofed houfe for the Société des ingénieurs civils of France. Engng., Bd. 3, S. 559, 560.
The inftitution of civil engineers. Engng., Bd. 5, S. 304; Bd. 7, S. 38, 42.
The philofophical inftitution and library, Briftol. Builder, Bd. 27, S. 710; Bd. 28, S. 189.
SCHACHNER, F. Project für das Vereinshaus des öfterreichifchen Ingenieur- und Architekten-Vereins und des n.-ö. Gewerbe-Vereins. Zeitfchr. d. öft. Ing.- u. Arch.-Ver. 1870, S. 147.
KÖNIG, K. Erläuterungen zu dem Concurs-Projecte III für die Vereinshäufer des öfterr. Ingenieur- und Architekten-Vereines und des nied.-öfterr. Gewerbe-Vereins. Zeitfchr. d. öft. Ing.- u. Arch.-Ver. 1870, S. 187.
WURM, A. Project für das Vereinshaus des öfterreichifchen Ingenieur- und Architekten-Vereins und des n.-ö. Gewerbe-Vereins. Zeitfchr. d. öft. Ing.- u. Arch.-Ver. 1871, S. 1.
New Burlington houfe, and the learned focieties. Builder, Bd. 29, S. 217, 226, 227.
THIENEMANN, O. Ueber den Vereinshausbau. Zeitfchr. d. öft. Ing.- u. Arch.-Ver. 1872, S. 450.
Die Vereinshäufer des öfterr. Ingenieur- und Architekten-Vereines und des niederöfterreichifchen Gewerbe-Vereines in der Efchenbachgaffe in Wien. Allg. Bauz. 1873, S. 1.
Haus des öfterreichifchen Architekten- und Ingenieur-Vereins in Wien. Deutfche Bauz. 1873, S. 44.

Das Haus der Gefellfchaft der Civil-Ingenieure zu Paris. Deutfche Bauz, 1873, S. 267.
SCHOLTZ. Das Kunftvereinshaus in Kaffel. ROMBERG's Zeitfchr. f. prakt. Bauk. 1873, S. 9.
Hôtel de la société des ingénieurs civils à Paris. Nouv. annales de la conf. 1873, S. 73.
Hôtel de la société des ingénieurs civils, cité Rougemont, à Paris. Encyclopédie d'arch. 1874, Pl. 204, 210, 217; 1875, S. 31 u. Pl. 268.
The society of painters in water-colours. Builder, Bd. 33, S. 373.
SCHOLTZ, A. Das Kunft-Vereinshaus in Kaffel. Zeitfchr. f. Bauw. 1876, S. 339.
Das Haus des Architekten-Vereins in Berlin. Deutfche Bauz. 1876, S. 1.
The Hungarian academy, Pefth. Builder, Bd. 34, S. 811.
The new »Künftlerhaus« at Buda-Pefth. Builder, Bd. 34, S. 998.
Entwürfe von L. BOHNSTEDT. Leipzig 1875—77.
    Heft III, Bl. 15: Entwurf zu einem Gefellfchaftslocale für den Künftlerverein »Malkaften« in Düffeldorf.
The »houfe« of the society of architects of Berlin. Builder, Bd. 35, S. 156.
The artifts houfe, Buda-Pefth. Builder, Bd. 36, S. 1276.
La »maifon« des artiftes (Künftlerhaus) à Buda-Pefth. Gaz. des arch. et du bât. 1879, S. 66.
The new houfe for the art-union of London. Builder, Bd. 37, S. 19 u. 21.
Art-union of London new premifes. No. 112 Strand London. Building news, Bd. 36, S. 224, 264, 272.
FÖRSTER, B. Der Bau der Akademie der Wiffenfchaften zu Athen. Zeitfchr. f. bild. Kunft, Bd. 15, S. 6.
LEUDIÈRE, E. *Hôtel de la Société de Géographie, à Paris*. Revue gén. de l'arch. 1881, S. 64 u. Pl. 17—21.
    Nouv. annales de la conf. 1880, S. 179.
WEBER, A. Das Künftlerhaus in Wien. Allg. Bauz. 1881, S. 67.
Künftler-Verein in Bremen: BÖTTCHER, E. Technifcher Führer durch das Stadtgebiet der freien und Hanfeftadt Bremen. Bremen 1882. S. 10.
The academy of fciences, Athens. Builder, Bd. 46, S. 12.
MICHEL, H. Das Künftlerhaus in Salzburg. Allg. Bauz. 1887, S. 71.
The Imperial inftitute. Building news, Bd. 53, S. 3, 10.
KOCH, J. Der Umbau im Innern des Wiener Künftlerhaufes. Wochfchr. d. öft. Ing.- u. Arch.-Ver. 1888, S. 90.
BERGMANN, E. v. Die letzte Stiftung der Kaiferin Augufta. Berlin 1890.
SCHMID, E. Das Langenbeck-Haus. Deutfche Bauz. 1892, S. 493.
Projet d'un palais pour la société Royale des beaux-arts et de littérature à Gand. L'émulation 1892, Pl. 39.
Entwürfe, erfunden und herausgegeben von Mitgliedern des Architekten-Vereins zu Berlin. Berlin.
    1882, Bl. 1 u. 2: Künftlerhaus; von BOHNSTEDT.
    Bl. 3 u. 4: Künftlerhaus; von SCHUPMANN.
Architektonifche Rundfchau. Stuttgart.
    1893, Taf. 12: Künftlerhaus in Budapeft; von LANG.
Croquis d'architecture. Intime-Club. Paris.
    1877, No. VII, f. 4, 5: Un athénée.
    1878, No. II, f. 2—7
        No. III, f. 2—6 : *Un athénée pour une ville capitale.*
        No. IV, f. 1
    1879, No. XII, f. 5, 6: Un athénée pour les architectes.
    1882, No. VI, f. 1: Une école française à Athènes.
        No. X, f. 2—4: Un palais pour l'académie de France à Rome.
    1883, No. XI, f. 4—6: Un hôtel pour la société centrale des architectes.

IV. Theil, 4. Abtheilung:

GEBÄUDE FÜR ERHOLUNGS-, BEHERBERGUNGS- UND VEREINS-ZWECKE.

6. Abſchnitt.
Baulichkeiten für den Sport.

1. Kapitel.
Reit- und Rennbahnen.

a) Reitbahnen.
Von ROBERT REINHARDT.

170. Reitwege. Unter Reitbahnen find mehr oder weniger alle zum ausfchliefslichen Zweck des Reitens hergerichtete Anlagen und Räume zu verftehen: Reitwege in Parkanlagen, offene Reitbahnen, bedeckte Reitbahnen oder Reithäufer, im weiteren Sinne felbft die Rennbahnen.

Die Reitwege liegen aufserhalb des Rahmens baulicher Anlagen und bezwecken, fei es für die Benutzung Einzelner, fei es zu allgemeinem Gebrauch, dem Reiter Gelegenheit zu geben, fein Pferd auf gutem Reitboden zu tummeln. Solche Reitwege find namentlich in nächfter Nähe grofser Städte für Reiter fehr erwünfcht; diefelben erhalten eine Unterlage von Steinfchlag mit ftarkem Kies und Sandauffchüttung. Zum Schutz des Reiters und des Bodens gegen die Sonne ift eine feitliche Bepflanzung der Reitwege erwünfcht.

171. Offene Reitbahnen. Die offenen Reitbahnen find einfach von mehr oder weniger hohen Schranken umgebene Plätze von meift rechteckiger Grundform, und es ift nur darauf zu fehen, dafs das Gelände möglichft wagrecht und ähnlich dem der Reitwege hergeftellt wird.

Auch diefe offenen Reitbahnen find fomit keine baulichen Anlagen; fie find aber fehr oft in mehr oder weniger inniger Verbindung mit folchen. Sie bezwecken daſſelbe, wie die bedeckten Reitbahnen oder Reithäufer, und find theils ein wohlfeiler Erfatz für letztere, theils nur eine Ergänzung derfelben, als Sommerbahnen.

172. Bedeckte Reitbahnen. Beide, die offenen und bedeckten Reitbahnen, dienen entweder zur Pferde-Dreſſur oder für Zwecke des Reitunterrichts, und man findet daher folche Reitbahnen in der Regel in Verbindung mit Pferdezüchtereien, Geftüten, mit fürftlichen Marftällen [162]), mit Cafernen [163]), mit militärifchen oder privaten Reitfchulen.

---

[162]) Siehe den vorhergehenden Halbband diefes »Handbuches«, Abth. III, Abfchn. 1, A, Kap. 2, b: Geftüte und Marftall-Gebäude.
[163]) Siehe Theil IV, Halbband 7 (Abth. VII, Abfchn. 4: Gebäude für militärifche Zwecke — Kap. 3, b: Reithäufer).

Bedeckte Reitbahnen oder Reithäuſer ſind aus dem Bedürfniſs entſtanden, in jeder Jahreszeit und bei jeder Witterung und Tageszeit eine zur Dreſſur der Pferde oder zum Unterricht im Reiten geeignete Bahn zu haben. Nur in bedeckten und ringsum abgeſchloſſenen Reitbahnen iſt es möglich, den Boden bei groſser Kälte vor dem Einfrieren zu ſchützen, ſo daſs alſo die Bahn in ununterbrochener Benutzung bleiben kann. Im geſchloſſenen und bedeckten Raume wird auch die Aufmerkſamkeit von Pferd und Reiter durch die Umgebung weniger abgelenkt, und beide ſind darin vor Regen, Wind und Sonne geſchützt.

Die Grundform beinahe aller Reithäuſer iſt die eines lang geſtreckten Rechteckes, deſſen Langſeite zwei- bis dreimal ſo groſs iſt, als die Breite. Die Abmeſſung der letzteren iſt mehr oder weniger beſchränkt durch die Nothwendigkeit, den Raum mit einer frei tragenden Bedachung zu verſehen, da Unterſtützungen ausgeſchloſſen ſind, während in der Längenausdehnung conſtructive Einſchränkungen nicht vorhanden ſind. Das Verhältniſs der Bahnlänge zur Breite wird aber zum Theile durch den Gebrauch bedingt.

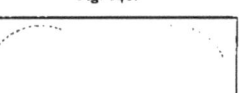

Fig. 146.

Um in einer Bahn mit zwei Abtheilungen auf dem ſog. Zirkel reiten zu können, muſs ihre Länge etwas gröſser ſein, als die doppelte Breite, damit man noch den nöthigen Spielraum und Abſtand der beiden auf dem Zirkel reitenden Partien halten kann (Fig. 146).

Was das erforderliche Breitenmaſs betrifft, ſo kann es ſich hier nur um eine Mindeſtbegrenzung handeln, unter welche herunterzugehen nicht ſtatthaft iſt. Eine Reitbahn in rechteckiger Grundform ſoll ſelbſt für den Gebrauch eines einzelnen Reiters noch eine lichte Breite von wenigſtens 12 m haben, wenn die Dreſſur junger Pferde nicht nachtheilig auf den Gliederbau derſelben einwirken ſoll. Für ſolche Bahnen, auf denen zum Theile in Abtheilungen geritten wird, iſt eine lichte Breite von wenigſtens 16 bis 18 m erforderlich.

Soll aber für den Einzelgebrauch eine noch brauchbare Bahn in kleineren Abmeſſungen, als den angegebenen hergeſtellt werden, ſo iſt es vortheilhafter, dieſelbe in Kreisform oder in Form eines Vieleckes zu erbauen, wo ein Durchmeſſer von 10 bis 12 m immer noch Dienſte leiſten kann, ohne dem Pferde nachtheilig zu werden.

Um auf die Erforderniſſe und die Conſtruction einer guten Reitbahn überzugehen, ſo iſt zunächſt, von den möglichſt groſsen Abmeſſungen abgeſehen, für einen geeigneten Boden Sorge zu tragen.

Die Bahn muſs wagrecht ſein und erhält eine ſtarke Steinvorlage, auf welche eine Aufſchüttung aus Sand, mit Sägemehl gemiſcht, von ca. 25 cm Höhe zu liegen kommt. Anſtatt der Steinvorlage wird auch ein Lehmeſtrich von 15 bis 20 cm Stärke hergeſtellt, welcher eine weniger hohe Aufſchüttung verlangt.

Die Inſtandhaltung des Bodens wird meiſt durch das Bearbeiten mit der Egge bewerkſtelligt.

Die Umfaſſungswände ſind am beſten maſſiv auszuführen; doch werden dieſelben aus ökonomiſchen Gründen häufig nur in Fachwerk mit Backſtein-Ausmauerung hergeſtellt.

Die Bahn erhält ringsum an den Umfaſſungswänden eine Holzbekleidung von etwa 1,75 m Höhe, welcher man eine ftarke Neigung nach aufsen giebt, damit die Füfse des Reiters immer möglichft frei bleiben. In der Nähe des Huffchlages, bis 50 cm über dem Boden, wird diefe Verkleidung am beften aus eichenen Brettern hergeftellt, darüber von ftarken, gehobelten Brettern, welche nach oben durch ein eichenes Gefimsbrett abzufchliefsen find.

In die Reitbahn follen thunlichft wenig Thüren führen, und es müffen diefelben der ringsum führenden Holzbekleidung genau angepafst fein, fo dafs, von innen gefehen, die Thür gar nicht zum Ausdruck kommt; denn die Bahn foll dem Pferde keinerlei Beunruhigung einflöfsen, mufs alfo ringsum möglichft gleichartig behandelt

Fig. 147.

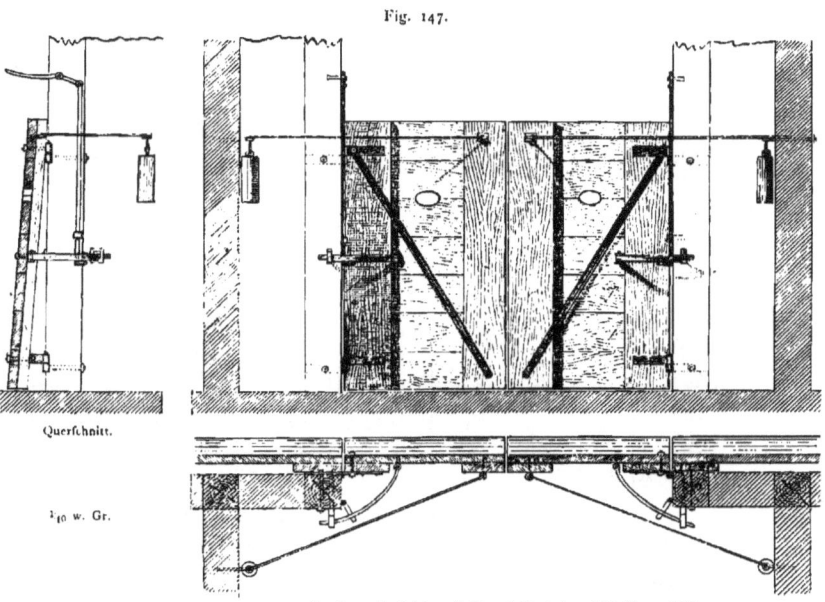

Querfchnitt.

$\frac{1}{10}$ w. Gr.

Aeufsere Anficht und Grundrifs bei gefchloffener Thür.

fein. Ferner follen die unmittelbar in die Bahn führenden Thüren fo zum Oeffnen angeordnet fein, dafs fie der Reiter vom Pferd aus ohne fremde Beihilfe öffnen kann; auch müffen fich diefe Thüren nach aufsen öffnen. Dies wird, wie Fig. 147 verdeutlicht, am beften durch ein Hebelwerk bewerkftelligt, mittels deffen die auf beiden Seiten der Flügel angebrachten und über Rollen laufenden Gewichte in Thätigkeit gefetzt werden, wodurch die Thürflügel fich von felbft öffnen.

Selbftverftändlich find da, wo Thüren unmittelbar in das Freie führen, aufser diefen inneren Thüren, die nur die Höhe der Holzbekleidung haben, noch Vorthüren anzubringen, die fich ebenfalls nach aufsen öffnen.

Die Beleuchtung des Innenraumes wird am einfachften in der Regel durch Fenfter in den Umfaffungswänden bewerkftelligt. Diefe Fenfter follen nicht unter

Fig. 148.

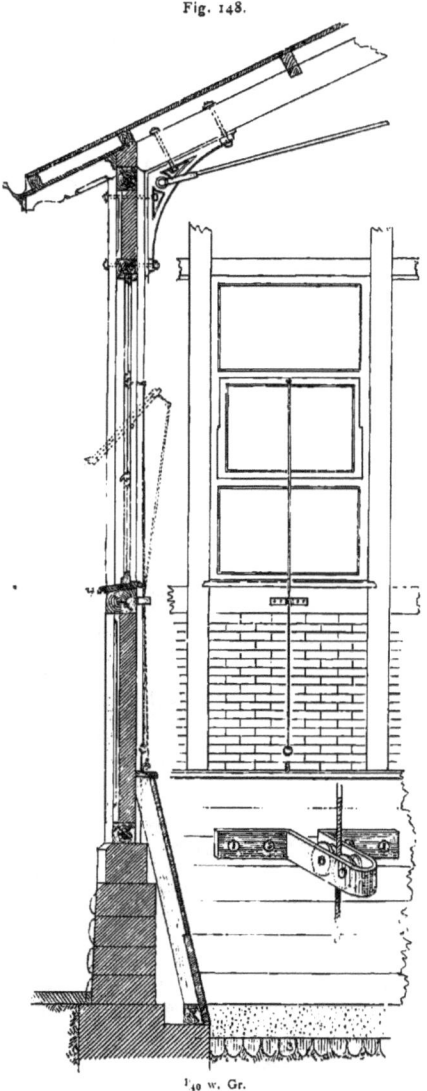

$^{1}/_{40}$ w. Gr.

4 m über dem Fufsboden der Reitbahn angebracht und fo zum Lüften eingerichtet fein, dafs der Reiter auch hier wieder das Oeffnen derfelben im Nothfalle felbft beforgen kann, was durch eine Hebelvorrichtung, wie in Fig. 148 angegeben, leicht erreicht werden kann.

Soll das Reithaus zur Nachtzeit mit Gas oder elektrifchem Glühlicht beleuchtet werden, fo find feitliche Wandarme zu vermeiden und nur an der Decke Kronen anzubringen.

Für den Dachftuhl ift, da in der Bahn felbft keine Unterftützungen angebracht werden können, immer eine frei tragende Conftruction anzuwenden; in der Regel werden hierzu Holz-Conftructionen mit mehr oder weniger Eifentheilen verwendet, in neuerer Zeit wohl auch vollftändige Eifen-Conftructionen. Nur bei älteren Bauten fehen wir zum Theile eine wagrechte Gypsdecke angeordnet; meift aber bleibt die Dach-Conftruction fichtbar. Doch ift es wünfchenswerth, aufser der Dachverfchalung noch eine innere Holzdecke auszuführen, da fich fonft im Winter die Kälte und im Sommer die Hitze zu fehr fühlbar machen; auch verhallt die Stimme des Commandirenden zu fehr bei ganz offenen Conftructionen. Diefe innere Decke wird am beften der Conftruction fo angefchmiegt, dafs diefelbe entweder in Bogenform (Fig. 149 [161]) oder in gebrochenen geraden Linien zum Ausdruck gelangt. Auch wird die betreffende Verfchalung häufig von ungehobelten Brettern angefertigt, um das Abtropfen des dafelbft fich niederfchlagenden Dunftes, der

177.
Decke und Dach.

[161]) Facf.-Repr. nach: *Revue gén. de l'arch.* 1873, S. 101 u. Pl. 29—30.

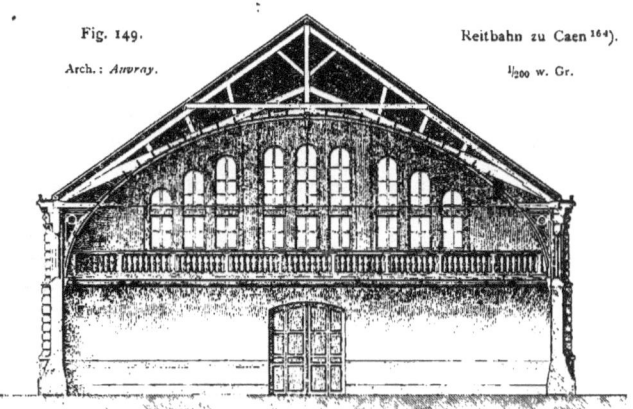

Fig. 149.   Reitbahn zu Caen [164]).
Arch.: *Auvray*.   1/200 w. Gr.

178. Nebenräume.

im Winter beim Reiten in gröfseren Abtheilungen entwickelt wird, zu verhüten.

Je nach dem Zwecke des Reithaufes find meift verfchiedene Nebenräume mit demfelben noch in Verbindung zu bringen, vor Allem Kleiderablagen und Galerien (Tribunen), um einem mehr oder weniger grofsen Publicum Gelegenheit zu geben, von den Vorgängen in der Reitbahn Einficht zu nehmen, ohne letztere felbft zu betreten.

In den meiften Fällen werden diefe Nebenräume am beften den Schmalfeiten der Reitbahn vorgelegt (Fig. 150), fo dafs vor der in die Reitbahn führenden Thür noch ein mehr oder weniger geräumiger Vorplatz entfteht; denn ein unmittelbarer Ausgang von der Bahn aus in das Freie foll möglichft vermieden werden. Von diefem Vorplatz können dann die erforderlichen Kleiderablagen oder Magazine Zugänge erhalten, während die Zufchauer-Galerie am einfachften und zweckentfprechendften unmittelbar über diefen verhältnifsmäfsig wenig Höhe erfordernden Nebenräumen in der ganzen Breite der Bahn angebracht wird. Seltener ift die Anordnung der Tribune an einer Langfeite der Reitbahn (Fig. 153)

Fig. 150.
1/300 w. Gr

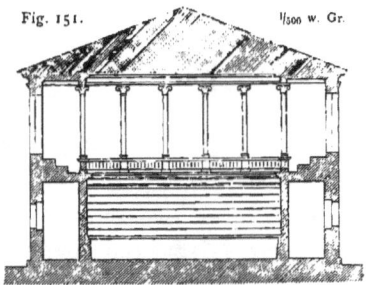

Fig. 151.   1/500 w. Gr.

Königliches Reithaus zu Stuttgart.
Arch.: *Salucci*.

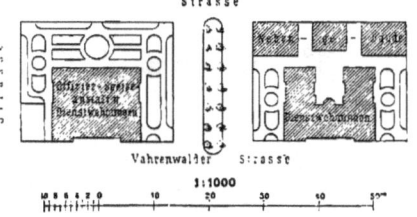

Militär-Reit-Inftitut zu Hannover [165]).
Arch.: *Schufter*.

oder einer rings um die Bahn führenden Galerie; letztere Anordnung ift am königl. Reithaufe zu Stuttgart zur Ausführung gebracht und für grofse Vorftellungen und Feftlichkeiten vor einer zahlreichen Gefellfchaft fehr geeignet (Fig. 151; fiehe auch Fig. 157).

Sind die Reitbahnen nicht in unmittelbarer Verbindung mit den Pferdeftällen, fo wird meift ein fog. Kühlftall unmittelbar neben der Bahn erforderlich, um die Pferde nach dem Reiten pflegen und vor Erkältungen fchützen zu können. Derfelbe Raum dient auch zur Aufnahme für diejenigen Pferde, welche nicht fofort in die Bahn eingeführt werden können.

Wie fchon erwähnt, find die Reithäufer meift in Verbindung mit Stallungen und anderen Baulichkeiten, je nach dem Zweck der ganzen Anlage.

Eine der grofsartigften Anlagen diefer Art bildet das auf einer Grundfläche von 6½ ha erbaute grofse militärifche Reit-Inftitut zu Hannover (Fig. 152 [165]).

Daffelbe umfafst im Wefentlichen dreierlei Baulichkeiten:

1) zwei Wohngebäude für Offiziere nebft Cafino;
2) eine Caferne für die Mannfchaften, nebft Dienftwohnungen für die Unterbeamten, und
3) Stallungen nebft Reitbahnen.

Daran reihen fich noch verfchiedene Nebengebäude, Schmiede, Krankenftall etc. und die ganz getrennt von diefer Gebäudegruppe liegende Villa des Vorftandes vom Reit-Inftitut.

In dem einen der unter 1 angeführten Gebäude befinden fich Familienwohnungen für zwei Directoren und zwei Rittmeifter, in dem anderen Cafinoräume und Wohnungen für 14 unverheirathete Offiziere.

179. Stallungen.

180. Militär-Reitanftalten.

---

[165] Nach: Zeitfchr. d. Arch.- u. Ing.-Ver. zu Hannover 1873, S. 309 u. Bl. 147.

Die Caferne ift für 100 Mann und 168 Unteroffiziere eingerichtet. In den Stallungen und Hofräumen ift eine Trennung der Unteroffizier- und Offizier-Reitfchule durchgeführt. Die Ställe, für 408 Pferde eingerichtet, find dreifchiffig, mit Kreuzgewölben überfpannt. Mit den Pferdeftällen ftehen, unter Einfchaltung von Kühlftällen, welche befonders im Intereffe der auswärts wohnenden Offiziere angelegt find, die Reithallen in Verbindung, welche 17,5 m breit und 35,0, bezw. 39,5 m lang find. Das Dachgerüft derfelben, nach *Polonceau*'fchem Syftem, ift aus den fchon früher angegebenen Gründen mit rauhen Dielen verfchalt, und die Lüftung wird hier durch einige Firftlaternen bewirkt.

Die Stallungen nebft Reithallen und Cafernen fchliefsen einen grofsen rechteckigen Hof ein, der zu offenen Reitbahnen verwerthet ift.

Der ganze Bau, welcher ca. 8 Millionen Backfteine und 1500 cbm Sandfteine erforderte, koftete ca. 2 600 000 Mark.

181. Privat-Reitfchulen.
Aufser den vielen, nur militärifchen Zwecken dienenden Reithäufern, welche meift in Verbindung mit Stallungen und Cafernen angelegt find, finden wir in jeder gröfseren Stadt private Reitfchulen, wieder in Verbindung mit Ställen, Remifen, Futterräumen etc. — Anlagen, die gegenüber den grofsen ftaatlichen Anlagen meift von befcheideneren Abmeffungen find.

Als Beifpiel einer reicheren Anlage diefer Art diene das durch Fig. 153[166]) im Grundrifs veranfchaulichte, von *Fouquiau* für die Familie eines reichen Gutsbefitzers erbaute Reithaus auf der Infel *Grand-Jatte*.

Das Gebäude ift in Fachwerk mit Backftein-Ausmauerung ausgeführt; eine hohe Stützmauer fchützt daffelbe gegen Ueberfchwemmungen. Die Reitbahn ift 24,04 m lang und 11,25 m breit; in dem einen Anbau find neben der Eingangshalle zwei Salons und eine Wagen-Remife, im Gefchofs darüber noch einige Zimmer untergebracht; der andere Anbau enthält die Stallung mit 6 *Boxes*, einer Gefchirrkammer und einer Kammer für die Stallwärter, darüber Schlafftuben für das Dienft-Perfonal. Die Wartung der Pferde, das Reinigen der Wagen etc. gefchieht unter dem an der Langfeite der Reithalle angebrachten Vordach; an der entgegengefetzten Langfeite ift eine Zufchauer-Tribune angeordnet, die fich nach aufsen hin zu einem Balcon erweitert.

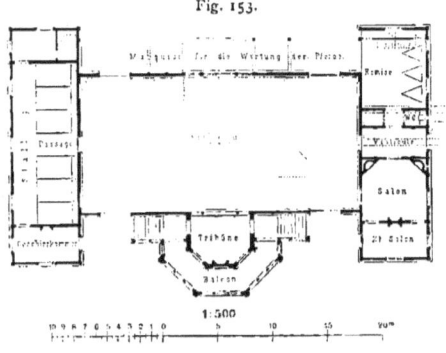

Fig. 153.

Reitbahn auf der Infel *Grand-Jatte*[166]).

Arch.: *Fouquiau*.

Ein anderes hier einzureihendes Gebäude, welches hauptfächlich dem Reitunterricht dient und dadurch noch bemerkenswerth ift, dafs der befchränkten Raumverhältniffe wegen die eigentliche Reitbahn in einem Obergefchofs untergebracht werden mufste, ift die durch Fig. 154 bis 156[167]) dargeftellte, von *Ambrofius* erbaute Reithalle von *B. Roth Söhne* zu Frankfurt a. M.

Die im Obergefchofs gelegene, 30,0 m lange, 15,0 m breite und 8,7 m hohe Reitbahn ift durch eine chauffirte und überdachte Rampe mit 1/5 Steigung zugänglich gemacht; fie wird durch Deckenlicht erhellt und durch Jaloufien in den Deckenöffnungen gelüftet; am Abend dienen 2 *Siemens*'fche Brenner und 20 Gasflammen zur Beleuchtung. Die Wände find auf 2,0 m Höhe mit einer entfprechend geneigten Bekleidung aus 45 mm ftarkem Kiefernholz verfehen. Der Fufsboden wird durch eine vom Mauerwerk der Umfaffungswände ifolirte Träger-Conftruction mit eingefpannten Beton-Gewölben von 1,4 bis 1,7 m Spann-

---
166) Nach: *Moniteur des arch*. 1877, S. 160 u. Pl. 50.
167) Nach: Allg. Bauz. 1884, S. 31 u. Bl. 23, 24.

Fig. 154.

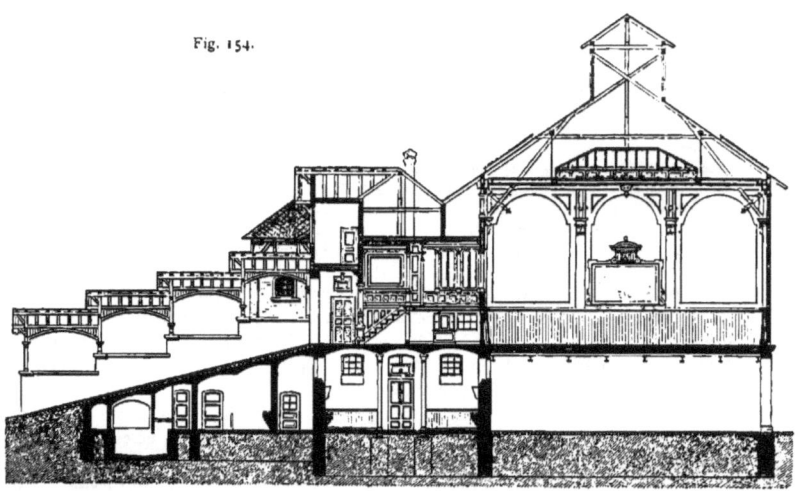

1:300
Querschnitt.

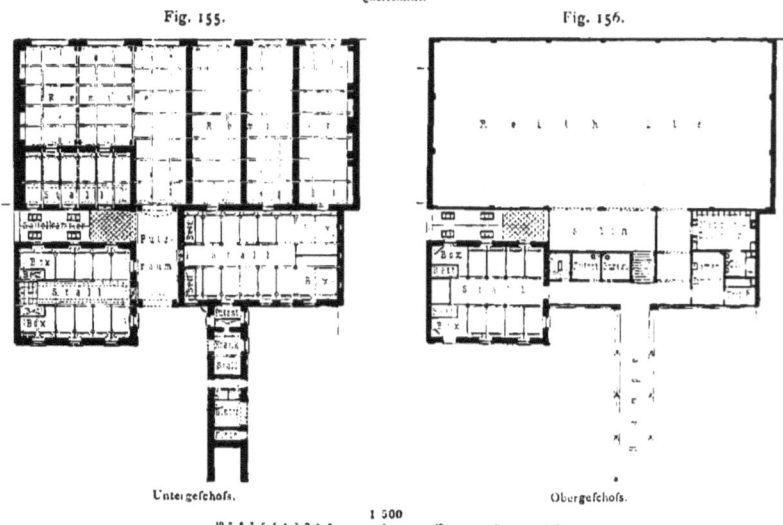

Fig. 155.   Fig. 156.

Untergeschofs.   Obergeschofs.

1:500

Reitbahn von *B. Roth Söhne* zu Frankfurt a. M. 167).
Arch.: *Ambrosius*.

weite, 12 cm Scheitelftärke und 17 cm Stichhöhe gebildet. Auf den Gewölben lagert zunächft eine 30 cm hohe, geftampfte Lettenfchicht und auf diefer eine 10 cm ftarke Schicht Sägemehl.

In der Mitte der einen Langfeite fchliefst fich an die Reithalle ein nach derfelben geöffneter Salon für Zufchauer, über welchem eine gleichfalls als Zufchauerraum verwendbare Orchefter-Loge, unter dem eine Sattelkammer gelegen ift. Im gleichen Gefchofs find noch je ein Herren- und Damenzimmer mit Wafchgelegenheit etc., das Gefchäftszimmer des Befitzers und eine Putzftube, endlich ein Pferdeftall mit 8 Ständen und 2 *Boxes* gelegen. Im Erdgefchofs find 3 weitere Ställe für zufammen 34 Pferde angeordnet, aufserdem noch (unter der Reitbahn gelegen) 6 Remifen für zufammen 48 bis 50 Wagen, ferner 1 Krankenftall, 1 Putzftube, 1 Sattelkammer etc.

182.
Städtifche
Reitbahnen.
In neuerer Zeit find auch von ftädtifchen Verwaltungen oder von Vereinen im Intereffe von Pferdemärkten Reithallen erbaut worden.

Ein Beifpiel diefer Art ift die vom Verfaffer im Jahre 1888 erbaute ftädtifche Reithalle zu Stuttgart (Fig. 157). Diefelbe ift zunächft zur Förderung des Pferde-

Fig. 157.

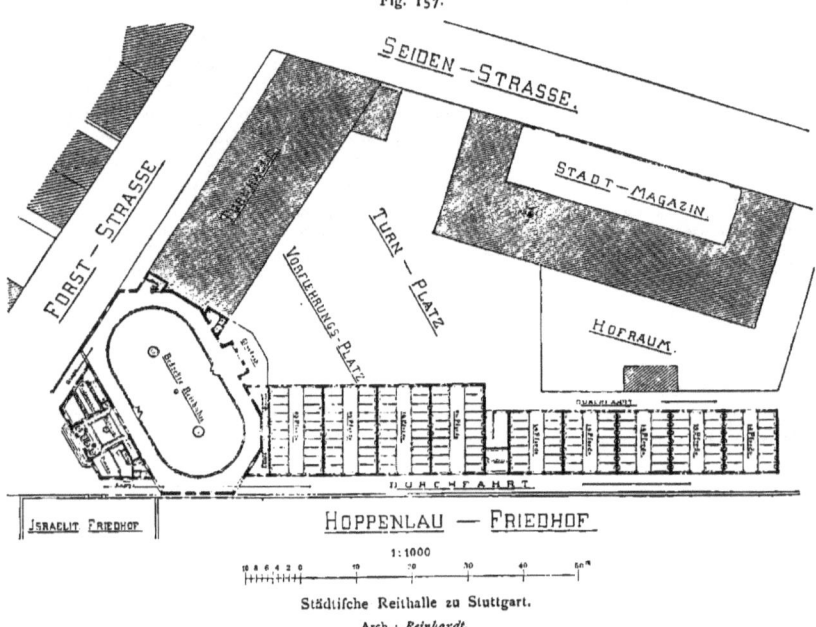

Städtifche Reithalle zu Stuttgart.
Arch.: *Reinhardt.*

marktes in Verbindung mit feuerficheren Stallungen für 150 Pferde erbaut, und es bezweckt diefe Anlage eine Centralifation des Marktes für Luxuspferde; die Halle dient im Befonderen dazu, die Pferde der den Markt befuchenden Händler dem kaufluftigen Publicum in bedecktem Raum vorführen und vorreiten zu können.

Um auf dem gegebenen, fehr unregelmäfsigen und beengten Bauplatz eine möglichft grofse, den eigenartigen Zwecken entfprechende Halle zu ermöglichen, ift die Reitbahn in ovaler Grundform, welche fich dem Platz am geeignetften einfügte, angeordnet (ein Quadrat von 17 m ift an 2 Seiten halbkreisförmig gefchloffen); fie ift ringsum mit breitem Umgang, über welchem noch Galerien angeordnet find, verfehen. Der gegen die Strafse liegenden Langfeite ift in der Mitte ein Vorbau vorgelegt, welcher eine geräumige Vorhalle, Gefchäftsftube, Wirthfchaftsraum, ferner Abort und Zugangstreppen zur Galerie, fo wie zu der in einem Zwifchengefchofs untergebrachten Wohnung des Hausmeifters enthält, während rückwärts die Stallungen fo angebaut find, dafs hier noch ein möglichft grofser, offener Vorführungsplatz entftand.

Diefe Grundform der Reithalle hat fich, da es fich hier nicht um eine Reitbahn ausfchliefslich zur Dreffur der Pferde handelte, feither im Gebrauch vollftändig bewährt, um fo mehr, als fchon beim Entwurf des Planes in Ausficht zu nehmen war, dafs die Halle auch zu kleinen Ausftellungen und Vorführungen verfchiedenfter Art geeignet fein follte.

Um diefen verfchiedenen Zwecken leicht angepafst werden zu können, find die hölzernen Seitenwände der Reitbahn bequem in einzelnen grofsen Stücken abzunehmen. So ift die Halle aufser zu periodifchen Marktzwecken und Ausftellungen fchon fehr vortheilhaft als Circus verwendet worden, wobei die kreisrunde Bahn im Mittelpunkt, die Sperrfitze, Logen und befferen Plätze fich aber rechts und links concentrifch um die Bahn bis zur Galerie aufbauten, welche Einrichtung mit geringen Mitteln allen Anforderungen vollkommen entfprochen hat.

Im Aeufseren zeigt nur der Vorbau eine entfprechende architektonifche Ausftattung, während die übrigen Umfaffungswände in Backftein-Rohbau mit einzelnen Sandfteinfchichten aufgeführt find. Der Einbau der Halle ift ganz aus gewalztem Eifen eigenartig ausgeführt und in einfacher Weife ausgeziert.

Andere, mehr oder weniger grofsartige Anlagen find durch das Bedürfnifs entftanden, die Entwickelung der Pferdezucht zu heben. So find namentlich auch in der Normandie, in den Mittelpunkten der Pferde-Production, bauliche Anlagen gefchaffen worden, welche den Züchtern Gelegenheit geben, Pferde einzureiten und einzufahren und zugleich tüchtige Leute zur Pferdepflege heranzubilden. Ein intereffantes Beifpiel diefer Art ift die *École d'équitation et de dreffage* zu Caen [168]).

Hier fieht man befondere Gebäude für die Verwaltung mit Wohnräumen für den Director, Wohnungen für Bereiter und Kutfcher, Schlafräume für das Stallperfonal, Stallungen, eine bedeckte Reitbahn mit Galerie und Kleiderablagen, Remifen, Sattelkammern, Huffchmiede, fogar Lehrfäle für Vorlefungen, Futterräume etc., und der grofse Hof, um welchen die ganze Gebäudegruppe angeordnet ift, dient wieder als Bahn zum Einfahren der Pferde.

Ferner find die *Tatterfall's* zu erwähnen; dies find Sammelpunkte für die Freunde des Pferdefports, in denen auch Kauf und Verkauf von Pferden und Wagen vorgenommen werden, Befprechungen und Liquidirungen von Wetten ftattfinden etc. Die erfte derartige Anlage mit Verfammlungszimmern und Hofraum zur Ausftellung von Pferden wurde 1795 von *Richard Tatterfall* in London in das Leben gerufen; fpäter entftanden ähnliche Einrichtungen in Paris, Berlin, Mannheim etc.

b) Rennbahnen.

Von ROBERT REINHARDT.

Die Rennbahnen haben in fo fern ein bauliches Intereffe, als auch hier Baulichkeiten entftanden find, welche die eigenartigen Anforderungen des Sports zum Ausdruck bringen. Zunächft ift ein bedeckter Raum für die Wage erforderlich, um das Gewicht der Reiter zu beftimmen, und ein möglichft hoch gelegener Standpunkt für die Schiedsrichter der Rennen, von welchem aus der ganze Rennplatz zu überfehen ift. Je nach Umftänden find weitere Räume für das Comité, Zimmer für die Reiter und Jockeys mit Nebengelaffen, Reftaurations-Räume etc. damit verbunden.

Ein anderes Bedürfnifs ift ferner, einem Theile des Publicums Gelegenheit zu geben, die Rennen von einem guten und vor Regen und Sonne gefchützten Standpunkte aus betrachten zu können; hierzu werden befondere Tribunen errichtet.

---

[168] Vergl.: AUVRAY, G. *École d'équitationet de dreffage, à Caen*. Revue gén. de l'arch. 1873, S. 101 u. Pl. 19—32.

Diese Bauten find entweder nur vorübergehende Conftructionen, oder es find, wenigftens auf den gröfseren Rennplätzen, folche Baulichkeiten in bleibender Weife errichtet, aber meift nur als nicht monumentale Fachwerkbauten behandelt.

Die beiden Haupterforderniffe, die Tribunen für die Zufchauer und die Räume für den Dienft der Rennen, werden am geeignetften in einem und demfelben Bau untergebracht. Da für die Zufchauerplätze ein möglichft erhöhter Platz erwünfcht ift, fo werden die Räume für den Dienft am beften im Erdgefchofs angeordnet und darüber, amphitheatralifch anfteigend, die Sitzplätze für das Publicum. Das Schutzdach über letzteren wird in ftufenförmiger Anordnung zu Stehplätzen hergerichtet, um fo den Raum möglichft auszunutzen (Fig. 158). Die Zugänge zu beiden Zufchauerräumen werden meift in einen Treppenthurm verlegt, deffen höheres Obergefchofs zugleich den geeigneten Standpunkt für die Schiedsrichter abgiebt.

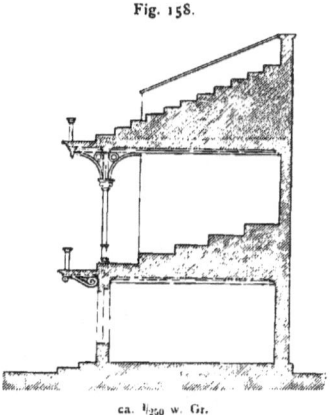

Fig. 158.

ca. 1/250 w. Gr.

Als mufterhafte und verhältnifsmäfsig grofsartige Anlagen diefer Art können die Renn-Tribunen des Parifer Sports bezeichnet werden, und zwar für die Hindernifs-Rennen die Baulichkeiten zu Auteuil und für die Flachrennen die noch grofsartigeren Tribunen zu Longchamp (Fig. 159 bis 161 [169]).

Auf letzterem Rennplatz beftehen die am Auslauf in einer Flucht hergeftellten Baulichkeiten zunächft aus dem in der Mitte der ganzen Anlage befindlichen ehemaligen kaiferlichen Pavillon; rechts und links davon find je 35 m lange, bedeckte, refervirte Tribunen (Fig. 159) mit oberen Steh-Galerien angeordnet, unter welchen einerfeits die Dienfträume des Jockey-Clubs nebft einigen Salons und Cabinet-Toiletten, andererfeits die Reftaurations-Räume mit den zugehörigen Nebengelaffen untergebracht find.

An diefe refervirten Tribunen reihen fich beiderfeits 40 m lange, öffentliche Zufchauerplätze (Fig. 160 u. 161), die wieder amphitheatralifch aufgebaut find, deren Bedachung aber nicht zu Stehplätzen ausgenutzt ift.

Sämmtliche Bauten haben ein maffives Untergefchofs und, mit Ausnahme der öffentlichen Tribunen, fteinerne Rückwände mit grofsen Stichbogen-Arcaden, innerhalb deren zweigefchoffige Flurgänge den Zugang zu den Sitzplätzen vermitteln. Im Uebrigen ift der Aufbau aus Fachwerk mit Backftein-Ausmauerung hergeftellt und als leichter, zierlicher Holzbau charakterifirt.

Zu diefen grofsartigen Tribune-Bauten gefellten fich fpäter die gleichfalls fehr ausgedehnten neuen Tribunen für die Rennen in Chantilly, nach den Plänen *Daumet*'s 1880 begonnen und 1881 vollendet (Fig. 162 u. 163 [170]).

Die im Jahre 1847 erbauten Tribunen zu Chantilly fafsten nur 700 Zufchauer; fie waren in Holz conftruirt und boten weder die erwünfchte Solidität, noch Dauer dar. Nach dem von der »*Société d'encouragement pour l'amélioration des races des chevaux en France*« für den Neubau der Tribunen aufgeftellten Programm follte der Zufchauerraum für das Publicum mit jenem für die Mitglieder der genannten Gefellfchaft vereinigt fein; ferner follten Wägeramm, Secretariat, Comité-Zimmer, Kleiderablagen, Buffet und fonftige Nebenräume im Untergefchofs des Tribunenbaues untergebracht werden.

Das Schaubild in Fig. 162 giebt ein genügend deutliches Bild von der Gefammtanordnung der neuen Tribunen, welche ca. 3500 Zufchauer faffen, wovon mehr als 2000 fitzen können; die Stufenfitze

---

[169] Facf.-Repr. nach: *Revue gén. de l'arch.* 1869, S. 72 u. Pl. 7—12.
[170] Zum Theile Facf.-Repr. nach: *Revue gén. de l'arch.* 1883, S. 213 u. Pl. 51—52.

Fig. 159.

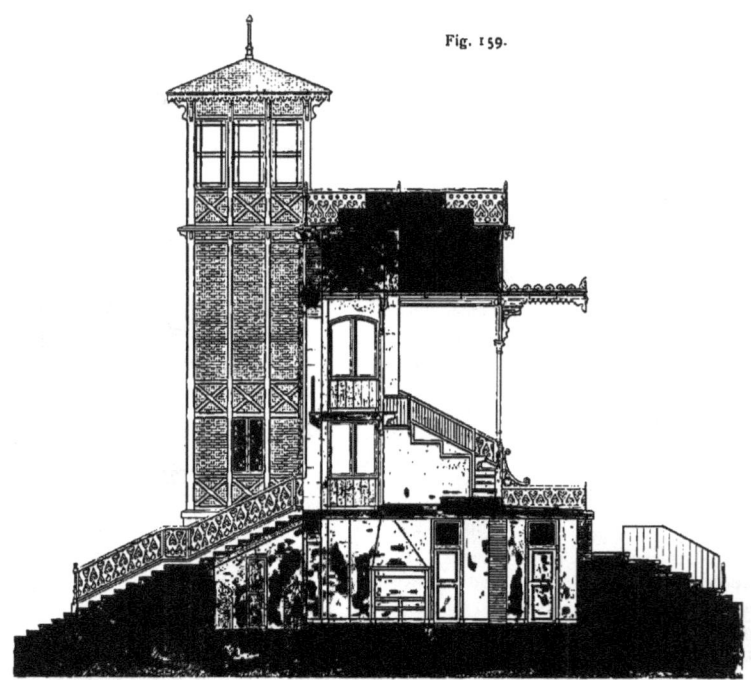

Refervirte Tribunen.

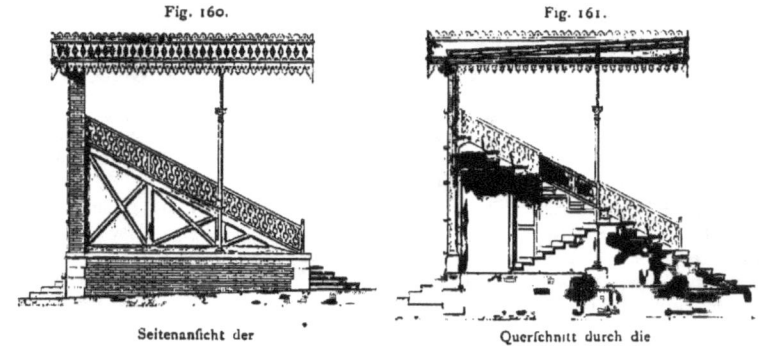

Fig. 160. Seitenanficht der öffentlichen Tribunen.

Fig. 161. Querfchnitt durch die

Tribunen für die Flachrennen zu Longchamp [169].
1/150 w. Gr.
Arch.: *Bailly & Davioud.*

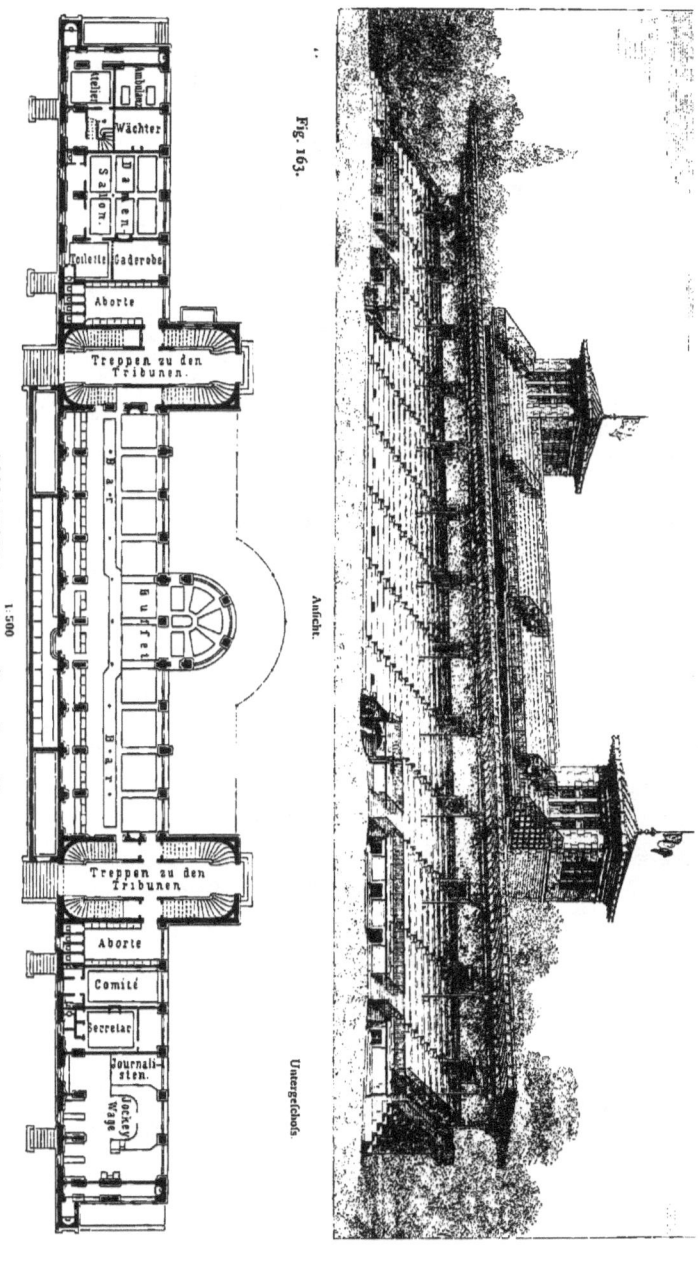

Fig. 163. Neue Tribünen für die Pferderennen zu Chantilly[170]. Arch.: Dammet.

der Plattform können etwa 3000 Perfonen aufnehmen. Der Grundrifs in Fig. 163 veranfchaulicht die Anordnung und Vertheilung der Räume im Untergefchofs.

Letzteres ift in natürlichem Stein gemauert; die Gewölbe find aus Schicht- und aus Backfteinen hergeftellt; auch der übrige Aufbau ift aus Mauerwerk aufgeführt. Das eiferne Schutzdach, welches die rückwärtigen Tribunenreihen bedeckt, ruht auf eifernen Säulen, 8 m von Mitte zu Mitte von einander abftehend. Die nach den Tribunen führenden Treppen find in Eifen, die Tritte in Holz conftruirt.

Die Aufsen-Architektur ift einfach, aber gefchmackvoll gehalten. Die Baukoften haben über 680 000 Mark (= 850 000 Francs) betragen, wovon auf Erd- und Maurerarbeit ca. 246 000, auf die Eifen-Conftruction und Schlofferarbeit ca. 187 800, auf die Eindeckung ca. 43 300, auf die Schreinerarbeit ca. 48 600, auf die Wandbekleidungen, Maler- und Glaferarbeit ca. 28 500 Mark entfallen.

c) Fahrradbahnen.
Von Dr. Eduard Schmitt.

In neuerer Zeit nehmen auch die Rennbahnen des Fahrrad-(Velociped-)Sports das bauliche Intereffe in Anfpruch, wenn auch, mit Rückficht auf die weniger grofse Bedeutung diefes Sportzweiges, in geringerem Mafse, als die den Pferderennen dienenden Anlagen.

186. Anlage, Form und Abmeffungen.

Die Renn- oder Fahrbahn erhält am beften eine lang geftreckte Grundrifsform; in der Regel hat fie die Geftalt eines Rechteckes mit zwei die Schmalfeiten abfchliefsenden Halbkreifen. Man mache diefelbe nicht zu lang und zu fchmal. Eine mittelgrofse, recht breite Bahn ift für die Fahrer zweckmäfsiger, als eine recht grofse, aber fchmale Bahn. Schmale Bahnen führen fehr häufig Unglücksfälle herbei, und für Dreiräder find fie gar nicht brauchbar. Selbft wenn das zur Verfügung ftehende Gelände fehr umfangreich ift, mache man die Fahrbahn nicht zu grofs. Eine mittelgrofse Fahrbahn mit recht viel Raum für die Zufchauer ift vortheilhafter, als eine grofse Bahn ohne genügenden Raum ringsum.

Eine Länge der Fahrbahn von 400 m ift erfahrungsgemäfs ein zweckmäfsiges Mittelmafs, welches fich in Rückficht auf Ueberficht, Inftandhaltung, Leitung etc. trefflich eignet; 500 m Länge follten wohl niemals überfchritten werden, und unter 350 m follte man die Fahrbahnlänge gleichfalls nicht annehmen. Es ift empfehlenswerth, die Länge nach ganzen hundert Metern zu bemeffen, weil alsdann das Vermerken der für 1 km gefahrenen Zeiten erleichtert wird; auch werden dann bei den meiften Diftanzen Start und Ziel an einen und denfelben Punkt fallen. Den Halbmeffer der die Bahn abfchliefsenden Halbkreife wähle man nicht zu gering, damit die Curven im fchärfften Tempo genommen werden können; 25 m find in diefer Beziehung das Mindeftmafs; doch braucht man nicht über 40 m zu gehen; 30 m ftellen ein vortheilhaftes Mittelmafs dar.

Ein Dreiradfahrer braucht einen Breitenraum von ca. 2 m für fich; da er in der Regel in einem Abftande von 50 cm von der inneren, bezw. äufseren Begrenzung der Fahrbahn zu fahren pflegt, fo genügen 5 m Breite gerade, damit zwei Dreiradfahrer an einander vorüberfahren können. Defshalb ift es zweckmäfsig, die Fahrbahnbreite mit 6 m zu bemeffen. Man hat mehrfach die Bahn auf der einen, auf der Zielfeite, breiter gehalten, als auf der anderen Seite, und zwar mit Rückficht auf den fich an erfterer abfpielenden Endkampf; da indefs der Endkampf thatfächlich faft immer fchon an dem der Zielfeite gegenüber liegenden Theile der Fahrbahn ftattfindet, fo halte man letztere durchwegs gleich breit. Man mache die Zielfeite nur dann breiter, als die andere, wenn man an diefer Stelle, alfo vor der Tribune, Kunftfahrern einen gröfseren Raum fchaffen will; alsdann kann man bis zur doppelten Breite gehen.

Die Bühne für die Preisrichter ftelle man niemals dicht an die innere Begrenzung der Fahrbahn, und eben fo foll man die Tribune nicht unmittelbar an die äufsere Bahnbegrenzung fetzen. Würde man letzteres thun, fo könnte ein Fahrer, der in der Nähe der Tribune bei voller Gefchwindigkeit zum Sturz käme, leicht mit dem Kopf gegen die Tribune fchlagen. Letztere möge defshalb ca. 5 m von der äufseren Begrenzung der Fahrbahn abftehen.

Rings um die Fahrbahn wird der Zufchauerraum angeordnet, deffen Breite nicht unter 10 m zu wählen ift.

Wählt man beifpielsweife den Halbmeffer der beiden die Bahn abfchliefsenden Halbkreife mit je 30 m und will man eine 400 m lange Fahrbahn erzielen, fo ergiebt fich für das Rechteck zwifchen beiden Halbkreifen eine Länge von $\frac{400 - 188{,}5}{2} = 105{,}75 \rightleftharpoons$ ca. 106 m. Alsdann mufs das als rechteckig geftaltet angenommene Gelände (Fig. 164) eine Länge von 10 m (Zufchauerraumbreite) + 1 m (Schrankenabftand) + 6 m (Fahrbahnbreite) + 30 m + 106 m + 30 m + 6 m + 1 m + 10 m = 200 m und eine

Fig. 164.

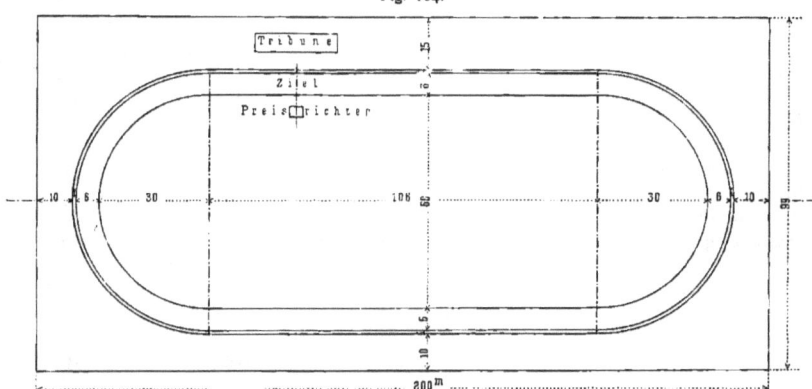

Breite von 15 m (Zufchauerraumbreite an der Tribunenfeite) + 1 m (Schrankenabftand) + 6 m (Fahrbahnbreite) + 60 m + 6 m + 1 m + 10 m (Zufchauerraumbreite) = 99 m erhalten; die erforderliche Grundfläche beträgt 200 × 99 = 19800 qm.

187. Quergefälle der Fahrbahn.
Um in den gekrümmten Theilen der Fahrbahn dem ungünftigen Einflufs der Centrifugalkraft zu begegnen, ift derfelben eine geringe Steigung nach aufsen zu geben. Je kleiner der Halbmeffer ift, defto ftärker follte das betreffende Quergefälle fein; eben fo follte es für Dreiräder gröfser fein, als für Zweiräder. Da indefs beim Fahren der Reibungswiderftand eine grofse Rolle fpielt und auch auf die Bahnunterhaltung Rückficht zu nehmen ift, fo zeigt die Erfahrung, dafs ein Quergefälle von $^1/_{12}$ bis $^1/_{10}$ allen Anforderungen entfpricht. Eine ftärkere Neigung ift nicht zu empfehlen, weil fonft die Unterhaltung der Bahn grofse Schwierigkeiten bereitet; bei ftarkem Regenfall läuft alsdann das Waffer mit folcher Gewalt nach der Innenfeite der Bahn, dafs tiefe Rinnen entftehen und die Bahn eine wellenförmige Oberfläche erhält.

Nach dem »Figaro« verfucht die unten genannte Zeitfchrift [171] auf theoretifchem Wege zu zeigen, dafs das Quergefälle in der gekrümmten Strecke, gleichgiltig wie grofs deren Halbmeffer ift, ftets nahezu

---

[171] *La femaine des conftr.*, Jahrg. 9, S. 112.

die gleiche Gröfse haben foll. Es wird ein Reibungscoefficient von $1/5$ zu Grunde gelegt und gefunden, dafs bei einem Halbmeffer

von 20 m das Quergefälle $1/3,3$,
» 30 m »   » $1/3$,
» 40 m »   » $1/2,7$

betragen foll, was im Mittel einem in allen Fällen gleich zu wählenden Quergefälle von $1/3$ entfpricht.

Die Ueberhöhung der Aufsenfeite läfst man nicht in der gekrümmten Strecke felbft beginnen, fondern von einer Stelle aus, die fich etwa 20 m vor dem Beginn der Curve befindet; von da an giebt man der Bahn ein allmählich immer gröfser werdendes Quergefälle, bis es in der Mitte der Krümmung den Gröfstwerth der Ueberhöhung erreicht. In Frankreich hingegen erhält die gekrümmte Strecke innerhalb ihrer mittleren zwei Viertel den Gröfstwerth der Ueberhöhung; in den beiden anderen Vierteln nimmt diefe Ueberhöhung allmählich ab, fetzt fich aber noch ein Stück in die beiden anliegenden geraden Strecken fort.

In den geraden Stellen wird die Fahrbahn wagrecht hergeftellt; um indefs bei ftarken Regengüffen den Wafferabflufs zu begünftigen, hat man bisweilen auch hier ein fchwaches Quergefälle (von etwa $1/60$) angebracht.

Der Platz innerhalb der Fahrbahn ift mit letzterer auf gleiche Höhe zu legen, damit der Fahrer, fobald ein anderer in feiner Nähe zum Sturz kommt, jederzeit die Möglichkeit hat, fich auf diefen Platz zu retten. Er ift — mit Ausnahme der Bühne für die Preisrichter — frei von allen Baulichkeiten zu halten, damit für die Zufchauer freie Ueberficht über die ganze Bahn vorhanden ift.

128.
Nebenanlagen.

Auch alles übrige Gelände der Fahrradbahn-Anlage ift zu ebnen und ringsherum vollftändig einzufriedigen.

Die Fahrbahn wird an der Aufsenfeite vom Zufchauerraum durch eine Schranke (Barrière) getrennt; diefe fteht ca. 1 m von der äufseren Begrenzung der Bahn ab. Die innere Begrenzung der Fahrbahn wird durch eine Holzleifte gebildet.

Bezüglich der Zufchauertribunen, des Preisrichterftandes, der Umkleide- und Erfrifchungszimmer etc. find die Anforderungen ganz ähnliche, wie bei den Rennfport-Anlagen.

Von befonderer Wichtigkeit ift die Befeftigung der eigentlichen Fahrbahn, da das Radfahren eine entfprechend harte und glatte Fläche erfordert. Im Allgemeinen entfprechen derartige Ausführungen derjenigen einer guten gefchotterten Landftrafse; indefs find fie je nach örtlichen Verhältniffen und den zur Verfügung ftehenden Bauftoffen ziemlich verfchieden.

129.
Conftruction
der
Fahrbahn.

Für die 400 m lange Rennbahn des Bicycle-Clubs zu Frankfurt a. M., welche 1884 auf einem Ackerfelde zwifchen Niederrad und dem Forfthaufe des Frankfurter Stadtwaldes angelegt worden ift, wurde der Unterbau derart hergeftellt, dafs man auf den gut nivellirten, fandigen Untergrund eine 10 cm hohe Schicht fetter Erde auftrug und feft walzte. Auf diefe Unterlage wurden Brocken von gut gebrannten Backfteinen, Sandfteinen etc. (von 6 bis 8 cm Korngröfse) in ca. 12 cm dicker Schicht aufgebracht, dabei gröfsere Zwifchenräume mit kleineren Steinen ausgefüllt. Auf diefe Schottermaffe kam der von den Bafalt-Chaufféen der Umgegend abgekratzte Bindegrund in 3 cm Höhe zu liegen, welcher dann mit ca. 2 cm Kohlenafche in Feinkorngröfse und feinem Kies überdeckt wurde. Jede einzelne Schicht wurde mit einer fchweren Walze unter gleichzeitigem ftarkem Begiefsen mit Waffer tüchtig gewalzt.

Von anderer Seite [172]) wird das nachftehende Verfahren empfohlen. Als Unterlage der Bahn benutze man eine Schicht Ziegelfteinbruch, deren Korngröfse etwa 20 cm beträgt. Darin darf fich kein Baufchutt befinden; es follen dies vielmehr nur ausgefuchte Stücke Ziegelfteinbruch fein, und diefelben dürfen nicht lofe hingeworfen, fondern follen Stück für Stück mit der Hand zufammengepackt werden. Hierauf folgt eine zweite Schicht deffelben Materials, jedoch diesmal nur Stücke von ca. 5 cm Durchmeffer. Ift diefe

---

[172]) Baugwks.-Ztg. 1886, S. 538.

Schicht aufgebracht, fo folgt Begiefsen mit Waffer und Abwalzen, fo dafs die Maffe ganz feft und eben wird. Nunmehr kommt eine dritte Schicht von gleichem Material und 2 bis 3 cm Korngröfse; auch diefe wird bewäffert und feft gewalzt. Weiters kommt eine 2 cm ftarke Deckfchicht, beftehend aus ⅓ klein gefchlagenen Backfteinen (von 1 bis 2 cm Korngröfse), ⅓ gutem Lehm und ⅓ gutem Kies; diefelbe wird mit einer leichten Walze abgewalzt und unter Benutzung einer aufgefetzten Latte dafür geforgt, dafs die Bahn eben werde und keinerlei Vertiefungen befitze. Der vorletzte Schritt ift, die Oberfläche mit einer weiteren und ähnlichen Mifchung, die durch ein Sieb von 5 mm Mafchenweite zu reiben ift, zu beftreuen und wieder zu walzen, und fchliefslich beftreue man die Bahn mit einer weiteren und ähnlichen Mifchung, die durch ein 2 mm weites Sieb gegangen ift; auch diefe Schicht ift zu benetzen und abzuwalzen.

Zur Holzleifte, welche die Fahrbahn an der Innenfeite begrenzt, nimmt man am beften ca. 1,5 cm ftarke Bretter von ca. 15 cm Breite, welche auf die hohe Kante geftellt werden; ihre Oberkante liegt bündig mit der Fahrbahn. In Abftänden von je 2 m werden Pfähle (aus Dachlatten) von ca. 50 cm Länge eingefchlagen und daran die Holzleiften befeftigt.

190. Be- und Entwäfferung.

Die Bahn mufs benetzt und gereinigt werden, wozu Waffer erforderlich ift. Defshalb werden Fahrradbahnen bisweilen mit einer Wafferverforgung verfehen. Die betreffenden Leitungsrohre find vor Herftellung der Fahrbahn (unterhalb der Unterlage) zu verlegen, und an der inneren Begrenzung der Fahrbahn find Wafferpfoften (Hydranten) anzuordnen; letztere müffen abnehmbar eingerichtet fein, damit man fie bei Benutzung der Fahrbahn zur Verhütung von Unfällen entfernen kann.

Sieht man von der Ausführung einer Wafferleitung ab, fo mufs man aufserhalb der Schranke einen oder mehrere Brunnen herftellen.

Auch für die Entwäfferung der Fahrbahn ift Sorge zu tragen, und zwar um fo forgfältiger, auf je fchwererem Boden die Bahn ausgeführt wird. Da die Bahn durchweg oder doch mindeftens in ihrem gekrümmten Theile an der Aufsenfeite überhöht ift, fo läuft bei ftarkem Regenfall das Waffer nach der Innenfeite der Bahn; ift nun der Boden ein fchwerer, fo fammelt fich das Waffer an und weicht die Bahn in hohem Mafse auf, wenn nicht für die Abführung deffelben geforgt ift.

Am vortheilhafteften, wenn auch am theuerften ift es, an der inneren Begrenzung der Fahrbahn ein Thonrohr zu verlegen und letzteres ringsherum an verfchiedenen Stellen mit kleinen Roften zu verfehen, durch welche das Regenwaffer abfliefsen und von der Bahn mittels des Thonrohres abgeführt werden kann. Einfacher und billiger ift es, an verfchiedenen Stellen innerhalb und neben der Fahrbahn Petroleumfäffer, ohne Boden und mit abnehmbarem Deckel verfehen, in die Erde zu fenken, in denen das Waffer durch kleine Rofte und Verbindungsrohre fich fammeln und durch den offenen Boden der Fäffer in den Untergrund abfliefsen kann. Der Abflufsweg zwifchen Roft und Fafs, bezw. Rohr ift entweder durch die Holzleifte oder unter diefelbe zu leiten und kann vierkantig, aus Holz, in der Gröfse der Rofte fein.

191. Ausgebildetere Anlagen.

In manchen Fällen, namentlich in Frankreich, find Fahrradbahnen nicht in fo einfacher, lediglich dem Rennfport dienender Weife ausgebildet worden, wie im Vorftehenden angenommen wurde. Der Raum innerhalb der Fahrbahn wird durch reiche Blumenbeete gefchmückt; Mufikzelte werden errichtet; Baulichkeiten für andere Zweige des Sports, wie z. B. für Crocket-Spiel, werden mit der Fahrradbahn vereinigt u. f. w.

Als Beifpiel für folche Anlagen diene das von *Cargill* 1893 erbaute »Velodrom« zu Pau, von welchem in Fig. 166 der Lageplan und in Fig. 165 [113]) die Anficht des Saalgebäudes mitgetheilt find.

---
[113]) Facf.-Repr. nach: *La construction moderne*, Jahrg. 8, Pl. 82.

Fig. 165.

Saalgebäude.

Fig. 166.

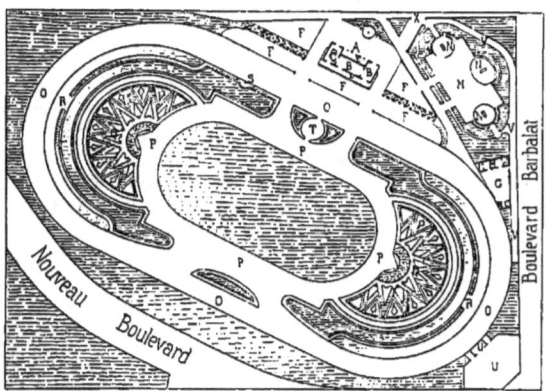

Lageplan.

A. Saalgebäude.
B. Gefellfchaftsfaal.
C. Billardzimmer.
D. Galerie.
E. Mafchinenfchuppen.
F. Raum für Zufchauer.
G. Raum für die Fahrer.
H. Gefellfchaftsfaal.
I. Mafchinenfchuppen.
J. Umkleideräume.
K. Wafferbehälter.
L. Raum mit Braufen und Schränken.

M. Crocket-Platz.
N. Exedra mit Bank.
O. Fahrbahn.
P. Kleine Fahrbahn.
Q. Blumenbeete.
R. Controleur.
S. Ziel und Preisrichterftand.
T. Mufikzelt.
U. Magazin und Kuhftall.
V. Nebenwege.
X. Haupteingang.

Velodrom zu Pau [173].
Arch.: *Cargill.*

Literatur

über »Reit- und Rennbahnen«.

Ausführungen und Projecte.

Bauausführungen des Preufsifchen Staates. Herausgegeben von dem Königl. Minifterium fur Handel, Gewerbe und öffentliche Arbeiten. Berlin 1851.
    Bd. II: Befchreibung der in den Jahren 1827 und 1828 an der Verlängerung der alten Jacobsftrafse zu Berlin neu erbauten bedeckten Reitbahn für die Kgl. Lehr-Escadron.
Drewitz. Das neue Kafernement für das Königlich Preufs. Garde-Ulanen-Landwehr-Regiment zu Moabit bei Berlin. III. Die Reitbahn. Zeitfchr. f. Bauw. 1851, S. 333.
Entwürfe aus der Sammlung des Architekten-Vereins zu Berlin. Neue Ausgabe. Berlin 1862. Reitbahn; von Drewitz.
Azemar. *Tatterfall français*. Revue gén. de l'arch. 1862, S. 147 u. Pl. 41—46.
Reitbahnen. Haarmann's Zeitfchr. f. Bauhdw. 1864, S. 110.
»*Tatterfall's.*« — *The new buildings, Knightsbridge*. Builder, Bd. 22, S. 31.
New grand ftand at Knutsford, Chefhire. Builder, Bd. 23, S. 728.
Bailly, N. & G. Davioud. *Loges pour les courfes de Longchamp*. Revue gén. de l'arch. 1868, S. 72 u. Pl. 13—18; 1869, S. 72 u. Pl. 7—12.
Auvray, G. *École d'équitation et de dreffage, à Caen*. Revue gén. de l'arch. 1873, S. 101 u. Pl. 29—32.
Tatterfall's. Builder, Bd. 32, S. 471.
Destailleurs. *Tribunes du champ de courfes d'Auteuil*. Moniteur des arch. 1876, Pl. 11—12, 17—18.
Wallbrecht. Das neue Militär-Reit-Inftitut zu Hannover. Deutfche Bauz. 1877, S. 254. Zeitfchr. d. Arch.- u. Ing.-Ver. zu Hannover 1878, S. 309.
Fouquiau. *Manège convert dans l'île de la Grande-Jatte*. Moniteur des arch. 1877, S. 160 u. Pl. 42, 48, 50, 51.
Tribune de courfes d'obftacles, à Auteuil. Encyclopédie d'arch. 1877, Pl. 470, 471, 472, 473, 481.
Gedeckte Reitfchule in Fünfkirchen. Wochfchr. d. öft. Ing.- u. Arch.-Ver. 1881, S. 157.
Militär-Reit-Inftitut in Hannover: Unger, Th. Hannover. Führer durch die Stadt und ihre Bauten. Hannover 1882. S. 183.
Die Landes-Exercitien-Anftalt in Prag. Wochfchr. d. öft. Ing.- u. Arch.-Ver. 1882, S. 165. Techn. Blätter 1882, S. 88.
Walther, H. Die *Roth*'fche Reitbahn in Frankfurt a. M. Baugwks.-Ztg. 1882, S. 798.
Die Reitbahn der Herren *B. Roth Söhne* zu Frankfurt am Main. Deutfche Bauz. 1882, S. 604.
Daumet, H. *Nouvelles tribunes pour les courfes, à Chantilly*. Revue gén. de l'arch. 1883, S. 218 u. Pl. 51—54.
Walther, H. Reitbahn der Herren *Benj. Roth Söhne* in Frankfurt a. M. Allg. Bauz. 1884, S. 31.
Die Herftellung einer Wettfahrbahn. Baugwks.-Ztg. 1886, S. 37, 538.
Gymnafe et manège à Exeter. Moniteur des arch. 1886, S. 127 u. Pl. 42.
»Lützow-Taterfall«, Reitinftitut des Herrn Stallmeifter *Goebel* zu Berlin. Baugwks.-Ztg. 1887, S. 274.
Grimburg, R. v. Das Wafferwerk für die Bewäfferung des Wettrennplatzes in der Freudenau. Wochfchr. d. öft. Ing.- u. Arch.-Ver. 1888, S. 391.
Drexler, J. Pferde-Trainir-Anftalt bei Schönfeld-Haffee. Allg. Bauz. 1889, S. 88.
Blumberg & Schreiber. Die Neubauten des »Berliner Tatterfall«. Deutfche Bauz. 1890, S. 433.
Manchot, W. Das Gebäude der »Tatterfall«-Gefellfchaft in Mannheim. Centralbl. d. Bauverw. 1890, S. 117.
Reitfchule der k. und k. Landwehr-Kavallerie-Kaferne in Stockerau. Allg. Bauz. 1890, S. 71 u. Bl. 61.
Drexler, J. Der Pferde-Wettrennplatz in der Freudenau bei Wien. Allg. Bauz. 1891, S. 54.
Das k. und k. Hofreitfchulgebäude in Wien. Wiener Bauind.-Ztg., Jahrg. 7, S. 211.
Reit-Inftitut des Herrn *W. Schelle* in Hamburg. Baugwks.-Ztg. 1891, S. 1270.
Reit- und Rennbahnen in Leipzig: Leipzig und feine Bauten. Leipzig 1892. S. 542.
Schmid, E. Thiergarten-Reitbahn in Berlin. Baugwks.-Ztg. 1892, S. 288.
Vélodrome de l'au. *La conftruction moderne*, Jahrg. 8, S. 606.
Virages des piftes de vélodromes. *La conftruction moderne*, Jahrg. 9, S. 112, 124.
Pifte de vélodrome. *La conftruction moderne*, Jahrg. 9, S. 275.
Architektonifche Rundfchau. Stuttgart.
    1892, Taf. 42 u. 43: Reitfchulgebäude des Herrn *Jacques Shaw* in Wien; von Hieser.

Entwürfe des Architekten-Vereins zu Berlin. Neue Folge.
1873, Bl. 56: Reitbahn; von v. TIEDEMANN.
WULLIAM & FARGE, *Le recueil d'architecture.* Paris.
   16e année, f. 17: Manège et écuries, jardin zoologique d'acclimatation de Paris; von SIMONET.
   4e année, f. 16: Manège; von CALIGNY & FOUQUIAU.
Croquis d'architecture. Intime Club. Paris.
   1878, No. V, f. 5: Une école d'équitation; von BASTIEN.

2. Kapitel.
Schiefsstätten und Schützenhäufer.
Von JACOB LIEBLEIN.

Bedrängnifs von aufsen, Noth im Inneren liefsen zur Zeit des finkenden Ritterthumes in den deutfchen Städten aus den fefshaften Elementen, aus dem Kern der Bürgerfchaft eine eigene Wehr entftehen — die Schützengilden — zur Wahrung der ftädtifchen Interessen, zur Sicherung des Befitzthumes, zu Schutz und Trutz gegen räuberifche oder politifch anmafsende Feinde. Sie find die erften greifbaren Zeichen der wiedererwachten Volkskraft, die Grundlagen der fpäteren ftädtifchen Macht.

Wachsthum und Gedeihen diefer Gilden gingen mit dem Emporblühen eines freien Bürgerthumes Hand in Hand; fie erreichten ihren Glanz- und Höhepunkt in der Reformationszeit.

<small>Die älteften Schützen-Genoffenfchaften in Deutfchland reichen nachweisbar bis zur Gründung der Habsburger Dynaftie zurück. Herzog *Boleslav*, der Streitbare, von Schweidnitz liefs 1286 das erfte Vogelfchiefsen mit der Armbruft abhalten. Die Bürgerfchaft Magdeburgs hielt 1387 bei ihren Maifpielen ein Bogenfchiefsen in einem grofsen Schützenhofe ab.

Es bildeten fich mit der Zeit an vielen Orten Genoffenfchaften mit feften Satzungen, früh fchon — im XVI. Jahrhundert — in Strafsburg, in Frankfurt a. M. und Stuttgart; fie erbauten befondere Schiefshäufer, während vordem meift die Vorwerke der Befeftigungen der Städte mit ihren gedeckten Gräben die Uebungsftätten abgaben, und hielten alljährlich gröfsere Preisfchiefsen ab, zu denen die Gilden der Nachbarorte eingeladen wurden. Von dem Ernfte, der die Theilnehmer befeelte, zeugen die religiöfen Weihe-Ceremonien, mit denen die Fefte eröffnet wurden, von dem Werthe, den man der Einrichtung beilegte, die Stiftung von Altären und Capellen zu Ehren des Schutzheiligen der Schützen, *St. Sebaftian*, und der Inhalt der Ladebriefe, in welchen »die Pflanzung und Erhaltung guter nachbarlicher Einigkeit, vertraulicher Gefelligkeit, Freundfchaft und guten Willens« ausdrücklich betont werden.

Erfindung und Anwendung des Schiefspulvers um die Mitte des XIV. Jahrhundertes erweiterten den Wirkungskreis der Schützengenoffenfchaften; zum Armbruftfchiefsen traten die Büchfen- und Stückfchiefsen.

Muth und Selbftbewufstfein wurden durch diefe Gilden dem Bürgerthum verliehen, welche in friedlichen Zeiten die verfchiedenen Stände einten, in den Stunden der Gefahr aber auch gemeinfam vor dem Feinde tapfer fochten.

Im XVI. Jahrhundert ftand das Schützenwefen in höchfter Blüthe. In immer weitere Kreife ergingen die Ladungen zu den Schützenfeften, welche wirklich Nationalfefte geworden waren; folche fanden in Strafsburg fchon 1456, fodann 1576, in Frankfurt a. M. 1582, 1671, 1707 ftatt etc.[174]).</small>

Durch die ftehenden Heere verloren die Gilden ihre politifche und nationale Bedeutung; wo folche noch beftehen blieben, dienten fie mehr zur Kurzweil der Betheiligten, als dem Ernfte des öffentlichen Lebens.

<small>174) Vergl. auch: Münchens Schützenwefen und Schützenfefte. Hiftorifche Feftgabe von E. v. DESTOUCHES. Feftzeitung für das VII. deutfche Bundesfchiefsen. München 1881. S. 71 u. ff.</small>

(Marginalia: 192. Gefchichtliches.)

Mit der nationalen Erhebung des Jahres 1813 kam wieder neues Leben in die alte Einrichtung, das mit dem Aufblühen der Gefang- und Turnvereine gleichen Schritt hielt und mit dem I. deutfchen Bundesfchiefsen 1862 zu Frankfurt a. M. einen erhöhten Auffchwung nahm.

Auch durch die Einführung der allgemeinen Wehrpflicht hat die Pflege des Schützenwefens an allgemeiner, wenn auch an politifcher Bedeutung nicht verloren. Davon legen die zahlreichen Verbindungen und Gefellfchaften Zeugnifs ab, welche in faft allen Städten und Städtchen des Deutfchen Reiches und weit über deffen Grenzen hinaus die fichere Führung der Büchfe fich zur Aufgabe gemacht haben.

193. Schiefsftätten. Dem gemäfs erheben fich allenthalben, behufs Erlangung der nöthigen Uebung und Sicherheit von Auge und Hand, Schiefsftätten, die zum dauernden Gebrauch erbaut fein müffen, deren räumliche Ausdehnung indefs eine mäfsige fein kann, da fie nur einer einzigen Genoffenfchaft zu dienen haben. Die Lage aufserhalb der Stadt brachte die Verbindung noch anderer Räume, als Reftaurations-Säle, Trinkftuben etc., mit der Schiefsftätte mit fich.

Die periodifch wiederkehrenden grofsen Bundesfchiefsen, die Schützenfefte von Gau- und Landesverbänden hatten aufserdem die Errichtung von grofsen Schiefshallen mit Feftbauten etc. im Gefolge, welche nur vorübergehend ihrem Zwecke dienen und defshalb meift leicht in Holz mit Guirlanden, Wappen- und Fahnenfchmuck hergeftellt zu werden pflegen.

Grundlegend für die Einrichtungen und Geftaltung der grofsen nationalen Schützenfefte in Deutfchland waren die fchon früh ausgebildeten und in fefte Form gebrachten gleichen Fefte der Schweiz. Sie gaben auch das Vorbild für die jüngften Schützenvereinigungen und -Fefte in Belgien und Frankreich ab [175].

194. Bauftelle. Für die Schiefsftätten wird am beften ebenes oder fanft anfteigendes Gelände, das frei von Steinen ift, gewählt, um die gefährliche Wirkung von Prellfchüffen zu verhüten. Sie liegen an den meiften Orten, wenn nicht gerade befonders günftige örtliche Verhältniffe vorwalten, wegen der Gefährlichkeit der Hantierung und der hohen Preife von unmittelbar an der Stadt gelegenem Gelände, entfernt von letzterer.

So find z. B. die Schiefsftände der alten Berliner Schützengilde (ca. 1708) auf dem 28,09 ha grofsen Gelände des Schlofsparkes »Schönholz«, die in Frankfurt a. M. im Stadtwalde an der Station »Forfthaus« gelegen.

Die Scheiben werden, damit fie volles Licht haben, wenn möglich gegen Often oder Süden gerichtet; die Längenaxe der Schiefsplätze kann daher eine oft-weftliche oder füd-nördliche fein. Im einen Falle haben die Schiefsenden die Morgenfonne, im anderen die Mittagfonne im Rücken.

Für die Erforderniffe der Anlage find zu unterfcheiden:

1) Schützenhäufer mit Schiefsplätzen für dauernde Benutzung;

2) Schiefshallen mit Schiefsplätzen und Feftbauten, die vorübergehend für die Dauer eines einzigen Feftes errichtet werden.

195. Schützenhäufer. Im erften Falle ift, wie fchon die Benennung »Schützenhaus« befagt, für die Schützengefellfchaft eine Heimftätte zu befchaffen, und diefe umfafst gewöhnlich: α) den Schützenfaal, mit Ladetifchen und Gewehrfchränken; β) in unmittelbarem Anfchlufs an erfteren die Schützenftände; γ) Büchfenmacher-Werkftätte; δ) Berathungszimmer; ferner ε) Reftaurations-Saal, Kneipzimmer und Buffet; ζ) Küche mit allem Zubehör; η) Vorräume, Kleiderablagen, Wafchzimmer und Aborte; endlich ϑ) Dienerzimmer und Dienerwohnung.

Bei gröfseren Gefellfchaftshäufern tritt öfters noch in einem Obergefchofs ein Feftfaal mit den zugehörigen Nebenräumen hinzu.

---

[175] Siehe auch: CORNAZ-VULLIET, C. *Anclens tirs des Suiffes etc.* Bern 1885.

Zuweilen werden die Gesellschaftsräume, von den Schiefsanlagen getrennt, in einem besonderen Gesellschaftshause angeordnet, auf dessen Betrachtung hier nicht eingegangen zu werden braucht [179]. Wenig entfernt von diesem Gebäude liegen dann Schiefshalle und Schiefsstände.

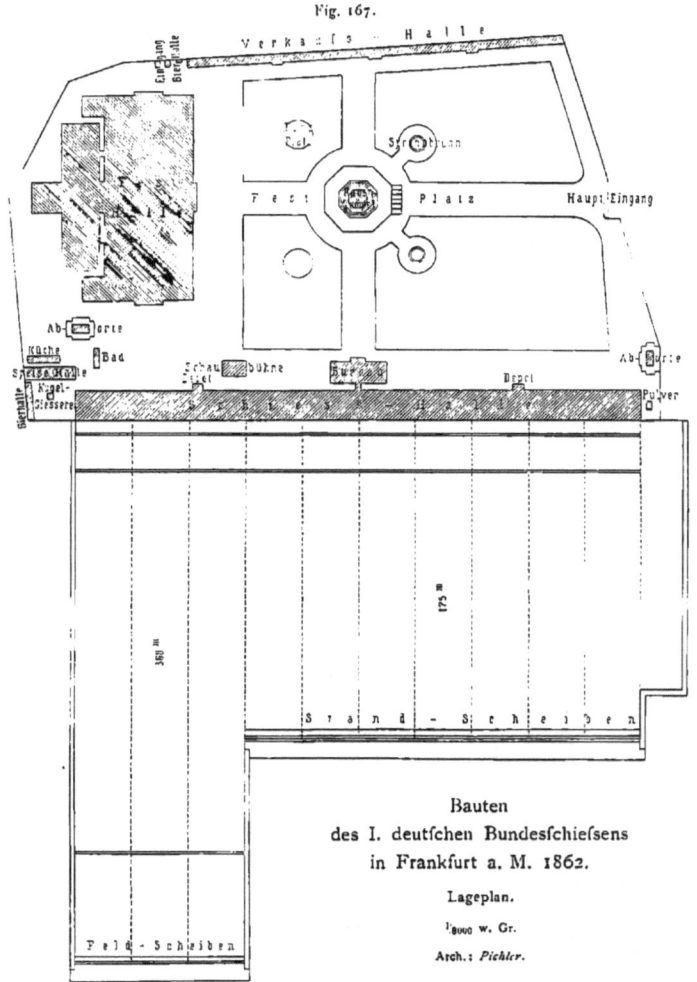

Fig. 167.

Bauten
des I. deutschen Bundesschiefsens
in Frankfurt a. M. 1862.

Lageplan.

$\frac{1}{8000}$ w. Gr.

Arch.: *Pichler*.

---

[179]) Siehe im vorliegenden Hefte das Kapitel: Gebäude für gesellige Vereine — ferner in Theil IV, Halbband 6, Heft 3 das Kapitel: Concert- und Saalgebäude.

196.
Feſtbauten.

Die baulichen Anlagen der zweiten Art erfordern aufser den Schiefshallen mit Zubehör einen grofsen Feſtplatz, dem nicht felten noch ein offener Volksbeluſtigungsplatz, mit Schauſtätten, Spiel- und Glücksbuden aller Art, vorgelegt iſt. Von der Anfahrt gelangt man zum Haupteingange des Feſtplatzes, der durch ein Feſt-Portal ausgezeichnet iſt. Zu beiden Seiten deſſelben reihen fich kleinere Baulichkeiten an, welche Caffen- und Bureau-Räume für Poſt- und Telegraphendienſt, Polizei- und Feuerwehrgelaſſe enthalten. An einer Seite des Feſtplatzes iſt die grofse

Fig. 168.

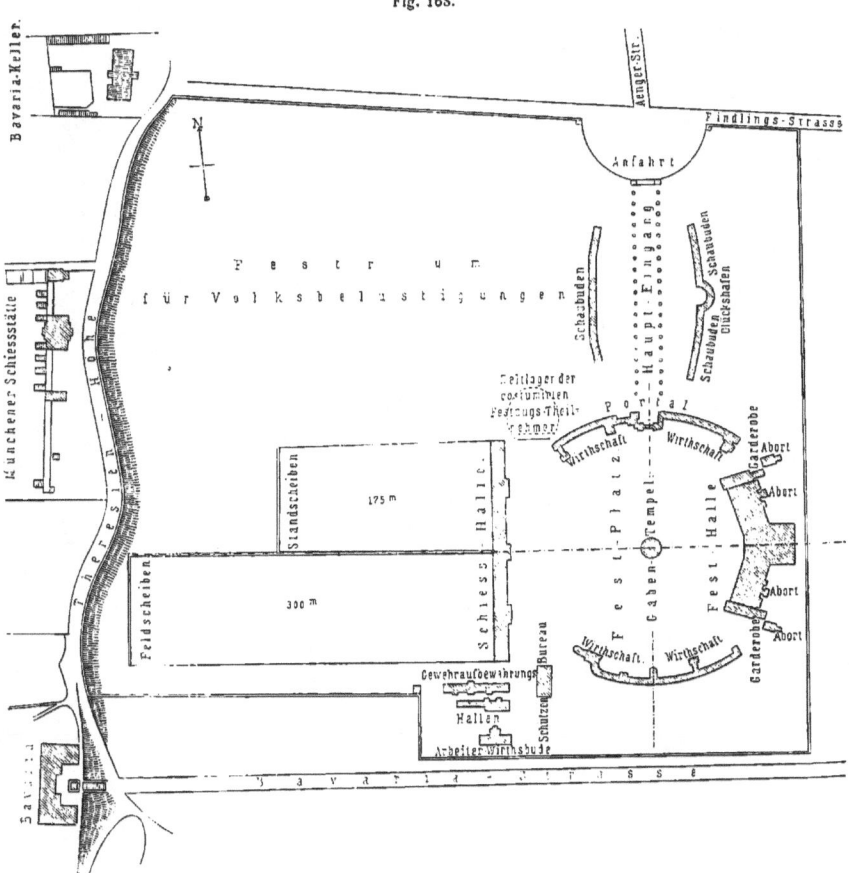

Bauten des VII. deutſchen Bundesſchiefsens in München 1881.
Lageplan. — 1/4500 w. Gr.

157

Fig. 169.

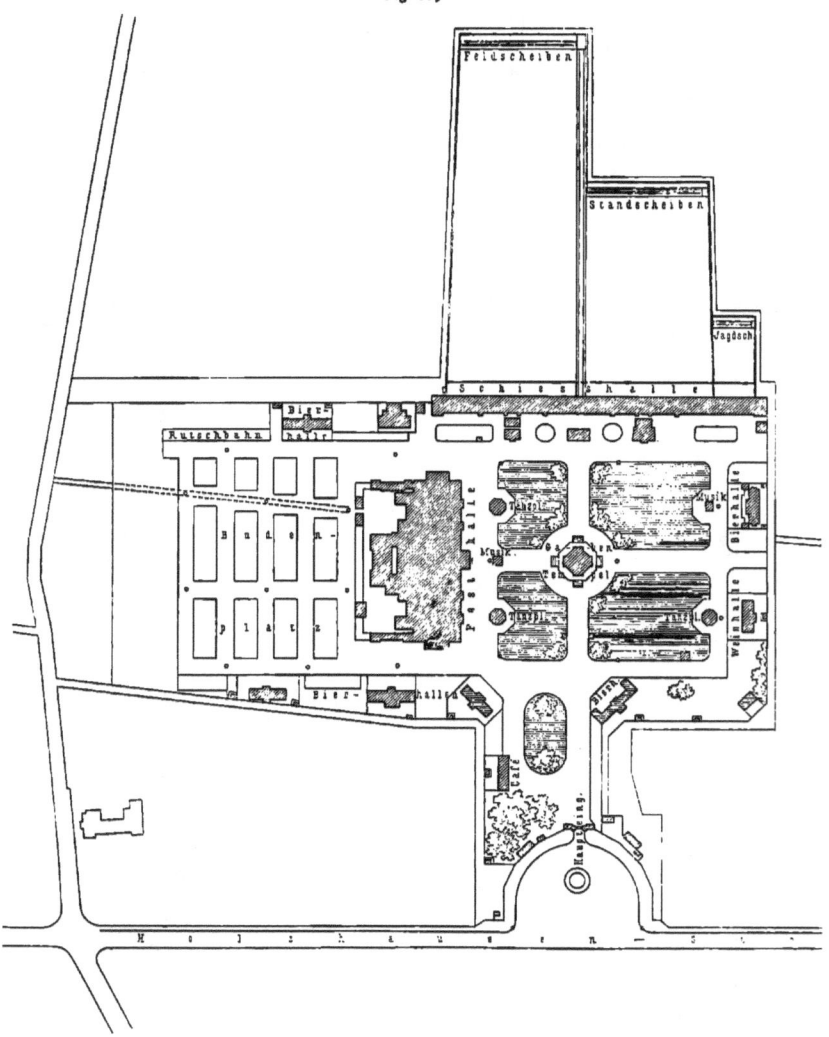

Bauten des IX. deutschen Bundesschießens zu Frankfurt a. M. 1887.
Lageplan. — 1/4300 w. Gr.
Arch.: *Lindheimer*.

Festhalle errichtet, die nach Früherem[177]) mit allen jenen Räumen und Einrichtungen verfehen ist, welche die Abhaltung der Bankete und Verfammlungen, fo wie die Entfaltung des während der ganzen Dauer des Feftjubels ftattfindenden Maffenverkehres erfordert. Einige kleinere Schank- und Speifewirthfchaften, ferner Aborte und Piffoirs find am Umfange des Platzes vertheilt; im Mittelpunkte oder an einem anderen hervorragenden Punkte deffelben erhebt fich ein Gabentempel, in welchem die zur Vertheilung kommenden Ehrenpreife aufgeftellt werden. Die Hauptgrundlage der Feftplatz-Anlage endlich bilden die Schiefshallen, die nach Art der Schützenhäufer mit Schiefsftänden und Laderäumen, Waffenfälen, Werkftätten für Büchfenmacher, Commiffions-Berathungszimmer, Dienerzimmer, Kleiderablagen, Aborten etc. ausgerüftet find.

Für die Anlage des Schiefs- und Feftplatzes mögen die in Fig. 167 bis 169 dargeftellten Lagepläne der Bauten des I., des VII. und des IX. deutfchen Bundesfchiefsens in Frankfurt a. M. 1862, bezw. in München 1881 und in Frankfurt a. M. 1887 die nöthigen Anhaltspunkte geben.

Bei der Münchener Anlage ist die gute und wirkungsvolle Anlage und Gruppirung der verfchiedenen gröfseren und kleineren Bauwerke bemerkenswerth.

Für das IX. deutfche Bundesfchiefsen zu Frankfurt a. M. 1887 (Fig. 169) wurde im Norden der Stadt ein Feftplatz von etwas über 200 000 qm Grundfläche gewählt, der etwa 2 km von der Stadtmitte entfernt war. An der der Holzhaufen-Strafse entgegengefetzten Seite des Platzes war ein 8 m breiter, durch Thore abgefchloffener Fahrweg angeordnet; auf diefem konnte fich der Wagenverkehr, der fich nach und von den dort gelegenen Bier- und Weinhallen entwickelte, entfalten, ohne dafs der Feftverkehr geftört wurde; auch war es möglich, die Ueberwachung der der Abgabenpflicht unterworfenen Lieferungen in einfacher Weife zu bewirken. Die Fefthalle ift in der zweiten Auflage des vorhergehenden Heftes (Art. 223, S. 192) diefes »Handbuches« befchrieben[178]).

Das X. deutfche Bundesfchiefsen wurde 1890 zu Berlin abgehalten. Ueber die Bauten deffelben ift in den unten genannten Quellen[179]) das Erforderliche zu finden. Die zu geringe Länge der Schiefshalle mit nur 210 m wurde getadelt; diefelbe betrug in der bei eben erwähnten Frankfurter Anlage 280,60 m.

Auch bei Anlage jeder ftändigen Schiefsftätte follte die Möglichkeit in das Auge gefafst werden, diefelbe mit einem Feftplatze in Verbindung bringen zu können, da in diefem Falle bei etwaiger Abhaltung von gröfseren Feftfchiefsen zwar eine Vermehrung der Zahl der Schiefsftände erforderlich ift, aufserdem aber nur wenig Gelegenheitsbauten herzuftellen find.

In diefer Beziehung ift bei den neuen Schiefsftänden in Schönholz bei Berlin (fiehe Art. 198) trefflich geforgt.

197. Schiefsanlagen.

Bei fämmtlichen in Rede ftehenden Bauten, fowohl für dauernde, wie für vorübergehende Benutzung, fchliefst fich an die Schiefshalle mit Schiefsftänden unmittelbar das Schiefsfeld mit feinen Scheibenftänden, Kugelfängen, Zieler- oder Zeigergräben, Deckungen und Umwährungen an. Diefelben bilden insgefammt die eigentlichen Schiefsanlagen, die im Nachfolgenden in den Kreis näherer Betrachtung zu ziehen und als Ganzes aufzufaffen find.

Die zur Schiefshalle gehörigen Räume find im Vorhergehenden fchon genannt; ihre Aneinanderreihung behufs Grundrifsbildung des Baues wird, wie die mitgetheilten Beifpiele in Fig. 170, 197, 201 u. 204 zeigen, den örtlichen Erforderniffen gemäfs verfchiedenartig bewerkftelligt. Von Einflufs darauf ift vor Allem die Längenausdehnung, die das Gebäude erhalten foll, und diefe fteht in engftem Zufammenhange mit der Gröfse des Schiefsfeldes.

---
[177]) Im vorhergehenden Hefte (Abth. IV, Abfchn. 2, Kap. 3) diefes »Handbuches«.
[178]) Siehe auch: Deutfche Techniker-Ztg. 1887, S. 144.
[179]) Deutfche Bauz. 1890, S. 353, 362, 365. — Centralbl. d. Bauverw. 1890, S. 281.

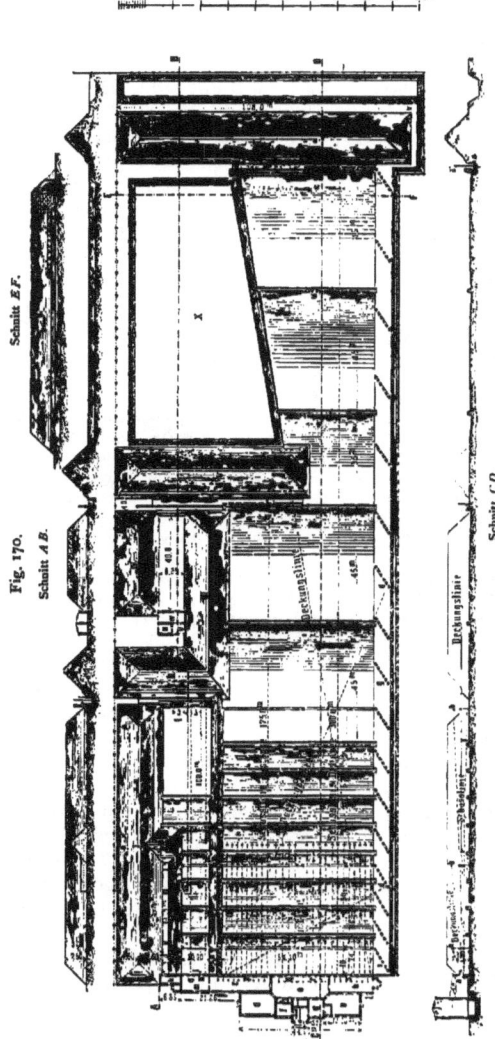

Fig. 170. Schnitt AB. Schnitt EF. Schnitt CD. Schiefsstände in Schönholz bei Berlin [189].

Entworfen von *Mitty & Göhrisch*; ausgeführt von *Machinek*.

Die Länge des Schiefsfeldes richtet sich nach der Tragweite der Schufswaffen, welche für diese Schiefsübungen zuläffig erfcheint. Hierbei wird für Kugelbüchfenfchiefsen eine Zielentfernung von 300 m nicht überfchritten; aufserdem find folche von 175 m und zuweilen 100 m (in Frankreich 300 m, 225 m und 125 m) üblich. Für Jagdkugelfchiefsen wird die Diftanz auf die Scheibe zu höchftens 100 m, auf laufendes Wild zu 80 m, für Jagdfchrotfchiefsen zu 40 m, für Piftolenfchiefsen gleichfalls auf 40 m (in Frankreich für letzteres auf 20 m, für Flobert-Flintenfchiefsen auf 12 m) bemeffen.

Die Breite von Schiefsfeld und Schiefshalle hängt von der Anzahl der aufzuftellenden Scheiben und deren Abftand ab. Diefer follte von Axe zu Axe der Stände 4 m betragen; meift werden aber geringere Abftände von 2,85 m, 2,50 m, 2,00 m und darunter angenommen, was indefs bei ftarkem Verkehr leicht zu Unzuträglichkeiten in der Benutzung der Schiefsftände Veranlaffung giebt.

---

[189] Nach: Baugwks.-Zeitg. 1883, S. 703.

198. Abmeffungen.

Zur Veranschaulichung einer ganzen Schiefsanlage wird in Fig. 170 [180]) der Plan der schon erwähnten neuen Schiefsstände von Schönholz bei Berlin mitgetheilt.

Die von *Mitty & Gohrisch* entworfene, unter der Leitung von *Machinek* ausgeführte Anlage umfafst 25 Scheibenschiefsstände a, b, c, und zwar 12 zu je 300 m, 13 zu je 175 m; ferner 3 zu 100 m Diftanz; fodann einen Jagdscheiben- und Jagdzugftand o, n, fo wie einen Piftolenfchiefsftand k. Die beiden letzteren find in Nebengebäuden, die erfteren im Hauptgebäude theils im Winterfchiefsftand a (4 Stände r zu je 300 m und 4 Stände q zu je 175 m), theils in den Sommerhallen b, c (8 Stände s zu je 300 m und 9 Stände p zu je 175 m) untergebracht. Einen Jagdfchrotftand w bildet die zwifchen den Wällen liegende Halle, wo auch Räume u, v für das Bekleben der Scheiben vorgefehen find.

Die Lage der Schiefsftände ift demnach fo gewählt, dafs ganz hinten an der Grenze des Grundftückes die kürzeren und Nebenftände, an diefe die 175 m langen, fodann die 300 m langen Stände fich anreihen. Diefe Anordnung in Verbindung mit der Ausdehnung des Grundftückes gewährt die Möglichkeit, bei gröfseren Schützenfeften die Anzahl der Stände nach dem frei liegenden Theile des Befitzthumes zu beträchtlich zu vermehren. Die zur Deckung dienenden Seitencouliffen g (fiehe Art. 210) laffen fich in folchen Fällen leicht verfetzen.

Das Hauptgebäude, in Backftein-Rohbau mit Rundbogenfenftern ausgeführt, enthält aufser dem Schiefsfaal im Erdgefchofs noch zwei Waffenfäle e, d, das Conferenz-Zimmer f, das Bierfchank-Zimmer g, den Büchfenmacherraum h und die Aborte. Im Obergefchofs des Mittelbaues befinden fich zwei Beamtenwohnungen, im Kellergefchofs Holz- und Kellerräume, fo wie die Pumpvorrichtung für die Wafserleitung.

Auf die grofsentheils muftergiltigen Einrichtungen diefes Beifpieles wird im Einzelnen zurückgekommen werden.

199. Laderäume.

Einen wefentlichen Beftandtheil einer Schiefshalle, bezw. eines Schiefshaufes bilden die Schützen- oder Laderäume. Sie find entweder in einem befonderen Saale vereinigt und mit den zugehörigen Schiefsftänden in Verbindung gebracht

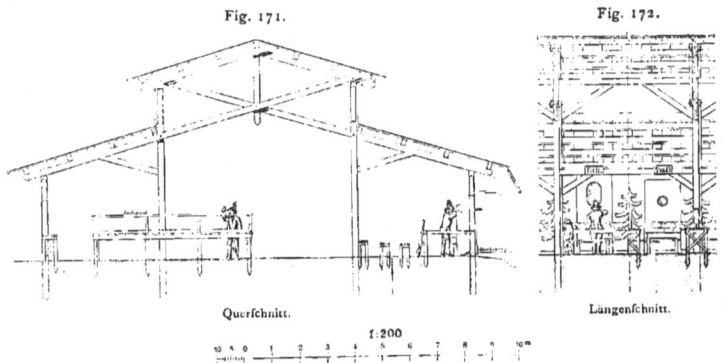

Fig. 171. Fig. 172.

Querfchnitt. Längenfchnitt.

1 : 200

Schiefshalle für das III. deutfche Bundesfchiefsen in Wien 1868 [181]).
Arch.: *Hinträger*.

(Fig. 181, 204 u. 207) oder nach den einzelnen Scheibengruppen getrennt und den Schiefsftänden vorgelegt (Fig. 197 u. 201). Diefe Räume enthalten die Ladetifche, auf welchen die Schützen ihren Schiefsbedarf und die Werkzeuge niederlegen, die Gewehre wechfeln und reinigen (Fig. 171 u. 172 [181]). Doch darf hier weder ein Zündhütchen aufgefetzt, noch bei Hinterladern eine Patrone in den Lauf gebracht werden.

---

[181]) Nach: Zeitfchr. d. öft. Ing.- u. Arch.-Ver. 1868, Nr. 21.

An die Laderäume fchliefsen fich Waffenfäle mit Gewehrfchränken, Berathungs- und Controle-Zimmer, Büchfenmacher-Werkftätte, auch Wirthfchaftsräume, Wafch- zimmer etc., mehr oder weniger unmittelbar an. In manchen Schiefshallen ift vor den Laderäumen auch eine Art Wandelbahn angelegt (Fig. 197, 201 u. 204), welche den Zufchauern und Commiffären die Beobachtung der Schufsergebniffe geftattet und durch eine 80 bis 90 cm hohe Brüftung von den Laderäumen getrennt ift. Jeder Scheibe gegenüber befindet fich dann ein Durchgang, der zu Sicherung der Schützen gegen Beläftigung durch die Zufchauer durch eine Eifenftange gefchloffen werden kann.

Die eigentlichen Schiefsftände [182]) werden am beften als befondere kleine Ge- laffe der Halle angereiht; die Erhellung erfolgt durch Deckenlicht, das durch einen Schirm auf der oberen Theil des Gewehres geworfen wird. Jeder Stand ift von dem nächften durch eine kugelfefte Backftein- oder Holzwand zu trennen; der Boden ift zu afphaltiren oder zu pflaftern; auch eine einfache Sandfchüttung kann genügen; eine Dielung aber, die durch das Eintreten der gebrauchten Kapfeln bald befchädigt wird, ift nicht zu empfehlen. An manchen Orten ift im Boden ein Loch (50 × 20 cm grofs und ungefähr 15 cm tief) angebracht, einestheils um den Schützen zu verhindern, vorzutreten oder den Fufs gegen die Mauer zu ftützen, anderentheils um die gebrauchten Patronenhülfen und Zündkapfeln aufzunehmen.

Fig. 173.

Gewehrkrücke.

Zum Auflegen der Waffe dient ein auf der Fenfterbank befeftigter doppelter Steg, der nach Fig. 173 mit halbrunden Einfchnitten verfehen ift.

Der Schiefsftand wird nach der Scheibe zu durch ein mit Läden verfehenes Fenfter geöffnet, deren untere Hälfte mittels einer Vorrichtung fenk- recht zur Mauer des Schiefsftandes hinausgeftellt werden kann, wodurch Sonne und Wind, fo wie der aus benachbarten Schiefs- ftänden hervordringende Pulverdampf abgehalten werden.

Ganz ähnliche Einzelheiten bei derfelben Art des Ladenverfchluffes find in der National-Schiefshalle zu Brüffel getroffen und in Fig. 200 abgebildet.

Eine andere Vorrichtung weifen die Schiefsftände des III. deutfchen Bundesfchiefsens in Wien auf (Fig. 171 u. 172), bei denen ein Klappladen am Sparrengefimfe über dem Schiefsfenfter angebracht war, der mittels einer Stange aufgeftellt werden konnte.

Beim Schweizerifchen Schiefsen in Zürich (1872) war vor der Hallenwand ein 1,5 m breiter, ge- deckter Parallelgang hingeführt, der in einer Höhe von 2,2 m vom Boden durchweg mit ftarken Bohlen belegt war, zur Sicherung gegen Sonne, mehr aber noch gegen unglückliche Folgen von unvorfichtig ab- gegebenen Schüffen (Fig. 174 [183]).

Zwifchen dem Laderaum und dem Schiefsftand befindet fich der Platz für den Schreiber, der die Schüffe bucht und der hier beffer, als bei einer Stellung neben dem Schützen, den letzteren beobachten, Scheibe und Schufsergebniffe wahr- nehmen kann.

Bei der Anlage des Schiefsfeldes ift vor Allem dafür Sorge zu tragen, dafs, insbefondere in der Nähe von Strafsen und Anfiedelungen, die Schufslinie von jeder Seite oben und unten Deckung findet. Es kann dies, unter Berückfichtigung der Tragweite der heutigen Feuerwaffen, durch Errichtung von Erdwällen, Mauern und

---

[182]) Nach.: *Moniteur des arch.* 1878, S. 45 u. 51; auch ein Theil der nachfolgenden Ausführungen ift diefer Quelle entnommen.

[183]) Nach: Album Schweiz. Ingenieure und Architecten. — Bauten des eidgenöffifchen Schutzenfeftes in Zurich 1872. Zürich 1873. Bl. 9.

Handbuch der Architektur. IV, 4, b. (2. Aufl.)

Fig. 174.

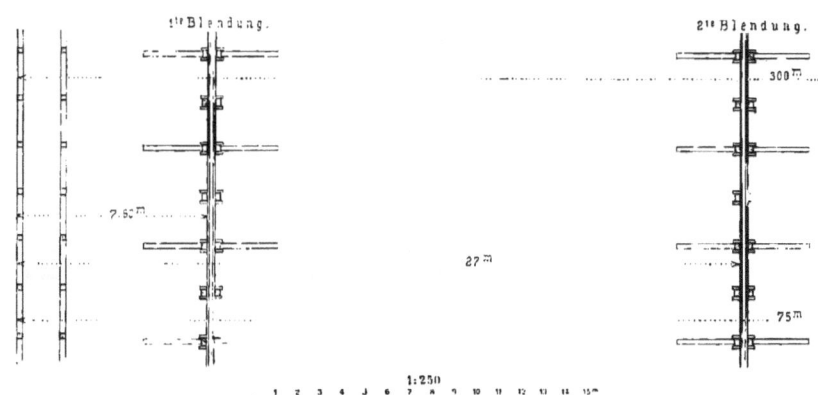

Theil des Schiefsfeldes und Schiefsstand vom eidgenöffifchen Schützenfeft zu Zürich 1872 [182]).

Zimmerwerk, Blendung und Couliffen ringsum das Schiefsfeld erreicht werden. Je nach den örtlichen Verhältniffen und den vorhandenen Geldmitteln empfiehlt fich bald die eine, bald die andere Deckungsart.

Um diefe Umwährungen richtig und zweckentfprechend ausführen zu können, mufs die Schufslinie (Vifirlinie) und die Flugbahn des Gefchoffes bekannt fein.

203. Schufslinie. Unter Schufslinie verfteht man diejenige Gerade, welche vom Auge des im Anfchlag liegenden Schützen über das Vifir der Waffe hinweg nach dem Scheiben-Centrum gezogen wird. Aufgefetzt wird übrigens nicht nach dem mathematifchen Mittelpunkt, fondern nach der Tangente im tiefften Punkte des Centrums-Ringes der Scheibe.

Diefe Schufslinie ändert fich mit der Gröfse des Schützen, von der das Heben oder Senken des Gewehres abhängig ift. Allgemein wird die Höhe der Schufslinie vom Boden des Schiefsftandes auf 1,3 m beim kleinften, 1,8 m beim gröfsten Manne angenommen; man kann fich übrigens bei den Aufzeichnungen mit einer Höhe von 1,7 m als Gröfstmafs begnügen.

204. Flugbahn. Die Flugbahn ift die Curve, welche von der Kugel bei ihrem Austritt aus dem Laufe bis zur Ankunft am Ziele befchrieben wird. Diefe Curve ift nicht nur für jede Waffe eine andere; fie wechfelt auch je nach der Stärke der Ladung, je nach dem verfchieden grofsen Gewicht der Kugeln und den verfchiedenen Formen derfelben. Man unterfcheidet eine am wenigften und eine am meiften geftreckte

Flugbahn. Beide kommen für unsere Einrichtungen in Betracht; sie sind in Fig. 175 u. 176 unter Zugrundelegung einer Tragweite von 600 m nach *Bonnet* aufgetragen. Die am wenigsten gestreckte Flugbahn ergiebt der Schufs eines *Ghaye*-Carabiners,

Fig. 175.

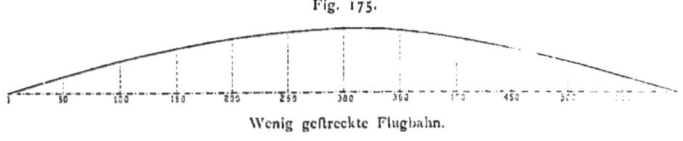

Wenig gestreckte Flugbahn.

Fig. 176.

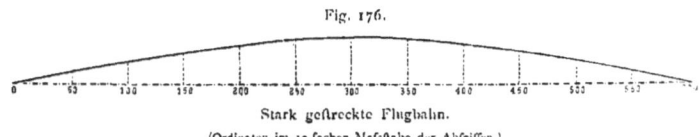

Stark gestreckte Flugbahn.

(Ordinaten im 10-fachen Mafsstabe der Abscissen.)

mit einem Kaliber von 11,5, geladen mit 3,8 g Pulver und einer Kugel von 21 g, die gestreckteste ein Schweizer-Schützen-Carabiner, bei einem Kaliber von 10,4, 16 g Kugelgewicht und 4 g Pulver.

Nachstehend verzeichnete, bekanntere Waffen haben folgende Flexion oder Flugbahn:

Carabine Ghaye . . .	6,01 m	auf 600 m
Chassepot	5,43 »	600 »
Fusil Gras (1874) . .	4,85 »	600 »
Martini Henri	4,57 »	600 »
Fusil chasseur Suisse	4,18 »	600 »

Nach den beiden Flugbahnen sind nun die Scheiben und Kugelfänge auf Entfernungen von 125 bis 225 bis 300 m wie folgt zu errichten. Man zeichne das Längenprofil des Schiefsfeldes von der Schiefsstandmauer bis zu einer Entfernung von 125 m, hierauf die Schufslinie, welche steigend oder fallend, am besten aber, wenn es das Gelände gestattet, wagrecht gemacht wird, wobei zu beachten ist, dafs dieselbe 1,7 m über dem Boden des Schiefsstandes abgeht. Von hier wird die am wenigsten gestreckte Flugbahn in solcher Weise angetragen, dafs der einschlägige Punkt bei 125 m sich 1 m hoch über die Scheibe erhebt. Hieraus bemifst sich nach der Curve der Flugbahn die Höhe, welche den Kugelfängen in jeder beliebigen Distanz zu geben ist, damit die Kugel eines *Ghaye*-Carabiners, selbst von dem gröfsten Manne abgegeben, 1 m höher als die Scheibe noch aufgefangen wird.

Wenn es indefs einestheils wichtig ist, dafs alle Schützen ihre Kugeln in die Scheibe senden können, so ist es andererseits nicht minder wichtig, dafs der kleinste Mann, der 1,3 m über dem Boden anlegt, nicht über die Kugelfänge und die Krone der unmittelbar hinter den Scheiben errichteten Wälle zu schiefsen vermag.

Die Mafsnahmen, welche zu diesem Zwecke getroffen werden müssen, bestehen in der Errichtung von Querblenden (Blendungen) und im Anbringen von Schirmdächern unmittelbar vor den Schiefsständen behufs Deckung der ersten Blende.

Das Schirmdach besteht aus 15 cm dickem Holz und kann bis zur Höhe von 25 cm über der Schufslinie herabreichen; es steht so weit vor, dafs es mit seiner Traufe die am wenigsten gestreckte Flugbahn streift (Fig. 174 u. 177).

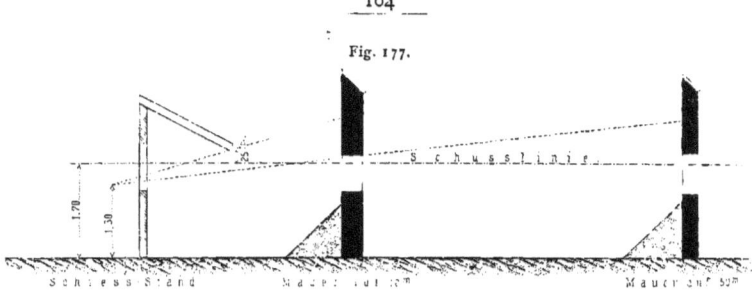

207. Blenden.

In der in Fig. 177 angegebenen Weise wird die Höhe der ersten Querblende oder Kugelfangmauer und in ganz ähnlicher Weise werden auch die Höhen der übrigen Blenden und die Krone des Scheibenwalles beftimmt, indem man diefelben mindeftens 50 cm höher über den Punkt, in dem fie von der Flugbahnlinie getroffen werden, aufführt. Je nach der Gröfse der Entfernung zwifchen Schiefsftand und Scheibe werden zwifchen beiden zwei oder drei Blendungen eingefetzt.

Nach französifchem Gebrauche genügen bei den Scheibenftänden von 125 m zwei Blenden, von denen die erfte 10 m und die zweite 50 m vom Schützen errichtet werden mufs. Bei den Scheibenftänden von 225 m und 300 m wird eine dritte Blende in 125 m Abftand aufgeführt.

Beim Züricher Schiefsen (1872) waren für die 300-Meter-Stände drei Blenden, die erfte 7,0 m, die zweite 27,0 m, die dritte 75,0 m vom Schiefsftande entfernt, eingezogen (fiehe Fig. 174, S. 162).

In der neuen Schiefsanlage zu Schönholz bei Berlin (fiehe Fig. 170, S. 159) find noch bei den 300-Meter- und 175-Meter-Ständen ebenfalls drei Blenden auf 10 m, bezw. 40 m und 97 m Abftand vom Schützen angeordnet.

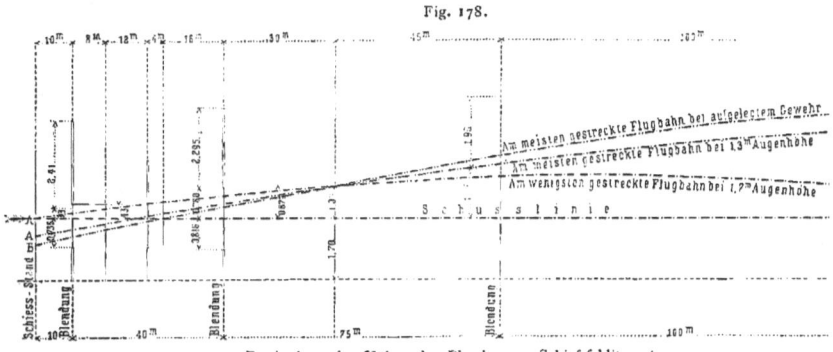

Ermittelung der Höhen der Blendungen, Schiefsfchlitze etc.

208. Schiefsfchlitze.

Holzblenden erhalten freie Durchläffe im unteren Theile (Fig. 182, 183 u. 185), Mauerblenden Schlitze oder Schiefsfcharten, durch welche die Kugel ihren Weg nehmen mufs (Fig. 203 bis 206). Die Abmeffungen derfelben hängen von der Diftanz und von der Flugbahn ab und find diefen gemäfs anzuordnen (Fig. 178).

Nachfolgende Tabelle giebt Auffchlufs über die einzuhaltenden Höhen, fowohl der Schiefsfcharten, als der Kronen der Blendungen, Mauern oder Erdwälle über der Schufslinie. Sie find nach Fig. 178 durch Zeichnung zu ermitteln.

Es erfordert:	Entfernung der Blende		
	10 m	50 m	125 m
Ein Schufs auf 125 m eine Höhe der Schlitzöffnung über Schufslinie von	0,15	0,05	—
„ „ „ 225 m „ „ „ „ „ „	0,18	0,76	1,40
„ „ „ 300 m „ „ „ „ „ „	0,21	0,93	1,92
„ „ „ 125 m eine Kronenhöhe der Blende „ „ „	0,70	2,30	—
„ „ „ 225 m „ „ „ „	0,70	2,30	2 30
„ „ „ 300 m „ „ „ „	0,70	2,30	2,30
	Meter.		

Die Krone des Scheibenwalles muſs bei einem Schuſs, abgegeben von 125 m, gleich wie von 225 m Schieſsſtand-Entfernung, um 2,30 m, bei 300 m Zicldiſtanz aber 2,60 m über die Schufslinie ſich erheben. Die Schieſsſchlitze werden in der erſten, 10 m entfernten Blende 15 cm breit und in der 50 m entfernten 70 cm breit gemacht.

Anfänger im Schieſsen bringen ihre Kugel nicht immer ſicher durch die ſchmale Scharte der erſten Blende. Trifft dann eine ſolche Fehlkugel die Seitenecke der Oeffnung, ſo prallt ſie heftig nach links oder rechts ab, je nachdem ſie die eine oder andere trifft und kann gefährlich werden. Um dies zu verhüten, werden hinter die Scharte, 45 cm von einander entfernt, Plankenwände von 6 m Länge geſetzt, welche die abſpringenden Kugeln aufnehmen, ohne durchzudringen, oder an

209. Schutz gegen Fehl- und Prellſchüſſe.

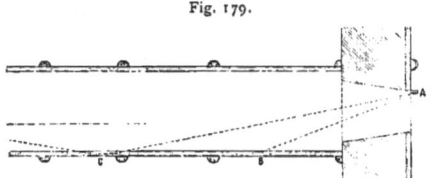

Fig. 179.   Fig. 180.

welchen ſie, einen Span abreiſsend, niederfallen (Fig. 179 u. 180). Hinter der zweiten Blende ſind die Plankenwände 10 m lang zu nehmen (Fig. 203). Behufs Herſtellung der Wände werden geſpaltene Stammhölzer in den Boden getrieben und durch Langhölzer verbunden, über welche Bretter genagelt werden. Prellſchüſſe auf den Erdboden werden in ihrer Wirkung unſchädlich gemacht, wenn winkelrecht zur Schuſslinie ſtehende Aufſchlagwälle, aus Raſen gepackt, durch das Schieſsfeld gezogen werden, wie dies der Schnitt CD durch die Berliner Schieſsſtände in Fig. 170 (S. 159) zeigt.

Zur Deckung gegen ſeitlich verirrte Kugeln dienen in demſelben Beiſpiele (Fig. 170) theils 3,0 m, bezw. 7,3 m hohe Erdwälle (I, III, IV und V), theils unter einem Winkel von 45 Grad geneigte Couliſſen von 6 m Höhe, welche nach Fig. 182 aus 26 cm ſtarkem Kiefernholz mit zweifeitiger, 5 cm ſtarker Bohlenwandung und innerer Sandfüllung conſtruirt ſind. Sie ſind in ſolchen Abſtänden aufgeſtellt, daſs ſie gegen jeden Schuſs von den Ständen aus, wie dies die Linie c d des Grundriſſes zeigt, Deckung gewähren. Um das Schuſsfeld abzuſperren, zieht ſich längs der Couliſſen ein Graben entlang mit dahinter aufgeſtelltem, 2,3 m hohen Drahtgitterzaun, eine Anordnung, welche dem Publicum das Beobachten der Scheiben während des Schieſsens geſtattet.

210. Seitliche Deckung.

Fig. 181.

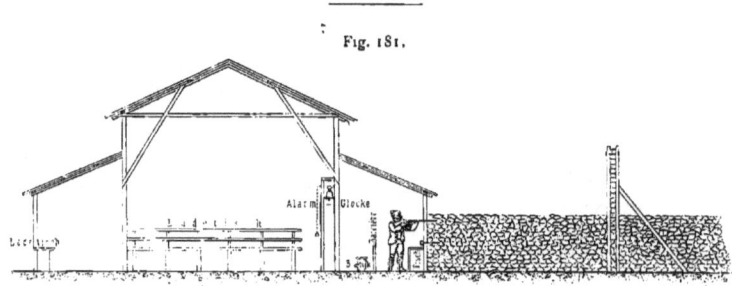

Schiefsplatz-Anlage für das Schützenfest in Frankfurt a. M. 1862 [184]).

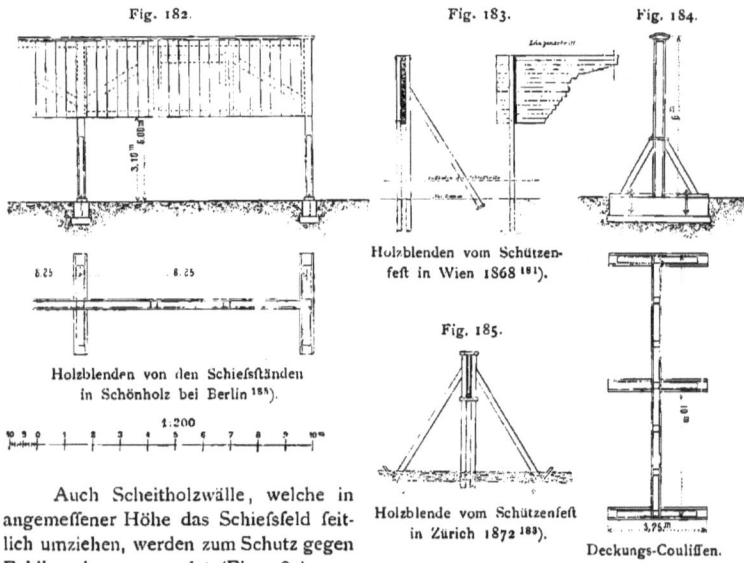

Auch Scheitholzwälle, welche in angemeffener Höhe das Schiefsfeld feitlich umziehen, werden zum Schutz gegen Fehlkugeln angewendet (Fig. 181).

211.
Conftruction
der
Blenden.

Die Blenden werden entweder aus Holz oder als maffive Mauern aus Steinen conftruirt.

Beifpiele von Holzblenden zeigen Fig. 182, 183 u. 185, welche theils dem Berliner Schiefsplatze angehören, theils bei den grofsen Schützenfeften in Wien und Zürich zur Verwendung gekommen find. Bei den Züricher Blenden war der Raum zwifchen den allerdings nicht fehr ftarken Bretterfchalungen mit Sand ausgefüllt, während in Wien dicke Bohlen genommen wurden. Auch Blenden von der Länge nach durchfägten Tannenftämmen, mit ungehobelten Brettern benagelt, find zur Anwendung gekommen.

Die aus Scheitholz hergeftellten Holzwälle beim Leipziger Bundesfchiefsen 1884 waren auf der Rückfeite mit Eifenplatten verwahrt.

---

[184]) Siehe auch Fig. 167, S. 155.
[185]) Siehe auch Fig. 170, S. 159.

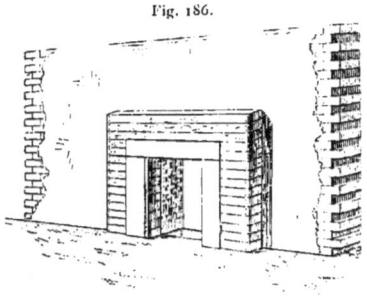

Fig. 186.

Gemauerte Blende.

Bei den in Frankreich üblichen gemauerten Blenden werden in die Schiefsfchlitze doppelte Holzrahmen eingefetzt, deren exponirte Theile mit aufgefchraubten, 20 mm ftarken Stahlplatten gepanzert find; das übrige Holzgerippe wird mit Brettern benagelt, und die Zwifchenräume find mit Sand oder Sägefpänen ausgefüllt (Fig. 186). Vor dem Zimmerwerk wird eine Erdböfchung hergeftellt (fiehe Fig. 177, S. 164).

212. Scheibenftände.

Der Scheibenftand umfafst die Scheibengerüfte mit ihren Mechanismen zum Aufziehen und Ablaffen der Scheiben, den Fangdamm und den Zeigerftand. Der letztere ift meift etwas in den Boden eingefenkt und durch einen Wall mit Böfchung gegen die Schützen gedeckt. Die Krone des Walles liegt mit der Unterkante der Scheibe in gleicher Höhe und 2 m über dem gedielten Standboden. Der Scheibenftand ift entweder ganz überdeckt (Fig. 189), fo dafs die Scheiben mit

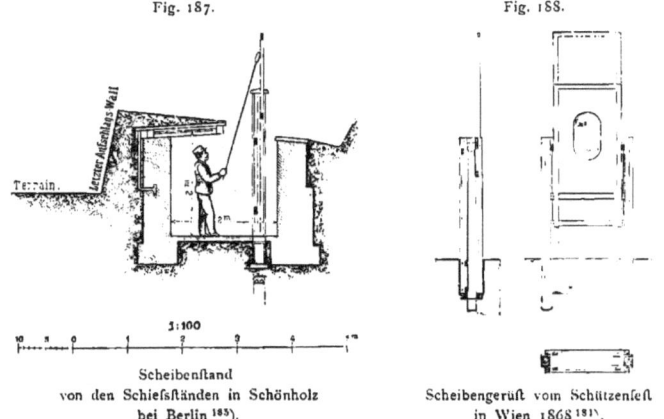

Fig. 187.

Scheibenftand von den Schiefsftänden in Schönholz bei Berlin [185]).

Fig. 188.

Scheibengerüft vom Schützenfeft in Wien 1868 [181]).

ihrer Bewegungsvorrichtung fammt dem Zeiger ganz im Trockenen ftehen, oder nur jener Theil ift gedeckt, der dem Zeiger als Aufenthaltsort dient (Fig. 187, 190 u. 191). Diefe theilweife Ueberdachung ift bei den Scheibenftänden in Berlin, gleich wie das überftehende Mauerwerk, mit Rafen gepackt (Fig. 187), während fie bei den Bundesfchiefsen in Frankfurt und in Wien (Fig. 190 u. 191) nur leicht aus Holz hergeftellt war. In Brüffel ift der Scheibenftand, zu dem eine Treppe hinabführt, offen; die Zeiger halten fich während des Schuffes, der Scheibe gegenüber, in gewölbten Mauernifchen auf (Fig. 192 u. 193).

Der Scheibenſtand iſt durch Glokkenzüge oder elektriſche Läutewerke mit den einzelnen Schiefsſtänden verbunden, damit der Schütze den Zeiger verſtändigen kann; aufserdem führt zuweilen ein gedeckter Laufgraben von erſterem zu letzterem, um bei beſonderen Vorkommniſſen eine Controle des Zeigers durch den Schützenmeiſter zu ermöglichen (ſiehe Art. 218).

Ueber die Einrichtung der Scheibengerüſte geben Fig. 187, 188, 189, 193 u. 194

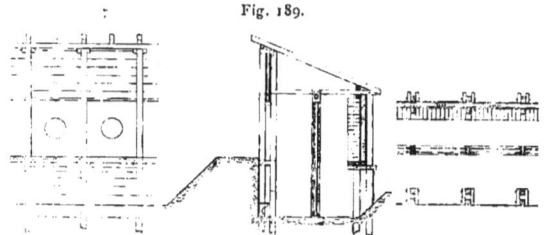

Fig. 189.

Scheibenſtand vom eidgen. Schützenfeſt in Zürich 1872 [18]).

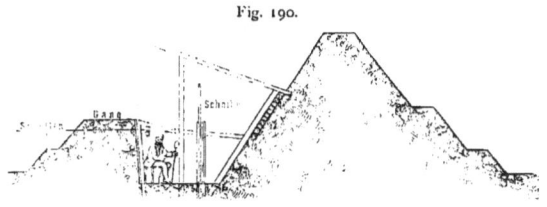

Fig. 190.

Scheibenſtand vom Schützenfeſt in Frankfurt a. M. 1862 [184]).

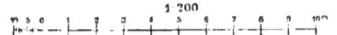

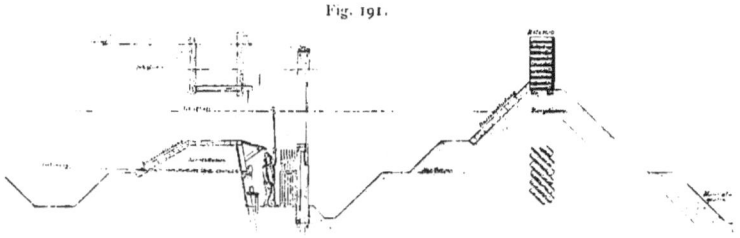

Fig. 191.

Scheibenſtand vom Schützenfeſt in Wien 1868 [151]).

den nöthigen Auffchlufs. Die ſteigenden und fallenden Scheiben (Fig. 188 u. 194) werden den drehbaren vorgezogen; ſie werden jetzt meiſt aus ſtarkem, auf Leinwand aufgezogenem Papier, das auf Holzrahmen geſpannt wird, hergeſtellt, während früher Holzſcheiben im Gebrauch waren. Verſuche mit Metallſcheiben haben ſich nicht bewährt. Von den gemalten Prunkſcheiben iſt man ganz abgekommen; ſie bilden jetzt — als Zeichen vergangener Zeiten — einen wirkſamen Schmuck in den Feſtſälen der Schützengilden.

Die Schutz- und Fangdämme (Kugelfänge) werden am einfachſten und billigſten als Erdwälle hergeſtellt, welche noch eine Krönung durch Holzſtöſse erhalten können (Fig. 191). Auch Schanzkörbe werden zuweilen verwendet.

Scheibenſtände
von der
National-Schiefshalle
in Brüſſel [186]).

Arch.:
Racymaeckers.

1/200 w. Gr.

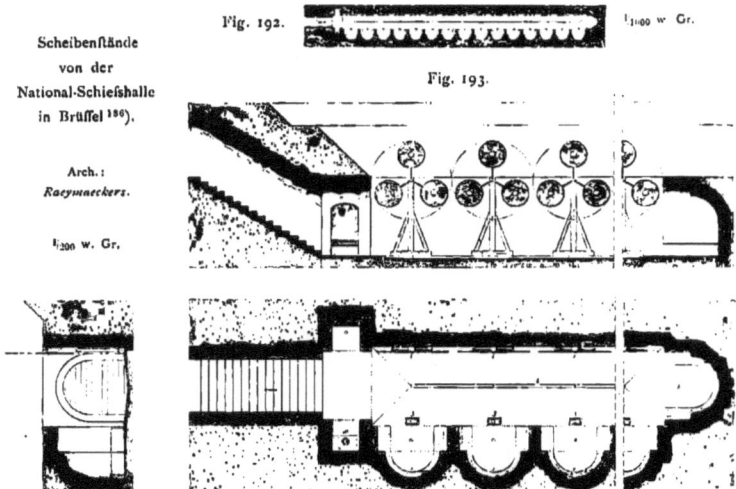

Fig. 192.

1/1000 w. Gr.

Fig. 193.

Die beſte Conſtruction beſteht jedoch aus einer ſoliden Mauer, welche auf 2 m Höhe und die gleiche Breite mit ungehobelten Brettern bekleidet iſt, die alle 50 cm auf eingelaſſenen Holzdübeln genagelt ſind. Die Bretter können bei Beſchädigungen leicht ausgewechſelt und das Blei aus denſelben gut entfernt und geſammelt werden.

In Zürich waren als Fangdamm mit Sand gefüllte, doppelte Bretterwände mit vorgeſetzter Klotzwand hinter den Scheiben aufgeſtellt (Fig. 189, Grundriſs u. Querſchnitt).

Neben den Büchſen-Schiefsſtänden ſind auf den Schiefsplätzen meiſt noch beſondere Einrichtungen für Piſtolen-, Revolver- und Jagdflintenſchiefsen getroffen.

Die Diſtanzen für erſtere ſchwanken nach Früherem in Frankreich zwiſchen 20 bis 30 m, während ſie in Deutſchland bis zu 40 m gehen. Bei den Uebungen mit Jagdflinten und Schrotſchüſſen kommen auch bewegliche Scheiben — rollende Thiergeſtalten — zur Anwendung. Keine Schranke trennt dann den Schützen von der Scheibe.

An vielen Orten iſt noch das Vogel- und Sternſchiefsen üblich. Der Scheibenbaum wird hierbei in einer Höhe von 15 m und 40 bis 45 m vom Schützen entfernt aufgeſtellt. Adler oder Sternkranz müſſen geneigt, d. h. ſenkrecht zur Viſirlinie gerichtet ſein.

Fig. 194.

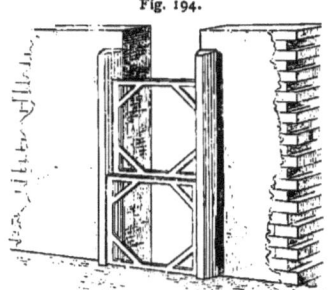

Scheibengerüſt vom Schiefshaus zu Rheims.

213
Andere
Scheiben-
ſtände.

214.
Vogel-
und
Steinſchiefsen.

[186]) Facſ.-Repr. nach: *Revue gén. de l'arch.* 1864, Pl. 26.

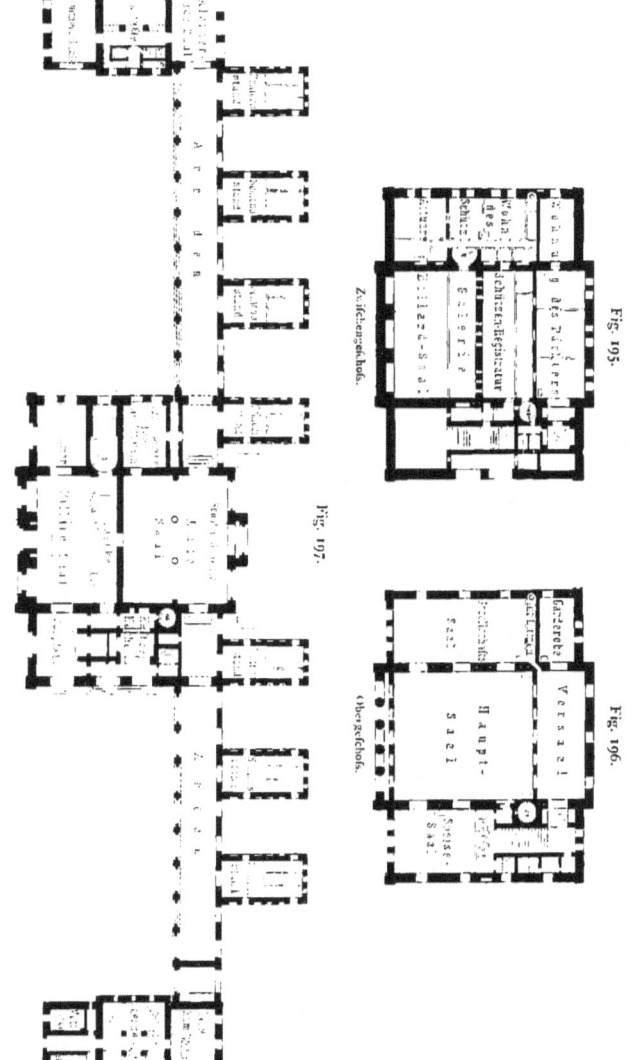

Fig. 195. Fig. 196. Fig. 197.

Schießhaus-Anlage zu München.
Arch. Eurlein.

Der Charakter der Bauten darf ein einfacher fein; fie können ganz aus Holz oder aus Fachwerk, d. h. aus Holz und Steinen, hergeftellt werden und mögen, falls fie durchweg als Steinbau ausgeführt werden follen, in der Form cher leicht und zierlich, als fchwer und maffig erfcheinen. Die grofse Flächenausdehnung bringt fchon der Koften wegen eine nicht allzu grofse Höhenentwickelung folcher Bauten mit fich.

Zur weiteren Veranfchaulichung der Gefammtanordnung von Schiefsftätten mag im Nachftehenden die Befchreibung einiger derartiger Anlagen aufgenommen werden.

1) Das Schiefshaus in München (Fig. 195 bis 197), auf der Therefienwiefe 1850—53 durch *Bürklein* erbaut, zeigt eine glückliche Verbindung der Saalbau-Anlage mit der Schiefshalle.

Der Bau befteht aus einer lang geftreckten Colonnade, welcher ein Mittelbau und zwei Seitenflügel vorgefetzt find, während nach rückwärts die einzelnen Schiefsftände in kleinen Ausbauten vorfpringen. Der Schiefsplatz ift mit Mauern und Wällen eingefriedigt.

Im Erdgefchofs des Mittelbaues liegen: der Ladefaal in Verbindung mit Schenke und Zechzimmer; nach der Vorderfeite ein Billard-Saal mit Flurhalle und Haupttreppe zu dem im I. Obergefchofs liegenden Feftfaal nebft Vorfaal. In einem Zwifchengefchofs befinden fich die Wohnung des Wirthes und Actuars, fo wie die Regiftratur. In den Eckflügeln find links die Werkftätte des Büchfenmachers, mit einem kleinen Ladefaal verbunden, fo wie ein Reftaurations-Zimmer untergebracht; rechts find Stallungen und Wirthfchafts-räume gelegen. Das I. Obergefchofs des Seitenflügels enthält Vereins- und Schützendiener-Wohnung.

Die Colonnade ift mit Glas gefchloffen, und in derfelben liegen die Zugänge zur Halle. In jedem Schiefsftande ift der Mittelraum für den Schreiber, rechts und links ein Stand, angeordnet. Die Entfernung beträgt fonach von Standmitte zu Standmitte 2,5 m, die mittlere Entfernung von Pavillon zu Pavillon 10 m, fo dafs der Abftand der nächften Scheibe von 2,5 auf 7,5 m übergeht.

2) Eine prächtige Anlage ift die National-Schiefshalle in Brüffel (Fig. 198 bis 202 [187]), ein Werk *Raeymaeckers*'; fie wurde 1861 erbaut und am 21. September deffelben Jahres durch König *Leopold I.* eröffnet.

Die Schiefshalle hat eine rechteckige Grundform mit 35 Ständen, von welchen ein Theil auf 100 m Diftanz für die gewöhnlichen Waffen (Flinte und Büchfe) beftimmt ift, während andere auf die Entfernung von 225 m für gezogene Carabiner, Flinten etc. dienen. Das Gebäude enthält einen lang geftreckten Saal (125 × 12 m) mit Mittel- und Eckpavillons. Mit der Galerie in Verbindung ftehen, entfprechend der Scheibenzahl, 35 kleine Kioske, die zur Vermeidung von Unglücksfällen ganz ifolirt find; die Fenfter der Kioske haben einen fich öffnenden Theil, der auch den Zufchauern erlaubt, die Scheiben zu betrachten. Die Gefammtkoften betrugen ca. 260 000 Mark.

Fig. 192 u. 193 (S. 169) erläutern die Conftruction der Zeiger-Laufgräben und Scheiben; bezüglich Fig. 199 u. 200 fiehe Art. 201 (S. 161).

3) Die Schiefshalle zu Rheims (Fig. 203 bis 206 [188]), von *Millard* erbaut, ift eine gut durchgearbeitete Anlage.

Das nicht günftige Grundftück, welches 113 m Frontlänge und 525 m Tiefe (= ca. 59 000 qm) hat, fällt auf 150 m um 15 mm, von da ab aber auf 300 m um 5 m; durch richtige Anordnung und Conftruction find indefs alle hieraus fich ergebenden Unzuträglichkeiten behoben.

Am Eingange liegt ein grofser Grasplatz von 153 m Tiefe, der zum Taubenfchiefsen dient und an deffen rückwärtiger Grenze fich die Façade der Schiefshalle erhebt. Letztere fteht parallel mit der Landftrafse und befteht aus einem grofsen Mittelfaale von 40 × 8 m, an welchem die Schiefsftände Ausbauten bilden, und der in der Façade durch ein hohes Dach befonders markirt ift; beiderfeits ift der Saal durch zwei weit vorfpringende Pavillons flankirt, in welchen links ein Waffenfaal mit Schränken, rechts für den Büchfenmacher dient, fo wie eine Auffeherwohnung, rechts dagegen ein Ausfchufszimmer, ein kleines Bureau und Buffet, in befonderem Anbau noch Küche und Bedürfnifsräume enthalten find.

An Schiefsftänden vorgefehen: 3 Scheiben für *Flobert* auf 12 m, 1 Scheibe für Piftolen auf 20 m, 1 Scheibe für Revolver auf 20 m, 2 Scheiben für Jagdgewehre auf 55 m, 2 Scheiben für Kugelbüchfen auf 125 m, 3 Scheiben für Kugelbüchfen auf 225 m und 2 Scheiben für Kugelbüchfen auf 300 m.

---

[187] Facf.-Repr. nach: *Revue gén. de l'arch.* 1864, Pl. 22—26.
[188] Siehe Fig. 173, 177, 179, 186 u. 194 — fo wie: *Moniteur des arch.* 1878, S. 59, 61 u. Pl. auf. IV, X.

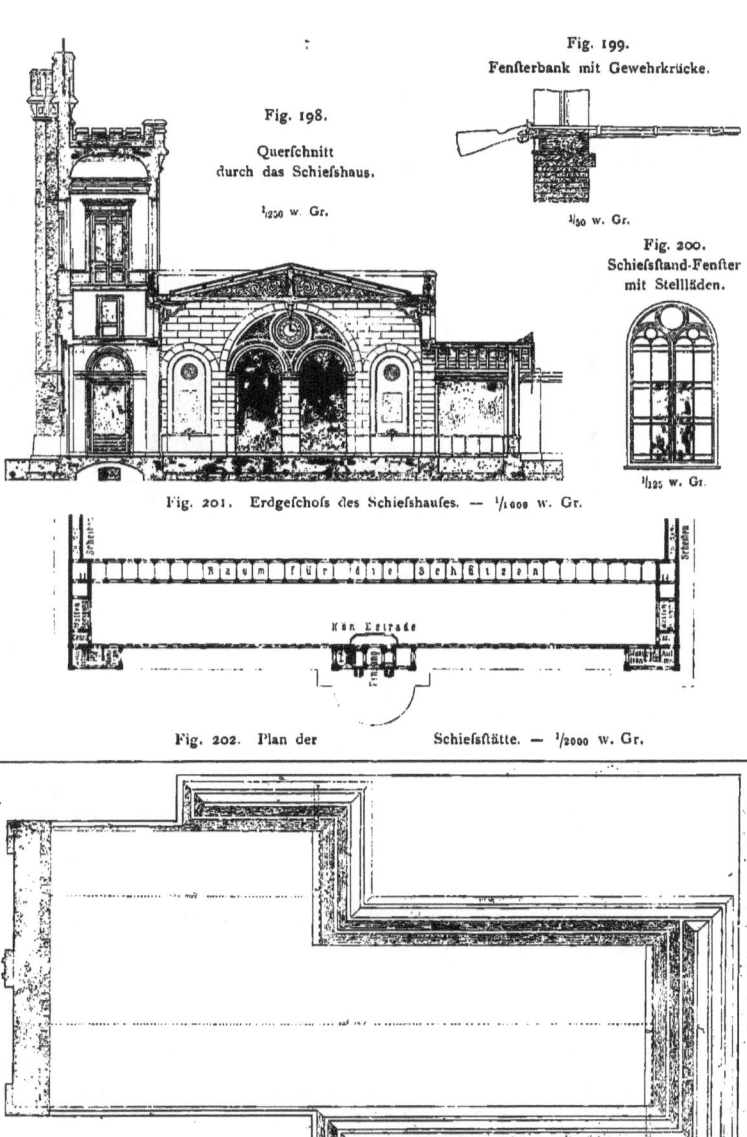

Fig. 198. Querschnitt durch das Schiefshaus. $1/_{250}$ w. Gr.

Fig. 199. Fensterbank mit Gewehrkrücke. $1/_{50}$ w. Gr.

Fig. 200. Schiefsstand-Fenster mit Stellläden. $1/_{125}$ w. Gr.

Fig. 201. Erdgeschofs des Schiefshauses. — $1/_{1000}$ w. Gr.

Fig. 202. Plan der Schiefsstätte. — $1/_{2000}$ w. Gr.

National-Schiefshalle zu Brüssel [187]).
Arch.: *Raeymaeckers*.

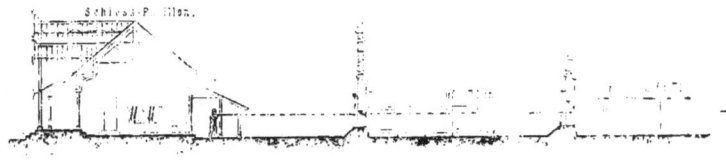

Durchfchnitt.

Fig. 204.

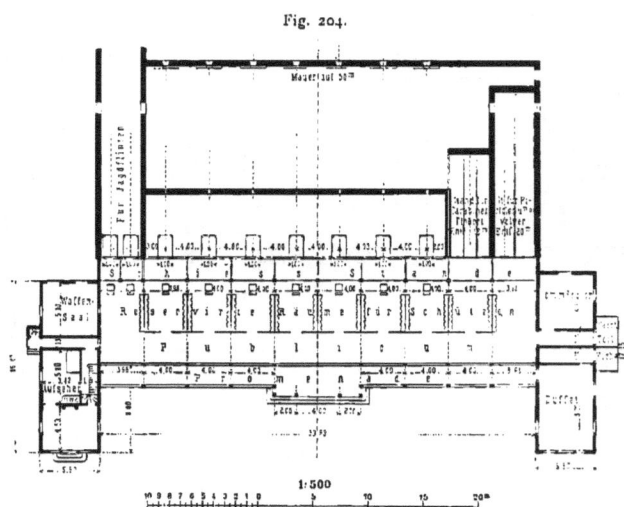

Erdgefchofs des Schiefshaufes.

Fig. 205.

1/400 w. Gr.

Mauerblende auf 10 m Entfernung vom Schiefsftand.

Fig. 206.

Mauerblende auf 15 m Entfernung vom Schiefsftand.

Schiefsftätte zu Rheims [188]).

Arch.: *Millard*.

Die Einrichtung der Schiefshalle und Schiefsftände entfpricht den in Art. 199 bis 201 (S. 160 u. ff.) mitgetheilten Grundfätzen; die dafelbft erwähnte Wandelbahn ift mittels einer der Länge nach durch die Halle geführten Baluftrade abgegrenzt und hat eine Breite von 3 m; vor der Schiefshalle befindet fich eine niedrige, gedeckte, 2 m breite Galerie, die in Verbindung mit dem für Publicum und Schützen beftimmten Buffet fteht.

Das Schiefsfeld ift wie folgt eingerichtet. Ein Vordach von 16 cm Dicke am Schiefsftand, auf 10 m eine Mauerblende mit 15 cm breiten Schiefsfcharten, befetzt mit Stahlplatten aus den Hütten von Creuzot (obgleich diefe viel theurer kommen als Eifenblech, fo hat fich die Mehrausgabe durch die gröfsere Haltbarkeit bezahlt gemacht, da ein Erfatz erft in 10 Jahren nöthig wurde, während Eifenblech nur 3 Jahre hält); die Platten haben 2 cm Dicke, 20 cm Breite. Die Erfahrung hat indefs gelehrt, dafs 12 cm Breite genügt, da die Fehlfchüffe im Allgemeinen nicht beträchtlich waren; die Platten find auf Holz verbolzt. Die zweite Mauerblende hat gleichfalls mit Stahl garnirte Schiefsfcharten. Der Schutz auf 125 m ift ein einfacher Schirm, auf Backfteinpfeilern ruhend. Die Höhe der Schiefsfcharten beftimmte fich für die Blenden auf 10, 50 und 125 m Entfernung nach der in Fig. 178 (S. 164) angegebenen Conftruction, unter Zugrundelegung der am wenigften geftreckten Flugbahn für 1,7 m Augenhöhe. Bis zu 125 m konnte dies angehen, da die Scheiben fich blofs 2,1 bis 2,2 m erhoben; allein auf 225 und 300 m war dies beinahe unausführbar, da das Grundftück einen Höhenunterfchied von 5 m aufweift und die Scheiben dem gemäfs 6 bis 8 m über dem Boden angebracht werden mufsten. Da das Aufwerfen von Wällen wegen des fchlechten fteinigen Grundes fowohl, als auch bei der beträchtlichen Höhe fich als nicht praktifch erwies, fo wurden Mauerumwährungen ausgeführt.

Zum Schutze der Zeiger dient eine rauhe Bruchfteinwand, die bis zur Hälfte der Höhe nach der Schützenfeite zu mit Erde eingefüllt ift. Diefe fchneidet mit der Höhenlage der Scheibe ab und ift an der mit Erde unbedeckten Hälfte mit aufrechten, 50 cm langen Hölzern verwahrt; 2 m unter der Scheibe befindet fich ein Bretterboden, zu welchem man mittels einer Leiter herabfteigen kann. Der Gang ift 2 m breit und an den Seiten gefchloffen. Die Scheibe ift gegen eine Mauer von 10 m Höhe (auf 300 m Entfernung) errichtet; letztere ift bei jeder Scheibe durch eine Oeffnung von 3 m Breite und 2,5 m Höhe unterbrochen (vergl. Fig. 194, S. 169). 2 m weiter hinter diefer Mauer befindet fich eine zweite, welche durch Seitenmauern mit ihr verbunden ift. Der Raum ift mit Dachpappe überdeckt. Auf diefe Weife hat man einen gedeckten Raum von 9 bis 10 m Länge, 2 m Breite und 10 m Höhe erhalten; gegen die hintere Mauer find zur Befeftigung des Holzes, welches die Kugeln auffängt, Zimmerwerksgerüfte aufgeftellt. Für den Zeigerdienft ift zur Seite des Schiefsfeldes der ganzen Länge nach ein Graben ausgehoben, der mit jedem Scheibenftand in Verbindung fteht.

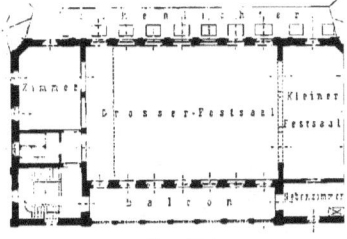

Fig. 207.   Fig. 208.

Erdgefchofs.   1:500 w. Gr.   Obergefchofs.

Lieblein's Entwurf für eine Schiefshalle in Schweinfurt.

219. Beifpiel IV.

Zum Schluffe ift in Fig. 207 u. 208 noch als Beifpiel einer kleineren Anlage die Entwurf-Skizze für eine Schiefshalle in Schweinfurt mitgetheilt.

Literatur
über »Schiefsftätten und Schützenhäufer«.

a) Anlage und Einrichtung.

MILLARD. *De l'inftallation des tirs. Moniteur des arch.* 1878, S. 41, 50, 65.

DESTOUCHES, E. Münchens Schützenwefen und Schützenfefte. Hiftorifche Feftgabe. Feftzeitung für das VII. deutfche Bundesfchiefsen. München 1881.

β) Ausführungen.

Nohl, M. Die neue Schiefsstätte an der Therefien-Wiefe bei München. Zeitfchr. f. Bauw. 1855, S. 457.
Raeymaeckers, H. *Tir national à Bruxelles*. Revue gén. de l'arch. 1864, S. 177 u. Pl. 22—26.
Hinträger, M. Bauten für das III. deutfche Bundesfchiefsen in Wien. Zeitfchr. d. öft. Ing.- u. Arch.-Ver. 1868, S. 207.
Album Schweiz. Ingenieure und Architekten. — Bauten des eidgenöffifchen Schützenfeftes in Zürich 1872. Zürich 1873.
Mit dem 1. Preife prämiirtes Concurrenzproject zum Neubau des Schützenhaufes der Stadt Infterburg. Von Dietrich und Voigt. Deutfches Baugwkbl. 1882, S. 385.
Die neuen Schiefsftände in Schönholz bei Berlin. Baugwks.-Ztg. 1883, S. 703.
Das VIII. Deutfche Bundesfchiefsen zu Leipzig 1884 etc. Leipzig 1885.
Rumler, E. *Le tir fédéral de Genève*. La conftruction moderne, Jahrg. 2, S. 544, 617 u. Pl. 90, 91.
Lambert, A. & E. Stahl. Privat- und Gemeindebauten. II. Serie. Stuttgart 1887—88.
Heft 2, Bl. 5 u. 6: Schützenhaus in Neuchâtel; von Lambert.
Die baulichen Anlagen für das X. Deutfche Bundesfchiefsen in Berlin (6.—13. Juli 1890). Deutfche Bauz. 1890, S. 353, 362, 365. Feft-Zeitung für das 10. Deutfche Bundesfchiefsen. Berlin 1890.
Die Bauten auf dem Feftplatze des X. Deutfchen Bundesfchiefsens bei Berlin. Centralbl. d. Bauverw. 1890, S. 281.
Schützenhaus in Leipzig: Leipzig und feine Bauten. Leipzig 1892. S. 501.
Lincke & Vent. Wettbewerb um die neue Schiefsftätte in München. Deutfche Bauz. 1892. S. 384, 421.
Neues Schützenhaus in Luzern: Feftfchrift anläfslich der Hauptverfammlung des Schweizerifchen Ingenieur- und Architekten-Vereins im September 1893 in Luzern. Luzern 1893. S. 88.
Prokop. Die baulichen Anlagen für das IV. Bundesfchiefsen in Brünn. Deutfches Baugwks.-Bl. 1893. S. 277, 294, 310.
Saalbau der Berliner Schützen-Gilde in Schönholz. Baugwks.-Ztg. 1894, S. 182.
Entwürfe des Architekten-Vereins zu Berlin. Neue Folge.
Jahrg. 1876, Bl. 11, 12: Schützenhaus; von F. Wolff.
William & Farge. *Le recueil d'architecture*. Paris.
11e année, f. 2, 16: Société de tir de Maifons-Lafitte; von Granet.

3. Kapitel.

Kegelbahnen.

Von Jacob Lieblein und Dr. Eduard Schmitt.

Als Vorläufer des Kegelfpieles ift das Steinftofsen und Steinwerfen anzufehen, das als Wettfpiel die Götterfefttage verherrlichen half. *Homer* läfst die Freier der *Penelope* mit Steinwerfen fich erfreuen, welches Spiel wohl mit dem heute noch in Italien üblichen *Boccia* Aehnlichkeit gehabt haben dürfte.

220. Gefchichtliches und Vorbemerkungen.

Auch das eigentliche Kegelfpiel erfcheint fchon in uralter Zeit. In den altdeutfchen Götterfagen findet es Erwähnung; bei den Opferfeften der alten Deutfchen, dem Wodan zu Ehren, wird es angeführt. Mit den Knochen der ihm geopferten Pferde wurde gekegelt.

Gewiffe Knochen am vorderen Pferdefchenkel heifsen Kegel; Kegel und Kegelkugeln aus Pferde-knochen find heute noch auf dem Lande der Leipziger Gegend im Gebrauch. Nach der Volksfage fchiebt Wodan Kegel, wenn es donnert. Nach der Sage vom badifchen Schloffe Hochberg fitzen im Schlofsberg dafelbft 12 Männer, welche mit goldenen Kegeln und Kugeln fpielen.

Es ift ficher anzunehmen, dafs man in früher Zeit, wohl auch jetzt noch zum Theile in England gefchieht, die Kugeln warf und nicht rollte. Statt der Kugeln bediente man fich beim Werfen an vielen Orten auch der Stöcke. „Inn etlichen Landen kegelt man mit stecken, wie man in unfern landen mit kugln kegelt" [189]). Bürger der Stadt Serry bedienten fich der Stöcke im Jahre 1378: ». . . *auquel jeu*

---

[189]) Vergl.: Pauli, J. Schimpf vn Ernft. Strafsburg 1522. Nr. 393.

l'en jette de loing pour ferir les dittes quilles d'un baston, de la longueur en environ d'une aulne[100]). Im mittelhochdeutfchen, 1300 beendeten Gedichte »Der Renner« von *Hugo von Trimberg* wird (Vers 3727) des Kegelns erwähnt.

Bei Kirchweihfeften, bei Büchfen- und Armbruftfchiefsen im Mittelalter durfte neben anderen Ergötzlichkeiten ein Kegelplatz nicht fehlen[191]). Um Geld oder Gewinn kegeln, war von jeher im Gebrauch. In der Frankfurter Patrizier-Gefellfchaft Limburg fand 1463 ein Kegelfchieben ftatt, für welches ein Mitglied 3 filberne Kleinodien als Preis ausgefetzt hatte und bei dem jeder Spieler für 3 Heller 3 Würfe thun durfte. Gegen mafslofes Gewinnfpielen fchritten im Mittelalter oft die Behörden ein.

Man fpielte mit 3 und 9 Kegeln; beide Arten waren gleich beliebt und wurden z. B. auf dem Augsburger Schiefsplatz (1567) neben einander geübt.

Die Zahlen 3 und 9 find für *Grimm* ein Beweis, dafs das Kegelfpiel bei den alt-germanifchen Opferfeften Anwendung gefunden; denn 3 und 9 find heilige, beim Opfergebrauch bedeutungsvolle Zeichen.

„All neun wollt er auf einmal fellen", heifst es in einem alten Faftnachtsfpiel. Auf einer Zeichnung des *Hans Beham* (1530) find nur 5 Kegel angegeben; man will darin aber nur einen Fehler des Zeichners erkennen.

Auf alten Zeichnungen ftehen die Kegel, wenn 3 vorhanden, vom Werfer aus gefehen hinter einander: ⋮. Auf einem Bilde aus dem XVI. Jahrhundert ftehen die 9 Kegel in 3 Reihen, je 3 hinter einander (Fig. 209); auf dem vorher genannten Augsburger Schiefsplatze (1567) waren fie annähernd wie heute geftellt (Fig. 210).

Fig. 209.   Fig. 210.

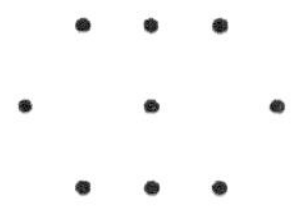

• • •   • • •
• • •   • • •
• • •   • • •

Nach der Zeichnung des *Beham* erscheint für das Spiel eine befondere Bahn nicht ausgehoben gewefen zu fein.

Hinter den Kegeln ftand ein Brett als Kugelfang angebracht, und da, wo der Spieler die Spitze des vorgefetzten Fufses hinzuftellen pflegt, war ein Pflock in die Erde gegraben. Die Kegel wurden auf den Wiefen oder auf dem gewöhnlichen Erdboden aufgeftellt, wohl auch im Erdreich befeftigt, der Platz mit Pfählen und Stangen abgegrenzt.

Die Form der Kegel war in den verfchiedenen Zeiten verfchieden.

Als man fie aus Knochen anfertigte, war die Form der letzteren mafsgebend für die Kegel. Nach alten Zeichnungen hatten fie entweder die Geftalt von Pyramiden oder glichen langhalfigen, mit einem Knöpfchen verfehenen Flafchen oder fchwachen Säulchen mit etwas breiter Bafis[192]).

a) Deutfche Kegelbahnen.

221. Allgemeines.

Das deutfche Kegelfpiel ift von wohlthätigem Einflufs auf den menfchlichen Organismus; es ift von Alters her bei Hoch und Nieder, in Stadt und Land beliebt gewefen. Daffelbe fcheint mit deutfcher Sitte nach Often gewandert zu fein[193]). Statt »kegeln« (keigeln) kommt auch die Bezeichnung »boffeln« (von Boffel, d. i. Kugel) vor.

Zur Ausübung des Kegelfpieles entftanden fchon früh ftehende Kegelbahnen, ftets in der Nähe von Wirthshäufern, z. B. fchon im XV. Jahrhundert eine folche auf dem Fifcherfeld in Frankfurt. Im Laufe der Zeit wurden diefe erften, wohl

---

[100] Vergl.: La Curne De Sainte-Palaye. *Dictionnaire hiftorique de l'ancien langage françois.* Paris 1875—82. Bd. 8, S. 508.
[191] Vergl. die Befchreibung des grofsen Herrenfchiefsens in Ulm 1556.
[192] Vergl.: Ersch, J. S. & J. G. Gruber. Allgemeine Encyclopädie der Wiffenfchaften und Künfte. Theil 35. Leipzig 1884. S. 66—70.
[193] Vergl. Grimm, J. & W. Deutfches Wörterbuch. Bd. V, S. 383.

offenen Bahnen durch überdeckte erfetzt, um bei jeder Witterung das Spielen zu ermöglichen. Um aber diefes eigentliche Tag- und Sommerfpiel auch im Winter und bei Nacht ausführen zu können, wurden neuerdings faft allenthalben heizbare Kegelbahnen mit Vorrichtungen für Oel-, Gas- oder elektrifche Beleuchtung gebaut.

Gern wählt man heutzutage für die Kegelbahnen in einem Wirthfchaftsgarten einen Platz, der etwas abgelegen fein foll, um durch das Geräufch des Spieles andere Befucher oder auch andere Spiele (Mufik und Gefang) in derartigen öffentlichen Vergnügungs- oder Erholungsftätten nicht zu ftören. Oft werden die Bahnen an die äufserfte Grenze gerückt und bilden fo einen Theil der Einfriedigung des Gartens, und in diefem Falle empfangen die Bahnen nur von einer Seite Licht.

Zuweilen ftehen fie auch inmitten von Baum- und Zierfträucheranlagen, in Gefellfchaftsgärten oder in Höfen zu zweien oder dreien dicht neben einander; zuweilen find fie in Gafthäufern und Vereinshäufern in das Innere des Gebäudes verlegt und alsdann im Sockel- oder Erdgefchofs untergebracht.

Die Kegelbahnen beftehen zur Zeit:

1) aus der gedeckten Wurf- oder Rollbahn mit dem fog. Leg und dem Kugelfang nebft kleinem Aufenthaltsraume für den Auffetzer und der Rücklaufrinne für die Kugeln;

2) aus der ebenfalls gedeckten und heizbaren Kegelftube oder Spielerhalle mit ihren Einrichtungen, als: Tifchen und Bänken, Auffchreibetafeln, Wafcheinrichtung, Buffet etc.; Aborte und Piffoirs in der Nähe der Kegelftube dürfen nicht fehlen.

222. Beftandtheile.

Um allen Mitfpielenden möglichft freien Blick auf die Wurfbahn zu gewähren, follen die Mittelaxen der beiden Haupttheile der Gefammtanlage — der Wurfbahn und der Kegelftube — zufammenfallen. Meiftens werden jedoch aus örtlichen Gründen die Axen verfetzt, und zwar derart, dafs die eine Langfeite der Bahn mit der einen Aufsenfeite der Kegelftube in einer Flucht gelegen ift (Fig. 220 u. 224).

223. Bahn.

Die Breite der Wurfbahn beträgt 1,2 bis 2,0 m, bewegt fich aber in der Regel zwifchen den Grenzen von 1,4 und 1,5 m. Die Länge derfelben findet man zwifchen 12 bis 30 m; doch geht man verhältnifsmäfsig felten unter 22 m und über 25 m.

Früher führte man längere Bahnen völlig wagrecht aus, und nur kürzeren Bahnen gab man eine Steigung nach dem Leg zu, und zwar eine um fo gröfsere Steigung, je kürzer die Bahn war. Jetzt läfst man faft alle Wurfbahnen nach dem Leg zu etwas anfteigen, weil dadurch ein befferes »Dreffiren« der Wurfkugel erzielt wird, als bei wagrechter Bahn; allerdings empfiehlt es fich, die Bahn um fo weniger anfteigen zu laffen, je gröfser ihre Länge ift. Das Mafs der Steigung s kann annähernd aus der Formel:

$$s = 14 - \frac{l}{4} \text{ Centim.}$$

gefunden werden, wenn darin die Länge l der Wurfbahn in Metern eingeführt wird.

Meift wird die Oberfläche der Wurfbahn in der Querrichtung wagrecht angeordnet; doch fehlt es nicht an Ausführungen, bei denen die Bahn am Auffatzbrett muldenförmig geftaltet ift, während fie am Kegelbrett eine wagrechte Ebene bildet; die Eintiefung verläuft alfo allmählich. Das Mafs der letzteren beträgt am Auffatzbrett 6 bis 8 mm.

Von einer guten Wurfbahn verlangt man, dafs fie thunlichft eben und glatt fei, dafs alfo die Kugel bei ihrer rollenden Bewegung keinerlei Hindernifs finde, überhaupt von der Bahn in ihrem Laufe in keinerlei Weife beeinflufst werde. Ferner wird ein gewiffer Grad von Elafticität gefordert, eben fo in vielen Fällen möglichfte Geräufchlofigkeit; desgleichen wird gewünfcht, dafs die Bahn keinen oder nur wenig Staub erzeuge. Die Bahn foll endlich thunlichft wenig Anlafs zu Ausbefferungen geben, und wenn folche nothwendig werden, follen fich diefelben in einfacher und bequemer Weife ausführen laffen; überhaupt bildet die einfache und wenig zeitraubende Unterhaltung der Wurfbahn ein Haupterfordernifs, welches man an die Conftruction und Ausführung einer folchen Bahn ftellt.

224. Geftampfte Bahnen. Die Wurfbahnen werden in fehr verfchiedener Weife hergeftellt. Die bemerkenswertheften Conftructionen find die folgenden.

1) Ganz urfprüngliche Wurfbahnen bildet man durch Feftftampfen des natürlichen Erdbodens, nachdem derfelbe entfprechend abgeebnet worden ift.

Ein befferes Verfahren befteht in der Anwendung von Eftrichen, wie fie in Scheuertennen üblich find. Sie werden in der Regel aus fteinfreiem Lehm, Rinderblut und Hammerfchlag hergeftellt; ftatt des letzteren wird wohl auch zerkleinerte Coke verwendet.

Solche Bahnen fchieben fich, wenn fie gut unterhalten, d. h. ftets nachgeftampft werden, gut, find aber des fchmutzenden Hammerfchlages wegen für den Schieber unangenehm; fie ftauben auch ftark, wefshalb fie ftets angefeuchtet werden muffen.

225. Cementbahnen. 2) Mehrfach werden die Wurfbahnen aus Cementeftrich gebildet. Derfelbe erhält eine Dicke von 1 bis 2 cm und wird in derfelben Weife aus Cement und Sand hergeftellt, wie Cementeftriche für andere Zwecke. Gewöhnlich nimmt man das Verhältnifs von Cement zu Sand, wie 1 : 4; nur für die oberfte Schicht empfiehlt fich eine Mifchung von 1 : 1, die gut zu glätten ift. Die Oberfläche einer folchen Bahn ift vor dem Gebrauch 2 bis 3 Wochen lang angefeuchtet zu erhalten.

Als Unterlage für den Cementeftrich empfiehlt fich eine bis 18 cm ftarke Lage von Cement-Beton (1 Theil Cement auf 10 Theile fcharf gewafchenen Kies); für das Auffatzbrett, bezw. die Laufbohle mufs der Raum ausgefpart werden. Der Cement-Beton foll beim Aufbringen des Eftrichs noch nicht vollftändig abgebunden haben.

Bei Cementbahnen ift ein Auffatzbrett nicht zu umgehen, weil einzelne Kegelfchieber die Kugel ftark aufwerfen und dadurch an der Schubftelle Vertiefungen entftehen würden. Eine Störung des Kugellaufes zwifchen Auffatzbrett und Cementeftrich ift kaum zu befürchten, da die Fuge zwifchen letzterem und dem Brett fich durch dünnflüffigen, reinen Cement leicht dichten läfst.

Auch bei gut ausgeführtem Cementeftrich bildet fich vom Auffatzbrett aus gegen das Leg zu durch Abnutzung des Cements eine muldenartige Vertiefung; diefelbe läfst fich fachgemäfs nur dadurch ausbeffern, dafs man die ganze von der Kugel beftrichene Fläche der Wurfbahn neu herftellt. Man kann dies vermeiden, wenn man ftatt des Auffatzbrettes eine Laufbohle bis zum Leg führt; der Cementeftrich liegt alsdann nur zu beiden Seiten diefer Bohle.

Aufser den bereits angedeuteten Nachtheilen der Cementbahnen find auch noch die äufserft geringe Elafticität derfelben und das ftarke Geräufch, welches fie erzeugen, hervorzuheben.

226. Afphaltbahnen. 3) Afphalteftriche ftellen einen für Wurfbahnen wohl geeigneten Belag dar, weil diefelben eine innig und feft zufammenhängende, einheitliche, vollkommen fugenfreie und etwas elaftifche Maffe bilden, auf welche Witterungseinflüffe keinen Einflufs haben.

Stampfasphalt ist für Wurfbahnen geeigneter, als Gufsasphalt. Die rollende Bewegung der geworfenen Kugeln bringt stets Erschütterungen des Bahnkörpers hervor, wodurch leicht Bodensenkungen eintreten können; desshalb ist eine lose, prefsbare oder verschiebbare Estrichunterlage ausgeschlossen, vielmehr eine thunlichst unverrückbare und feste Unterlage zu empfehlen.

Als solche hat sich eine Betonschicht besonders gut bewährt; doch ist auch eine in Mörtel verlegte Ziegelflachschicht geeignet. Bei einfachen und billigeren Ausführungen kann man auch einen Einschlag von grobem Kies, ferner Steinbrocken mit halbfettem Lehm oder Thon oder festen, genügend starken Lehmschlag verwenden. Da der elastische Asphaltestrich allen Formveränderungen seiner Unterlage nachgiebt, ist es nicht allein nothwendig, dafs letztere die erforderliche Festigkeit und Unverrückbarkeit besitze, sondern auch, dafs die Oberfläche derselben eine ebene, der Asphaltoberfläche parallele Fläche bilde.

Um beim Auffetzen der Kugeln die Wurfbahn zu schonen, ist auch hier das Anbringen eines Auffatzbrettes nothwendig.

Im Allgemeinen werden die Asphaltbahnen den Cementbahnen vorgezogen; insbesondere für Kegelbahnen im Freien ist der Asphaltestrich ein überaus geeigneter Belag. In Folge der Elasticität des Asphalts wird das sog. »Springen« der Kugeln vermieden; die Bahn ist völlig staubfrei und erzeugt verhältnifsmäfsig wenig Geräusch. Ein weiterer Vortheil der Asphaltbahnen ist auch darin zu finden, dafs sie rasch hergestellt werden können und dafs sie — nach dem schnell eintretenden Erkalten und Erhärten — sofort in Benutzung genommen werden können.

Da es nicht leicht möglich ist, die Asphaltbahnen völlig eben herzustellen, so nutzen sie sich verhältnifsmäfsig rasch ab. Allerdings bestehen Verfahren, durch welche sich die Oberfläche des Asphalts gut glätten läfst; ja, einzelne Firmen [194]) stellen die Asphaltoberfläche politurähnlich und in gleichmäfsig blaufschwarzer Abtönung her; durch solchen Vorgang werden die Herstellungskosten selbstredend nicht unwesentlich erhöht.

4) Bisweilen wird die Wurfbahn aus glatt geschliffenen Marmorplatten, und zwar ebensowohl aus dunkel, wie aus hell gefärbten, hergestellt. Desgleichen werden Schieferplatten zu dem gleichen Zwecke gebraucht, und eben so führen manche Granitwerke [195]) Bahnen aus geschliffenem Granit aus.

In Bayern finden auch die feinen Kalksteine der Solnhofer Brüche für solche Bahnen Verwendung. Die 7 bis 10 cm dicken Platten, welche auch hierbei ihre vorzügliche Haltbarkeit bewähren sollen, werden in so grofsen Längen gebrochen, dafs 10 bis 15 derselben zum Belegen der ganzen Bahn ausreichen.

Marmor-, Schiefer- oder sonstige Steinbahnen zeigen in unangenehmer Weise das durch das spröde Material hervorgerufene Springen der Kugeln; sie bringen starkes Geräusch hervor und weisen meist noch den weiteren Nachtheil auf, dafs das Verlegen der Platten nie so dauerhaft und sauber vorgenommen wird, als dafs nicht nach einiger Zeit eine oder die andere Platte sich lockerte und alsdann mit ihren Kanten die Richtung der Kugeln beeinflufste.

5) Holz wurde vielfach, namentlich in neuerer Zeit, zur Herstellung von Wurfbahnen, und zwar von solchen, die gegen die Witterungseinflüsse geschützt sind, benutzt. In einfachster Ausführung dient ein Bretter- oder Bohlenbelag als Wurf-

---

[194]) Wie z. B. die Firma *Hoppe & Rockming* in Halle a. S.
[195]) Z. B. die Granitwerke von *C. Kulmitz* in Oberstreit bei Striegau.

bahn; doch kann eine folche Conftruction dem heutigen Stande des Kegelfports in keiner Weife genügen. Hingegen entfprechen demfelben wohl folche Bahnen, die aus hochkantig geftellten, glatt gehobelten, in der Längsrichtung der Bahn laufenden und dicht zufammengetriebenen Latten, Riemen oder Bohlen gebildet find. Diefelben werden auf eine geeignete Unterlage, in der Regel aus Holz-Conftruction beftehend, verlegt und darauf mittels Nägeln, beffer mittels Schrauben befeftigt.

Solche Holzbahnen genügen nahezu allen Anforderungen, welche man an gute Wurfbahnen ftellt, fobald man von der verhältnifsmäfsig leichteren Vergänglichkeit des Materials abfieht. Sie haben den gewünfchten Grad von Elafticität, find ziemlich ftaubfrei und erzeugen wenig Geräufch. Zeigt die Bahn Unebenheiten, fo ift durch Nachhobeln leicht abzuhelfen. Der fchwer wiegendfte Nachtheil derartiger Bahnen befteht im Schwinden des Holzes, welches auch bei trockenftem Material nicht ausbleibt und wodurch mifsftändige Fugen entftehen; diefem Uebelftand läfst fich indefs dadurch abhelfen, dafs man die Bohlen mittels langer, durch die Breite der Bahn laufender Schraubenbolzen zufammenhält; durch Nachziehen der betreffenden Muttern kann jederzeit der gewünfchte dichte Anfchlufs der Bohlen erzielt werden. Statt der Schraubenbolzen laffen fich auch Keilvorrichtungen anbringen, durch deren Nachtreiben das gleiche Ergebnifs erreicht werden kann. In beiden Fällen mufs felbftredend von einer unmittelbaren Befeftigung der Bohlen auf der Unterlage abgefehen werden.

Fig. 211.

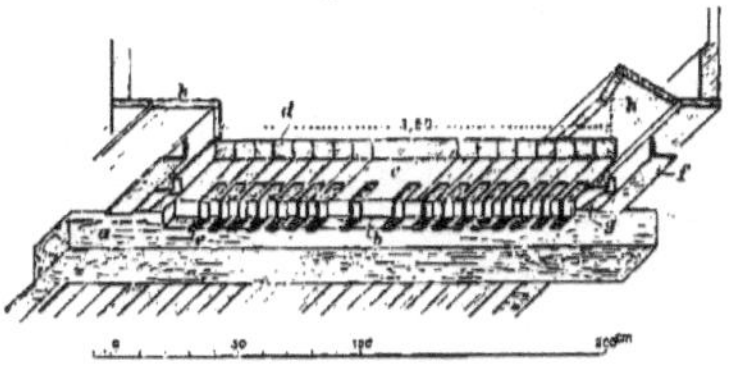

Letztere Anordnung ift bei der äufserft folid conftruirten Wurfbahn im Kegel-Clubhaus Grunewald bei Berlin zur Anwendung gekommen. Auf einer mit Goudron überftrichenen Betonfchicht find, in Abftänden von 1 m, Lagerhölzer a (Fig. 211 [196]) von 20 cm Breite und 15 cm Höhe verlegt und an diefe feitlich Leiften b derart befeftigt, dafs Lager und Leiften mit ihren Oberkanten bündig gelegen find. Ueber die Lager ift eine 35 cm breite und 8 cm ftarke Mittelbohle c von Mahagoniholz geftreckt, und zu beiden

Wurfbahn im Kegel-Clubhaus Grunewald bei Berlin [196].

Seiten der letzteren und dicht an diefelbe anfchliefsend find Quadrathölzer von 8 cm Querfchnittsabmeffung aus amerikanifchem Cypreffenholz gelegt. Die Mittelbohle und die anfchliefsenden Hölzer find nicht auf die Lagerhölzer genagelt oder aufgefchraubt, fondern mittels der vorhin erwähnten Seitenleiften und mittels Z-förmig gebogener Eifen e daran befeftigt; die Stöfse der einzelnen Hölzer find durch Zungen von Stahlblech verbunden (Fig. 212 [196]). In Folge diefer Anordnung kann jedes einzelne Holz herausgenommen und ausgewechfelt werden. Damit durch das Schwinden des Holzes keine Längsfugen entftehen, find auf den Enden der Lagerhölzer ftarke Winkeleifen f befeftigt; zwifchen diefe und die nächft gelegenen Quadrathölzer können Keile g eingetrieben und fo die feitlichen Theile der Bahn feft an einander geprefst werden. Um diefes Antreiben jederzeit bequem vornehmen zu können, find die feitlichen Banden h zum Hochklappen eingerichtet.

Fig. 212 [196].

229. Bahnen mit Linoleumbelag.

6) In neuefter Zeit hat man in mehreren Fällen die Wurfbahnen mit einem Linoleumbelag verfehen. Selbftredend mufs alsdann befonders ftarkes (»extradickes«) Linoleum genommen und die Unterlage möglichft glatt und eben hergeftellt werden. Für letzteres eignet fich eine Betonfchicht, eine Lage von natürlichen Steinplatten, eine Pflafterung aus Holzklötzen etc. Auf Holz wird das Linoleum mit Kleifter aufgeklebt und geftiftet, auf Cement oder Marmor mit Cementleim einfach aufgeklebt. Bisweilen wird auf der Unterlage zunächft Rollpappe ausgebreitet und erft auf diefe das Linoleum aufgeklebt.

---

[196] Facf.-Repr. nach: Centralbl. d. Bauverw. 1892, S. 184.

Der Linoleumbelag hat vor Allem den wesentlichen Vorzug, dafs er in beträchtlichem Mafse schalldämpfend wirkt; auch zeigt er einen gewissen Grad von Elasticität und schützt dadurch die Bahn, besonders aber die Auffatzbohle, vor stärkerer Abnutzung. Auf der anderen Seite besitzt aber das Linoleum auch einen hohen Grad von Nachgiebigkeit, wodurch Kraft und Sicherheit der geworfenen Kugeln stark beeinträchtigt werden; die letzteren werden »faul«, und es ist schwer, trotz allen Kraftaufwandes eine »frische, fröhliche« Kugel, wie auf der Asphalt-, Stein- oder Holzbahn, hinauszubringen. Sobald eine Kugel auf Linoleumbelag »aufgesetzt« wird, hinterläfst sie stets an der Stelle, wo sie auffällt, eine kleine Vertiefung, woraus hervorgeht, dafs der Elasticitätsgrad kein genügender ist. Der ziemlich hohen Kosten des Linoleumbelags mag gleichfalls Erwähnung geschehen.

Am Anfange der Wurfbahn wird, um ein bequemes Abrollen der Kugel aus der schwingenden Hand zu ermöglichen, wohl auch, um den Bahnbelag an dieser Stelle zu schonen, ein 30 bis 40 cm breites und je nach der Länge der Bahn 2 bis 6 m langes »Auffatzbrett« eingelassen; dasselbe führt auch die Bezeichnungen Auflagebrett, Wurfbrett, Anschubdiele etc. Die Auffatzbohle wird aus Buchen- oder Eichenholz hergestellt und erhält eine Stärke von 6 bis 10 cm. Es empfiehlt sich, dieselbe der Breite nach nicht aus einem Stück bestehen zu lassen, sondern sie aus einzelnen, durch einen Schraubenbolzen zusammengehaltenen Kreuzhölzern zusammenzusetzen, wenn man es nicht vorzieht, mehrere Hartholzbohlen hochkantig neben einander zu stellen und diese gleichfalls durch Schraubenbolzen mit einander zu verbinden (Fig. 213 [197]). Die Auffatzbohle wird auf hölzernen Querschwellen aufgeschraubt, die entweder seitlich eingemauert sind oder auf eingetriebenen Pfählen aufruhen, wodurch sie eine unverrückbare Lage erhalten.

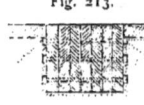

Fig. 213.

Auffatzbrett [197]).

Bei manchen Wurfbahnen wird das Auffatzbrett bis zu den Kegeln hinausgeführt; in solcher Weise entsteht das Mittelbrett oder die Laufbohle. Sollen schlecht geschobene Kugeln, welche die Laufbohle verlassen haben, letztere nicht mehr überschreiten, so lasse man die Oberfläche dieser Bohle einige Millimeter über dem Bahnbelag vorspringen.

Statt des sich verhältnifsmäfsig bald abnutzenden Auffatzbrettes hat man auch schon eine gehobelte, 4 cm starke gufseiferne Platte, die auf einen Holzbalken aufgeschraubt ist, verwendet; der Wurf soll sicher sein, sicherer als bei einem ausgeworfenen Auffatzbrett. Schmiedeeiserne Platten haben sich nicht bewährt.

Soll die Wurfbahn einen Marmorbelag erhalten, so wird an Stelle des Auffatzbrettes eine starke Marmorplatte, die sich von den übrigen durch ihre Farbe auszeichnet, verlegt.

Damit die Kugeln seitlich nicht ausspringen können, werden an beiden Langseiten der Wurfbahn 20 bis 30 cm hohe, 4 bis 5 cm starke, hochkantig gestellte Bohlen, die sog. Banden, errichtet und an eingeschlagenen Pfählen befestigt. Längs derjenigen Bande, an der die Kugelrinne nicht angebracht ist, ordnet man häufig ein durch diese Bande abgetrenntes, ca. 60 bis 70 cm breites Banket an, wodurch es in bequemer Weise möglich wird, von der Kegelstube nach dem Kegelstandraum zu gelangen, ohne die Wurfbahn betreten zu müssen.

An einer Langseite der Wurfbahn wird die sog. Kugelrinne, auch Kugelrille, Kugelcanal oder Rücklaufrinne geheißen, angeordnet, welche die Aufgabe hat, die

[197]) Facs.-Repr. nach: KRAUTH, TH. & F. S. MEYER, Das Zimmermannsbuch, Leipzig 1895. Taf. 117.

geworfenen Kugeln vom Kegelftandraum aus nach dem Bahnanfang zurückzubefördern. Sie ift fo anzubringen, dafs der Kegeljunge ohne befondere Anftrengung die Kugeln einlegen kann und andererfeits die Schieber beim Aufnehmen der Kugeln fich nicht zu tief zu bücken brauchen. Diefer Rinne ein gleichmäfsiges Gefälle zu geben, empfiehlt fich nicht; vielmehr wird fie an ihrem oberen Ende, deffen Lage durch die Stellung des Hintereckkegels beftimmt ift, ca. 1,25 m hoch angeordnet; von da fenkt fie fich gleichmäfsig bis auf den Boden und fteigt dann wieder bis auf ca. 50 cm Höhe. Auf folche Weife wird verhindert, dafs die Kugeln mit zu grofser Gefchwindigkeit an der Kegelftube ankommen. Am unteren Ende läuft die Rinne in einen kleinen Kaften aus; durch geeignete Windung der Rinne vor diefem Kaften kann man den fcharfen Anprall der Kugeln darin brechen.

Ueber oder neben dem Kugelkaften wird zweckmäfsiger Weife ein Schwammbecken angebracht, in welchem die Schieber die Hände anfeuchten können, bevor fie die Kugel faffen.

Die lichten Abmeffungen der Kugelrinne richten fich nach der üblichen Gröfse der Kugeln; indefs find 20 cm Breite und 17 cm Tiefe häufig vorkommende Mittelmafse.

Die Rinne wird aus drei Brettern oder aus Latten zufammengefetzt, welche durch eiferne, entfprechend gekrümmte Bänder zufammengehalten und längs der einen Wand der Bahnhalle befeftigt werden. Bretter und Latten find dabei fo oft zu unterftützen, dafs fie nicht ausbiegen können. Fig. 214 [196]).

Auf der fchon mehrfach erwähnten Kegelbahn im Kegel-Clubhaus Grunewald bei Berlin hat die Kugelrinne die aus Fig. 214 [196]) erfichtliche Conftruction. Sie befteht aus 5 Mahagonilatten *k* von 3 cm Breite und 2 cm Dicke, die in Hefpeneifen *l* ruhen; die mittelfte diefer Latten *m* ift, weil fie die Hauptlaft der Kugeln zu tragen hat, in einem ⊓-Eifen gebettet.

Am Ende der Bahn ift das fog. Leg, Riefs oder Kegelbrett, ein quadratifcher, über Ecke in den Boden verfenkter Holzrahmen, der von zwei winkelrecht fich kreuzenden Leiften durchfetzt ift. An den 9 Kreuzungspunkten, welche meift durch eiferne Scheibchen befonders markirt und die ca. 40 cm von Mitte zu Mitte von einander entfernt find, kommen die Kegel zu ftehen.

Anftatt eines Holzrahmens wird mitunter eine Eifenplatte oder blanke Stahlplatte für die Aufftellung der Kegel benutzt; die Standorte der Kegel find alsdann fcharf bezeichnet. Solche Metallplatten find nur dann anwendbar, wenn das ziemlich ftarke Geräufch der darauf fallenden Kegel nicht ftört.

Man hat auch am Ende der Wurfbahn in der ganzen Breite der letzteren eine Granitplatte verlegt und die Auffatzftellen der Kegel darin vertieft. Sandfteinplatten zu gleichem Zwecke zu verwenden, ift nicht zweckmäfsig, weil fich diefelben zu ftark abnutzen.

Damit beim Auftreffen auf die Hinterwand die Kugeln nicht auf den Kegeljungen abfpringen, wird vor derfelben eine Matratze (*A* in Fig. 216) aufgehängt, welche durch ihre nachgebende Bewegung die lebendige Kraft der Kugeln aufnimmt. Um die Kegel gut fehen zu können, empfiehlt es fich, diefer Matratze eine thunlichft dunkle Farbe zu geben.

Den gleichen Zweck erfüllt auch eine Reihe pendelnder, 5 bis 7 cm ftarker Stäbe, welche, beweglich an einem Rundeifenftab aufgehangen, die Rückwand und zugleich den Kegeljungen vor den abfpringenden Kugeln fchützen (Fig. 215 [198]).

---

[196]) Facf.-Repr. nach ebendaf., Taf. 118.

Fig. 215 [198]).

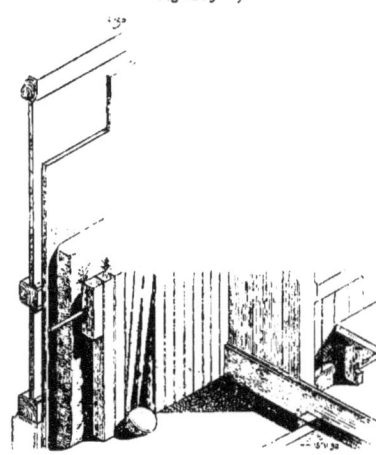

Noch beffer ift es, vor der Hinterwand einen Rahmen anzuordnen, in welchem mehrere bewegliche und auf der vorderen Seite gepolfterte Bretter hängen, fo dafs eine noch fo kräftig geworfene Kugel nach dem Anfchlagen an die Pendel nicht zurückfpringt, fondern an denfelben herabfällt. Bisweilen werden auch links und rechts vom Leg die Wandungen gepolftert (*B* in Fig. 216).

Um Störungen im Spiele durch zurückprallende Kugeln zu vermeiden, wird der Boden, etwa 50 cm vom Hintereckkegel entfernt, durch einen Schwellenabfatz um 20 bis 40 cm tiefer gelegt; der fo hergeftellte Graben hinter dem Leg nimmt die Kugeln auf und hindert das Vorlaufen derfelben nach dem Kegelfpiel. Zweckmäfsig ift es, diefen Graben nach hinten wieder anfteigen zu laffen und auf der Sohle deffelben Torfftreu oder einen anderen Stoff auszubreiten, welcher genügend leicht, elaftifch und fchalldämpfend ift und die Gewalt der ankommenden Kugeln rafch bricht; eine Polfterung der Sohle (Fig. 216 [199]) ift allerdings am geeignetften, aber auch am koftfpieligften.

233. Kugelfang.

Die Kegel (Walzen) müffen aus hartem, dauerhaftem Holze (Weifsbuche [*Carpinus betulus*] oder Rothbuche [*Fagus filvatica*]) hergeftellt werden und erhalten eine Höhe von 40 bis 60 cm; der König ift 2 bis 3 cm höher und fonft auch ausgezeichnet. Im unteren Theile find die Kegel am beften cylindrifch geftaltet und verjüngen fich nach oben in fehr mannigfaltiger Weife (Fig. 217 [198]). Bisweilen find die Kegel unten auch etwas verjüngt und dafelbft etwas ausgehöhlt, wodurch ein ficherer Stand erzielt wird (Fig. 218 [198]).

234. Kegel und Kugeln.

Fig. 216.

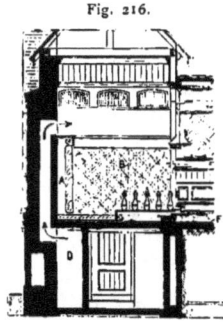

Vom Kegel-Clubhaus Grunewald bei Berlin [196]).
1/125 w. Gr.

Die Kugeln werden meift aus Weifsbuchenholz gedreht und haben, je nachdem fie als Voll- oder Lochkugeln gebraucht werden, einen Durchmeffer von 10, 12, 15, 20, 28 und 30 cm. Die grofsen Lochkugeln find am Rhein, an der nördlichen Wefer und Elbe üblich; wegen ihrer Gröfse erhalten fie wohl auch 3 Vertiefungen (Fafslöcher) für das Einfetzen der Finger (Fig. 217). Die Löcher erhalten einen Durchmeffer von ca. 3 cm, und ihre Mittelpunkte find derart gelegen, dafs ein Dreieck von 11 × 11 × 8 cm Seitenlängen entfteht. Die kleinen Kugeln werden auch aus Buxbaum- und aus dem amerikanifchen Guajakbaumholz (Eifenholzkugeln) gemacht; auch aus Hartgummi werden folche geliefert.

235.
Gefäſs für den Kegeljungen und Meldung der Wurfergebniſſe.

Neben dem Leg muſs an einer oder kann an beiden Seiten ein kleines Gefäſs abgegrenzt fein, das während des Kugelwerfens als Aufenthaltsort für den Kegeljungen dient; er ſoll von dieſem aus die Bahn überſehen können und gegen die Kugeln geſchützt ſein. Die Zahl der gefallenen Kegel wird in der Regel vom Jungen ausgerufen, kann aber auch bei langen Bahnen auf mechaniſchem oder elektriſchem Wege gemeldet werden.

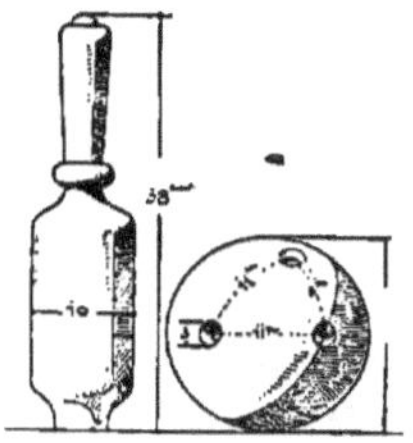

Fig. 217 [198]).

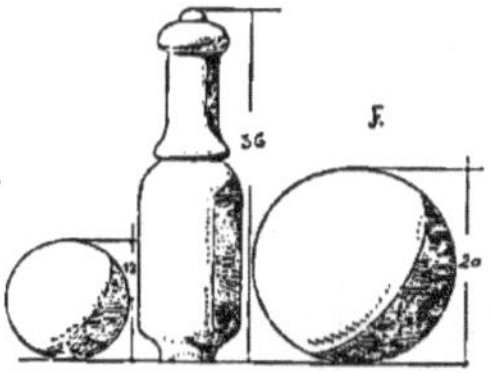

Mechaniſche Einrichtungen (Zifferblatt mit Zeiger, Zugvorrichtung mit Zahlen etc.) bilden die älteren Hilfsmittel dieſer Art. In neuerer Zeit werden dieſelben durch elektriſche Anlagen erſetzt.

Fig. 218 [195]).

Auf der Kegelbahn im Kegel-Clubhaus Grunewald bei Berlin befindet ſich links vom Schiebenden eine elektriſche Vorrichtung, mittels deren die Zahl der gefallenen Kegel durch den Kegeljungen nach der Kegelſtube gemeldet wird. Die Ziffer, auf welche der Junge an ſeinem Tableau drückt, erſcheint am Tableau in der Kegelſtube; beim Schieben der nächſten Kugel wird die Ziffer jedesmal wieder ausgerückt.

Bei einer anderen, einer Hannoverſchen Firma patentirten Einrichtung wird auf einer hinter den Kegeln zu errichtenden Wand in gut ſichtbarer Höhe die Figur des Kegelſtandortes angebracht. Für jeden Kegel iſt eine runde Oeffnung vorhanden, in welche ſofort eine ſchwarze Klappe vorſpringt, ſobald der betreffende Kegel von ſeinem Platze weicht; die Klappe verſchwindet ſofort wieder, ſobald dieſer Kegel wieder auf ſeinem Platze ſteht. Die Spieler ſehen demnach deutlich, welche Kegel nach jedem Schube gefallen ſind, und eben ſo ſehen ſie, ob das Wiederaufſetzen der Kegel beendet iſt und der nächſte Schub erfolgen kann.

Die Vorrichtung kann auch in der Kegelſtube, z. B. über der Schreibtafel, angebracht werden. Die Wirkſamkeit derſelben iſt dadurch bedingt, daſs der fallende Kegel ſeinen Standort entlaſtet, wodurch ein Stromkreis geſchloſſen wird, welcher die Klappe hervorſpringen läſst; dieſer Strom wird durch das Gewicht des Kegels unterbrochen, ſobald derſelbe auf ſeinem Platze ſteht [199]).

236. Bahnhalle.

Es wurde bereits Eingangs geſagt, daſs die Wurfbahnen nur ſelten völlig unbedeckt ſind. Zum mindeſten erhebt ſich über der Bahn ein auf Pfoſten ruhendes leichtes Dach, welches die Bahn nach beiden Langſeiten offen läſst. Beſſer geſchützte Wurfbahnen werden wenigſtens an der einen Langſeite völlig geſchloſſen; doch geſchieht dies auch an beiden Langſeiten, und das Tageslicht tritt durch die in den Langwänden vorhandenen Fenſter ein. In der wärmeren Jahreszeit werden dieſe Fenſter offen gehalten oder ganz beſeitigt; letzteres wird in beſonders zweckmäſsiger, obgleich koſtſpieliger Weiſe vollzogen, wenn man dieſe Fenſter in den Boden verſenken kann.

Die Höhe der Bahnhalle ſei eine mäſsige und ſollte 2,5 bis 3,0 m im Lichten nicht überſteigen.

In öffentlichen und privaten Gärten werden die Bahnhallen meiſt leicht gebaut und vollſtändig in Holzwerk oder auch in Fachwerk hergeſtellt; in letzterem Falle pflegen die Langwände bis auf etwa 90 cm Höhe vom Boden aus ausgemauert zu werden. Dachpappe und Holzcement ſind diejenigen Stoffe, die wohl am häufigſten zur Dachdeckung der Bahnhalle verwendet werden.

---

[199]) Siehe: Officielle Ausſtellungs-Zeitung der Internationalen Elektrotechniſchen Ausſtellung zu Frankfurt a. M. Mai bis Oktober 1891. Heft 25, S. 840.

Ift die Kegelbahn im Erd- oder Sockel-, bezw. Kellergefchofs eines Gebäudes untergebracht, fo mufs der Verbreitung des Schalles thunlichft vorgebeugt werden. Zu diefem Ende empfiehlt es fich, die Fenfter und Thüren der Bahnhalle mit gepolfterten Läden zu verfehen, wodurch der Schall wefentlich gedämpft wird; auch die Polfterung der Decke würde die Fortpflanzung der Schallwellen nach oben verhindern.

Soll die Kegelbahn bei Nacht benutzt werden, fo mufs der Boden derfelben möglichft hell beleuchtet, das Licht aber durch Schirme fo gedeckt fein, dafs der Schieber die Lichtquelle felbft nicht fehen kann. Die betreffenden Lampen (Petroleum, Gas, Glühlicht) werden in der Mittelaxe angebracht, und zwar entweder alle in gleicher Höhe, etwa $0{,}9$ bis $1{,}0$ m über Wurfbahn-Oberkante, oder man hängt fie abgeftuft auf, fo dafs fie um fo niedriger hängen, je näher fie dem Leg find. Kurz vor dem letzteren bringt man zur fchärferen Beleuchtung der Kegel eine befonders grofse Lampe oder einen Reflector an.

Bahnhallen, die auch zur Winterszeit benutzt werden follen, müffen mit Einrichtungen zu ihrer Erwärmung verfehen werden. Meift genügt für diefe Zwecke das Aufftellen entfprechend grofser Füllöfen. Dafs unter dem Kegelftande eine Luftheizung vorgefehen wird, wie z. B. bei der Anlage in Fig. 216 (bei *D*), ift ein feltener Fall.

Die Kegelftube, auch Spielerhalle genannt, erhält in der Regel eine gröfsere Höhe als die Bahnhalle; auch wird fie, wenn auf eine ausgiebige Benutzung der Kegelbahn im Winter zu rechnen ift, mit maffiveren Wänden ausgeführt, als die Bahnhalle. Während letztere, wie bereits gefagt wurde, meift in Holz- oder in Fachwerk-Conftruction hergeftellt wird, empfiehlt es fich, bei Winterkegelbahnen die Kegelftube mit Backfteinwänden zu umgeben. Selbftredend ift alsdann auch für ausreichende Heizeinrichtungen, meift durch Füllöfen, zu forgen.

Für die Aufzeichnungen der Wurfergebniffe wird entweder an einer Seitenwand der Kegelftube eine Tafel befeftigt oder, beffer, ein Schrägpult angeordnet, und zwar an einer Stelle, von der aus man Leg und Wurfbahn völlig überfehen kann. Um letzteres gut zu erreichen, empfiehlt fich ein erhöhter Sitzplatz in der Axe der Wurfbahn.

Darauf, dafs jeder Spieler die Leiftungen feiner Mitfpielenden mit dem Auge verfolgen will, mufs bei der Anordnung der Kneiptifche, Stühle etc. Rückficht genommen werden. Vielfach läfst man defshalb den Theil der Kegelftube, der die Verlängerung der Wurfbahn bildet, völlig frei, fo dafs die Spieler ftehend die Wurfbahn im Auge behalten können; alsdann können nur längs der Seitenwände und an der Rückwand der Kegelftube Kneiptifche aufgeftellt werden, vorausgefetzt, dafs diefelbe tief genug ift; fonft empfehlen fich beffer vorgekragte Wandbretter zum Aufftellen der Trinkgefäfse und Bänke vor Wandfitze ftatt der Stühle. Wollen die Spieler fitzend die Würfe verfolgen, fo mufs in der Verlängerung der Wurfbahn zweckmäfsige Gelegenheit zum Sitzen vorgefehen werden. Dies kann u. A. in der Weife gefchehen, dafs die Spieler hinter dem Schieber und dem Anfchreiber amphitheatralifch fitzen, fo dafs einer über den anderen hinwegfehen kann. Zweckmäfsig find fefte Stühle mit Armlehnen; bei 4 Sitzen in einer Reihe ordne man in der Mitte einen Durchgang an, damit Jeder leicht vorzukommen im Stande ift.

Man kann aber auch in der Axe der Wurfbahn einen Kneiptifch aufftellen, dem man alsdann vortheilhafter Weife die in Fig. 219 dargeftellte Grundrifsform

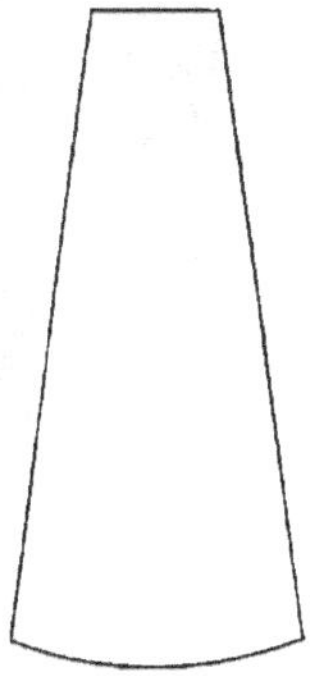

giebt, bei welcher jeder Spieler an feinem Vordermann vorbei-
fehen kann. Der Auffchreibepult ift dann entweder vor diefem
Tifch, etwas feitlich der Wurfbahn, oder hinter demfelben, auf
einer erhöhten Bühne, aufzuftellen.

Wenn kein paffender Vorraum vorhanden ift, in welchem die
Spieler die Oberkleider, Kopfbedeckungen etc. ablegen können,
fo ift hierfür in der Kegelftube Vorforge zu treffen, fei es durch
Wandhaken, fei es durch einen Kleiderfchrank. Auch eine
Wafchtifch-Einrichtung ift vorzufehen; diefelbe kann nur dann
wegbleiben, wenn, anfchliefsend an die Kegelftube, ein Gelafs
angeordnet ift, welches aufser Abort und Piffoir auch eine Wafchgelegenheit enthält. Endlich ift auch durch Aufhängen von Kron-
leuchtern oder in anderer Weife für die Erhellung des Raumes
bei Dunkelheit Sorge zu tragen.

Die Kegelftube läfst fich bisweilen gegen die Wurfbahn ab-
fchliefsen; Rollladenverfchlüffe find alsdann ganz geeignet.

Fig. 219.

238. Ausftattung.

Kegelbahnen, die nur für Sommerbenutzung beftimmt und desfhalb blofs leicht
und luftig gebaut find, erhalten meift eine fehr einfache Ausftattung. Allein auch
fonft pflegt die Bahnhalle einfach geftaltet und mit fichtbarem Dachftuhl verfehen
zu werden; nur die Kegelftube wird reicher ausgeftattet. Holztäfelungen an Decke
und Wänden empfehlen fich als geeigneter Schmuck, der von Malereien launigen
Inhaltes, Sinnfprüchen etc. unterftützt werden kann. Unter den im Nachftehenden
mitzutheilenden Ausführungen find paffende Vorbilder und Anhaltspunkte zu finden.

239. Beifpiele.

Für die Gefammtanlage von Kegelbahnen find in Fig. 220 bis 226 vier Beifpiele aufgenommen.

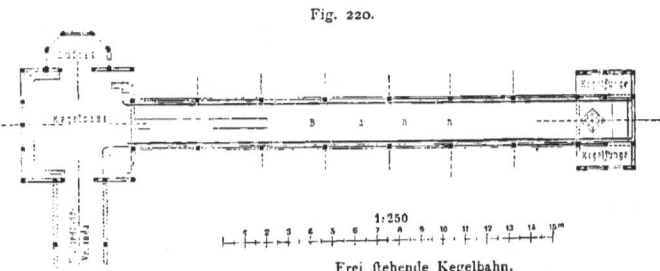

Fig. 220.

1:250

Frei ftehende Kegelbahn.

Fig. 220 giebt den Plan einer frei ftehenden, in Fachwerk auszuführenden Kegelbahn, welche als
Zubehör einer gröfseren Gafthof-Anlage entworfen wurde.

In Fig. 221 [200]) find Anficht, Grundrifs und Längenfchnitt einer von *Aleffel* entworfenen Kegelftube
wiedergegeben, deren formale Durchbildung und Einrichtung aus den Abbildungen ohne Weiteres zu erfehen ift.

Die von *Lieblein* für das Haus der »Loge Carl« zu Frankfurt a. M. ausgeführte Kegelbahn ift in
Fig. 222 bis 224 dargeftellt.

Eine fehr reich ausgeftattete Anlage bildet das durch Fig. 225 u. 226 veranfchaulichte, von
Rofemann & Jacob erbaute Kegel-Clubhaus Grunewald bei Berlin.

---

[200]) Facf.-Repr. nach: Entwürfe des Architekten-Vereins zu Berlin. Neue Folge. Jahrg. 1880—81, Bl. 10.

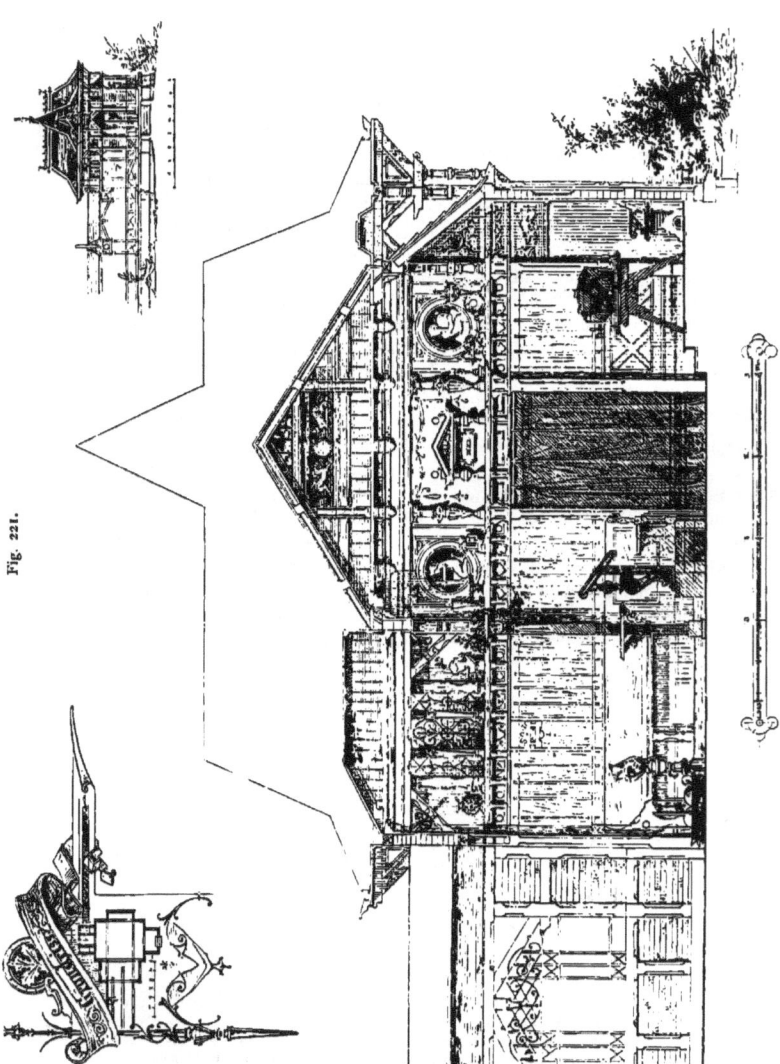

Fig. 221.

Meſſel's Entwurf zu einer Kegelſtube.

Das hierzu benutzte Grundstück hat die Form eines Dreieckes mit Seitenlängen von 68, 68 und 90 m; eine der kürzeren Seiten liegt an der Strafse. Die Folge davon ist die aus Fig. 225 ersichtliche Grundrifsanordnung. Die Wurfbahn ist an der langen Dreieckseite angelegt, und in den Winkel, den diese mit der Strafse bildet, ist der Kopfbau hineingeschoben. Von der Strafse her betritt man den Vorflur, in welchem die Kleider abgelegt werden; links davon befindet sich ein auch zum Spielen benutztes Lesezimmer; geradeaus führt eine Thür in eine geräumige Halle und weiter in die Kegelstube, an welche sich die 22,5 m lange Wurfbahn anschliefst. Halle und Wurfbahn lassen sich im Sommer gegen den Garten so weit öffnen, dafs der Aufenthalt darin dem im Freien gleich kommt, ohne dafs man des Wetterschutzes entbehrt. Neben der Halle liegen, auch vom Flur aus zugänglich, ein kleiner Anrichteraum und weiterhin ein Gelafs mit Waschgelegenheit und Spülabort. In den rückwärtigen Theil des Flurs ist eine

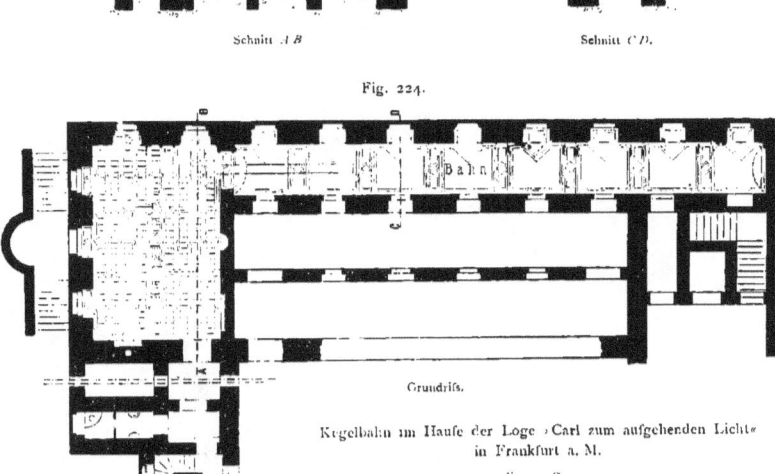

Fig. 222. Schnitt AB.

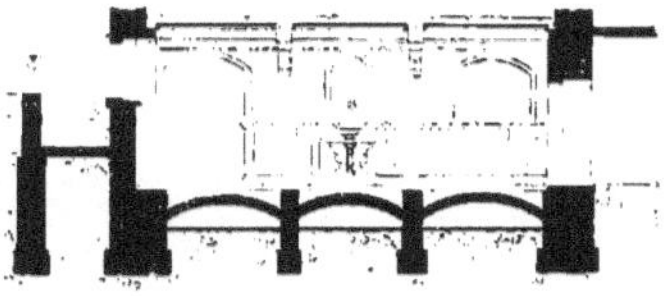

Fig. 223. Schnitt CD.

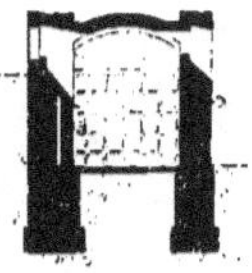

Fig. 224. Grundrifs.

Kegelbahn im Hause der Loge »Carl zum aufgehenden Licht« in Frankfurt a. M.

$\frac{1}{250}$ w. Gr.

Arch.: Liebein.

Treppe eingebaut, die zu einem im Obergeschofs gelegenen Gesellschaftszimmer, ferner zur Küche und zur Wohnung eines verheiratheten Dieners führt, welch letzterer die Instandhaltung des Hauses und die Bewirthung besorgt.

Im Aeufseren sind weifse Steingutverblender für die Flächen, rothe Backsteine für die Ecken und im Uebrigen etwas Sandstein verwendet. Das Obergeschofs ist als Fachwerkbau aufgesetzt und mit Brettern verkleidet. Das Dach ist mit Schiefer gedeckt, und die Bahnhalle hat ein Holzcementdach erhalten.

Das Innere ist fast durchweg in Braun und Weifs gehalten, braun die dunkel gebeizten Decken und Täfelungen aus Kiefernholz, weifs die getünchten Putzflächen der Wände, die später mit Bilder- und bildnerischem Schmuck geziert werden sollen. Die geschlossene Langwand der Bahnhalle zeigt über der Täfelung ein Holzspangeflecht (H in Fig. 226).

Der rückwärtige Theil der Kegelſtube bildet einen erhöhten Platz, auf dem der Anſchreibepult mit Bank und zwei Stühlen, dahinter ein eiſerner, grün glaſirter Regulir-Füllofen aufgeſtellt ſind. Der Ofen hat einen nochmals um eine Stufe erhöhten Stand, ſo daſs man von den zu ſeiner Seite gewonnenen zwei Sitzplätzen über die Köpfe der Davorſitzenden hinweg das Spiel verfolgen kann. Vor dem Pult, eine Stufe

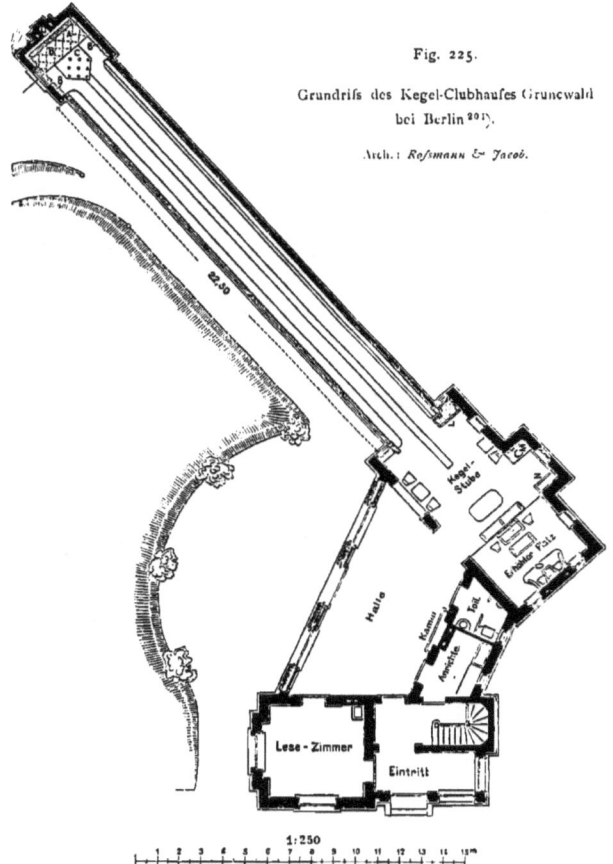

Fig. 225.

Grundriſs des Kegel-Clubhauſes Grunewald
bei Berlin [201]).

Arch.: *Roſsmann & Jacob.*

tiefer, ſteht ein Kneiptiſch mit bequemer Sitzbank, von der aus man ebenfalls einen freien Blick auf die Kegel hat. Rechts erweitert ſich der tiefer liegende Theil der Stube zu einer Niſche, in der ein Kleiderſchrank *N* und ein Waſchtiſch *M* Platz gefunden haben. Die Erhellung bei Dunkelheit erfolgt durch einen Kronleuchter über dem Kneiptiſch und durch einige Wandarme. Die Beleuchtung der Wurfbahn

[201]) Facſ.-Repr. nach: Centralbl. d. Bauverw. 1892, S. 182 u. 184.

Fig. 226.

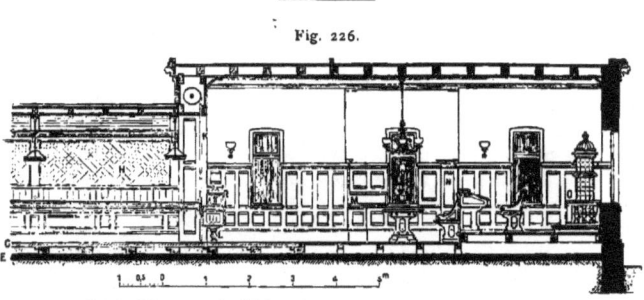

Längenfchnitt durch die Bahnhalle und Kegelftube in Fig. 225 [201]).

gefchieht durch Gaslampen, welche innen weifse und aufsen grüne Schirme mit grünen Franfen haben und abgeftuft hinter einander in der Bahnaxe hängen; kurz vor den Kegeln ift zu deren fcharfer Beleuchtung ein Gasreflector angebracht.

Von der Ausftattung des Kegelftandraumes war in Art. 232 u. 233 (S. 182 u. 183) die Rede; unter demfelben ift eine Feuerluftheizung eingerichtet, deren über der Schwebematratze ausftrömende Warmluft mit dem erwähnten Füllofen und einem *Lonhold*-Kamin in der Halle dem ganzen Raume eine behagliche Wärme giebt. Die Conftruction der Wurfbahn wurde in Art. 228 (S. 180) und jene der Kugelrinne in Art. 231 (S. 182) befchrieben; die Wurfbahn hat eine Längsfteigung von 8 cm.

Die Baukoften haben 56000 Mark betragen, wovon etwa 10000 Mark auf die eigentliche Kegelbahn entfallen [202]).

b) Sonftige Kegelbahnen.

240. Kegelbahnen mit anfteigender Wurfbahn.

Bei dem grofsen Eifer, mit welchem der Kegelfport in letzter Zeit betrieben wird, blieb es nicht aus, dafs, befonders in gröfseren Städten, zwar die für die Anlage einer Kegelbahn erforderliche Breite ausreichend verfügbar, die dafür nothwendige Länge aber nicht zu befchaffen war. Um auch Grundflächen von geringerer Länge für Kegelbahnen ausnutzen zu können, hat *Kiebitz* eine Anordnung [203]) erfonnen, bei der man die fonft erforderliche Längenausdehnung einer folchen Bahn um etwa die Hälfte (auf 10 bis 13 m) abkürzen kann, ohne den gewohnten Kraftaufwand der Spieler, die Art des Zielens etc. wefentlich zu beeinfluffen. Die Wurfbahn (Fig. 227 [204]) fteigt von der Auffatzbohle *A* nach dem Leg *F* ziemlich ftark an, und zwifchen beiden ift ein bandartig nachgiebiges Lattenwerk *B* eingefchaltet, welches durch ein Hebelgewicht *G* gefpannt erhalten wird.

Fig. 227.

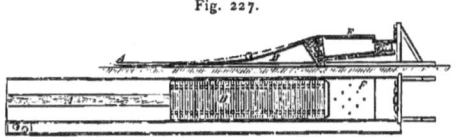

Kiebitz's Kegelbahn mit anfteigender Wurfbahn [204]).

Um nämlich die Langbahnen zu erfetzen, war es nothwendig, einen Widerftand für die Kugel zu erzeugen, welcher demjenigen annähernd gleich kommt, der auf erfteren durch die rollende Reibung der Kugel auf der langen, nahezu wagrechten und ftarren Wurfbahn hervorgerufen wird. Defshalb wurde bei der in Rede

---
[202]) Nach: Centralbl. d. Bauverw. 1892, S. 183.
[203]) D. R.-P. Nr. 46070.
[204]) Facf.-Repr. nach: Centralbl. d. Bauverw. 1889, S. 122.

ftehenden Conftruction die Wurfbahn ftark anfteigend und zugleich beweglich, bezw. elaftifch angeordnet. Die Kugel ift dabei gezwungen, die Geftalt der Wurfbahn fortwährend zu ändern, und verrichtet dabei eine bedeutend gröfsere Arbeit, als diejenige, welche für eine auf die gleiche Höhe anfteigende fefte Bahn nöthig wäre. Defshalb wird auch die Gefchwindigkeit der Kugel nahezu um eben fo viel herabgemindert, wie bei den fonft üblichen Wurfbahnen von grofser Länge; ferner wird hierdurch erklärlich, dafs die Kugel durch eine beftimmte Drehung auf dem kurzen Wege nahezu diefelben Abweichungen von der urfprünglichen Richtung erfährt, wie fonft auf dem langen.

Die befprochene *Kiebitz*'fche Kegelbahn-Einrichtung foll fich bewährt haben [205]; fie wird meift in zerlegbarer Conftruction geliefert, wodurch das Entfernen derfelben aus Räumen ermöglicht wird, die auch anderen Zwecken zu dienen haben.

Fig. 228.   Fig. 229.

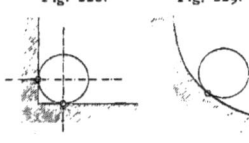

Für die gleichen Fälle, für welche die eben befchriebenen Kegelbahn-Anlagen dienen follen, hatte *Kiebitz* fchon früher eine anderweitige Anordnung, nämlich die fog. Rundbahn conftruirt.

Rundkegelbahnen

Eine folche wird, unter Beibehaltung der üblichen Gefammtlänge von 24 bis 25 m, hufeifenförmig gekrümmt, und ihre Anlage wird fchon in Räumen von 11 bis 12 m Länge und 5 m Breite möglich.

Bei den älteren Ausführungen diefer Art wurde die Rundbahn als wagrechte Ebene ausgeführt und der Kugel nur durch die gekrümmte Form der Bandenbretter die gewünfchte Richtung gegeben. Hierbei erfährt die Kugel ftets an zwei Punkten Reibung (weil fie immer die Bahn und die Aufsenbande berührt, Fig. 228); da nur an einem derfelben rollende Reibung ftattfinden kann, wird am anderen ftets eine bremfende Wirkung hervorgerufen, und die Kugel erfährt hierdurch eine Verzögerung. Die Endrichtung der Kugel hat man bei einer folchen Anordnung der Bahn felbftredend nicht in der Hand.

Fig. 230.

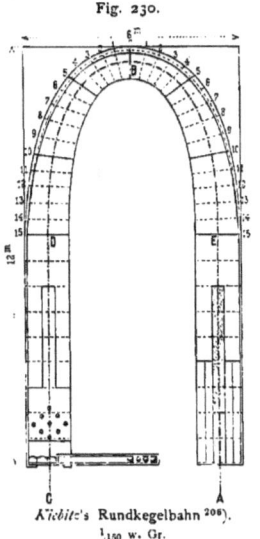

Kiebitz's Rundkegelbahn [206].
1/150 w. Gr.

Kiebitz hat durch eine fpätere Einrichtung [206] der Rundkegelbahnen den beiden erwähnten Uebelftänden abzuhelfen gefucht (Fig. 229).

Wie Fig. 230 zeigt, fällt die grofse Halbaxe des elliptifch gekrümmten Theiles DBE der Bahn mit der Mittellinie des rechteckig gedachten Bauplatzes zufammen; die kleine Axe halbirt den letzteren nahezu in der Querrichtung. An die halbe Ellipfe fchliefsen fich geradlinige Partien CD und AE der Bahnaxe, parallel den Langfeiten des Bauplatzes, an.

Man kann die Theile CD und AE gleichfalls (nach innen zu) krümmen, wodurch der Vortheil erzielt wird, dafs die Krümmung im Scheitel B weniger fcharf wird. Nichts defto weniger dürfte doch der Anordnung in Fig. 230 der Vorzug zu geben fein, da der zwifchen den beiden Armen CD und AE gelegene Raum freier bleibt.

[205] Siehe Deutfche Bauz. 1890, S. 140.
[206] D R.-P. Nr. 32 653.

Die Axe ABC der Kegelbahn fällt auch hier in eine wagrechte Ebene, welche durch die Oberkante der Auffatzbohle und des Kegelbrettes beftimmt ift. Die Lauffläche für die Kugel ift von der Auffatzbohle einerfeits, vom Kegelbrett andererfeits, bis zur Stelle DE, wo die Kugel beginnt, eine wagrechte Ebene; von da an, alfo in der Biegung felbft, find Bahn und Banden zu einer muldenförmig geftalteten Lauffläche vereinigt; die fenkrecht zu ihrer Axe geführten Querfchnitte derfelben find fo gekrümmt, dafs der in der geworfenen Kugel hervorgerufenen Centrifugalkraft der erforderliche Widerftand entgegengefetzt wird.

Der nach aufsen gelegene Theil der betreffenden Curve, bezw. der Lauffläche, mufs in Folge deffen bedeutend höher gehalten werden, als der nach innen gekehrte. Die Kugel läuft alsdann, je nach der Gefchwindigkeit, mit der fie geworfen wurde, höher oder tiefer an der anfteigenden Fläche empor; ein Herausfpringen derfelben ift unmöglich.

In Fig. 231 bis 233 find die Profile der Lauffläche für die Querfchnitte 0 bis 15 (in Fig. 230) dargeftellt. Diefelben find fo gekrümmt, bezw. der Winkel α (Fig. 234),

Fig. 231.   Fig. 232.   Fig. 233.

 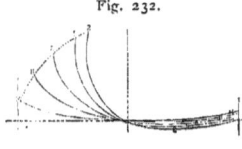 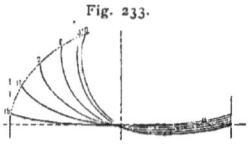

den die Tangente an die Curve im Schnittpunkte n der Bahnaxe mit der Wagrechten bildet, ift fo bemeffen, dafs eine fchwach geworfene und in der Mitte der Auffatzbohle aufgefetzte Kugel während ihres ganzen Laufes in der Axe der Bahn verharrt.

Fig. 234.

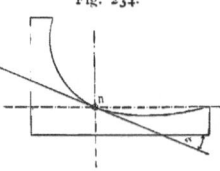

Kugeln, welche mit einer gröfseren Gefchwindigkeit gefchoben werden, verbleiben, wenn fie eine gewiffe kleinfte Gefchwindigkeit erreicht haben, in einer und derfelben wagrechten Zone; je ftärker die Kugel geworfen wird, defto höher ift diefe Zone gelegen.

Der Winkel α ift im Scheitelpunkte B (Profil 0) der Bahn natürlich am gröfsten und vermindert fich nach beiden Seiten, der Krümmung entfprechend, bis er an den Stellen D und E (Profile 15) Null wird.

Eine Kugel, welche die Axe der Bahn einhält, trifft die Kegel in der Mitte; fonft trifft fie diefelben links oder rechts. Kugeln, die nicht in der Mitte des Wurfbrettes aufgefetzt werden oder die nicht gerade angefchoben werden, nehmen felbftredend einen anderen Lauf.

Bei diefer Querfchnittsform der Lauffläche berührt die Kugel die letztere ftets nur in einem Punkte.

Kiebitz conftruirt feine Rundkegelbahnen in Holz (Fig. 235), wodurch bei der Benutzung allerdings ein ftarkes Geräufch entfteht.

Den Profilen 0 bis 15 (Fig. 230) entfprechend, werden lothrechte, aus 4 cm ftarken Bohlen gebildete Blöcke oder Rippen aufgeftellt, deren Oberkante nach der an der betreffenden Stelle der Bahn erforderlichen Krümmung ausgefchnitten ift.

Fig. 235.

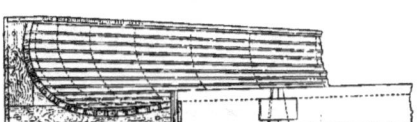

Auf diefe Böcke werden, in 1 cm Abftand von einander, kieferne Latten von 5 cm Breite genagelt, welche der zu bildenden Lauffläche entfprechend ausgehobelt werden.

Das innere Bandenbrett befteht bis zu den Profilen 10 aus zwei dünnen, über einander gelegten Schalbrettern, weiter (zwifchen 10 und 15) aus 2,5 cm dicken Brettern.

Die Kugelrinne fteht, wie Fig. 230 zeigt, in der Querrichtung der ganzen Bahnanlage; man läfst fie nicht zu weit von der Auffatzbohle entfernt enden. Solche Bahnen können auch zum Auseinandernehmen und verfetzbar conftruirt werden.

Die Luftkegelbahnen, wohl auch amerikanifche Kegelbahnen genannt, bedürfen der gröfseren baulichen Einrichtungen, wie fie die deutfchen erfordern, nicht.

242. Luft- kegelbahnen.

Fig. 236.

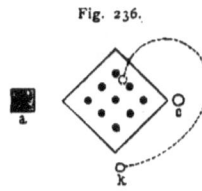

Die Kegel werden dabei nach deutfcher Art auf- geftellt (Fig. 236) und neben, bezw. über denfelben ein fog. Galgen *a* aus Holz errichtet, an dem eine Leine mit Kugel *k* befeftigt ift. Der Spieler fpannt die Schnur ftraff an und wirft die daran hängende Kugel in einer Bogenlinie nach den Kegeln; in der Regel ift es dabei, wenn der Wurf Giltigkeit haben foll, Vorfchrift, dafs die Kugel zu- nächft um den Kugelpfahl *e* herumzuwerfen ift. Im Uebrigen find Anordnung und Einrichtung im Einzelnen ziemlich verfchieden.

Vor Allem betrifft dies die Lage der frei herabhängenden Kugel zu den übrigen Theilen der Einrichtung. In einigen Fällen hängt fie über dem Kegelkönig, in anderen über dem dem Galgenmaft abgewandten Eckkegel und in wieder anderen

Fig. 237.

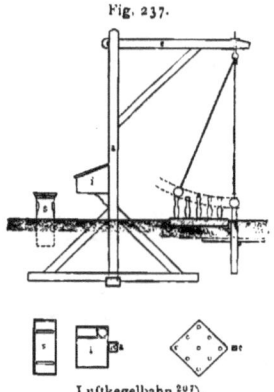

Luftkegelbahn [207]).
1/100 w. Gr.

über dem Kugelpfahl (Fig. 237 [207]), der dann ca. 20 cm von dem eben bezeichneten Eckkegel abfteht. Unter allen Umftänden befinden fich Galgen, Kegelkönig und Kugelpfahl in der gleichen lothrechten Ebene, und der Spieler fteht beim Wurf vor dem Vorder- eckkegel.

Der Galgen befteht aus einem im Boden ent- fprechend verankerten Maft von 15 bis 18 cm Quer- fchnittsabmeffung und 3 bis 4 m Höhe. Daran ift ein wagrechter Arm befeftigt und durch eine Büge dagegen abgefteift; der Arm erhält am beften recht- eckigen Querfchnitt von 15 bis 18 cm Höhe und 12 bis 15 cm Breite; feine Länge hängt von der gewünfchten Lage der frei herabhängenden Kugel ab, da die Kugelleine am freien Ende diefes Armes befeftigt wird.

Die Abmeffungen des Kegelbrettes beftimmen fich nach dem Durchmeffer der Kugel. Die Kegel müffen fo weit von einander abftehen, dafs die Kugel durch jede Gaffe (Kegelreihe) hindurchgefchoben werden kann.

Die Kugel mufs fo angebracht werden, dafs ihr Meridian beim Lofehängen noch 10 cm unter der Oberkante der Kegelköpfe gelegen ift. Wird nicht gefpielt, fo hängt entweder die Kugel an einem Haken des Galgens oder wird abgenommen und aufbewahrt.

Dem Kugelpfahle giebt man eine Höhe von 50 bis 60 cm über dem Erd- boden.

---

[207]) Nach: Baugwks.-Ztg. 1886, S. 209.
Handbuch der Architektur. IV. 4, b. (2. Aufl.)

Bei ſtark benutzten Kegeleinrichtungen iſt es recht zweckmäfsig, an den Maſt *a* (Fig. 237) einen Pult *i* anzuſchrauben, worin man Kugel, Tafel, Schwamm, Griffel und ſonſtige beim Spiel gebrauchte Gegenſtände aufbewahren kann; hinter demſelben ordne man einen geeigneten Sitz *s* an.

Literatur
über »Kegelbahnen«.

Jeu de boules à Berlin. Moniteur des arch. 1854, Pl. 310.
KIEDITZ, E. Neuerung an gekrümmten Kegelbahnen. Deutſche Bauz. 1885, S. 310.
KIEDITZ' Kreis-Kegelbahn. Techniker, Jahrg. 7, S. 176.
Luftkegelbahn. Baugwks.-Ztg. 1886, S. 86, 110.
Anlage einer Luftkegelbahn. Baugwks.-Ztg. 1886, S. 209.
Ueber Anlage von Kegelbahnen. Deutſches Baugwksbl. 1887, S. 453.
KIEDITZ. Zerlegbare und transportable Patentkegelbahn. Deutſche Bauz. 1889, S. 229.
Neuerung an Kegelbahnen mit anſteigender Lauffläche von EMIL KIEDITZ. Baugwsks.-Ztg. 1889, S. 318.
Kegelclubhaus Grunewald. Centralbl. d. Bauverw. 1892, S. 183.
Entwürfe des Architekten-Vereins zu Berlin. Neue Folge.
 1880—81, Bl. 10: Kegelhalle; von MESSEL.
Architektoniſches Skizzenbuch. Berlin.
 Heft 2, Bl. 4, 5: Kegelbahn bei Berlin; von STRACK.
 » 141. » 1: Decoration einer Kegelbahn in Berlin; von FRIEBUSS & LANGE.

4. Kapitel.
Baulichkeiten für andere Sportzweige.

243. Vorbemerkungen.

Unter den noch in Frage kommenden, mannigfaltigen Baulichkeiten für ſonſtige Sportzweige und Spiele ſind insbeſondere Eis- und Rollſchlittſchuhbahnen, ſodann Anlagen für Ballſpiel und verwandten Sport hervorzuheben.

Die Wahl des Platzes für den Sport wird ſtets durch die örtlichen Umſtände, Rückſichten auf Verkehrsverhältniſſe, auf die Zweckmäſsigkeit der Verbindung mit Parkanlagen, Vergnügungs- und Erholungsſtätten etc. bedingt. Im Uebrigen iſt bei Anlagen im Freien auf möglichſt geſchützte Lage, auf Anreihung von überdeckten Hallen etc. Bedacht zu nehmen.

a) Eis- und Rollſchlittſchuhbahnen.
Von JACOB LIEBLEIN und Dr. HEINRICH WAGNER.

244. Ueberſicht.

Das Schlittſchuhlaufen kommt in Skandinavien und anderen nördlichen Ländern ſchon in uralter Zeit vor und wird überall da, wo die Natur während des Winters eine Eisbahn entſtehen läſst, von Alt und Jung, Hoch und Niedrig mit um ſo gröſserer Vorliebe gepflegt, als der Sport oft nur kurze Zeit, in manchen Wintern gar nicht ausgeübt werden kann. In wärmeren Gegenden, wo die Bildung einer tragfähigen Eisdecke auf Flüſſen und Teichen längere Zeit in Anſpruch nimmt, ſo wie an ſolchen Orten, die entfernt von Gewäſſern liegen, hat man ſich ſchon längſt mittels Unterwaſſerſetzen eines geeigneten Grundes in einigen froſtigen Tagen eine gute Eislaufbahn zu verſchaffen und zu unterhalten gewuſst.

Ganz unabhängig von Gunst oder Ungunst der Witterung ist der Sport aber erst durch Einführung der Rollschuhbahnen geworden.

Es ist möglich, dafs die Anregung hierzu zum Theile durch die Schlittschuh-Scene in der zuerst 1849 in Paris aufgeführten Oper *Meyerbeer's* »Der Prophet« gegeben wurde. Aber schon 20 Jahre früher scheint in der nächsten Umgebung von Berlin eine Rollschlittschuhbahn bestanden zu haben. Denn in der unten bezeichneten Zeitchronik [208]) findet sich folgende Notiz: »Künstliche Schlittschuhbahn eröffnete im vorigen Jahre der Cafetier *Wendbach* in seinem Garten Altschöneberg Nr. 4. Die Bahn war aus Ziegelsteinen hergestellt, und die Schlittschuhe und Pickschlitten ruhten auf Rollen. Der Eröffnungstag dieser Bahn, an dem noch ein *Bal champêtre* und Vauxhall angekündigt waren, war aber auch zugleich der Sterbetag derselben; denn man hat nichts weiter mehr von ihr gehört.«

Thatsächlich ist das Rollschlittschuhlaufen als besonderer Zweig des Sportwesens in Nordamerika in das Leben gerufen worden und hat, von dort nach England verpflanzt, gegen Mitte der 70-ger Jahre daselbst eine wahre Leidenschaft hervorgerufen. Auch in Deutschland und Frankreich ist es rasch in Aufnahme und Gunst, aber fast eben so rasch wieder in Rückgang und Vergessenheit gekommen. Anfang der 80-ger Jahre gab es kaum eine Stadt von Bedeutung, die nicht, theils in Verbindung mit grofsen Vergnügungsstätten, theils als selbständige Anlage, ihren *Skating-Rink* [209]) hatte. Damals gehörte das Rollschlittschuhlaufen, als ein ungefährlicher und der Gesundheit sehr zuträglicher Sport, an dem sich Herren und Damen Jahr aus Jahr ein betheiligen können, zu den Forderungen der guten Gesellschaft, und die Beschaffung geeigneter Baulichkeiten für die Ausübung desselben war eine dankbare Aufgabe, welche jene Zeit dem Architekten gestellt hatte.

Bald nach Einführung der Rollschlittschuhbahnen begann man auf künstlichem Wege Eislaufbahnen herzustellen, um unabhängig von Wärme und Kälte im Winter und Sommer sich das Vergnügen des Schlittschuhlaufens verschaffen zu können.

1) Eislaufbahnen im Freien.

Die Schlittschuhbahn im Freien ist durch anhaltenden Winterfrost, entweder ohne alles Zuthun auf fliefsenden oder stehenden Gewässern, oder in der schon angedeuteten Weise auf einer Niederung oder einem flach gelegenen Grunde gebildet, welcher zu diesem Behuf mittels Rohrleitung, durch Bespritzen oder in sonst geeigneter Weise unter Wasser gesetzt wird.

245.
Eislaufbahn.

Damit letzteres rasch zum Gefrieren kommt, darf die Wassertiefe keine grofse sein.

Wo keine natürliche Niederung oder sonstige Einsenkung des Bodens vorhanden ist, wählt man zur Herstellung der Eisdecke eine möglichst wagrechte Fläche und schliefst dieselbe im ganzen Umfange durch niedrige Erddämme ein. Für letztere wähle man thunlichst undurchlässiges Material; fettige Erde (am besten Klaiboden) ist am geeignetsten; sonst empfiehlt sich humushaltiger (indefs nicht zu humusreicher) Boden (sog. Dammerde); reiner Thon wird leicht rissig; eine Mischung von Thon und Sand ist nicht ungeeignet; Sand oder Kies sind unbrauchbar.

Zur Unterhaltung einer glatten Eisoberfläche wird in frostigen Nächten Wasser in dünner Schicht darüber geleitet oder darauf gespritzt.

Rings um die Eisbahn werden zweckmäfsiger Weise für Zuschauer und Theilnehmer am Sport geebnete Wege geführt, Sitzplätze und andere der in Art. 247

---

[208]) HELLING, J. G. A. L. Geschichtlich-statistisch-topographisches Taschenbuch von Berlin und seinen nächsten Umgebungen etc. Berlin 1830.

[209]) *Skating*, d. h. Schlittschuhlaufen; *Rink* — eine vulgäre Variation von Ring, die schon im Mittelhochdeutschen vorkommt u. u. A. einen Kampfplatz, einen abgeschlossenen Platz überhaupt bezeichnet.

246.
Baulichkeiten.

u. 248 bei den offenen Rollfchlittfchuhbahnen namhaft zu machenden Vorkehrungen getroffen.

Im Uebrigen erfordern die Eislaufbahnen im Freien meift keine oder nur höchft einfache Baulichkeiten, als: Schuppen zum Anlegen und Aufbewahren der Schlittfchuhe, Buden zum Verabreichen von Erfrifchungen etc. An einzelnen Orten aber, wo das Schlittfchuhlaufen befonders gepflegt wird, finden fich Zeltbauten und Saalgebäude mit Verfammlungsräumen, Trinkhallen, Ausfchank- und Speifewirthfchaften etc. angeordnet.

Nach Allem, was in den vorhergehenden Abfchnitten über ähnliche Gebäudearten mitgetheilt wurde, genügt der kurze Hinweis auf die in Fig. 238 u. 239 [210])

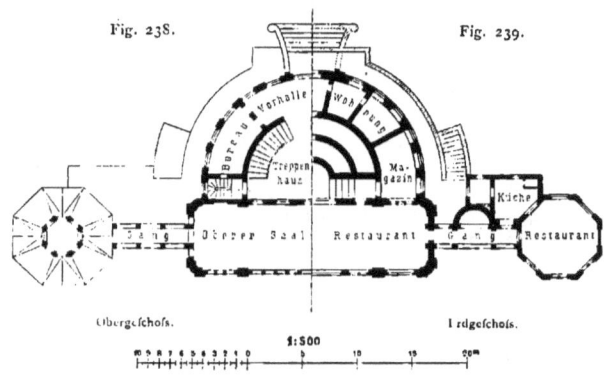

Pavillon des Budapefter Eislauf-Vereins [210]).
Arch.: Lechner.

dargeftellten Grundriffe des Pavillons des Budapefter Eislauf-Vereins als ein bemerkenswerthes Beifpiel der in Rede ftehenden Art.

Das nahe bei Budapeft von Lechner 1876 ausgeführte, zweigefchoffige Gebäude ift auf dem der Stadt zugewandten Ufer des Teiches im Stadtwald mit der Langfeite nach dem Eisfelde zu errichtet. Die Baukoften betrugen rund 120000 Mark (= 70000 Gulden).

2) Rollfchlittfchuhbahnen.

247.
Unbedeckte und überdachte Bahnen.

Der noch vor kurzer Zeit fo aufserordentlich verbreitete und beliebte Sport des Rollfchlittfchuhlaufens gab, wie bereits in Art. 244 (S. 195) erwähnt, Veranlaffung zu anregenden, baukünftlerifchen Aufgaben, und die in Folge deffen entftandenen Gebäude zur Ausübung diefes Sportes, der möglicher Weife wieder in Aufnahme kommen mag, verdienen deshalb auch jetzt noch in Betracht gezogen zu werden.

Es giebt Rollfchuhbahnen im Freien und im Inneren von Gebäuden, offene und unbedeckte, fo wie gefchloffene und überdachte Skating-Rinks. Es leuchtet ein, dafs, wenn auch die durch erftere gewährleiftete Bewegung in freier Luft durch nichts zu erfetzen ift, dennoch die letzteren für dauernden Gebrauch in unferem Klima geeigneter find. Häufig find die Vorzüge beider Anlagen durch die Verbindung einer offenen und einer überdeckten Bahn vereinigt.

[210] Nach: Zeitfchr. d. Arch.- u. Ing.-Ver. zu Hannover 1877, S. 694.

Als unbedingte Erforderniffe folcher Bahnen find fomit zu nennen:

α) Die Fahrbahn, welche durch eine Schranke abgefchloffen und durch einen breiten Umgang für Zufchauer umfchloffen zu fein pflegt;

β) Mufikbühne, Eftraden mit Sitzplätzen für Zufchauer und Läufer, die auch bei Bahnen im Freien leichte Schutzdächer erhalten follten; die Säle pflegen mit Galerien verfehen zu fein;

γ) Ablegeräume für Herren und Damen mit den zugehörigen Wafch- und Bedürfnifsräumen;

δ) Räume zum Aufbewahren, An- und Ablegen der Rollfchuhe für Herren und Damen;

ε) Erfrifchungsräume, mindeftens aber ein Trink- und Speifen-Buffet, das fo gelegen ift, dafs fowohl die Rollfchuhläufer von der Fahrbahn aus, als auch die Zufchauer aufserhalb jener bequem Zutritt haben;

ζ) Hallen, Vor- und Verbindungsräume, zuweilen Lefe- und Spielzimmer;

η) Caffenraum, Thorwartftube etc.

Einzelne der unter ε bis η genannten Erholungs- und Erfrifchungsräume find zu entbehren, wenn die Rollfchlittfchuhbahn Beftandtheil einer Vergnügungsftätte oder eines anderen gröfseren Anwefens bildet, bei denen folche Säle ohnedies vorhanden zu fein pflegen.

Auch bezüglich der Grundrifsanordnung der Gebäude ift der *Skating-Rink* im Freien von demjenigen in gefchloffener Halle zu unterfcheiden. Im erften Falle find die Säle, fo wie die Vor- und Nebenräume der offenen Bahn in einer Art Empfangsgebäude untergebracht, das bei ungünftiger Witterung zur Aufnahme der Befucher dient und durch welches man zur Rollbahn mit Gartenanlagen gelangt, wie z. B. in Fig. 240. Im zweiten Falle find jene Räume mit der Rollbahnhalle im gleichen Gebäude vereinigt und derfelben in paffender, den örtlichen Umftänden entfprechender Weife angefchloffen.

Der in Berlin im Auftrage der Gefellfchaft *L. Sacerdoti & Co.* in London durch *v. Knoblock* 1876—77 erbaute Central-*Skating-Rink*[211]) zeigte eine centrale Anlage der Bahn, welche nach allen Seiten von Sälen, Vor- und Nebenräumen umgeben und mittels weiter Durchläufe mit der offenen Rollfchuhbahn verbunden war. Das Orchefter wurde defshalb in folcher Weife angeordnet, dafs es fowohl nach dem Saale, als nach dem Sommer-*Rink* geöffnet werden konnte.

Bei dem in Fig. 243 durch eine Innenanficht veranfchaulichten *Skating-Rink* in der *Rue Blanche* zu Paris find Empfangs- und Erholungsräume an beiden Enden des Hauptarmes des J-förmigen Grundriffes angebracht, und die Bahn ift im rechten Winkel umgebrochen.

Bei dem *Roller-Skating-Rink* in Detroit (fiehe Art. 258) find fämmtliche Nebenräume an der einen Langfeite geordnet.

Nur die Anordnung und Einrichtung der Rollfchlittfchuhbahn geben Veranlaffung zu befonderer Erörterung.

Die gewöhnliche Form der Laufbahn ift ein längliches Rechteck; zuweilen find die Ecken abgerundet oder abgeftumpft oder die Langfeiten durch Halbkreife verbunden. Auch kreisrunde und elliptifche Grundformen, deren Vortheile insbefondere für unbedeckte Bahnen unverkennbar find, haben Anwendung gefunden.

Hinfichtlich der Gröfse ift zunächft zu bemerken, dafs die Breite nicht zu gering im Verhältnifs zur Länge fein, letztere höchftens das $2\frac{1}{2}$- bis 3-fache der erfteren betragen foll, wobei als kleinftes Mafs für die Breite 15 m, beffer aber 18 bis 20 m angegeben wird.

---

[211]) Siehe: Baugwks.-Zeitg. 1877, S. 209. — Diefe Anlage ift ihrer urfprünglichen Beftimmung entzogen und fpäter zu Concerten und Opern, zeitweife zu Feften, Ausftellungen etc. benutzt worden.

Folgendes find die Abmeffungen einer Anzahl ausgeführter Rollfchlittfchuhbahnen in abgerundeten Zahlen: Heidelberg 32 × 21 m; *Prince's-Club* in London 30 × 21 m; *Royal-Avenue, Chelfea* in London 33 × 21 m; Paris, *Faubourg St. Honoré* 36 × 20 m; Berlin, Central-*Skating-Rink* 35 × 24 m; Brixton 45 × 18 m; Richmond 48 × 18 m; *Southport-Wintergarden*, offene und bedeckte Bahn, je 60 × 18 m; Paris, *Rue Blanche* 96 × 14,4 m bis 17 m; Detroit 53 × 30 m; Brighton, *Malcolmfon Skating-Rink* 110 × 30 m.

Abgefehen von den drei zuletzt genannten, ausnahmsweife grofsen *Skating-Rinks* bewegt fich die Flächenausdehnung der Bahnen zwifchen 600 und 1000 qm.

251. Platzbemeffung.

Nach *Builder* [212]) gewährt eine Bahn von 600 qm Raum für 60 und mehr Rollfchuhläufer. Dies ergiebt fomit 10 qm Lauffläche für eine Perfon, während *v. Knobloch* [213]) nur 3 qm berechnet. Bei letzterer Angabe ift offenbar vorausgefetzt, dafs nur ein Theil der Läufer die Bahn gleichzeitig benutzt; bei erfterer Angabe fcheint die Zahl der zeitweife Ruhenden nicht inbegriffen. Es dürfte wohl, unter Berückfichtigung deffen, durchfchnittlich 5 qm Lauffläche für die Perfon als vollkommen ausreichend, aufserdem 0,5 qm Sitzplatz für ruhende Läufer und Zufchauer auf Eftraden und Galerien zu berechnen fein. Ferner ift für die eigentliche Wandelbahn ein angemeffener Anfatz zu machen. Für die Befucher von Erfrifchungsräumen, Trinkhallen etc. reichen nach Früherem einfchliefslich der Gänge 0,7 bis 1 qm aus.

Nach diefen Zahlen dürfte im einzelnen gegebenen Falle die Platzbemeffung vorzunehmen fein.

252. Bahnkörper und Rollfchuhe.

Die Rollfchlittfchuhbahn ift an fich von einfacher Conftruction, erfordert jedoch zu ihrer Herftellung ein gutes Fundament, Anwendung von Stoffen, die für das Rollfchuhlaufen geeignet find, und forgfältige Ausführung. Wenn eines oder mehrere diefer Erforderniffe fehlen, ift ein Miserfolg unausbleiblich.

Für Bahnen im Freien wird Afphalt- oder Cementboden, für folche im Inneren auch Holzboden verwendet.

Am Cementboden wird ausgefetzt, dafs die geglättete Oberfläche in Folge des Rollfchuhlaufens bald rauh, in Folge deffen ftaubig und bei feuchtem Wetter fchmutzig und fchlüpfrig werde. Andererfeits bietet der Afphaltboden in der Sommerwärme keinen ficheren Beftand und kann, ohne Eindrücke zu hinterlaffen, bei hoher Temperatur nicht belaufen werden. Dennoch wird Afphaltboden für Rollfchuhlaufen im Allgemeinen vorgezogen, und an mehreren Orten ift anftatt des anfänglich benutzten Cementbodens eine Afphaltbahn hergeftellt worden.

Beide Arten der Herftellung erfordern als Fundament eine Betonlage, die je nach dem Untergrunde 10 bis 25 cm ftark fein mufs. Darauf kommt für Afphaltboden eine genau abgeglichene Cementmörtelfchicht und auf diefe eine $1/2$ bis 2 cm dicke Lage aus reinem Afphalt unter Zufatz von gefiebtem Flufsfand; die Oberfläche wird mit Reibebrettern forgfältig abgeglättet. Bei Cementboden wird auf den mit Cementmörtel abgeglichenen Beton eine 2 bis $2\frac{1}{2}$ cm ftarke Lage von reinem Portland-Cement aufgebracht und mit der Kelle tüchtig geglättet.

Nähere Einzelheiten über die Herftellung einer Afphaltbahn find in dem Beifpiele in Art. 257, jene einer Cementbahn in Art. 256 enthalten.

Unter allen Umftänden empfiehlt es fich, die Bahn gegen die Mitte leicht convex zu geftalten, um einigermafsen Vorforge gegen die Abnutzung zu treffen und um zugleich den Ablauf des Waffers nach aufsen zu fichern; denn für letzteren ift behufs Reinigung und Trockenhaltung des Bodens auch bei überdeckten Bahnen zu forgen; hierzu genügt ein Gefälle von 1 : 120.

---

212) Bd. 29, S. 579.
213) In: Baugwks.-Zeitg. 1877, S. 409.

Holzboden ift in verfchiedenen Rollfchlittfchuh-Gebäuden mit Erfolg verwendet worden. Am beften ift wohl ein Boden aus 10 bis 15 cm breiten Riemen von Kiefern- oder Eichenholz, mit dichten Fugen in Afphalt gelegt und gut gehobelt. Als Nachtheil diefer Riemenböden wird angeführt, dafs das Rollfchuhfahren bei zahlreichem Befuch ein läftiges Geräufch verurfache.

Unter den verfchiedenen zur Anwendung gekommenen Rollfchuhen wird der vierrädrige *Plimpton*-Schuh amerikanifchen Syftemes als der befte bezeichnet.

253. Umgang.

Der die Bahn einfchliefsende Umgang ift etwa 3 m breit zu machen, um Raum für mehrere Reihen Zufchauer, fo wie für den Verkehr derfelben zu haben. Diefe Umgänge werden zuweilen behufs Befchaffung eines freien Ueberblickes über die Laufbahn erhöht (beim *Skating-Rink* der *Rue Blanche* in Paris um 30 cm, beim Central-*Skating-Rink* in Berlin um 1,20 m).

Die Brüftung erhält eine für Rollfchuhläufer, bezw. Zufchauer paffende Höhe (fiehe Fig. 242).

254. Verbindung offener und überdeckter Bahnen.

Enthält der *Skating-Rink* fowohl eine offene, als eine überdeckte Bahn, fo werden beide, zum Zweck des Durchlaufens, durch möglichft weite Oeffnungen verbunden. Der Verfchlufs findet durch Schiebethore oder Flügel, die fich ganz an die Wand anlegen laffen, ftatt.

255. Ueberdeckung.

Für die Ueberdeckung der Rollfchlittfchuhbahnen ift eine fichtbare Holz- oder Eifen-Conftruction geeignet, die in folcher Weife angeordnet wird, dafs reichlicher Licht- und Lufteintritt gefichert ift. Zu letzterem Zwecke find Fenfter in den Hochwänden, fo wie Decken- oder Dachlichter, unter Umftänden Glasdächer oder Laternenauffätze anzuordnen, die alle mit Vorrichtungen zum leichten Oeffnen derfelben verfehen fein müffen. Für die Benutzung im Winter find Heizvorrichtungen und künftliche Beleuchtung unentbehrlich.

Beim Entwerfen folcher *Skating-Rink*-Hallen befteht die Hauptaufgabe des Architekten darin, einen möglichft grofsen, frei überfpannten Raum mit thunlichft geringer Stützfläche zu befchaffen. Diefes Ziel wird in England und Amerika nicht felten durch hölzerne Bohlenbogen, die aus mehreren zufammengefchraubten Lagen von Dielen beftehen und ungefähr in Fufsbodenhöhe anfetzen, zu erreichen gefucht.

Aufser dem in Fig. 244 dargeftellten Dachftuhl diefer Art wird u. A. auf die in der unten bezeichneten Quelle [214] veröffentlichte *Skating-Rink*-Halle in *Southport Wintergarden* hingewiefen. Der überdeckte Raum ift 61 m lang und 18 m breit; hieran fchliefst fich eine Bahn im Freien von gleicher Ausdehnung. Die Koften des von *Maxwell & Tuke* erbauten *Rinks* betrugen rund 160000 Mark.

Im Anfchlufs an diefe Darlegungen mögen noch einige Beifpiele ausgeführter Rollfchlittfchuhbahnen mitgetheilt werden.

256. Beifpiel 1.

Ein *Skating-Rink* im Freien ift die in der Strafse *Faubourg St.-Honoré* zu Paris von *Roux & Chatenay* erbaute Anlage (Fig. 240 bis 242 [215]).

Die auf einem Grundftück von rund 18 a errichtete Gefammtanlage umfafst: α) die Empfangsgebäude längs der Strafse, mit Vor- und Nebenraum, Verwaltungsräumen etc.; β) die Rollfchlittfchuhbahn, und γ) den die letztere umgebenden Garten mit einigen untergeordneten Baulichkeiten im rückwärtigen Theile des Anwefens.

Die Empfangsgebäude, welche, etwas gegen die Strafsenfront zurückgerückt, die ganze Länge derfelben einnehmen, find durch zwei als Ausgänge dienende Thorwege getheilt. Von den beiden niedrigen Seitenbauten enthält der eine die Wohnung des Thorwarts (*Concierge*), der andere Toiletten-Zimmer für Damen, Polizei-Wachtftube, Aborte für Damen und Herren, fo wie eine im Plane nicht angegebene Apotheke.

---

[214] *Building news*, Bd. 29, S. 696.
[215] Nach (zum Theile facf.): WILLIAM & FARGE. *Le recueil d'architecture*. Paris. 5e année, f. 42, 64, 68.

Weitaus bedeutender ift das mittlere pavillonartige Gebäude. Durch den Haupteingang in der Axe gelangt man in die offene Eintrittshalle mit Caffenraum und Billet-Controle; links davon liegen Wartefaal und Kleiderablage, rechts Verwaltungszimmer; hieran fchliefsen fich nach rückwärts die achteckige, mittels Deckenlicht erhellte Centralhalle, durch die man zum *Skating-Rink* gelangt, fo wie die Galerien, die zum Garten führen und welche zur Vermittelung des fchiefwinkeligen Grundriffes von Vordergebäude und der dahinter liegenden Rollfchlittfchuhbahn dienen. Letztere ift beinahe 800 qm grofs und in der noch zu befchreibenden Art und Weife aus Cement-Beton hergeftellt.

Eine Mufik-Galerie ift über dem Eingange zur Bahn an drei Seiten des Octogons zum Theile ausgekragt; zum anderen Theile erftreckt fie fich über die Centralhalle; eine Nebentreppe führt zu diefem Obergefchofs. Links und rechts vom Eingang zum *Rink* find zwei überdachte Räume angeordnet; der eine dient zur Aufbewahrung und zur Vertheilung der Rollfchuhe (siehe Art. 248, S. 197), der andere zur Reinigung derfelben. Am gegenüber liegenden Ende befindet fich ein Buffet von 6 m Länge, das in folcher Weife angeordnet ift, dafs fowohl die Theilnehmer, als die Zufchauer am Sport leicht bedient werden können. In der Nähe, in einer Ecke des Gartens, ift ein zum Buffet gehöriger, kellerartiger Arbeits- und Vorrathsraum, an anderer geeigneter Stelle eine Baulichkeit mit Wafch- und Bedürfnifsräumen für Herren, fo wie eine Kleiderablage für die Mitglieder errichtet; der übrige Theil des Anwefens befteht aus Gartenanlagen, die von breiten, mit Sand beftreuten Wegen durchzogen find. Mauern mit Beeten, aus denen Spaliergewächfe, Blumen- und Fruchtpflanzen emporranken, umgeben den Garten.

Bei der 1876 erfolgten Ausführung waren weder Bahn noch Garten überdeckt, aber Alles für die Ueberdachung beider vorgefehen.

Fig. 240.

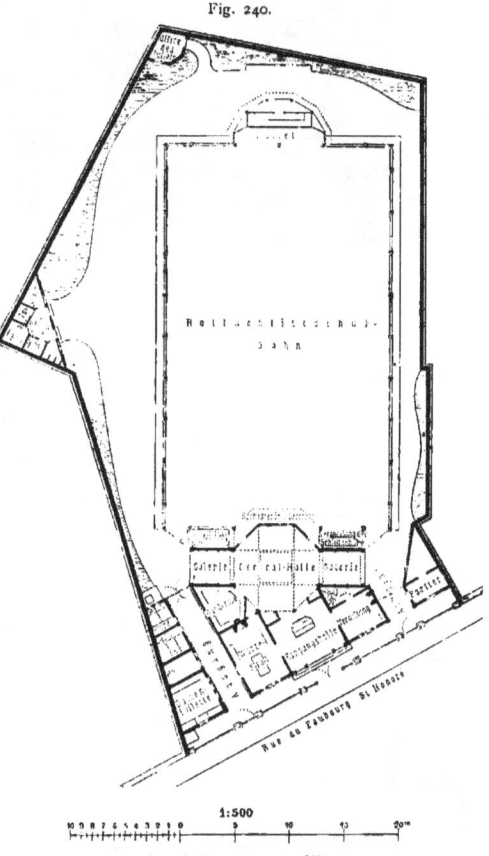

1:500

Grundrifs zu Fig. 241 [215]).

Zu diefem Zwecke wurden gufseiferne Schuhe, behufs fpäterer Aufnahme der Dachpfoften, in den Beton eingelaffen, auch die Entwäfferungsanlagen für Aufnahme des Abwaffers der Dächer vorgefehen. Die Herftellung des Bahnkörpers wurde in folgender Weife bewerkftelligt. Der natürliche Boden beftand aus Dammerde, die an einzelnen Stellen mit Schutt aufgefüllt war. Die abnivellirte Bodenfläche wurde zuerft tüchtig feft geftampft, fodann mit einer Anzahl fich kreuzender Einfchnitte (20 cm breit, 15 cm tief) verfehen, fo dafs quadratifche Felder von ungefähr 3,3 m Seitenlänge entftanden. Diefe Gräben wurden mit

Fig. 241.

Anficht. — 1/150 w. Gr.

Skating-Rink, Strafse *Faubourg St.-Honoré* zu Paris [215].
Arch : *Roux & Chatenay*.

Beton ausgefüllt; ein tieferer, ebenfalls ausbetonirter Einfchnitt, rings am Umkreife der Bahn angelegt und nach aufsen mit einem Rinnftein verfehen, follte das Durchfliefsen des Regenwaffers unter der Betonfohle befördern.

Auf diefe fchachbrettartig geordneten Fundament-Bankete wurde eine nur 7 cm dicke Betonfchicht gelegt, geftampft und genau wagrecht abgeglichen, darauf eine 3 cm ftarke Cementmörtellage aufgetragen und mit der Kelle geglättet. Die ganze Bodenfläche wurde in 4 Theilen ausgeführt; die obere Lage von Cementmörtel mufste indefs, da die Bahn nach kurzem Gebrauch rauh geworden und der fcharfe Sand fich für die Rollfchuhe fchädlich, für das Laufen hemmend erwies, durch reinen Portland-Cement erfetzt werden.

Der fchon erwähnte breite Rinnftein ift auf drei Seiten des *Rinks* herumgeführt und zur Aufnahme des Regen- und Gufswaffers beftimmt; derfelbe hat defshalb gegen die Strafse zu Gefälle und, vor der Einmündung in die gufseifernen Strafsenentwäfferungsrohre, an jeder Seite der Bahn einen Schlammkaften erhalten. Der Rinnftein ift durch Dielen abgedeckt, die eine Art Banket um die Rollbahn

Fig. 242 [215]).

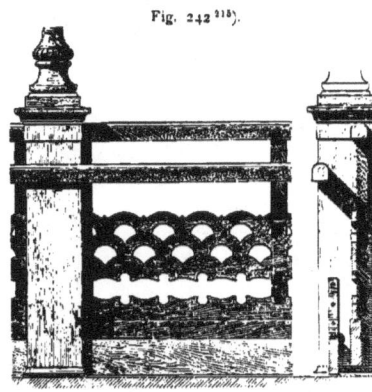

1/25 w Gr.

bilden und an dem zwifchen diefer und dem Garten errichteten Zaun befeftigt find. Letzterer, nach Fig. 242 geftaltet, hat einen doppelten Handgriff. den einen 1,20 m hoch für die Rollfchlittfchuhfahrer, den anderen 1,00 m hoch für die Zufchauer. Für erfteren ift zum Schutz gegen Anprall nach der inneren Seite ein ftarkes Fufsbrett angebracht, das, behufs rafchen Durchlaffes von Wafferftrömen, um eine Achfe drehbar ift. Brüftung und Alles, was dazu gehört, find nicht in den Betonboden eingelaffen, fondern an hölzernen Pfoften befeftigt, welche die Gaslaternen tragen.

Fig. 241 giebt ein Bild von der äufseren Erfcheinung der Gebäudegruppe an der Strafse *Faubourg St.-Honoré*. Die in Fachwerk und Putz hergeftellte Façade zeigt das Rahmenwerk der in Naturton mit Oelfarbe angeftrichenen Hölzer; die Fafen, einzelne Felder und ausgefchnittene Theile find durch lebhaftere Farben, die glatten Putzflächen durch Streifen von Backfteinmauerwerk gehoben.

257. Beispiel II.
Von einem anderen *Skating-Rink* in einer geschlossenen Halle, die auf den Bauplätzen des ehemaligen *Collège Chaptal, Rue Blanche* in Paris unter der Leitung von *Ydée* erbaut und im Januar 1877 eröffnet wurde, giebt Fig. 243 [216]) ein Bild.

Der Gestalt der Baustelle entsprechend, hat das Gebäude die J-Form erhalten. An jedem der beiden Enden des langen Armes in der *Rue Blanche* und *Rue de Clichy* sind die Eingänge mit Billet-Controle, Kleiderablage, Schlittschuhraum etc., an der *Rue Blanche* aufserdem noch die Verwaltungsräume, Zimmer für den Arzt, für Polizeiwache etc. angeordnet.

Der für die Bahn vorbehaltene Theil ist rechtwinkelig gebrochen und besteht aus dem Querarm von $28{,}3 \times 14{,}4$ m und dem gröfseren Theile des langen Armes von $67{,}2 \times 17{,}0$ m, hat also eine Gesammtlänge von rund 96 m bei 1482 qm Bodenfläche. Die Bahn besteht aus Beton von 20 cm Dicke, worauf ein Cementmörtel Auftrag und über diesem eine Schicht von ganz reinem Asphalt mit gut durchgeworfenem

Fig. 243.

Skating-Rink in der *Rue Blanche* zu Paris [216]).
Arch.: *Ydée*.

Flufssand aufgebracht ist. Die sorgfältig abgeglichene, noch warme Asphaltbahn wurde sodann mit Schieferpulver eingesiebt, welches nach der Erstarrung des Bodens geglättet wurde. Die in solcher Weise hergestellte Bahn soll sich vortrefflich bewährt haben, die Abnutzung kaum merklich gewesen sein.

Der *Rink* ist von einem 30 cm über der Bahn erhöhten Umgang von 3,2 m Breite umgeben; an diesen schliefsen sich Logen, die von einem dahinter gelegenen Gange, durch den sie von der Rückwand getrennt werden, zugänglich sind. Die Musiker-Galerie ist, wie die Abbildung zeigt, in passender Weise an der Kreuzungsstelle in halber Höhe der Säulen angebracht.

Der Bau ist in der Hauptsache aus Eisen in einfachen, wirksamen Formen hergestellt und zeigt ein gebrochenes, auf gufseisernen Säulen und Bogen ruhendes Dach, im Scheitel 15,4 m hoch. Es sind im Ganzen 110 Säulen, die in Folge der schlechten Beschaffenheit des Bodens sämmtlich auf Brunnenpfeilern aus Beton von 4,5 bis 9,0 m Tiefe und 1,4 m Seitenlänge gegründet wurden.

[216]) Facs.-Repr. nach: *La semaine des constr.* 1876—77, S. 425.

Reichlicher Zutritt von Licht und Luft wird durch Dachlichter geliefert. Eine *Bar*, welche die ganze Breite des *Rinks* einnimmt, fo wie ein Café im Hintergrund der Bogenhalle des kleineren Kreuzungsarmes vervollftändigen die Einrichtung. Die Baukoften betrugen rund 680000 Mark (= 850000 Francs).

Als Beifpiel einer ebenfalls überdachten, weit gefprengten Rollfchlittfchuhbahn aus neuerer Zeit wird eine Abbildung des in Detroit (im Staate Michigan) 1884 von *Brown* erbauten *Roller-Skating-Rink* (Fig. 244 [217]) mitgetheilt.

258. Beifpiel III.

Zur Erklärung der in der unten ftehenden Abbildung veranfchaulichten inneren Anficht des Gebäudes ift zu bemerken, dafs die Halle einfchliefslich Umgang 53,3 m Länge bei 30,5 m Breite hat und mittels acht hölzerner Bogengefpärre in Zwifchenräumen von 6,6 m Axenweite überfpannt ift. An der einen Langfeite ift die durch 4 Säulchen getragene Mufiker-Galerie angebracht; an der gegenüber liegenden Seite ift eine Zufchauer-Galerie, ferner zu ebener Erde auf die ganze Länge der Halle eine Anzahl Nebenräume, fämmtlich 6,0 m tief, in folgender Reihenfolge angeordnet: Bedürfnifsräume für Herren *J* (*Gentlemen's toilette*), Rauchzimmer *K* (*Smoking room*), Eintrittshalle *A* (*Vestibule*), jenfeits diefer zwei Ge-

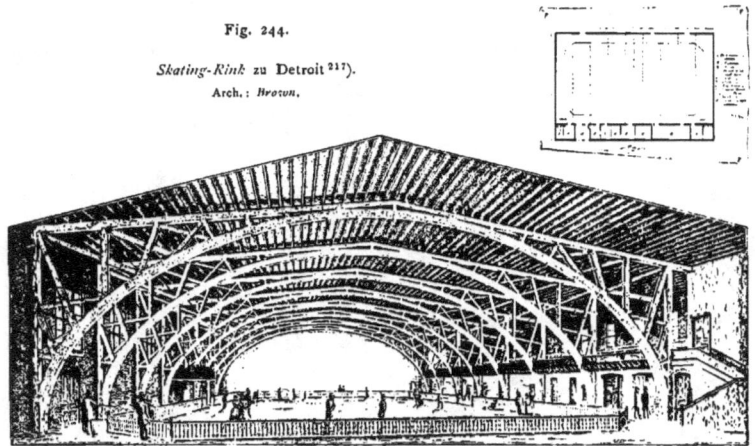

Fig. 244.
Skating-Rink zu Detroit [217].
Arch.: *Brown*.

fchäftszimmer *B, C* (*Office; Private office*), Kleiderablageraum *D* (*Cloak room*), Club-Zimmer *E* (*Club room*), Rollfchuhzimmer *F* (*Skate room*), Saal für Anfänger *G* (*Beginners' room*), Damenzimmer *H* (*Ladies parlor*) und Bedürfnifsräume für Damen *I* (*Ladies' toilette*).

Die Baukoften der Beifpiele in Art. 256 u. 258 find in unferen Quellen nicht mitgetheilt. Für den mehrerwähnten Central-*Skating-Rink* in Berlin, welcher mit 4000 qm Lauffläche und im Ganzen 4810 qm bebauter Fläche, wohl die größste Anlage diefer Art ift, giebt v. *Knobloch* einen Gefammtkoftenaufwand von 450000 Mark oder rund 100 Mark für das Quadr.-Meter an und berechnet für das eigentliche Gebäude der Rollfchlittfchuhbahn das Quadr.-Meter zu rund 325 Mark. — Die *Skating-Rink*-Halle in Heidelberg (32 m × 21 m, im Firft 12 m, an der Traufe 6 m hoch, ganz aus Holz-Fachwerk [218]) koftete, einfchl. Herftellung der Afphaltbahn, 10000 Mark; die innere Einrichtung der Halle, Wafferleitung, Anfchaffung der Rollfchuhe etc. beanfpruchte weitere 5000 Mark; dies ergiebt für das Quadr.-Meter rund 150, bezw. 225 Mark.

259. Baukoften einiger ausgeführter Anlagen.

3) Künftliche Eislaufbahnen.

Die Anlage von Bahnen aus künftlichem Kryftalleis ift bisher nur vereinzelt vorgekommen und faft immer von kurzer Dauer gewefen, da einestheils die Koften

260. Vorkommen.

---

[217] Facf.-Repr. nach: *American architect*, Bd. 17, S. 67.
[218] Siehe: HAARMANN's Zeitfchr. f. Bauhdw. 1880, S. 58.

der Herstellung und Unterhaltung der Eisbahn während der heifsen Jahreszeit ziemlich beträchtlich sind, anderentheils die Benutzung eine beschränkte war. Defshalb sind künstliche Eislaufbahnen hauptsächlich als Gelegenheitsbauten bei Ausstellungen und als Bestandtheile grofser Vergnügungsstätten zur Anwendung gelangt, und erst in jüngster Zeit hat man in gröfseren Städten neue Anlagen diefer Art geschaffen, die rasch in Auffchwung gekommen sind und länger dauernden Bestand zu haben scheinen.

261. Herstellung der Eisbahn. Die künstliche Herstellung des Kryftalleifes in einer grofsen Maffe von der erforderlichen Ausdehnung und Dicke zum Zwecke der Benutzung für das Schlittfchuhlaufen erfordert Vorkehrungen befonderer Art. Eine Fläche von mindeftens 500 bis 600 qm ist zu beschaffen, und die Eisdecke beträgt 8 bis 10 cm; es bedarf somit der Erzeugung und Erhaltung eines Eiskörpers von 40 bis 60 cbm.

Die feitherigen Ausführungen der in Rede stehenden Art folgen dem von *Newton Bujac* geschaffenen Grundgedanken: *preparing frozen surfaces for skating in all seasons*, der in »Specifications 1870, Nr. 236« der englifchen Patentrolle beschrieben ist. Das hierauf beruhende Verfahren, das unferes Wiffens zum erften Male von *Pictet* bei Herstellung der erften künstlichen Eisschlittschuhbahn in Chelsea, einer Vorstadt Londons, im Jahre 1876 angewendet wurde [219]), bestand im Wefentlichen darin, dafs eine in sich geschloffene Rohrleitung aus Kupfer unter dem zu bildenden Eiskörper hin- und hergeführt und wieder zu ihrem Ausgangspunkte, dem Raume der Kälteerzeugungsmaschine, zurückgeführt wurde. In diefem Rohrnetz kreiste eine Mischung von Waffer und Glycerin, welche Flüffigkeitsmischung, ohne zu gefrieren, auf einen fehr niedrigen Kältegrad gebracht werden kann; letzteres geschah mittels schwefeliger Säure, die, in einer Maschine fortwährend zum Verdampfen gebracht, der Umgebung Wärme entzieht und, nachdem sie ihre Wirkung gethan, durch die bewegende Kraft der Mafchine verdichtet, fodann wieder verflüchtigt wird etc. Diefelbe Menge fchwefelige Säure diente fomit fortwährend demfelben Zwecke, Erhaltung einer Temperatur von unter Null Grad im Rohrfyftem.

Nach einem ähnlichen von *Linde* eingeführten Verfahren wurde bei Gelegenheit der Patent- und Mufterschutz-Ausstellung in Frankfurt a. M. 1881 zum erften Male auf dem europäifchen Festlande eine künstliche Eisbahn hergestellt, die während der Dauer der Ausstellung viel Zufpruch hatte [220]).

Als kälteerzeugendes Mittel diente hierbei das flüffige (verdichtete) Ammoniak, welches bei niedriger Temperatur verdampft und die zur Verflüchtigung nöthige latente Wärme der Umgebung entzieht. Die das Rohrnetz des Verdampfers durchströmenden Ammoniak-Dämpfe werden durch eine Compreffions-Pumpe angefaugt und fo weit condenfirt, dafs sie im Condenfator unter der Einwirkung von Kühlwaffer niedergeschlagen und in flüffigem Zuftande in den Verdampfer zurückgeführt werden, wonach der Kreislauf von Neuem beginnt. Die zur Uebertragung der Kälte dienende Flüffigkeit bestand aus einer gekühlten Salzlöfung. Diefelbe umfpülte die mit Ammoniak-Dämpfen gefüllten Spiralrohre des Verdampfers, wurde hierdurch abgekühlt, mit Hilfe eines eigenen Pumpwerkes in die Rohrleitungen der Eisbahn getrieben, um fodann, nachdem sie dafelbst Wärme entzogen hatte, nach der Maschinenhalle zurückzufliefsen.

Bei der in Frankfurt a. M. hergestellten künstlichen Eisbahn waren die schmiedeeifernen, 32 mm starken Rohre der Eisbahn etwa 4 cm unterhalb der Oberfläche in Abständen von 10 cm hin- und hergeführt; sie waren an beiden Enden durch 2 Querrohre von 115 mm Weite mit einander verbunden und bildeten ein Netz von nahezu 5 km Gefammtlänge, das auf hölzernen Schwellen ruhte. Die Salzlöfung trat in eines der weiten Querrohre ein, durchströmte gleichmäfsig die engen Längsrohre und flofs durch das andere Querrohr wieder nach dem Kühler zurück. Das erstmalige Einfrieren der Waffermaffe, die nöthig war, bis sich eine Eisdecke von 12 cm Dicke gebildet hatte, erforderte 10 Tage und Nächte unausgefetzten Betriebes, und als die Eismaschine diefe Arbeit geleiftet hatte, liefs man das überfchüffige Waffer ab, fo dafs die ganze Eisdecke mit dem umfrorenen Rohrnetz auf den erwähnten, in Abständen von ungefähr 2 m lagernden Holzfchwellen frei ruhte und eine gewiffe Elaftizität behielt. Unter der Eisdecke und über dem für Waffer undurchdringlichen Afphaltboden, auf dem der Bau hergeftellt war, blieb eine ifolirende Luftfchicht von 5 cm.

Für die Eisbahn war das frühere Rollfchuhbahn-Gebäude verwendet worden, das 38,0 m lang und 13,5 m breit war, alfo eine Fläche von 513 qm umfaffte, auf der fich 100 bis 150 Perfonen dem Vergnügen

---

[219]) Siehe: *La semaine des constr.* 1876—77, S. 32.
[220]) Siehe: BEHREND, G. Die Eis- und Kälteerzeugungsmafchinen. Halle 1883 — fo wie: Officielle Ausftellungszeitung der Allgemeinen Deutfchen Patent- und Mufterfchutzausftellung in Frankfurt a. M., Nr. 30, S. 198 u. Nr. 40, S. 257.

des Schlittfchuhlaufens hingeben konnten. Günstig für die Anlage der Eisbahn war die schon vorhandene wafferdichte Afphaltbahn; ungünstig waren fast alle übrigen Verhältniffe, namentlich der Umstand, dafs das Gebäude, Wände und Dach, ganz aus Eisen und Glas hergestellt, also der Sommerhitze sehr ausgesetzt waren. Um die Wirkung der Sonnenstrahlen abzuschwächen, hatte man fämmtliche Wände mit Leinwand doppelt verhängt und unterhalb des Daches eine Zeltdecke aus schwerem Segeltuch eingezogen. Trotzdem aber genügte die Leistung der Maschine, die sonst täglich 12000 kg Eis liefert, nicht, um die Bahn fortwährend betriebsfähig zu erhalten.

Mehrere neuere derartige Anlagen sind in Paris geschaffen worden. Die Eisbahn in der Pergolese-Strafse [221]) dafelbst ist 1889 in einem ursprünglich für Stiergefechte erbauten Circus von 55 m Gefammtdurchmeffer eingerichtet worden, scheint

Fig. 245.

Eislaufbahn *Pole-Nord* in der Clichy-Strafse zu Paris [222].

sich indefs nicht bewährt zu haben [222]). Mit gröfserer Umsicht und gutem Erfolg ging man bei Herstellung der im October 1892 eröffneten Bahn *Pole-Nord* in der Clichy-Strafse vor, die in Fig. 245 u. 246 [222]) dargestellt ist.

Die Bahn hat eine Länge von 40 m und eine Breite von 18 m. Der Boden derfelben, der aus Cement und Kork hergestellt ist, ruht auf metallischem Fundament, darauf ist ein Netz eiserner unter einander zufammenhängender Rohre, die eine Gefammtlänge von 5000 m haben, angeordnet (Fig. 246). Sie stehen mit den Hauptrohren *A* und *B* in Verbindung, in welchen eine Löfung von Calcium-Chlorid zu-, bezw. abstrümt; diefe Löfung wird auf einen Kältegrad abgekühlt, der, je nach der Schnelligkeit des Durchstrümens, die nach Belieben geregelt werden kann, wechfelt. Die Eisfläche wird, wie schon bei der Frankfurter Eisbahn von 1881 gefchehen, jede Nacht gereinigt und leicht mit Waffer übergoffen, um das durch die Schlittfchuhe weggefchabte Eis zu erfetzen, die entftandenen Unebenheiten auszufüllen und vollkommene Glätte wieder herzuftellen. Fig. 245 giebt

Fig. 246.

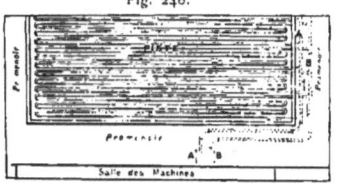

ein Schaubild der Eisbahn *Pole-Nord* im Inneren; Anficht der Einrichtung des Maschinenhauses und Näheres über die Herstellung der Eisbahn sind in der angegebenen Quelle [222]) zu finden.

Die neueste Parifer Eisbahn ift das *Palais de Glace* an den *Champs-Elyfées*, das nach dem Mufter des *Pole-Nord* eingerichtet wurde, aber mit hinreifsender decorativer Pracht ausgestattet sein soll und noch viel gröfseren Zulauf hat, als die genannte Mufteranftalt.

---

[221]) Siehe: *Le skating-rink de la rue Pergelèfe, à Paris*. *La femaine des constr.*, Jahrg. 14, S. 337, 389, 399.
[222]) Siehe: *Scientific American*, Bd. 62, S. 12.

Die Aufgabe der Herſtellung von künſtlichen Eisbahnen, und insbeſondere der bautechniſche Theil derſelben, Anlage und Einrichtung der für ſolche Zwecke am beſten geeigneten Gebäude ſind neuerdings in einem Fachblatt [223]) einer beſonderen Betrachtung unterzogen worden.

Der Verfaſſer ſtellt folgende Anforderungen an den zu errichtenden Bau:

1) Schaffung einer niedrigen, das Jahresmittel nur wenig überragenden Lufttemperatur.

2) Herſtellung der Umſchliefsungen (Boden, Wände und Decken) dergeſtalt, dafs äufsere Temperatureinwirkungen auf die Erhöhung der Innentemperatur keinen Einflufs ausüben können.

3) Abführung der durch Strahlung und Ausathmung erhitzten und verdorbenen Luft und Erſatz durch friſche Kühlluft in ſo reichlichem Mafse, dafs die Wärmerückwirkung auf die Eisfläche bedeutungslos bleibt.

4) Einführung von Tages- und künſtlichem Licht unter Beſeitigung von deren Wärmeſtrahlen.

5) Möglichſte Sicherung des Eisbeckens gegen die Wärmeſtrahlen der Erde.

Der Entwurf eines Saalbaues und die zugehörigen Erläuterungen verdeutlichen die Mittel, durch welche obige Forderungen erfüllt und den weiteſtgehenden Anforderungen Rechnung getragen werden ſollen. Ein Gerippe von Eiſenwerk bildet den mit Galerien umgebenen freien Innenraum von 22×40 m Grundfläche. Derſelbe iſt mit einem Dach verſehen, das eine doppelte, bezw. dreifache Ueberdeckung mit zwiſchenliegenden vollſtändig ungeſperrten, oben und unten offen ſtehenden Lufträumen bildet. Ein weiter, durch die Galerien in zwei Stockwerke getheilter Hohlraum und aufserdem eine Reihe von Hallen mit allen erforderlichen Nebenräumen, Treppen u. dergl. umſchliefsen den Innenraum. Der hierdurch begrenzte Saalbau bedeckt eine bebaute Fläche von 60×42 m. Der Bauplatz iſt in einer das Gebäude allſeits um etwa 5 m überſchreitenden Breite um einige Meter ausgetieft, und die gewonnenen Maſſen ſind zu einer geſchloſſenen Umwallung verwendet, deren Kamm mit Bäumen und deren Böſchungen mit niederem Buſchwald bepflanzt ſind; die Sohle des ſo gebildeten Umfaſſungsgrabens iſt mit Raſenbeeten auf ſchlecht durchläſſigem Untergrund und mit Waſſerbecken ausgeſtattet. Wegen weiterer Einzelheiten der Anlage und Bauart mufs auf die Darlegungen der gedachten Zeitſchrift verwieſen werden.

Literatur

über »Eis- und Rollſchlittſchuhbahnen«.

Skating rink. Building news, Bd. 29, S. 579, 612.

Southport winter gardens — the ſkating rink. Building news, Bd. 29, S. 696.

Cheltenham winter garden and ſkating rink. Building news, Bd. 31, S. 1.

Skating-rink du faubourg Saint-Honoré. La ſemaine des conſt. 1876—77, S. 30.

Dupuis, A. *Le nouveau Skating-rink de la rue Blanche. La ſemaine des conſt.* 1876—77, S. 425.

Pavillon des Budapeſter-Eislaufvereins. Zeitſchr. d. Arch.- u. Ing.-Ver. zu Hannover 1877, S. 694.

Knobloch, A. v. Der Central-Skating Rink in Berlin. Baugwks.-Ztg. 1877, S. 209.

Lurk. Die Rollſchuhbahn in Heidelberg. Haarmann's Zeitſchr. f. Bauhdw. 1880, S. 58.

Detroit roller-ſkating rink, Detroit. American architect, Bd. 17, S. 67.

Cheltenham winter garden and ſkating rink. Building news, Bd. 52, S. 353.

Le ſkating-ring de la rue Pergolèſe, à Paris. La ſemaine des conſtr., Jahrg. 14, S. 377, 389, 399.

Die künſtliche Eisbahn in Paris. Uhland's Ind. Rundſchau, Jahrg. 4, S. 227.

Künſtliche Eisbahnen. Deutſche Bauz. 1892, S. 556, 567.

Skating on artificial ice. Scientific American, Bd. 68, S. 11.

William & Farge. *Le recueil d'architecture*. Paris.

5e année, f. 42, 64, 68, 69: Skating-rink, rue du faubourg Saint-Honoré, à Paris; von Roux & Chatenay.

---

[223]) Siehe: Künſtliche Eisbahnen. Deutſche Bauz. 1892, S. 557 u. 563.

b) Anlagen für Ballspiel und verwandten Sport.
Von Dr. Heinrich Wagner.

Das Ballspiel stand bei den alten Völkern in hohem Ansehen. Bei den Griechen und Römern waren mancherlei Arten des Ballspieles im Gebrauch, wobei theils grosse, theils kleine, verschieden gefärbte Bälle geschlagen oder geworfen wurden. In Deutschland scheint das Ballspiel ursprünglich mehr der Kraftentfaltung, die sich im wuchtigen Schlagen[224]) der Bälle äufserte, gedient zu haben; daneben kommen auch schon zur Zeit der Minnesänger leichtere Spiele auf, an denen Kinder, Mädchen und Frauen sich betheiligten[225]). Im späten Mittelalter stand bei unseren Vorfahren das Ballspiel in solchen Ehren, dafs es nicht allein in den Schlössern der Fürsten und Edlen seine Stätte hatte, sondern dafs seit Ende des XV. Jahrhundertes an den Universitäten und in den Städten besondere Häuser, die Ballhäuser, dazu erbaut und Ballmeister besoldet wurden. Dafs es damals und lange nachher viel ausgeübt wurde, lassen u. A. die alten Pläne mancher fürstlicher Parkanlagen und Baulichkeiten, so wie die überlieferten Bezeichnungen einzelner Anlagen, als: *Bowling green*, Ballhaus, Ballhof, *Mail* etc. erkennen.

In Frankreich waren u. A. *Carl V.*, *Carl VIII.*, *Ludwig XI.*, *Ludwig XII.*, *Franz I.* und *Heinrich II.* diesem Spiele mit Vorliebe ergeben, und obgleich die Ausübung des *Jeu de paume* durch mehrere königliche Edicte dem Volke untersagt war, so liefs sich auch dieses dadurch nicht davon abhalten. Einen Begriff von der ehemaligen Beliebtheit des Ballspiels kann man sich machen, wenn man bedenkt, dafs 1657 Paris allein 114 Ballhäuser hatte. Seit *Ludwig XIV.*, der das zu Anfang des XVII. Jahrhundertes in Aufnahme gekommene Billard-Spiel[226]) vorzog, gerieth das Ballspiel allmählich im tonangebenden Frankreich in Verfall, wurde aber dort an einzelnen Orten noch ziemlich eifrig betrieben.

In höherem Mafse ist dies heute noch in Italien und insbesondere in England der Fall, wo mehrere Formen des Ballspieles aufserordentlich beliebt und volksthümlich sind und von allen Classen der Gesellschaft gepflegt werden. Spiel-Clubs und selbst ganze Städte fordern sich zu Wettkämpfen heraus, zu deren Abhaltung grofse Ballplätze mit beträchtlichen Kosten unterhalten werden. Diese zuerst in England zur Entwickelung gekommenen neueren Formen des Ballspiels, als *Football*, *Cricket*, *Tennis* etc., sind in den letzten Jahrzehnten auch in anderen Ländern mehr und mehr in Aufnahme gekommen.

Das englische *Tennis*-Spiel ist das Gleiche, wie das französische *Jeu de paume*. Der Ursprung des Spieles, bei welchem ein Ball mittels Schlagnetz (*Raquet*) gegen eine Wand getrieben oder über ein ausgespanntes Netz geschlagen und von den Spielenden beständig in Bewegung erhalten wird, ist unbekannt, jedenfalls aber sehr alt. Es wird nach *Littré*[227]) 1356 als *lusus pilae cum palma* bezeichnet, und auch die Benennung *Jeu de paume* rührt offenbar davon her, dafs es ursprünglich mit der Hand gespielt wurde[228]). Die ältere englische Schreibweise ist *tenyse* oder *teneis* und kommt zuerst in einer zwischen 1396 und 1402 verfafsten Ballade *Gower's* an König *Heinrich IV.* vor.

[224]) Vergl. die in der Bibliothek des Literarischen Vereins in Stuttgart, XXVII (1852) zum ersten Male von *G. H. Fr. Scholl* herausgegebene Aventiure Cröne, 690 (S. 9)

Sô such' man die suellen / Die Knappen under in:
Dise stuogen den bal hin / Jene schuzzen den schaft.
Sô pruofte iglicher sîn kraft.

[225]) Lachmann, K. Die Gedichte *Walthers von der Vogelweide*. Berlin 1853. S. 39 4: Suchte ich die meyde an der stráze den bal / werfen! sô kaeme uns der vogele schal/

[226]) Siehe im vorhergehenden Heft, Abschn. 1, Kap. 3, b, unter 6.
[227]) *Dictionnaire de la langue française*. Bd. 2. Paris 1869.
[228]) Vergl. auch: Fichard, R. v. Handbuch des *Lawn Tennis*-Spieles, 2. Aufl. (Baden-Baden 1892). Kap. 2: *Jeu de Paume* und *Tennis*, S. 10 bis 20, so wie Kap. 3: Die deutschen Ballhäuser S. 29 bis 52.

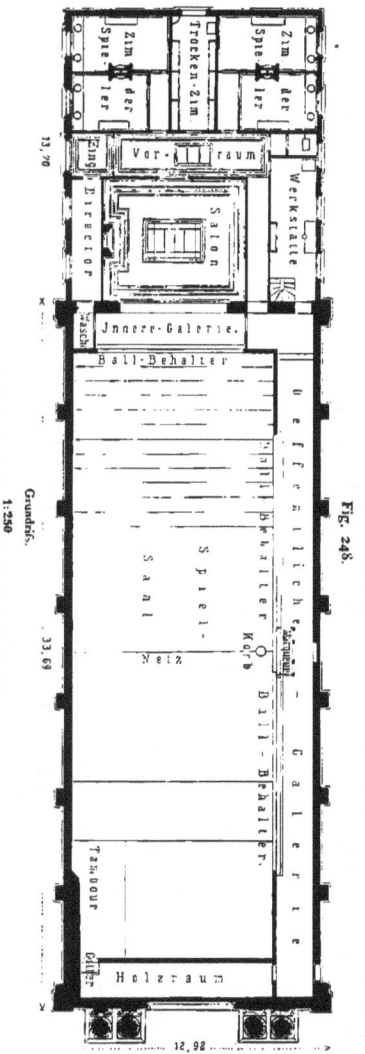

Fig. 247.

Fig. 248.

Arch.: Vicat.

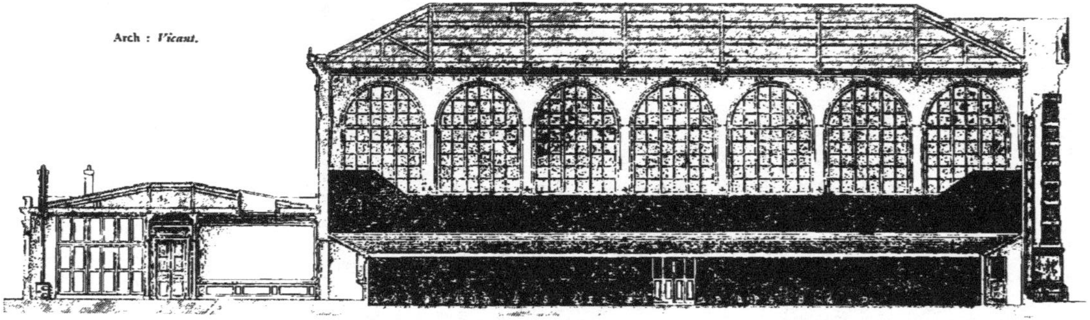

Längenschnitt.

Grundriss. 1:250

Ballhaus im Tuileriengarten zu Paris [229].

Zur Ausübung des Spieles wurden eigene Gebäude mit einem grofsen Spielsaale und zugehörigen Vor- und Nebenräumen errichtet. Der zum eigentlichen Ballspiel erforderliche Raum ift 25 bis 30 m lang, 8 bis 10 m breit und ungefähr eben fo hoch. In der Mitte ift querüber ein Seil mit angehängtem Netz gezogen. An drei Seiten umgeben den Saal Galerien (*Batteries*), die mit Pultdächern abgedeckt und im oberen Theile der Vorderwände mit Netzwerk gefchloffen find. Diefe Galerien, fo wie der Boden und die Wände find durch Linien und Nummern in gewiffe Abtheilungen gebracht, die alle ihre befonderen Namen haben und, wenn der Ball in fie hineinfliegt, dem Spieler entweder gewiffe Vortheile oder gewiffe Nachtheile bringen. Die Wände find dunkel, oft geradezu fchwarz angeftrichen, um die weifsen, befonders angefertigten, ungefähr zollgrofsen Bälle fliegen fehen zu können. Der Boden ift nach einem Punkte zu geneigt, damit die Bälle dahin rollen.

Diefe Erforderniffe kommen in dem in Fig. 247 u. 248 [229]) in Grundrifs und Durchfchnitt dargeftellten Beifpiel, dem *Jeu de paume* im Tuilerien-Garten zu Paris, zum Ausdruck.

265. Ballhaus im Tuilerien-Garten zu Paris.

Nachdem 1861 das einzige, damals in Paris noch beftehende Ballhaus in der *Paffage Sandrié* zum Zweck der Erbauung des neuen Opernhaufes hatte abgebrochen werden müffen, gab *Napoleon III.* die Erlaubnifs, in einem Theile des Tuilerien-Gartens, auf der Terraffe längs der *Rue de Rivoli*, fymmetrifch zur Orangerie auf der gegenüber liegenden Ufer-Terraffe, ein neues Ballhaus zu errichten. Daffelbe gelangte unter der Leitung *Vicaut*'s vom April 1861 bis Januar 1862 zur Ausführung und enthält aufser einem Spielfaal von denfelben Abmeffungen, wie die des abgeriffenen Ballhaufes, einen Salon für die Zufchauer, fo wie die nöthigen Nebenräume, beftehend aus vier Zimmern für die Theilnehmer am Spiel, einen Trockenraum und eine Werkftätte für die Anfertigung der Bälle und Raketen, ein Zimmer des Directors, mehrere Zubehör- und Vorräume.

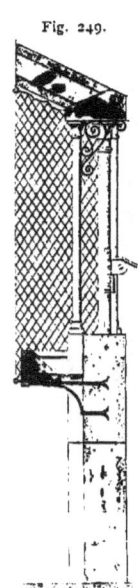

Fig. 249.

Schnitt durch die Galeriewand [229]).
1/25 w. Gr.

Die in Fig. 247 u. 248 angegebene Einrichtung des Spielfaales, die Neigung der Batteriedächer, die Entfernung der zur Unterftützung dienenden Pfeiler und Säulen, die Gröfse der Oeffnungen, das Zeigerhäuschen, die Ballbehälter (Fig. 249) zu beiden Seiten der letzteren und längs der inneren Galerie, fo wie fonftige Einzelheiten des inneren Ausbaues find nach den Regeln des Spieles gemäfs beftimmt. Die Pultdächer der Batterien find mit gefugten Brettern verfchalt, die Wände derfelben aus doppelhäuptigen Platten von hartem Kalkftein (*Roche de Vitry*) und aus demfelben widerftandsfähigen Material die ebenfalls dem Anprall der Bälle ausgefetzten Aufsenmauern des Saales bis zur Höhe der Fenfterbänke hergeftellt. Der Fufsboden des Saales ift mit Steinplatten belegt; der obere Theil der Mauern und Pfeiler hat, um die Augen der Spieler nicht zu ermüden, einen lichtgrünen Ton erhalten. Die Decke und das Zimmerwerk des Saales find aus Eichenholz; die Dachdeckung ift aus Zink; die Beton-Fundamente mufsten bis in den aufgefüllten Boden bis auf 11 m Tiefe herabgeführt werden. Der niedrige, die Nebenräume enthaltende Anbau des Saales befteht aus Backfteinmauerwerk. Die Baukoften betrugen 140 000 Mark (= 175 000 Francs); die innere Einrichtung und Ausftattung beanfpruchte weitere 20 000 Mark (= 25 000 Francs).

Nicht unerwähnt darf das Ballhaus in Verfailles bleiben, das 1686 unter *Ludwig XIV.* von *Nicolas Cretté* (*Paumier du roi*) erbaut wurde und zu Beginn der erften franzöfifchen Revolution durch den bekannten Vorgang des *Serment du jeu de paume* eine gefchichtliche Bedeutung erlangte.

266. Ballhaus zu Verfailles.

Am 20. Juni 1789 fand hier die Zufammenkunft der von ihren gewöhnlichen Verfammlungsorten vertriebenen Abgeordneten des Volkes ftatt, bei welcher fie durch diefen Schwur gelobten, fich nicht zu trennen, bis fie Frankreich eine Conftitution

---

[229]) Nach (zum Theile facf.): *Revue gén. de l'arch.* 1864, S. 164 u. Pl. 13.

Handbuch der Architektur. IV. 4, b. (2. Aufl.) 14

gegeben hätten. Nach diefer Zeit war das Ballhaus längere Zeit gefchloffen, diente fodann unter dem Confulat zuerft *Gros* und nach 1830 *Horace Vernet* als Atelier für die Schlachtenbilder diefer Maler; und wurde, nachdem es feit 1848 mehrfache fonftige Verwendung erfahren hatte, 1882 im Auftrage der franzöfifchen Regierung von *Guillaume* in würdiger Weife reftaurirt [230]).

Das Ballhaus enthält keine anderen Räume, als einen Saal von 32,4 m Länge, 11,5 m Breite und 10,0 m Höhe, deffen Spielplatz ohne Galerien 29,0 m lang und 9,4 m breit ift.

Ein alter englifcher Ballhof ift der *Tennis-court* zu Hampton-Court in der Nähe von London.

Auch bei uns in Deutfchland ift das *Tennis*-Spiel fchon in alter Zeit heimifch gewefen [231]).

Dies geht aus den Befchreibungen des Spieles im »Buch Weinsberg« von 1572 und *Fifchart's* »Gefchichts-Klitterung« von 1582, Kap. 58 hervor, erhellt auch aus Abbildungen des Tübinger Ballhaufes von 1589, fo wie insbefondere des Strafsburger Ballhaufes von 1608, desjenigen in Frankfurt von 1663 u. a. m., aus denen man eine ungefähre Darftellung eines deutfchen Ballhaufes jener Zeiten entnehmen kann. Vier Grundmauern umfchliefsen einen Raum, deffen Gröfsenverhältniffe überall verfchieden find, aber durchfchnittlich zu 90 Fufs Länge und 30 Fufs Breite angenommen werden können. Die beiden Langmauern find etwa 15 Fufs hoch und tragen eine Reihe von Pfeilern, auf welchen zufammen mit den bis zu diefer Höhe aufgebauten Schmalfeitenmauern das Dach ruht. An eine Langmauer und die anftofsende Schmalfeitenmauer find im Inneren des Gebäudes fchmale, niedrige, überdachte Wandelgänge angebaut, technifch die grofse und kleine Galerie genannt. Ihre Herftellung ift fo zu denken, dafs parallel mit einer Langmauer, bezw. der anftofsenden Schmalfeitenmauer in einer Entfernung von etwa je 5 Fufs niedrige, ungefähr 7 Fufs hohe Mauern aufgeführt werden, und auf diefen ruhen die beiden Dächer, die in der Höhe von 9 bis 12 Fufs an den Mauern anfetzen. Die lange Galerie ift, abgefehen vom Spiel, auch dazu beftimmt, Zufchauer aufzunehmen, wird defshalb durch eine Säulen- oder Pfeilerftellung in Oeffnungen abgetheilt und durch zwei in derfelben Mauer angebrachte fchmale Thüren, welche die einzig möglichen Eingänge in den Spielraum bilden, durchbrochen. Die kleine Galerie hatte regelmäfsig zwei Oeffnungen, und die gegenüber liegende Schmalfeite war mit den Oeffnungen entfprechenden *Hazards* verfehen. Quer über der Mittellinie des Spielraumes und letzteren in zwei Hälften theilend, wurde ein Seil gefpannt, das am mittleren Pfeiler über eine Drehrolle lief, während es an der gegenüber liegenden undurchbrochenen glatten Langwand an einem Ring befeftigt war. Der Fufsbodenbelag beftand aus regelmäfsigen Steinplatten und war vollftändig eben. Die gröfste Willkür zeigte fich in der Anlage der Oeffnungen der grofsen Galerie; und doch war die Entfernung der einzelnen Pfeiler von einander und ihr relativer Abftand von den Schmalfeiten von Wichtigkeit, weil fich nach ihnen die Lage der auf dem Fufsboden gezogenen Spiellinien richtete. Einen Erfatz für die (fog.) Schafslinien des heutigen Spieles boten die Fugenlinien der gleichmäfsig grofsen viereckigen Bodenplatten.

Ein charakteriftifches Merkmal des Spieles ftellt das Seil dar. Es hat eine doppelte Bedeutung: einmal trennt es die Spieler in zwei Parteien; fodann aber bildet es ein Hindernifs zwifchen denfelben, da nur diejenigen Bälle gelten, die über das Seil fliegen. Um beffer unterfcheiden zu können, ob der Ball über oder unter dem Seil durchging, kam man fchon früher dazu, an das Seil zunächft einen handbreiten Saum von Quaften und Netzwerk zu hängen, bis man fchliefslich das Netzwerk bis zum Boden herabhängen liefs. Der Raum zwifchen Netz und kleiner Galerie hiefs der obere, der andere der untere Spielraum. Die vorgenannten *Hazards* waren befondere, für das Spiel in den Schmalfeiten und in der kleinen Galerie angebrachte Oeffnungen, und kennzeichnend für die *Hazards* ift ihre gleichmäfsige Vertheilung auf das untere und obere Spiel. Diefelbe mufste nach gewiffen Regeln, welche der Baumeifter zu beobachten hatte, fich richten. Mauern, Galerien und Dachftuhl waren im Inneren fchwarz angeftrichen.

Die Uebereinftimmung der Einzelheiten der Anlage mit den in Art. 264 u. 265 befchriebenen Einrichtungen des franzöfifchen Ballhaufes ift augenfällig.

Die Blüthezeit des Ballfpieles im Ballhaus innerhalb des heiligen römifchen Reiches deutfcher Nation fcheint zwifchen dem Ende des XVI. und dem Anfang des XVII. Jahrhundertes zu liegen. Mit Ausbruch des dreifsigjährigen Krieges kam das Spiel in Verfall und die Ballhäufer wurden meift zu anderen Zwecken verwendet.

---

[230]) Siehe: VATEL, CH. *Notice hiftorique fur la falle du jeu de paume de Verfailles*. Paris 1883 — fo wie: GUILLAUME, E. *Salle du jeu de paume à Verfailles*. Revue gén. de l'arch. 1882, S. 175, 202.
[231]) Nach: FICHARD, a. a. O., S. 28 ff.

Nach dem Niedergang des *Tennis*-Spieles in Frankreich war England das einzige Land, in welchem fich das Intereffe an demfelben erhielt [232]. Mit der Zeit mußte fich aber hier, bei der Vorliebe des englifchen Volkes für Bewegung in freier Luft, die Befchränkung auf den gefchloffenen Raum fühlbar machen. Vereinzelte Verfuche, das Mutterfpiel *Tennis* im Freien auszuüben, mögen fchon früh vorgekommen fein; fie mehren fich, und 1793 berichtet fchon ein Sportblatt jener Zeit über die Popularität von *Field-Tennis*. Das *Tennis* im Freien nahm feitdem die allerverfchiedenften Geftaltungen an, bis daffelbe erft in neuerer Zeit (feit 1875) nach einheitlichen Gefetzen geregelt und im Jahre 1879 in feiner jetzigen Form des *Lawn-Tennis* feft geftellt wurde. Daffelbe kennzeichnet fich dem Mutterfpiel *Tennis* gegenüber als eine wefentliche Vereinfachung und hat fich mit der Zeit zu einem Kunftfpiel entwickelt, welches die Entfaltung gröfster Gefchicklichkeit, Energie und Ausdauer und die Anfpannung der Geifteskräfte erfordert. Seine Anziehungskraft und grofse Beliebtheit äufserte fich durch die ungemein rafche und intenfive Verbreitung, die das Spiel feit 1875 fand. Damen und Herren nehmen daran Theil.

Schon der Name *Lawn-Tennis* läfst erkennen, dafs das Spiel auf dem Rafen (*Lawn*) gefpielt werden kann. Doch eignet fich als Spielfeld jeder wagrecht gelegene, ebene und harte Platz in der Gröfse von 18 > 36 m, alfo ungepflafterte Hofräume, Croquet- und fonftige geebnete Plätze [233]; eben fo auch (namentlich für den Winter) gröfsere Hallen, wie Turnhallen, Exercirhäufer, leere Wagenhäufer, *Skating-Rinks* u. dergl.

In den meiften Fällen hat man zur felbftändigen Anlage eines Platzes zu fchreiten, fei es, dafs man das zum Spiel in Ausficht genommene Gelände nur oberflächlich bearbeitet oder dafs man einen Platz von Grund aus herftellt.

Im erfteren Falle find zunächft alle Hinderniffe, Bäume, Sträucher, Steine, Unkraut u. dergl. zu entfernen, alle Unebenheiten mit Schaufel und Spaten forgfältig abzuheben und etwaige Löcher mit Rafenftücken, bezw. mit Erdboden auszufüllen; fodann ift der Platz mit Begiefsen und Rollen abwechslungsweife fo lange zu befeftigen, bis eine ebene harte Fläche zu Stande kommt. Von der Güte derfelben hängt wefentlich das Gedeihen des Spieles ab. Ebenheit und Härte des Spielplatzes find unerläfsliche Vorbedingungen für das Spiel felbft.

Wird die Anlage eines Platzes von Grund aus bezweckt, fo wählt man ein Gelände mit poröfem Untergrund. Boden, welcher der Feuchtigkeit- oder Wafferanfammlung ausgefetzt ift, erfordert gründliche Drainirung. Man legt die Hauptröhren in leichtem Gefälle in der Richtung der Mittellinie des für das Spiel beftimmten Platzes mit kurzen Zwifchenräumen, die Nebenleitungen auf den Hauptabzugs-Canal in der Richtung des Gefälles in fpitzem Winkel zulaufend parallel unter einander und in Abftänden von etwa 5 m von einander an.

Die weiteren Vorbereitungen hängen von der Art der in Ausficht genommenen Spielfelder ab. Den Vorzug verdienen Rafenfpielfelder da, wo man auf einen trockenen Sommer rechnen kann. In regnerifchen Gegenden treten die harten Spielfelder in ihr Recht ein, und diefe können aus Cement, Afphalt, Lehm, Sand oder Afche hergeftellt werden. Allen gemeinfam ift eine ftarke Unterlage von etwa

---

[232] Nach: FICHARD, a. a. O., S. 45—65.
[233] Im Frankfurter Palmengarten (vergl. das vorhergehende Heft, Abfchn. 2, Kap. 2, unter b dienen die als Eislaufbahnen während des Winters benutzten Anlagen während des Frühjahrs- und Sommerzeit dem Lawn-Tennis-Sport. Zwölf Spielfelder find dafelbft eingerichtet.

20 cm grofsen, dicht gelegten Stückfteinen, über welche eine Schicht von feinerem Schotter ausgebreitet und in die untere Lage feft geftampft wird. Ferner ift bei allen harten Spielfeldern ein Saum ringsum von nöthen, der an den Grundlinien des Spielfeldes je 3 m und an den Seitenlinien entlang 2 m Breite haben follte. Für ein Spielfeld mit Saum beträgt die auszugrabende Fläche 15×30 m, für ein folches ohne Saum etwas mehr als 11×24 m. Die Tiefe der Ausgrabung hängt in hohem Grade von der Bodenart ab.

Bei Cement-Spielfeldern rechnet man etwa 15 bis 17 cm Beton und 2 cm Gufs. Die Linien des Spielfeldes werden in der Breite von 4 bis 5 cm mit rothem Cement eingelegt. Angenehm für das Auge find Spielfelder von grünem Cement mit weifsem (grauem) Liniennetz.

Zur Anlage von Lehm-Spielfeldern darf die oberfte Lage nicht ausfchliefslich aus Thon oder anderer fettiger Erde beftehen; es mufs vielmehr Flufsfand eingearbeitet werden. Man legt nach einander und abwechfelnd dünne Lagen beider Stoffe auf der Unterlage auf, begiefst jede und walzt fie auf der unteren jeweils feft ein.

Bei den Sand-Spielfeldern mufs ein lehmiger Stoff das Bindemittel abgeben.

Spielfelder aus Afche werden fo hergeftellt, dafs man diefelbe fein gefiebt in dünnen Lagen nach einander ausftreut, jede einzelne begiefst und walzt, bis eine etwa 5 cm dichte harte Schicht mit ebener Oberfläche entfteht.

Die Linien des Spielfeldes können entweder mit Kalkwaffer aufgetragen oder mit 4 bis 5 cm breiten Latten von Holz angelegt werden. Man treibt hierzu Holzpflöcke in Abftänden von je 1 m tief in den Boden ein und nagelt auf diefen die Latten feft. Letztere müffen felbftverftändlich nicht über die Oberfläche vorftehen, fondern eben mit diefer liegen.

Die Anlage eines Afphalt-Spielfeldes bedarf im vorliegenden »Handbuch« keiner weiteren Bemerkung.

Die harten Spielfelder müffen im Winter durch Eindecken mit Laub, Tannenzweigen u. dergl. gut vor Froft gefchützt werden.

Die Spielfelder find ftets ihrer Länge nach von Nord nach Süd anzulegen. Schattige Lage ift nur dann zu wählen, wenn das Spielfeld vollftändig vom Schatten bedeckt wird. Vereinzelte Schatten ftören das Spiel.

Bei Anlage von mehreren Spielfeldern auf einem Spielplatz mufs man einen nach Möglichkeit grofsen Zwifchenraum und Abftand unter denfelben, mindeftens 5 m für die äufseren Seitenlinien und 10 bis 5 m für die Grundlinien, wahren. Zum bequemeren Spiel ift im Mittel eine Fläche von 18×36 m für jedes Spielfeld nöthig.

Liegt das Spielfeld fo, dafs die Bälle leicht verloren gehen können, fo empfiehlt fich die Aufftellung von Fangnetzen an den gefährdeten Seiten, nöthigenfalls ringsum, in genügendem Abftand vom Spielfeld. Die Fangnetze müffen 2 m hoch fein und können aus getheerter Schnur, verzinktem oder gewöhnlichem Eifendraht hergeftellt fein. Die Pfoften werden in Abftänden von ungefähr 3 m angebracht.

268. Cricket.

Auch das vorerwähnte Spiel *Cricket* ift in England und Amerika gewiffermafsen eine Nationalangelegenheit geworden und gehört zu den verbreitetften und vornehmften aller englifchen Ballfpiele.

Cricket, zum erften Male 1598 erwähnt[234]), foll fich aus einem älteren Spiele, *Club-ball*, wobei der Ball mit einem Krummftock gefchlagen wurde, entwickelt haben und wird von dem angelfächfifchen *Cricc*

---

[234]) Nach: WALTER W. SKEAT. *Etymological dictionary*. Oxford 1882.

(Stab, Stock), dem die Diminutiv-Endung *et* beigefügt wurde, abgeleitet. Nahe verwandt mit *Cric* ift *Crutch* (Krücke).

Das *Cricket* wird ausschliefslich im Freien gespielt. Ohne auf die vielen Regeln des Spieles näher einzugehen, sei nur erwähnt, dafs *Cricket* von zwei gleichzähligen Gegenparteien, jede zu 11 Mann, alfo im Ganzen von 22 Perfonen (aufser dem Unparteiifchen) gefpielt zu werden pflegt und dafs zur Ausübung des Spieles ein möglichft ebener, wohl gepflegter Spielplatz von ein oder mehreren Hektaren (zuweilen mehr als 10 *Acres* = rund 54 ha) gehört, zumeift Rasenboden, der mehrere Tage vor dem Wettftreit (*Match*) begoffen und gewalzt wird.

Sind fomit Baulichkeiten für das Spiel felbft nicht erforderlich, fo pflegt doch, behufs Abhaltung deffelben, ein Feftpavillon (*Cricket pavilion*) vorhanden zu fein, worin die Leiter des Sports, Gäfte und Theilnehmer am Spiele verweilen und gemeinfchaftlich fpeifen, worin ferner die Spielenden fich umkleiden, die Geräthfchaften aufbewahrt werden etc. Zu diefem Zwecke dienen zuweilen leichte zeltartige Bauten; oft aber werden auch folche für dauerndere Benutzung aus Naturholz, Fachwerk etc. errichtet.

Es genügt unter gewöhnlichen Umftänden eine nach dem Spielplatz geöffnete, an den übrigen Seiten gefchützte Halle, an die fich nach rückwärts ein Umkleidezimmer für die Spielenden mit Wasch- und Bedürfnifsräumen, fo wie ein Buffet für Verabreichung von Erfrifchungen, kalten Speifen etc. anfchliefsen.

Bei gröfseren Anfprüchen umfafst das Gebäude aufser den eben erwähnten Räumen befondere Hallen mit Eftraden für die Zufchauer am Spiel, fo wie einen Speifefaal mit Küche und Zubehör.

Als Beifpiel einer Anlage diefer Art wird in Fig. 250 [235]) der Grundrifs des inmitten eines herrfchaftlichen Befitzthums in Beddington-Park von *Clarke* errichteten Pavillons (*Cricket and archery pavilion*) mitgetheilt.

Dem kleinen Bauwerk ift vorn an der gegen den Spielplatz zu gerichteten Eingangsfeite eine bedeckte, mit Brüftung verfehene Halle vorgelegt, unter welcher mehrere Reihen ftufenförmig anfteigender Sitzplätze angeordnet find. Den Hauptraum bildet der Speifefaal (7,0 × 5,5 m), dem nach rückwärts eine geräumige Küche mit Speifekammer einerfeits, Fleifchkammer und Eiskeller darunter andererfeits, fo wie Ankleidezimmer für Herren und Damen nebft zugehörigen Wafchräumen, Aborte etc. angereiht find. Diefe Räume, gleich wie der Speifefaal, find mit Wand- und Deckentäfelung in amerikanifchem Kiefernholz (*Pitch-pine*), mit verfchliefsbaren Unterfätzen und Schränken, fo wie mit allen fonftigen, zur behaglichen Benutzung dienenden Einrichtungsgegenftänden ausgestattet. Im Dachraume und in den Thürmen, von denen man eine prächtige Ausficht geniefst, find Rauchzimmer, Vorrathskammern, Wafferbehälter etc. angeordnet. Von letzteren wird das Begiefsen des *Cricket*-Feldes mittels Schlauchleitung bewerkftelligt.

Das Aeufsere ift auf fteinernem Sockel theils in Naturholz, theils in Fachwerk und Backftein ausmauerung hergeftellt, das Dach mit Rohrwerk (*Norfolk reed*) eingedeckt.

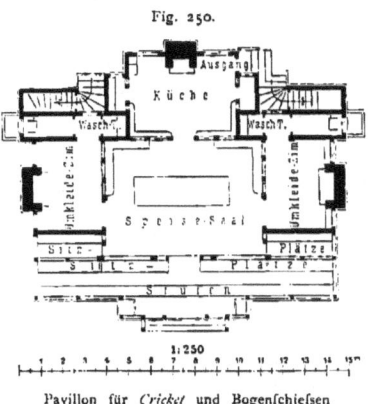

Fig. 250.

Pavillon für *Cricket* und Bogenfchiefsen in *Beddington park* [235]).
Arch.: *Clarke*.

[235]) Nach: *Building news*, Bd. 39, S. 518.

Fig. 251.

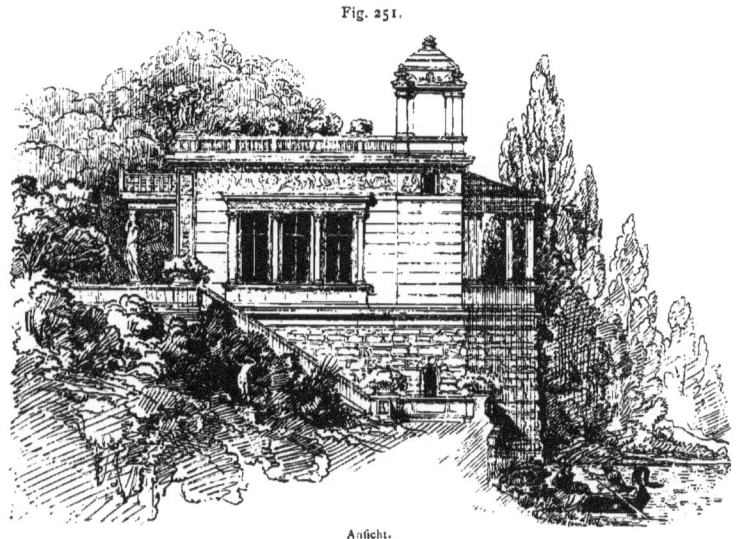

Ansicht.

Fig. 252.

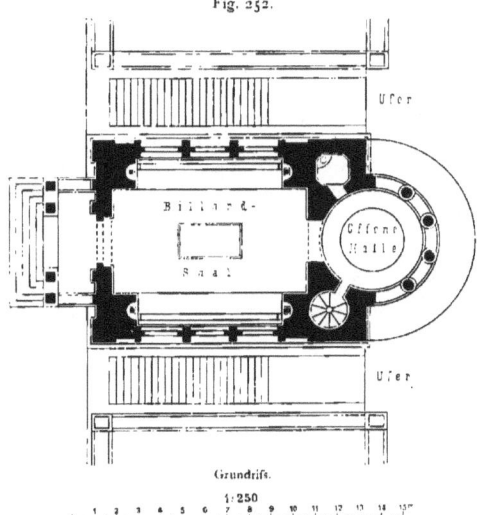

Grundriss.
1:250

Billard-Pavillon in einem herrschaftlichen Park.
Entwurf von *André* 230).

Hinter dem Pavillon ift ein Dienftgebäude mit Pferdeftällen, Wagenfchuppen, Dienftbotenkammern etc. errichtet. Die Baulichkeiten ftehen in einer Einfriedigung, welche mehr als 1 ha umfafst. Die Baukoften betrugen über 60000 Mark (= £ 3000).

Diefer Pavillon dient, wie die englifche Benennung erkennen läfst, auch zu gefelligen Zufammenkünften für Bogenfchiefsen (*Archery*) und enthält defshalb, fowohl für Damen als Herren, die vorerwähnten Umkleidezimmer fammt Nebenräumen. Auch für Regatten und anderen Sport werden zuweilen Feftpavillons ähnlicher Art, meift aber als Eintagswerke für vorübergehende Benutzung, errichtet[237]).

Ferner find noch einige hierher gehörige, felbftändige Anlagen: Pavillons, die am Ufer eines Sees, Fluffes etc. angeordnet find und eine Bootftation für den Ruder-Sport bilden[238]), oder auf Anhöhen in Park- und Gartenanlagen erbaut und für Billard-Spiel eingerichtet, zugleich als fchattige, kühle Zufluchtsorte und »Luginsland« dienen, anzuführen.

270. Boothäufer und Billard-Pavillons.

Von der Anlage folcher kleiner Bauwerke, die theils nach Art der Schweizer Blockhäufer geftaltet, theils in eleganter Stein-Architektur durchgeführt erfcheinen und befonders in Frankreich häufig vorkommen, geben Fig. 251 u. 252[236]) nach dem Entwurf *André's* ein Bild.

Der Eingang führt durch eine Vorhalle, deren Dach von Karyatiden getragen wird, in den Billard-Saal. An den Langfeiten find tiefe Fensternifchen mit erhöhten Sitzplätzen, an der dem Eingang gegenüber liegenden Schmalfeite ift eine kreisförmige, zur Hälfte offene Säulenhalle nebft Abort und Treppe zur Dach-Plattform angeordnet. Letztere erftreckt fich über den Billard-Saal und wird durch eine von zwei Eckbauten abgefchloffene bedeckte Halle begrenzt. Zwei gerade Freitreppen führen zu beiden Seiten des Pavillons hinab zum Ufer und Bootsplatz.

Schliefslich fei noch auf die in Amerika vorkommenden, eigens für den Zweck der Abhaltung von Billard-Wettkämpfen erbauten grofsen Säle hingewiefen. Diefelben find ringsum von amphitheatralifch anfteigenden Sitzreihen umgeben, von denen aus man einen ungehinderten Ausblick auf das in der Mitte aufgeftellte Billard geniefst. Auf einem erhöhten Platze in der Nähe des letzteren befindet fich der Unparteiifche, deffen Entfcheidung in ftreitigen und zweifelhaften Fällen den Ausfchlag giebt. Gegenüber dem Platze des Unparteiifchen haben längs der anderen Seite des Billards die Vertreter der Preffe ihren Platz. Das Intereffe an folchen Billard-Wettkämpfen in Amerika ift ein fehr weit gehendes; befonders nimmt auch die Damenwelt regen Antheil daran.

271. Säle für Billard-Wettkämpfe.

---

[236]) Nach (zum Theile *facf*.): *Croquis d'architecture*. Paris. 1866, Nr. 1, f. 2.

[237]) Einige andere Anlagen diefer Art können in nachftehenden Quellen aufgefchen werden:
The propofed new pavilion at the Trent bridge cricket-ground, Nottingham. Builder, Bd. 30, S. 424.
Cricket pavilion, Petersfield. Builder, Bd. 41, S. 512.
Safton park, Liverpool. Grand cricket pavilion. Building news, Bd. 14, S. 528.
A cricket pavilion. Building news, Bd. 45, S. 10, 288.
New pavilion for the county cricket club, Nottingham. Building news, Bd. 42, S. 73.
A cricket pavilion. Building news, Bd. 53, S. 539.
Cricket pavilion, Charterhoufe. Building news, Bd. 53, S. 700.

[238]) Siehe u. A.:
Das Bootshaus des Berliner Ruderclubs. Wochbl. f. Baukde. 1887, S. 381.
A boat houfe and tea room, Blenham palace. Building news, Bd. 56, S. 472.
New boating premifes, Eaft Molefey. Building news, Bd. 58, S. 512.
Boothaus des Norddeutfchen Regatta-Vereins: Hamburg und feine Bauten. Hamburg 1890, S. 131.

IV. Theil, 4. Abtheilung:

GEBÄUDE FÜR ERHOLUNGS-, BEHERBERGUNGS- UND VEREINS-ZWECKE.

---

7. Abschnitt.
Sonstige Baulichkeiten für Vergnügen und Erholung.

1. Kapitel.
Panoramen.
Von Jacob Lieblein und Dr. Heinrich Wagner.

272. Allgemeines. Panorama (πᾶν, ὁράω) heifst ein den ganzen Gesichtskreis umfassendes Bild der Rundsicht, wie sie von einem gegebenen, hoch gelegenen Punkte dem Beschauer erscheint. Auch das Gebäude, das zur Ausstellung eines solchen Bildes dient, hat den Namen »Panorama« erhalten. Dasselbe bildet einen Rundbau, in dem das Gemälde ringsum an der Wand aufgespannt ist; mitten im Raume ist eine kreisrunde Zuschauerbühne errichtet, auf der man, gleichsam wie von einem Thurme aus, das Rundbild erblickt. Die Grenze, bis zu welcher man sich demselben nähern kann, wird durch den Brüstungsring der Bühne gebildet; die oberen und unteren Enden der Leinwand sind durch Blenden und Vorsetzstücke für den Beschauer verdeckt. Dieser steht im Dunkeln; das Panoramabild dagegen erscheint in hellem Tageslicht, welches durch eine im Dachwerk ausgesparte, mit mattem Glas eingedeckte Lichtzone einfällt. Auch diese ist durch einen grofsen, am Dachwerk aufgehängten Lichtschirm dem Blicke des Beschauers entzogen.

Dies sind im grofsen Ganzen die Grundzüge der Einrichtung von Panoramen, welche zwar schon die früheren, mangelhaften Anlagen dieser Art zeigten, die aber in neuerer Zeit wesentlich vervollkommnet wurde.

273. Geschichtliches. Die Erfindung der Panoramen [239]) wird Professor *Breisig* in Danzig zugeschrieben. Der schottische Maler *Robert Barker* aber war es, der schon 1787 in Edinburg, sodann 1793 in London die ersten Panoramen zur Schau brachte. Das Rundgemälde des letzteren hatte ein Seestück zum Gegenstande (die russische Kriegsflotte bei Spithead); der Zuschauer stand mitten im Meere, auf dem Verdeck einer Fregatte. 1795 malte dann der gleiche Künstler die Seeschlacht bei Queffant, in der *Howe* am 1. Juni 1794 die Franzosen schlug, und später (1799) noch die Seeschlacht bei Abukir. Im Jahre 1799 nahm ein Landsmann *Barker's*, *Robert Foulton*, in Frankreich ein Patent für Panoramen und verkaufte dasselbe an *James Thayer*, welcher sofort zwei Panoramen in Paris (*Boulevard Montmartre*, nahe der Passage des Panoramas, die davon heute noch den Namen führt) errichten liefs. Diese hatten nur 14 m inneren Durchmesser, dabei eine Plattform von fast 6 m Durchmesser. Obgleich somit der hierdurch bedingte nahe Standpunkt der Beschauer vom Bilde kaum eine Illusion aufkommen liefs, so wurde damit dennoch ein grofser Erfolg

---

[239]) Ausführlicheres über Entstehung und Entwickelung der Panoramen siehe in: *Revue gén. de l'arch.* 1841, S. 500 u. 551.

erzielt, was indefs vornehmlich der Gefchicklichkeit des Malers der Panoramabilder, *Pierre Prevoft*, zuzufchreiben ift. Noch Bedeutenderes leiftete diefer Künftler in einem weiteren, gröfseren Rundbau, den er felbft am *Boulevard des Capucines* errichten liefs; er hatte demfelben einen Durchmeffer von 32 m, eine Höhe von 10 m und der Plattform einen Durchmeffer von 11 m geben laffen; das Licht fiel durch eine Glaszone des Dachwerkes ein, deffen Gefpärre fich auf einem Mittelpfoften abftützten. *Prevoft* brachte in diefen Panoramen unter dem Kaiferreiche Städteanfichten von Paris, London, Rom etc., die Begegnung von Tilfit und die Schlacht zu Wagram, unter der Reftauration die Ankunft *Louis XVIII.* in Calais, Anfichten von Jerufalem und zuletzt folche von Athen zur Ausftellung.

Nach dem 1823 erfolgten Tode *Prevoft*'s war es *Ch. Langlois* in Paris, der mit feinem in der *Rue des Marais du Temple* errichteten Rundbau einen weiteren Schritt zur Verbefferung der Panoramen that, indem er die Täufchung der Befchauer dadurch zu verftärken wufste, dafs er fie fcheinbar mitten in den Schauplatz der Ereigniffe, die er auf der Leinwand darftellte, verfetzte und fie gewiffermafsen zu Theilnehmern derfelben machte. Zu feinem berühmten Bilde der Schlacht von Navarin war der Standort der Befchauer ein vollftändig ausgerüftetes Schiff. Die bauliche Anlage des Panoramas zeigte keine andere Neuerung, als dafs der Durchmeffer des Rundbaus auf 35 m gebracht, die Höhe der Mauern auf 12 m ermäfsigt war.

Bedeutender, als alle früheren in Paris und anderwärts errichteten Panoramen fcheint das von *Thomas Horner* in London am Eingange von *Regent's park* errichtete »Koloffeum« gewefen zu fein. Es hatte als Grundform ein regelmäfsiges Sechzehneck, deffen umfchriebener Kreis 38 m Durchmeffer hatte. Die an den Ecken im Aeufseren und Inneren durch Vorlagen verftärkten Umfaffungsmauern aus Backftein hatten unten eine Stärke von ungefähr 1,0 m, eine Höhe von 19,5 m im Aeufseren und von 24,0 m im Inneren. Der Raum war mit einer Kuppel in Form einer Halbkugel überdeckt und durch eine Laterne von 23,0 m Durchmeffer und 34,0 m Höhe im Scheitel erhellt. In einem Abftande von 0,5 bis 1,0 m von den Mauern aufgefpannte Wandgemälde erhielt als naturähnliche Fortfetzung den auf der Leinwand des Kugelgewölbes dargeftellten Himmel. Inmitten des Raumes war aus zwei in Holz-Fachwerk hergeftellten concentrifchen Cylindern eine Art von Thurm gebildet, von deffen drei Galerien aus, deren unterfte durch einen mittels einer Dampfmafchine in Bewegung gefetzten Aufzug befchickt wurde, die Zufchauer das Panorama von London, ähnlich wie von der Kuppel von *St. Paul* aus gefehen, genoffen. Um die kreisrunde, centrale Treppe war ein grofser, zu Ausftellungen dienender Saal angelegt. Der Bau wurde mit einem Aufwand von 600000 Mark (= £ 30000) nach dem Entwurf und unter der Leitung von *Decimus Burton* ausgeführt. Trotz der Grofsartigkeit des Koloffeums, das im Aeufseren dem Pantheon zu Rom glich, fcheint es bezüglich der inneren Einrichtungen, Erhellung etc. hinter den Parifer Vorbildern von *Prevoft* und *Langlois* zurückgeblieben zu fein.

Zu erwähnen ift weiter ein in den dreifsiger Jahren vom Decorations-Maler *Gropius* zu Berlin in der Georgen-Strafse errichtetes Panorama [240]) von befcheidenen Abmeffungen, in welchem feiner Zeit einige fehr gelungene Städteanfichten zur Darftellung kamen und verdienten Beifall fanden. Das Gebäude wurde fpäter anderen Zwecken, zuletzt dem neuen Gewerbe-Mufeum, dienftbar gemacht, bis es der Stadtbahn zum Opfer fiel.

Alle bisherigen Anlagen wurden weit übertroffen vom Panorama der *Champs-Elyfées* zu Paris, welches *Langlois*, dem aufser den Panoramen von Navarin, Algier und der Schlacht an der Moscowa die vorerwähnten Neuerungen und Verbefferungen im Gebiete des in Rede ftehenden Gebietes zu verdanken find, von *Hittorf* 1838 errichten liefs, nachdem erfterem das dazu nöthige Gelände durch königliche Verordnung auf die Dauer von 40 Jahren überlaffen worden war. Der Rundbau wurde auf eine innere Weite von 40 m Durchmeffer gebracht, mit einem Zeltdach ohne Mittelpfoften überdeckt und mittels einer verglasten, nahezu 2,0 m breiten, in der Entfernung von 3,0 m vom Rande des Daches angebrachten Lichtzone erhellt, bei deren Conftruction alle Theile, welche das Licht beeinträchtigen und Schatten auf die Leinwand hätten werfen können, vermieden wurden.

Hittorf hatte hierbei die Aufgabe zu erfüllen, bei vollkommenfter technifcher Einrichtung im Inneren ein monumentales, charakteriftifches Bauwerk mit möglichft geringem Koftenaufwand zu fchaffen. Diefe Nothwendigkeit brachte ihn auf den Gedanken, für die Conftruction des Dachwerkes das Syftem der eifernen Drahtfeilbrücken anzuwenden. Seine erften Entwürfe wurden indefs wefentlich abgeändert, theils durch Rückfichtnahme auf Forderungen *Langlois*', theils durch lange Verhandlungen mit der Baubehörde. Das in Fig. 253 u. 254 [241]) nach den endgültigen Plänen dargeftellte Panorama wurde mit einem Aufwande von nicht mehr als 240000 Mark (= 300000 Francs) in der kurzen Zeit von 8 Monaten ausgeführt.

---

[240]) Siehe: Deutfches Bauhandbuch. Band II, Theil 2. Berlin 1884. S. 729.
[241]) Facf.-Repr. nach: *Revue gén. de l'arch.* 1841, Pl. 28.

Das Gebäude ift 1855 abgeriffen, und nach dem Entwurfe *Davioud*'s durch einen Rundbau ohne umgebende äufsere Galerien erfetzt worden[242]). Der Raum ift mit einer Kuppel aus 16 Bohlenbogen überdeckt, welche durch eben fo viele Zugftangen verbunden, über und unter der Lichtzone durch Syfteme von hölzernen Andreaskreuzen verfteift find und in einer kleinen Laterne endigen. Das Dach ruht auf fteinernen Umfaffungsmauern von 14 m Höhe.

Seit der Neuerrichtung des Rundbaues find darin nach einander die 3 Panoramen, welche die Erftürmung des Malakoff, die Schlacht von Solferino und die Belagerung von Paris darftellten, zur Schau gebracht worden. Vor der Umwandelung des Baues hatte derfelbe feit der Eröffnung im Januar 1839 die Rundgemälde der Feuersbrunft zu Moskau, der Schlacht von Eylau, fo wie der Schlacht an den Pyramiden enthalten.

Hittorf's Panorama war ein epochemachendes Werk, das im Wefentlichen heute noch als Mufter für die vielen Gebäude diefer Art, welche insbefondere in neuerer Zeit in allen gröfseren Städten entftanden find, gelten kann.

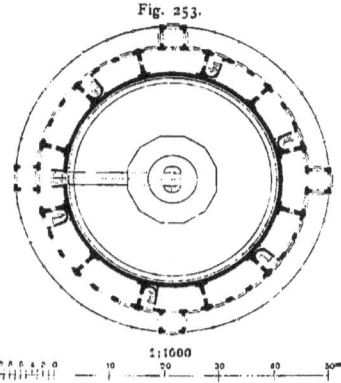

Fig. 253.

Früheres Panorama in den *Champs-Elysées* zu Paris[241]).
Arch.: *Hittorf*.

Der Vergleich mit den nachfolgenden Beifpielen wird zeigen, dafs die Hauptabmeffungen des Raumes und der Plattform, fo wie die von *Hittorf* getroffenen Einrichtungen im Ganzen beibehalten worden find.

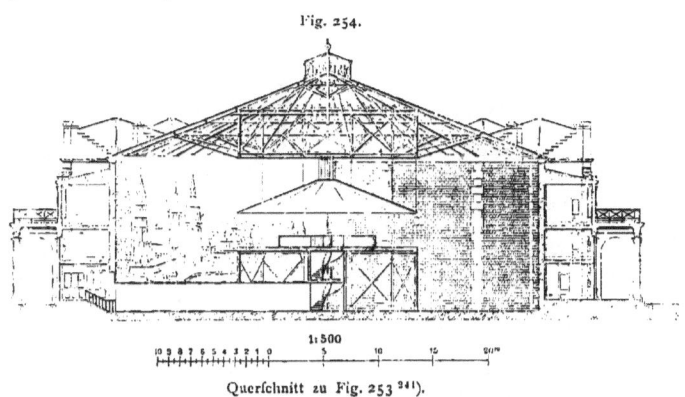

Fig. 254.

Querfchnitt zu Fig. 253[241]).

274. Räumliche Erforderniffe.

Schon aus diefen Darlegungen gehen die Haupterforderniffe der Anlage eines Panoramabaues hervor.

Das Panorama bedarf eines grofsen, frei überdeckten Raumes, mit den erforderlichen Einrichtungen für zweckmäfsiges Anbringen und vortheilhafte Erfcheinung des Rundbildes, fo wie mit der Plattform für die Zufchauer, der dahin führenden Treppe, den nöthigen Gängen und Vorräumen verfehen. Hierbei dürfen Kleiderablagen für Herren und Damen nebft Wafchgelegenheit und Bedürfnifsräumen, ferner Caffenraum etc. nicht fehlen.

[242]) Siehe: CHABAT, P. *Dictionnaire des termes employés dans la conftruction etc.* Paris 1881. Ed. 3, S. 531.

Häufig ift auch ein »Diorama« (fiehe Art. 285) mit dem Panorama verbunden; zuweilen bilden Ausftellungsfaal, Reftaurations- und Erfrifchungsraum zugehörige Theile des Anwefens. (Siehe die Beifpiele in Art. 289 u. 291.)

Als Grundrifsform find der Kreis und das Vieleck zur Anwendung gekommen. Durch Ausbildung der Binderauflager und Anordnung von Mauerfpornen, die nach aufsen vorfpringen, kann der Aufbau auch bei runder Form kräftig gegliedert werden. Ueberdies ift der Kreis an fich die naturgemäfse Grundform für die Umfaffungswände, da auch das Panorama-Gemälde diefer Linie folgt. Doch bietet die Wahl der vieleckigen Grundform für das Gebäude in conftructiver Hinficht manche Vortheile, weil in diefem Falle fowohl das Dach, als auch die Wände, die zuweilen in Fachwerk ausgeführt werden, leichter herzuftellen find.

Die bei einigen Ausführungen zur Anwendung gelangten Grundformen und die üblichen Abmeffungen des Gebäudes find aus der in Art. 293 mitgetheilten Zufammenftellung zu entnehmen.

Die Conftruction wird durch das Erfordernifs, einen grofsen, kreisrunden oder vieleckigen Raum ohne innere Stützen zu erbauen, bedingt. Es ift fomit die Aufgabe in diefer Hinficht ganz ähnlich derjenigen, welche bei Errichtung von Circus-Gebäuden, von Locomotiv-Rotunden, von einigen grofsen Logenhäufern von Theatern etc. vorkommt.

Die Umfaffungswände werden theils in Bruchftein- oder Backfteinmauerwerk, theils in Holz- oder Eifen-Fachwerk ausgeführt. Letztere, in neuefter Zeit übliche Conftructionsweife gewährt den Vortheil, dafs bei gegebenem inneren Durchmeffer eine geringere überbaute Grundfläche, alfo eine kleinere Bauftelle beanfprucht wird, dafs ferner Fertigftellung und Benutzung des Gebäudes rafcher erfolgen können, als bei Anwendung maffiver Umfaffungsmauern der Fall ift. Letztere erfordern eine viel gröfsere Stärke und längere Zeit zum Austrocknen, damit das in der Entfernung von 50 bis 70 cm davor aufgehängte Bild durch die Feuchtigkeit nicht Schaden leide. Wo indefs grofse Eile bei Ausführung des Baues nicht nöthig und ein Bauplatz von entfprechender Gröfse zur Verfügung ift, find maffive Umfaffungsmauern allen anderen vorzuziehen, weil fie meift billiger herzuftellen, auch leichter und vortheilhafter architektonifch auszubilden fein dürften, als andere.

Die Conftruction des Daches über einem Raume von 40 m lichter Weite ohne innere Stütze bietet bei dem heutigen Stande der Technik keine Schwierigkeiten. Obwohl hierfür Eifen als das geeignetfte Conftructions-Material zu bezeichnen ift, fehlt es doch nicht an Beifpielen, namentlich älteren, bei denen Holz und Eifen, ja felbft Holz allein zur Anwendung gekommen ift.

Als die natürlichfte Dachform eines folchen Rundbaues ift das flache Zeltdach, welches bei kreisrunder Grundrifsgeftalt des Panoramas in das Kegeldach übergeht, zu erachten; thatfächlich wurde daffelbe auch bei den in Fig. 259 u. 266 dargeftellten Parifer .Panoramen (*Panorama Marigny* in den *Champs-Elyfées* und *Panorama français, Rue St.-Honoré*) und anderen zur Ausführung gebracht. Obwohl in der Conftruction weniger einfach, wurden indefs, befonders in neuerer Zeit, meift flache Kuppeldächer errichtet. Man findet fowohl flache Rundkuppeln (über kreisrunder Grundform, Fig. 262), als auch Kuppeldächer mit eben fo vielen Graten oder Rippen, als das dem Panorama zu Grunde gelegte Vieleck Ecken hat. Kuppeldächer letzterer Art finden fich bei den in Art. 287 u. 289 aufgenommenen Beifpielen, ferner bei dem im Querfchnitt und Grundrifs dargeftellten Panorama zu

Genf (Fig. 255 [243]), beim Panorama im Prater zu Wien [244]) etc. Ganz befonders ift die von *Schwedler* angegebene Conftruction von Kuppeldächern zu empfehlen.

Als Material für die Eindeckung des Daches wird wegen des durch die Conftruction bedingten flachen Neigungswinkels nur ganz ausnahmsweife Schiefer, in der Regel aber Zink oder verzinktes Eifenblech in den verfchiedenen, im Handel vorkommenden Formen angewandt. Für Augenblickswerke, für Anlagen einfachfter

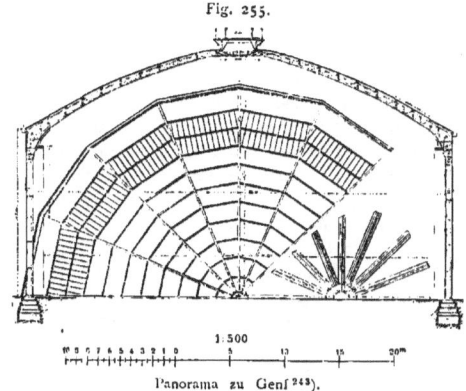

Fig. 255.

Panorama zu Genf [243]).

Art, zu vorübergehender Benutzung, ift Dachpappe zuläffig.

Bei heizbaren Panoramen pflegt die innere Dachfläche mit einer 3 cm ftarken Bretterverfchalung verfehen zu werden, um dadurch die Bildung von Schwitzwaffer thunlichft zu verhindern. Bei ungeheizten Anlagen ift der Schnee von den Deckenlichtern zu entfernen und daher, behufs Befteigung und Reinigung der Dachfläche, an der Umfaffungswand eine Leiter anzubringen, die bis zur Laterne hinaufführt. Auch find die für den Schutz der verglasten Theile des Daches erforderlichen Vorkehrungen [215]) zu treffen. Befondere Sorgfalt ift ferner der Anlage der Dachrinnen und Abfallrohre zuzuwenden, um bei etwaigen Undichtheiten derfelben das koftfpielige Bild vor Schaden zu bewahren. Es wird defshalb, wenn bei eingebauter, durch Nachbargrundftücke begrenzter Bauftelle die Regenfallrohre im Inneren des Gebäudes heruntergeführt werden müffen, um letztere eine Bretterverfchalung gelegt.

278. Deckenlicht.

Für das Anbringen des zu möglichft wirkfamer Erhellung des Rundbildes unbedingt nöthigen Deckenlichtes find ganz beftimmte Angaben über die Breite der Lichtzone und deren Entfernung vom Bilde nicht zu machen; diefelben find je nach den örtlichen klimatifchen Verhältniffen, die auf die Intenfität des Lichtes von Einflufs find, und je nach der Natur des dargeftellten Gegenftandes, der hiernach mehr oder weniger helles Licht erfordern mag, von Fall zu Fall zu bemeffen. Die auf S. 231 mitgetheilte vergleichende Zufammenftellung der Gröfsenverhältniffe etc. verfchiedener neuerer Panoramen giebt genügende Anhaltspunkte. Die Breite der Lichtzone wechfelt in den meiften Fällen zwifchen 3,0 und 3,7 m, die Enfernung des gröfsten Kreifes derfelben von der Leinwand zwifchen 0,8 und 2,2 m, beide Abftände wagrecht gemeffen. Zu bemerken ift [246]), dafs in dem Mafse, als der Lichtring gegen den Scheitel des Daches hinaufgerückt wird, auch ein entfprechend gröfserer Theil des Bildes von den unmittelbaren Sonnenftrahlen an der der Sonne entgegengefetzten Seite getroffen wird. Diefe Erfcheinung ift nach Möglichkeit zu

---

[243]) Aus der Mappe der *École centrale fasf.* nach: *Moniteur des arch.* 1883, S. 138 u. Pl. 62.
[244]) Siehe: Zeitfchr. d. öft. Ing.- u. Arch.-Ver. 1882, S. 61 u. Bl. 26 bis 28.
[245]) Siehe: Theil III, Bd. 2, Heft 5 (Abth. III, Abfchn. 2, F, Kap. über »Verglaste Dächer und Dachlichter«) diefes »Handbuches«.
[246]) Nach: *Boeckmann*'s Angaben in: Deutfches Bauhandbuch. Bd. II, Theil 2. Berlin 1884. S. 731.

vermeiden. Durch Anbringen von verschiebbaren Schattentüchern wird — ähnlich wie in photographischen Arbeitsstätten — zwar das Licht erforderlichenfalls gedämpft werden können; doch ist die Handhabung folcher Vorrichtungen in dem weiten, leeren Raume eine sehr schwierige und zuweilen unsichere. Man sollte desshalb die Glaszone nicht breiter machen, als zu ausreichender Erhellung unbedingt nöthig ist.

Damit nun das Rundgemälde eine möglichst täuschende Wirkung hervorbringe, ist es nicht genügend, in der oben angedeuteten Weise eine thunlichst naturwahre Erhellung desselben hervorzubringen; es muss vielmehr dafür gesorgt werden, dass das von oben herab durch die Glaszone eingeführte Licht nicht im Raume zerstreut werde, fondern auf das Gemälde falle und der Beschauer, wie bereits erwähnt, im Dunkeln weile. Zu diesem Behufe wird zunächst über der Zuschauerbühne ein Velum von genügender Größe (20 bis 23 m Durchmesser) in folcher Weise aufgehängt, dass die Glaszone für den Beschauer nicht sichtbar ist, sodann von einem 1,5 bis 3,0 m hinter dem oberen Rande der Glaszone befestigten Ringe bis zum Velum herab ein Reflector von möglichst weiss gebleichter Leinwand angebracht. Auch unter der Bühne, durch das Vorland vor dem Beschauer verdeckt, werden zum Zwecke befferer Beleuchtung des unterften Theiles des Bildes Reflectoren angebracht, welche aus leichten Rahmen, die mit Leinwand überspannt find, beftehen und unter einem Winkel von etwa 45 Grad gegen die Bildfläche geneigt find.

279. Velum und Reflector.

Die befte künftlerifche Darftellung des Gegenstandes, die Nachahmung von Licht und Schatten auf dem Gemälde, kann indefs niemals die Wirkung des natürlichen Lichtes erfetzen, unter deffen unmittelbarem Eindrucke der Befchauer aus der äufseren Umgebung in das Gebäudeinnere tritt. Um daher einestheils mitgebrachte Natureindrücke möglichft zu verwifchen, anderntheils eine möglichst überraschende Lichterscheinung durch den Gegenfatz zu erzielen, wird der Befucher zuvörderft durch lange, dunkle Gänge geführt, ehe er auf die für den Anblick des Bildes hergeftellte Ringbühne im Inneren tritt. Der Zugang wird daher nach *Boeckmann*[247]) etwa um das Doppelte der Länge des unmittelbaren Weges verlängert.

280. Gänge, Vorräume und Treppen.

Diefe Gänge find ferner in folcher Weise anzuordnen, dass die Befucher beim Ein- und Ausgang einander nicht begegnen und dass die Flure im eigentlichen Panoramaraum nicht bemerklich werden. Sie pflegen daher, wie aus den Durchschnittszeichnungen der Panoramen in Fig. 261, 266 u. 267 zu erfehen ift, unter eine zu diefem Zwecke angeordnete Erhöhung des Vorlandes gelegt zu werden, nur 2,3 bis 2,7 m Höhe, 1,5 bis 2,0 m Breite und gerade nur fo viel Licht zu empfangen, dafs man fich zurecht findet. In manchen Panoramen find diefe Gänge durch kleine Oellämpchen erhellt, in anderen durch Fenfter, welche, im Vorland verfteckt liegend, ihr Licht aus den Haupträumen erhalten und mit gelben Scheiben verglaft find; wegen der nothwendigen Lüftung ift das letztere Verfahren empfehlenswerth. Alle fcharfen Kanten, Ecken und Winkel find zu vermeiden. Vor diefen Gängen liegt eine Eintrittshalle von befcheidenen Abmeffungen (40 bis 60 qm); diefelbe enthält Caffenfchalter (8 bis 10 qm), zuweilen Queue-Vorrichtungen, Drehkreuz etc.

Die zur Plattform führenden Treppen werden zweckmäfsiger Weife im Mittelpunkt der Zufchauerbühne, und zwar in folcher Weife angelegt, dafs fie von kreisrunder Grundform find und zwei Syfteme von Wendelftufen bilden, die, denfelben Kern umkreifend, auf gleicher Höhe, aber an entgegengefetzten Enden des Durch-

---

[247]) In: Deutfches Bauhandbuch. Band II, Theil 2. Berlin 1884. S. 731.

meſſers vom Grundkreiſe ausmünden. Hierbei wird der Austritt auf die Plattform an ſolcher Stelle derſelben ſtattfinden müſſen, daſs der Eintretende dem Beginn der Handlung, welche das Bild darſtellt, gegenüber ſteht.

Eine bemerkenswerthe Treppenanlage iſt die mit den zugehörigen Gängen und Vorräumen in Fig. 256 [248]) dargeſtellte des Panoramas *Marigny* in den *Champs-Elyſées* zu Paris.

Eine Freitreppe von 10 Stufen führt in die offene Vorhalle (ſiehe Fig. 259); hierauf folgt die geſchloſſene Eintrittshalle (Veſtibule), in welche die durch eine Wand getrennten Gänge für Aufgang und Ausgang der Beſucher münden. Eine doppelarmige, gewundene Treppe (22 Stufen von $28{,}5$ cm $\times$ $16{,}82$ cm) ſtellt die Verbindung mit den $3{,}70$ m höher gelegenen Ruhebänken her. Man hat noch weitere $5{,}20$ m (mittels 32 Stufen von 30 cm $\times$ $16{,}25$ cm) zu erſteigen, um auf die Plattform zu gelangen.

Weitere Beiſpiele für Anordnung und Verbindung von Vorräumen, Gängen und Treppen der Panoramen, die mehr oder weniger immer durch die Geſtalt der Bauſtelle, Umgebung und andere örtliche Umſtände bedingt werden, ſind aus den nachfolgenden Grundriſſen (Fig. 260, 263, 265 u. 269) zu entnehmen.

261. Plattform.

Die Plattform erhält je nach der Gröſse des Rundbaues 10 bis 12 m Durchmeſſer; ſie iſt kreisrund und liegt bei der üblichen Bildhöhe von 15 m etwa 4 bis 5 m über der Unterkante des Bildes, deſſen Horizont demnach ca. 5,5 bis 6,5 m hoch angenommen zu werden pflegt. Für ſehr hügeliges Gelände wird der Standpunkt höher liegen dürfen; in der Ebene iſt eine geringere Höhe anzuwenden.

Wohl das beſte Mittel, um einer möglichſt groſsen Zahl von Beſuchern die behufs deutlichen Sehens vortheilhafteſten Plätze zu beſchaffen, beſtände darin, der Plattform nach dem Mittelpunkte zu eine ſtarke Steigung zu geben. Dies hätte aber zur Folge, daſs das Stehen um ſo unbequemer wäre; aus dieſem Grunde wird dem Boden meiſt nur wenig Gefälle nach vorn gegeben.

Das Panorama am Alexander-Platz in Berlin (Arch.: *Ende & Boeckmann*) zeigt eine Neuerung derart, daſs der äuſsere Ring der 11 m im Durchmeſſer groſsen Plattform drehbar iſt. Derſelbe lagert in einer Breite von $1{,}50$ m auf 8 Rollen; gewöhnlich iſt in 20 bis 25 Minuten die Umdrehung beendet [249]). Dieſe Anordnung ſoll verhindern, daſs Beſucher zu lange vor einzelnen Punkten des Bildes verweilen und daher den Verkehr hemmen.

262. Bild.

Das Bild, die »Leinwand«, iſt nach Fig. 257 [250]) in der Entfernung von 0,5 bis 1,0 m von der Auſsenwand auf einem hölzernen Pfettenkranz, der in Hauptgeſimshöhe auf Trageiſen ruht, oben mit eiſernen Nägeln feſt genagelt und unten durch einen Spannring von 4 cm ſtarkem Rundeiſen aus einander gehalten. An dieſen Ring werden in Abſtänden von ungefähr 50 cm Gewichte von 12 bis 15 kg, zuweilen

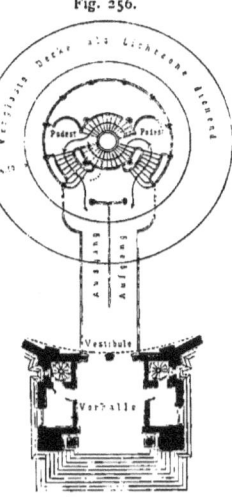

Fig. 256.

Vom *Panorama Marigny* in den *Champs-Elyſées* zu Paris [248]).
$\tfrac{1}{400}$ w. Gr.
Arch.: *Garnier*.

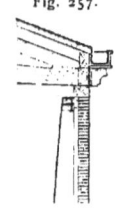

Fig. 257.

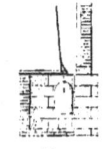

Vom *Panorama français* zu Paris [250]).
$\tfrac{1}{100}$ w. Gr.
Arch.: *Garnier*.

---

[248]) Nach: WILLIAM & FARGE. *Le recueil d'architecture*. Paris, 10e année, f. 29.
[249]) Siehe: Deutſche Bauz. 1883, S. 614.
[250]) Facſ.-Repr. nach: *Revue gén. de l'arch* 1882, Pl. 26—27.

auch in doppelt fo grofsen Abftänden doppelt fo grofse Gewichte angehängt, fo dafs hierdurch die Leinwand angefpannt wird.

Die zu letzterer verwendeten Mufter zeigen auf 30 cm Breite 25 Fäden und 1 mm Stärke; die Leinwand wird unpräparirt aufgehängt, dann zweimal mit Leimfarbe und Schlammkreide geftrichen und zur Entfernung der Knötchen der Leinwand mit Bimsftein und Glaspapier gefchliffen; hierauf folgt zweimaliger Oelfarbenanftrich, das letzte Mal in Tönen, welche das Malen ähnlich demjenigen auf fog. *Papier pelé* er leichtern. Nach dem Auftragen der Leimfarbe zieht fich die Leinwand durch die Einwirkung des Waffers bedeutend zufammen, verlängert fich aber beim Austrocknen wieder über das urfprüngliche Mafs hinaus, fo dafs diefelbe am Ende der Arbeit beträchtlich länger geworden ift.

Es ift auf diefe Erfcheinung, die übrigens je nach den verwendeten Leinwandforten Verfchiedenheiten zeigt, bei Bemeffung der Länge fowohl, als auch bei Anordnung der Gewichte Rückficht zu nehmen. Für letztere wird gewöhnlich ein Schacht von 0,8 bis 1,0 m Tiefe angeordnet, um ein Auffetzen der Gewichte auf dem Boden zu verhüten. Die Torfions-Bewegung der einzelnen Fäden während des Anfertigens des Bildgrundes, die ein Eingehen in den mittleren Zonen deffelben erzeugt, bewirkt eine 50 bis 80 cm betragende Ausbauchung des Bildes nach dem Inneren des Gebäudes. Diefelbe ift insbefondere für die Beleuchtung des unteren Theiles des Bildes, der ohnedies nur fpärlich erhellt werden kann[251]), fehr mifslich. Im Panorama am Alexander-Platz in Berlin foll es gelungen fein, durch befondere, nicht mitgetheilte Mafsnahmen diefe Ausbauchung faft ganz zu vermeiden.

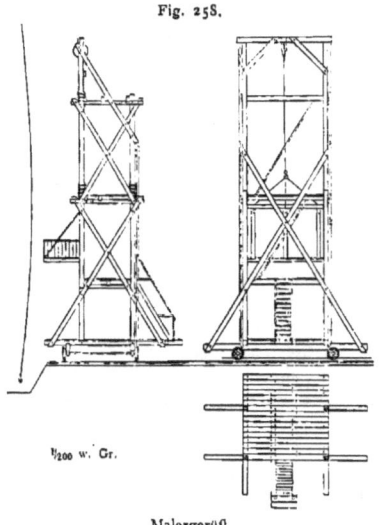

Fig. 258.

1/200 w. Gr.

Malergerüft
(verwendet im Panorama zu München.)

Auch nach der Vollendung des Bildes machen fich Schwankungen in der Höhe der Leinwand, die je nach dem Feuchtigkeitsgehalt der Luft bis zu 15 cm betragen, geltend. Auf diefen Umftand ift bei den Vorkehrungen für Anbringen der Gewichte, die auf dem Boden nicht anftofsen dürfen, Rückficht zu nehmen.

Das Malen der Leinwand pflegt auf Gerüften, ähnlich der in Fig. 258 dargeftellten Conftruction, ausgeführt zu werden. Diefelben laufen am beften auf Schienengleifen, welche im Vordergrund verfteckt liegen und für die Bewegung eines anderen, leicht zerlegbaren Gerüftes zum Zweck der während des Betriebes erforderlichen Reinigung der Leinwand verwendet werden.

Mit dem Bilde im Einklang wird nun das zwifchen Befchauer und Leinwand liegende Vorland, dem auf derfelben dargeftellten Gegenftande entfprechend, als Vordergrund ausgebildet und hierbei aus dem Bilde heraus bis zum Befchauer in die Nachahmung der Wirklichkeit durch Verwendung plaftifcher Decorationsftücke in Naturgröfse übergegangen (vergl. Fig. 266). Es darf wohl als Hauptregel hierfür gelten, dafs man fich nicht zu Uebertreibungen verleiten laffe. Da das Vorland fehr fcharf beleuchtet ift, fo wird das Modelliren deffelben mittels Furchen, Gräben etc. der Unterftützung mit tiefen Farben noch in hohem Grade bedürfen, wenn die richtige Wirkung erreicht werden foll. Auch darf hierbei eine gewiffe Regelmäfsigkeit in der Vertheilung plaftifcher Gegenftände nicht fehlen. Von Manchen

---

251) Siehe: Art. 279 (S. 221).

werden zur Belebung des Vordergrundes lebende Gräser und Pflanzen verwendet; dieselben bedürfen indefs eines Bodens, auf dem fie fortkommen, fo wie kräftiger Luftzuführung und Heizung während des Winters.

284.
Heizung,
Lüftung
und
Beleuchtung.

Da die meiften Befucher in den Panoramen nicht fehr lange verweilen, in der Regel die Oberkleider nicht ablegen und faft immer in Bewegung bleiben, fo find viele diefer Gebäude nicht heizbar; in den nördlichen Ländern werden jedoch Heizeinrichtungen nicht zu umgehen fein. In folchen Fällen wird immer die Anlage von Dampf- und Wafferheizung zu empfehlen fein; doch bedarf das Panorama eines geringeren Grades der Erwärmung, als andere auf längeren Aufenthalt von Menfchen eingerichtete Gebäude. Die Lüftung dagegen mufs eine um fo ausgiebigere fein.

In den meiften Städten werden die Panoramen nur während der Tageszeit befichtigt und entbehren daher einer Einrichtung für künftliche Beleuchtung. In der neueften Zeit, durch die Fortfchritte der Elektrotechnik angeregt, ift in manchen Städten (London, Paris, Berlin etc.) die künftliche Beleuchtung der Panoramen theils mit elektrifchem Bogenlicht, theils mit Glühlicht in Aufnahme gekommen.

Im Panorama am Alexander-Platz in Berlin ift eine künftliche Beleuchtung mit elektrifchem Bogenlicht ausgeführt; die Deckenlichtzone ift durch auf den Rand einer Hänge-Galerie aufgefetzte Reflectoren aus weifsem Papier, welche herabklappen, gedeckt.

Fig. 259.

Panorama *Marigny* in den *Champs-Elyfées* zu Paris [252]).
Arch.: *Garnier*.

252) Facf.-Repr. nach: *La femaine des couftr.*, Jahrg. 8, S. 283.

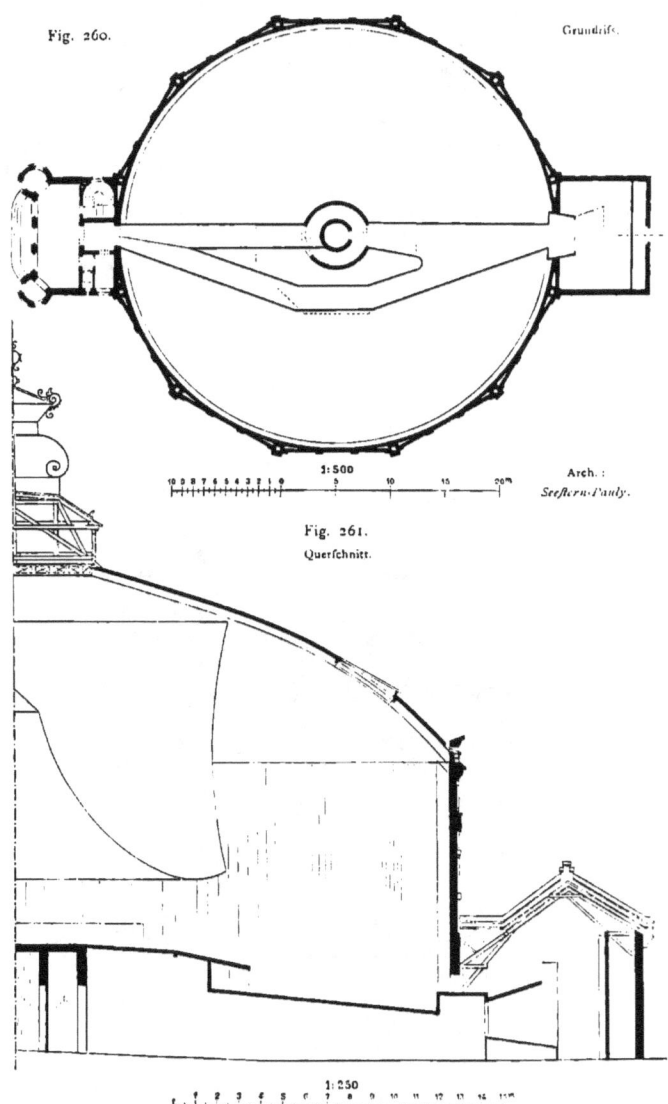

Fig. 260. Grundriss.

Arch.:
Seeſtern-Pauly.

Fig. 261.
Querſchnitt.

Panorama zu Frankfurt a. M. [259]).

285.
Diorama.

Das, wie bereits erwähnt, mit vielen Panoramen verbundene Diorama, welches am treffendften als ein Segment aus einem Panorama bezeichnet werden kann, wird gern angebracht, um den langen dunkeln Gang zum Hauptraum in angenehmer Weife zu unterbrechen und das Auge noch mehr für den Eindruck des Hauptbildes empfänglich zu machen. Ohne auf die Einzelheiten der Einrichtung hier einzugehen, fei kurz erwähnt, dafs das Diorama nur eines Raumes von gewöhnlicher Zimmergröfse bedarf und dafs die Beleuchtungsbedingungen diefelben find, wie beim Panorama. Es mufs defshalb auch u. a. die Wandfläche dem Deckenlicht gegenüber als Reflector ausgebildet werden.

Die Beifpiele in Art. 287 u. 289 zeigen, in welcher Weife die Dioramen in der Anlage des Baues eingefügt zu fein pflegen.

286.
Aeufsere Architektur.

Bezüglich der äufseren Erfcheinung der Panoramen mag fchliefslich noch kurz bemerkt werden, dafs diefelbe, dem zur Verwendung kommenden Material angepafst, zunächst durch die in den Hauptabmeffungen gegebene Gebäudeform und durch die Gliederung derfelben, fodann durch charakteriftifche, aber nicht zu reiche Ausfchmückung der Wandflächen zur Wirkung kommen mufs. Eine dem Rundbau vorgelegte Eintrittshalle mit weiter Oeffnung bildet ein paffendes und günftiges Motiv für die Hauptfaçade des Gebäudes.

Dies ift in befonders wirkungsvoller Weife am *Panorama Marigny* in den *Champs-Elyfées* zu Paris, von dem bereits in Fig. 286 (S. 222) ein Theil des Grundriffes dargeftellt ift, von *Garnier* zum Ausdruck gebracht.

Fig. 259 [252]) giebt ein Bild von der loggienartigen Vorhalle und einem Felde des zwölfeckigen Hauptbaues, das die eigenartigen Formen der Schaffensweife des Architekten des Parifer Opernhaufes erkennen läfst. Die Ecken find durch Strebepfeiler aus Backfteinen verftärkt, die zwifchenliegenden Mauerfelder aus Schichtfteinen (*Moellon appareillé*), die Gefimfe und Verzierungen aus Stuck hergeftellt, die Füllungen und Schrifttafeln mit reichem Mofaik gefchmückt. Die zwei Säulen, die den Bogen der Eingangshalle tragen, find aus Werkftein (*Ravières*). Das Zeltdach hat eine Schieferdeckung mit Graten von Bleiblech und Zinkverzierungen erhalten. Das *Panorama Marigny* ift kleiner, als die meiften neueren Anlagen gleicher Art; der eingefchriebene Kreis des inneren Zwölfeckes hat einen Durchmeffer von nur 32 m.

287.
Panorama in Frankfurt a. M.

Nach den vorhergegangenen Darlegungen genügen für die nachfolgend mitgetheilten weiteren Beifpiele einige kurze Bemerkungen.

Ein grofser frei ftehender Bau ift das von *Seeftern-Pauly* 1880 erbaute, in Fig. 260 u. 261 [253]) dargeftellte Panorama zu Frankfurt a. M.

Der nach der Grundform des regelmäfsigen Zwölfeckes gebildete Raum ift von Umfaffungswänden in Backftein-Rohbau begrenzt und mit einer eifernen Flachkuppel überdeckt. Die Rotunde hat an der Hauptfront einen Vorbau, worin Eintrittshalle mit Caffe und Nebenräumen, ferner eine Dienerwohnung enthalten find. Ein Diorama, zu dem man mittels des Ganges gelangt, fchliefst fich dem Bau nach rückwärts in folcher Weife an, dafs erfteres ein Gegenftück zum Vorbau bildet.

288.
Panorama in München.

Das Panorama an der Therefienftrafse in München (Fig. 262 u. 263 [253]) ift, analog den meiften anderen gleichartigen Gebäuden, auf einer von Nachbarhäufern begrenzten Bauftelle von *Seeftern-Pauly* errichtet.

Die Abmeffungen des zur Verfügung ftehenden Platzes betrugen 40 × 47 m. Die Form des Panoramas ift kreisrund; die Wände find aus Eifen-Fachwerk; nur die Façade ift, dem Strafsenzuge entfprechend, geradlinig, aus Backfteinmauerwerk hergeftellt und nach der in München üblichen Weife als Putzbau durchgebildet. Der Raum zwifchen Rundbau und Strafsenfront ift im Erdgefchofs an der Ecke rechts zur Anlage der Eingangshalle, im Uebrigen zur Einrichtung von Läden benutzt.

Im Obergefchofs find zwei Wohnungen angeordnet. Eine grofse Nifche inmitten der Façade follte die Statue der Bavaria aufnehmen.

---

[253]) Nach den von Herrn Architekten *Seeftern-Pauly* freundlichft mitgetheilten Plänen.

Eines der neueren und hervorragendsten Beispiele ist das von *Ende & Boeckmann* 1883 am Alexander-Platz in Berlin erbaute Sedan-Panorama.

Sedan-Panorama in Berlin.

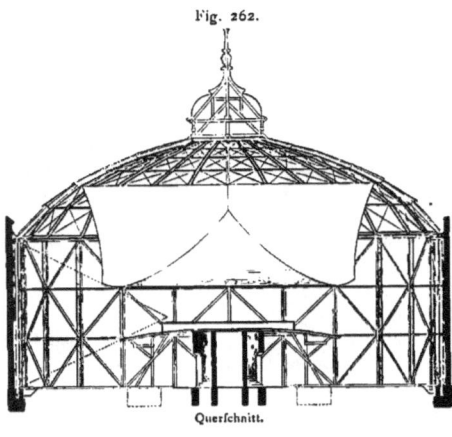

Fig. 262.

Querschnitt.

Mit Rücksicht auf die Gestalt der Baustelle ist als Grundform des Panoramas ein Siebenzehneck von 39 m lichter Weite gewählt. Der mehrfach[234]) veröffentlichte, in Eisen-Fachwerk construirte Bau hat in seiner inneren Anordnung und Einrichtung manche Neuerungen aufzuweisen, welche hier zu erwähnen sind.

Zum Zwecke besserer Ausnutzung des kostspieligen Grundstückes ist das Gebäude mit Erd- und Kellergeschofs versehen. Jenes enthält, aufser den nöthigen Vorräumen des Panoramas, einen grofsen Restaurationssaal, dieses die hierzu gehörigen Wirthschafts- und Vorrathsräume. Die zwischen der Decke des Erdgeschosses und der Oberfläche des Vorlandes verfügbaren Hohlräume sind theils zum Aufstellen von Dioramen, theils zum Anbringen eines Orchestrions, so wie von Karten, aus denen die Aufstellung der Truppen vor und nach der Schlacht bei Sedan ersichtlich ist etc., verwerthet. Eine sehr wesentliche Neuerung besteht im Anbringen einer kreisförmigen Laufgalerie, die, an der Dach-Construction aufgehängt, durch das Velum den Blicken der Beschauer entzogen ist. Neben den nicht zu unterschätzenden Vortheilen, welche dieselbe in Bezug auf die Handhabung der Lüftung und der Unterhaltung des Gebäudes gewährt, ist deren Anordnung vornehmlich im Interesse der Beleuchtung, und zwar sowohl der natürlichen wie der künstlichen Erhellung, getroffen. Erstere wird von hier aus mittels verstellbarer Reflectoren und Gardinen, letztere mittels elektrischen Bogenlichtes durch 17 über der Laufgalerie angebrachte Differential-Lampen, System *Siemens & Halske*, in ziemlich befriedigender Weise bewerkstelligt. Eine weitere Neuerung, das Drehbarmachen der etwa 300 Personen fassenden Plattform, ist bereits in Art. 281 (S. 222) erwähnt.

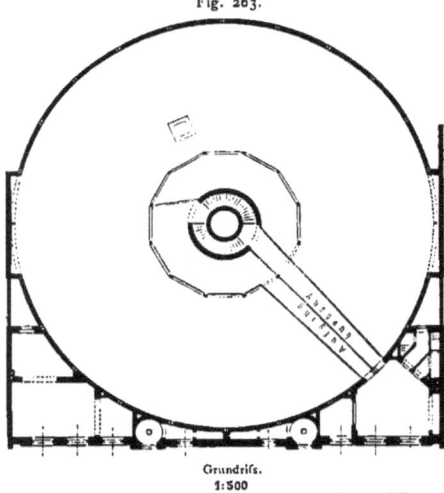

Fig. 263.

Grundrifs.
1:500

Panorama in der Theresienstrafse zu München [253]).
Arch.: *Seestern-Pauly*.

In architektonischer Hinsicht ist aufser der äufseren Erscheinung des Bauwerkes, welche durch farbig gemusterten Backstein-Rohbau, gehoben durch sgraffitoartige Bilder in den oberen Feldern, bewirkt ist, der wohl gelungenen Ausschmückung des Restaurationssaals mittels Malerei zu gedenken. Die Baukosten betrugen rund 500 000 Mark, die Erwerbung des Grundstückes und die Herstellung der Bilder zusammen eben so viel.

---

[254]) In: Centralbl. d Bauverw. 1884, S. 113 — und Deutsche Bauz. 1883, S. 613.

290. **Panorama in Genf.**

Ein anderes, auch in Eifen-Fachwerk ausgeführtes Beifpiel ift das Panorama der Stadt Genf, wovon ein Querfchnitt und ein Theil des Grundriffes bereits in Fig. 255 (S. 220) dargeftellt find.

291. **Panorama français in Paris.**

Eine etwas eingehendere Befprechung werde fodann einer neueren französischen Anlage diefer Art, dem mehrerwähnten *Panorama français, Rue St.-Honoré*, zu Paris (Arch.: *Garnier*) zu Theil, da daffelbe auch einige eigenartige, aus den Abbildungen in Fig. 264 bis 266 [255]) hervorgehende Einzelheiten zeigt. Daffelbe mag als Beifpiel eines in den Hauptheilen aus Holz conftruirten Baues dienen.

Für das auf der Bauftelle des ehemaligen Tanzhaufes *Valentino* errichtete Gebäude verblieb zwifchen den Brandmauern der Nachbarhäufer ein annähernd quadratifcher Platz von ungefähr 36 m Seitenlänge, der mit der *Rue St.-Honoré* durch einen Gang von 10 bis 11 m Breite in Verbindung steht.

Aufser dem eigentlichen Panoramabau waren auf dem von dem Rundbau nicht beanfpruchten Theile der Bauftelle eine grofse *Bar* mit Nebenzimmern zur Verabreichung von Erfrifchungen, fodann in einem Obergefchofs über der Eingangshalle an der *Rue St.-Honoré* ein für Abhaltung von Gemäldeausftellungen geeigneter Saal zu errichten. Diefe Anforderungen find denn auch nach Fig. 265 auf dem fehr befchränkten Grundftück in durchaus zweckdienlicher, gefchickter Weife erfüllt, wobei auf die Anordnung von Vorflur und Eingangshalle mit zwei Caffenfchaltern, der eine für das Panorama, der andere für die Gemäldeausftellung, fo wie auf die weiterhin fich anfchliefsenden Verkehrs- und Nebenräume aufmerkfam gemacht wird. Man gelangt, in der Richtung der Hauptaxe vorausfchreitend, geradeaus zum Drehkreuz und zu den dahinter gelegenen Aborten, rechts zur Wechfelftube, links durch den Gang zur *Bar*. Die beiden an den Seitenwänden auffteigenden Treppen führen zu einer Vorhalle des Obergefchoffes, an das der mit Deckenlicht erhellte Ausftellungsfaal (vergl. 10,5 × 15,0 m) angereiht ift. Feuerpoften find im Erdgefchofs nächft dem Drehkreuz links, im Obergefchofs in dem unmittelbar darüber liegenden Raume angeordnet.

Das Panorama bildet im Grundplan ein regelmäfsiges Zwanzigeck über 33 m Durchmeffer des umfchriebenen Kreifes. Die Wände find aus Holz-Fachwerk mit 1 Stein ftarker Backfteinausmauerung, die Fundamente aus Bruchfteinmauerwerk hergeftellt. Das Dachwerk des Zeltdaches wird von 10 Bundgefpärren nach dem Syftem *Polonceau* gebildet. Die Enden der auf die unteren Hälfte verdoppelten Bundfparren ruhen auf den lothrechten Eckpfoften des Rundbaues; die oberen Enden find mit den Hängefäulen des Zeltdaches, die zugleich Mittelpfoften der krönenden Laterne

---

[255]) Nach (zum Theile *facf.*): *Revue gén. de l'arch.* 1882, S. 107 u. Pl. 23 bis 27.

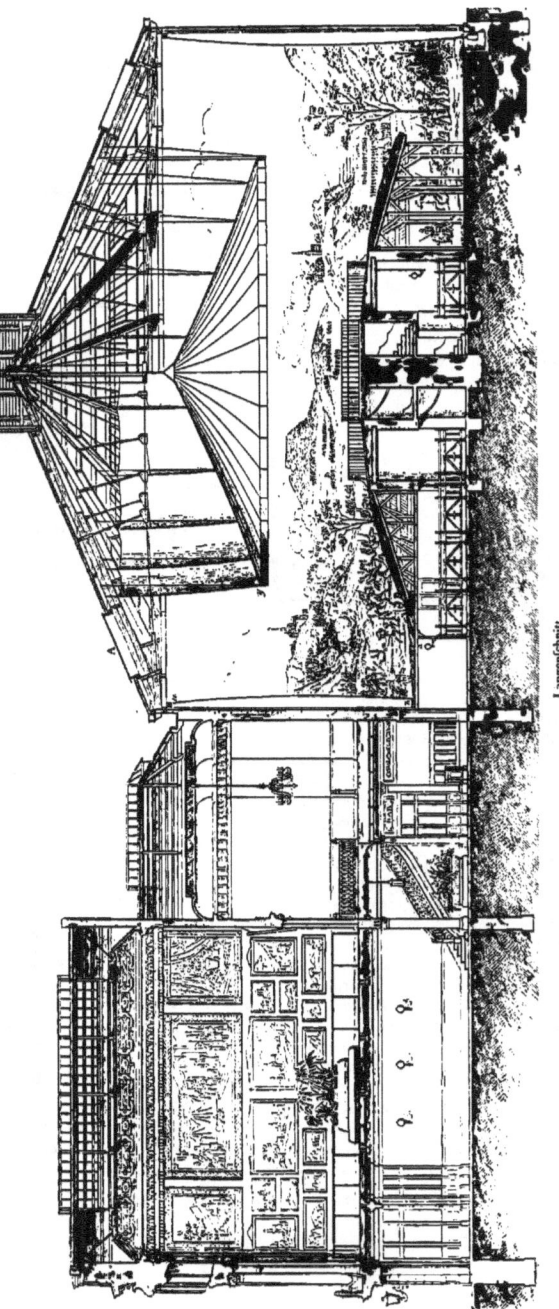

Fig. 266.

Panorama français in der *Rue St.-Honoré* zu Paris[255])
Arch.: *Garnier*.

ift, verbunden. Zum Zwecke der Abendbeleuchtung dienen 20 Bogenlichtlampen.

Die Façade zeigt, trotz der geringen Breite der Strafsenfront, ein charakteriftifches Gepräge. Das Hauptmotiv der Architektur bildet eine grofse Lichtöffnung; der obere Theil derfelben kennzeichnet den Ausftellungsfaal; der untere Theil befteht aus dem weit geöffneten Portal; Alles ift in fchönem, weifsen Stein, der durch brillantes farbiges Mofaik auf das wirkungsvollfte gehoben wird, ausgeführt.

Die Gefammtkoften betrugen 341600 Mark (= 427000 Francs).

292. Panorama für eine kleinere Stadt. Für Zwecke der Benutzung in kleineren Städten ift ein rafch und leicht aufzuftellender und wieder fortzufchaffender Bau erforderlich, der in einfachfter und billigfter Weife von Holz hergeftellt werden kann.

In diefem Sinne ift der von *Seeftern-Pauly* in Fig. 267 bis 269 [256]) mitgetheilte Entwurf aufgefafst. Die Baukoften des nicht zur Ausführung gelangten Gebäudes waren auf 70000 Mark veranfchlagt.

293. Vergleichende Zufammenftellung. Zum Schluffe unferer Betrachtungen über die Panoramen feien noch die wichtigften Abmeffungen der Anlage bei einer Anzahl ausgeführter Beifpiele in vergleichender Zufammenftellung beigefügt.

---

[256]) Nach den von Herrn Architekten *Seeftern-Pauly* freundlichft mitgetheilten Zeichnungen.

Fig. 267.

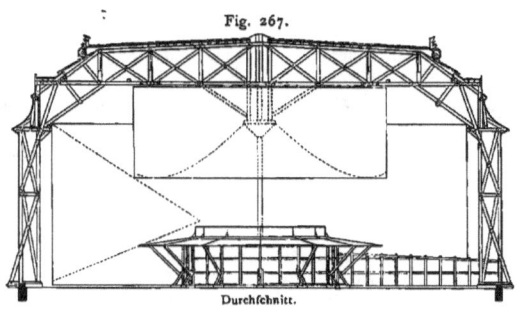

Durchfchnitt.

Fig. 268.

Panorama für eine kleine Stadt [256]).

Entwurf von *Seeftern-Pauly*.

1/600 w. Gr.

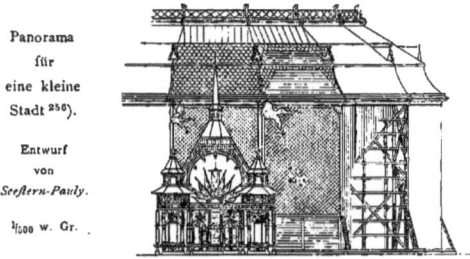

Theil der Vorderanficht.

Fig. 269.

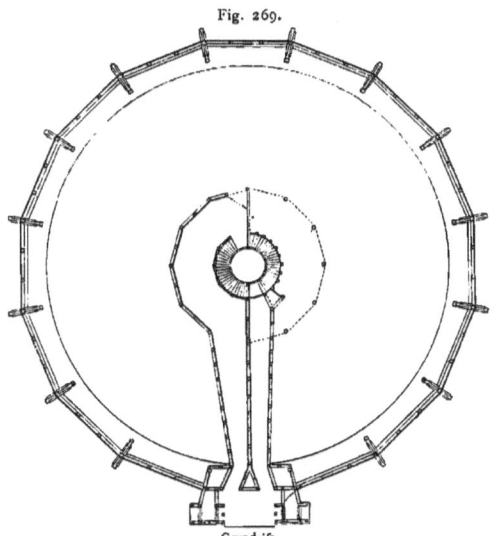

Grundrifs.

Aus diefer geht hervor, dafs das in erfter Reihe angeführte *Hittorf*'fche Panorama zu Paris in den Gröfsenverhältniffen, gleich wie in anderen wefentlichen Punkten, bis in die neuefte Zeit durchweg mafsgebend geblieben ift.

Architekten	Panorama	Grundform	Lichte Weite	Durchmeffer des Panorama-Bildes	Höhe des Bildes	Durchmeffer der Plattform	Höhe der Plattform	Breite der Lichtzone	Höhe des Velum-Ringes über der Plattform	Conftruction der Wände	Conftruction des Daches
			m	m	m	m	m	m	m		
Hittorf	in den *Champs-Elyfées* in Paris	Kreis	38,5	37,5	14,0	10,4	6,0	2,2	3,0	Schichtftein-mauerwerk.	Holz- u. Eifen-Zeltdach.
Garnier	*Rue St.-Honoré* in Paris	20-Eck	32,0	31,5	14,0	10,0	4,0	3,0	4,5	Holz-Fach-werk.	Holz- u. Eifen-Zeltdach.
Garnier	*Marigny* in Paris	12-Eck	32,5	32,0	13,0	9,5	3,7	3,0	4,0	Schichtftein-mauerwerk.	Holz- u. Eifen-Zeltdach.
Ende & Boeckmann	am Alexander-Platz in Berlin	17-Eck	39,0	37,0	15,0	11,0	4,0	5,0	5,0	Eifen-Fach-werk.	Eifen-Flach-kuppel
Seeftern-Pauly	in München	Kreis	39,0	37,0	14,0	12,0	5,0	3,2	4,0	Eifen-Fach-werk.	Eifen-Flach-kuppel.
v. *Neumann*	im Prater in Wien	16-Eck	39,6	37,0	14,3	11,2	4,8	5,7	—	Eifen-Fach-werk.	Eifen-Flach-kuppel.
	in Genf	16-Eck	36,0	36,7	14,5	—	—	3,7	—	Eifen-Fach-werk.	Eifen-Flach-kuppel.
Seeftern-Pauly	in Frankfurt a. M.	12-Eck	40,0	38,0	14,0	12,0	2,0	3,2	3,2	Backftein-Rohbau.	Eifen-Flach-kuppel.
Seeftern-Pauly	in Hamburg	Kreis	38,0	37,0	14,0	—	—	—	—	Backftein-Rohbau.	—
Revel	*de la Baftille* in Paris	Kreis	39,5	38,0	15,0	12,0	4,4	3,4	4,0	Holz-Fach-werk.	Holz- u. Eifen-Flachkuppel.

Literatur
über »Panoramen«.

HITTORF, J. J. *Panorama dans les Champs-Elyfées. Revue gén. de l'arch.* 1841, S. 500, 551 u. Pl. 27—31.
PÉRIER, C. *Le panorama français. La femaine des conft.*, Jahrg. 6, S. 402.
NEUMANN, F. Der Panoramabau im k. k. Prater. *Zeitfchr. d. öft. Ing.- u. Arch.-Ver.* 1882, S. 61.
FRANTZ, G. *Les panoramas. Gaz. des arch. et du bât.* 1882, S. 23.
GARNIER, CH. *Panorama français, rue St.-Honoré, à Paris. Revue gén. de l'arch.* 1882, S. 107 u. Pl. 23—27.
REVEL. *Panorama de la place d'Aufterlitz. Nouv. annales de la conft.* 1882, S. 65.
ENDE & BOECKMANN. Das Sedan-Panorama am Bahnhof Alexander-Platz. *Deutfche Bauz.* 1883, S. 613.
Panorama de Genève. Moniteur des arch. 1883, S. 138 u. Pl. 62, 63.
GARNIER, CH. *Le panorama-Marigny. La femaine des conft.*, Jahrg. 8, S. 282.
GARNIER, CH. *Le nouveau panorama des Champs-Elyfées à Paris. Revue gén. de l'arch.* 1884, S. 18.
Das Sedan-Panorama am Alexander-Platz in Berlin. *Centralbl. d. Bauverw.* 1884, S. 114.
Die Beleuchtung der Parifer Panoramen mit Siemens-Regenerativbrennern. *Journ. f. Gasb. u. Waff.* 1884, S. 717.
Panorama in Frankfurt a. M.: Frankfurt a. M. und feine Bauten. Frankfurt 1886. S. 294.
The cyclorama. Scientific American, Bd. 55, S. 296.
Die Albert-Halle zu Leipzig. UHLAND's *Ind. Rundfchau* 1887, S. 128.
Der Zirkus- und Diorama-Bau im Cryftallpalaft zu Leipzig. *Deutfche Bauz.* 1888, S. 153.
Von der Parifer Weltausftellung. — Das Panorama der Petroleum-Induftrie. UHLAND's *Ind. Rundfchau*, Jahrg. 4, S. 35.
Expofition univerfelle. Panorama le Tout-Paris. La conftruction moderne, Jahrg. 4, S. 197.
Panoramen zu Hamburg: Hamburg und feine Bauten, unter Berückfichtigung der Nachbarftädte Altona und Wandsbeck. Hamburg 1890. S. 153.
Panorama-Gebäude in Leipzig: Leipzig und feine Bauten. Leipzig 1892. S. 513.
Agrandiffement du mufée Grévin. La conftruction moderne, Jahrg. 7, S. 341.

Architektonifche Rundfchau. Stuttgart.
1886, Taf. 2: Panorama Marigny in Paris; von GARNIER.
WULLIAM & FARGE. *Le recueil d'architecture.* Paris.
10e année, f. 29, 70, 71: Nouveau panorama des Champs-Elyfées à Paris; von GARNIER.
f. 42: Panorama à Marfeille; von PAUGOY.
12e année, f. 26, 27: Panorama; von COLIEZ.
19e année, f. 13, 14: Panorama »Le Tout-Paris à l'expofition univerfelle de 1889«; von YVON.

2. Kapitel.
Mufikzelte.
Von JACOB LIEBLEIN [257]).

294.
Zweck
und
Erforderniſs.

Zur Aufführung von Inſtrumental-Concerten im Freien, in öffentlichen Gärten, in Anlagen und auf Plätzen dienen Muſikzelte (Muſiktempel, Muſik- oder Orcheſter-Pavillons), welche in ſolcher Art herzuſtellen ſind, daſs ſie eine paſſende Aufſtellung der Muſiker ermöglichen, dieſen zugleich Schutz gegen Sonne und Regen ſchaffen und die Klangwirkung begünſtigen.

Um dieſe Bedingungen zu erfüllen, muſs das Bauwerk einen Raum von entſprechender Gröſse umfaſſen, der gut überdeckt, mitunter auch rückwärts geſchloſſen, im Uebrigen aber frei geöffnet und etwas über die Umgebung erhöht iſt. Das Muſikzelt kann inmitten der Anlagen ganz im Freien oder in der Umgebung von Gebäuden errichtet werden; die Nähe letzterer kann zur Schallverſtärkung beitragen; ſie kann aber auch ein Echo, eine ſtörende Klangwirkung hervorrufen. Gegen die Einflüſſe anderer Factoren, die ſchädigend einwirken könnten, als Windrichtung und Stärke des Windes, Temperatur und Feuchtigkeitsgehalt der Luft etc., ſind im Freien kaum Vorkehrungen zu treffen. Um ſo nöthiger iſt es, bei der Conſtruction der Muſikzelte auf die Erlangung der Schallverſtärkung hinzuwirken, damit die Muſik in möglichſt weitem Umkreiſe vernommen werden kann [258]).

Zu dieſem Behufe wähle man vor Allem eine geſchützte, für günſtige Ablenkung, bezw. Ausbreitung des Schalles geeignete Lage, in der das Bauwerk entweder im Mittelpunkte des Concertplatzes oder an einer ſeitlichen, den Schallwellen günſtigen Stelle deſſelben aufgeſtellt und dem gemäſs verſchiedenartig zu geſtalten iſt.

295.
Verſchieden-
artigkeit
der
Anlage

Im letzteren Falle, der gewöhnlich als der günſtigere betrachtet wird, pflegt die Muſikbühne die Geſtalt einer Concha oder Muſchel zu erhalten, die nach vorn ganz offen, nach rückwärts und oben aber halbkreisförmig, parabolifch oder ſegmentbogenförmig, zuweilen auch polygonal abgeſchloſſen iſt. Die Muſchel- oder Niſchenform hat den Vortheil, daſs Wände und Decke des dadurch begrenzten Raumes beim Muſiciren mittönen, daſs ſomit eine Schallniſche gebildet wird, mittels deren die Muſik voller und beſſer gehört wird; ſie hat den Nachtheil, daſs die Zuhörer gezwungen ſind, dem Orcheſter gegenüber Platz zu nehmen. In einem ſolchen Falle wird man beſſer von einer Muſikniſche, ſtatt von einem Muſikzelt ſprechen.

Soll das Muſikzelt inmitten des Concertplatzes ſtehen, ſo iſt eine ringsum offene Halle, ein Centralbau von kreisrunder oder regelmäſsig vieleckiger Grundform zu

---
[257]) In 2. Aufl. mit Zuſätzen der Redaction.
[258]) Vergl. Theil III, Band 6 dieſes »Handbuches« (Abth. IV, Abſchn. 6, Kap. 2: Anlagen zur Erzielung einer guten Akuſtik).

errichten, deffen Dach als Schalldeckel wirkt und deffen Freiftützen feingliederig und dünn fein müffen, damit der Schall ungehindert nach allen Seiten fich ausbreiten kann.

In beiden Fällen erhebe fich die Mufikbühne, wie bereits erwähnt, in mäfsiger Höhe über dem Erdboden, fo dafs die Concertirenden höher ftehen, als die Zuhörer. Man fenke alfo den Refonanzboden nicht ein, wie dies mitunter wohl auch zur Ausführung gekommen ift. Auch die Höhenabmeffungen des Gebäudes feien keine bedeutenden. Denn die Decke, gleich wie Wand und Fufsboden, haben nicht allein den Zweck, durch Mittönen und Reflexion des Schalles diefen zu verftärken; fondern fie follen auch verhindern, dafs er fich nutzlos nach oben verliert, indem der Luftraum über der Decke durch Anbringen derfelben möglichft von der unmittelbaren Schallwirkung abgefperrt wird.

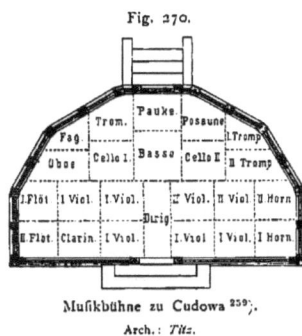

Fig. 270.

Mufikbühne zu Cudowa [259].
Arch.: *Titz*.

Die Gröfse richtet fich nach der Anzahl der am Concerte Mitwirkenden; für den einzelnen Mitwirkenden kann 0,9 qm Bodenfläche gerechnet werden.

Fig. 270 [259]) zeigt den Grundrifs der von *Titz* erbauten Orchefterbühne im Badeort Cudowa in Schlefien, wobei eine zweckmäfsige Eintheilung der Plätze in Bezug auf Anordnung der Inftrumente angegeben ift. Der Fufsboden ift nach Art. 298 ftufenweife anfteigend hergeftellt.

Das Mufikzelt fetzt fich aus Unterbau, Halle oder Nifche und Dach zufammen. Für den Aufbau find ftrenge Architekturformen nicht am Platze; diefelben können eine freie und kecke Behandlung zeigen, müffen aber zierlich und leicht hergeftellt, jedenfalls dem Bauftoffe, der Umgebung und dem Stil der zugehörigen Gebäudeanlagen angepafst fein.

Der Unterbau mufs etwa 1,3 bis 2,0 m hoch angenommen werden und befteht aus der fteinernen Umfaffungsmauer und dem darauf ruhenden Gebälke des Podiums. Der Raum darunter kann von aufsen oder durch eine Fallthür im Boden zugänglich gemacht werden und zur Aufbewahrung der Notenpulte, Stühle etc. dienen.

Bei ganz einfachen Herftellungen kann der Unterbau aus in den Boden gerammten Pfählen, die einen Schwellenkranz tragen und durch eine Bretterfchalung verbunden und verkleidet find, hergeftellt werden.

Bei ringsum offenen Anlagen ift der Boden, welcher der Refonanz wegen immer aus Holz conftruirt und hohl gelegt werden mufs, vollftändig wagrecht, während er bei nifchenförmiger Anordnung des Bauwerkes ftufenartig anfteigen kann. Letzteres ift für die Klangwirkung günftiger [260]) und erleichtert die Ueberficht über die Mufiker; Fig. 270 zeigt z. B. 3 folcher Treppenabfätze. Für den Orchefter-Dirigenten und für Soliften werden meift noch befondere kleine Podien aufgefetzt.

Für den Aufbau verdient das Holz als Bauftoff den Vorzug vor anderen Materialien, und unter den Hölzern ift reines, aftfreies Kiefernholz eines der beften [261]).

---

[259]) Nach: ROMBERG's Zeitfchr. f. prakt. Bauk. 1872, S. 7.
[260]) Siehe Theil IV, Halbband 1 (Abth. I, Abfchn. 5, Kap. 4, unter b) diefes »Handbuches«.
[261]) Die Leitungsfähigkeit des Schalles der Hölzer in der Längenrichtung wird nach *Tyndall* durch folgende Zahlen ausgedrückt: Espe 16,617, Erle 15,306, Pappel 14,050, Eiche 12,622, Akazie 15,493, Kiefer 13,21, Ulme 13,316, Birke 10,965, Efche 15,314, Sycomore 14,639, Ahorn 13,172 und Tanne 10,900. Es verhält fich fomit Kiefer zu Tanne wie 13,1 : 10,9. Senkrecht zu den Ringen und concentrifch mit diefen ift die Schallfortpflanzung nur ungefähr 1/3 der angegebenen Zahlen.

Indefs wurden auch fchon gemauerte Mufikzelte (namentlich folche in Nifchen- und Mufchelform) und folche aus Eifen (hauptfächlich ringsum freie Hallen) zur Ausführung gebracht. In neuerer Zeit werden nifchenförmige Mufikbühnen auch in *Monier*-Maffe (Wände und Decke aus einem Stück) hergeftellt; die dadurch erzielte Refonanz foll zufriedenftellend fein.

Das Mufikzelt mit centraler Anordnung erhält Freiftützen, welche das fchirmende Dach tragen und am vortheilhafteften rund gemacht werden, weil die convexe Form den Schall zerftreut. Auch der der runden Form fich nähernde vieleckige Querfchnitt wird häufig für diefe Pfoften gewählt.

Bei nifchenförmiger Anlage des Orchefterraumes werden die Wände hohl, mit doppelter Bretterverfchalung, hergeftellt, damit fie den Ton verftärken helfen.

Eine Brüftung von 0,9 bis 1,0 m Höhe wird in den unteren Theil der offenen Felder des Mufikzeltes eingefetzt; in der Mitte der Vorderfeite befindet fich der Dirigenten-Pult.

300. Decke und Dach.
Zweckmäfsiger Weife wird auch die Decke aus Holz und bei rückwärts gefchloffener Anlage in Form eines Nifchengewölbes gebildet, bei ganz offener centraler Anlage nach den bezüglich der Conftruction der Schalldeckel angegebenen Regeln [262]) herzuftellen fein. Hiernach wird im letzteren Falle ein wagrechter Schalldeckel den Ton auf geringere Entfernung, als eine von der Mitte nach aufsen etwas anfteigende Platte übertragen, und durch eine geringe Wölbung derfelben kann man die Wirkung des Schalldeckels nach gewiffen Richtungen wefentlich verftärken.

Gefimsvorfprünge find an der Unterkante wagrecht abzugleichen oder von innen nach dem Traufrande leicht anfteigend zu machen. Die Dachflächen erhalten eine Bretterfchalung und darüber Dachpappe-, Schiefer- oder Metalldeckung.

301. Beleuchtung.
Für Nacht-Concerte ift Gas- oder elektrifche Beleuchtung vorzufehen. Die Beleuchtungskörper find am beften fo zu vertheilen, dafs auf der Mitte jeder Polygonfeite eine Lyra, bezw. ein Wandarm mit offenen oder durch Glaskugeln gegen den Wind gefchützten Flammen und im Mittelpunkte eine Krone aufgehangen werden. Eine befondere Beleuchtung der Notenpulte durch Schirmlampen, wie bei den Theater-Orcheftern, ift hier nicht nothwendig.

302. Ausftattung.
Anders wird das Mufikzelt auszuftatten fein, wenn es feine Aufftellung inmitten eines Parkes erhalten, anders, wenn es in den fchmucken Anlagen einer Bade-Promenade Platz finden oder wenn es bei Volksfeften als Gelegenheitsbau auftreten foll. In erfterem Falle kann es ganz wohl aus Rundholz mit Rinde (fog. Naturholz) hergeftellt werden und das Holzdach eine Strohdecke erhalten, der Unterbau mit Rinden bekleidet fein, ohne dafs deffen Ausfehen in der Umgebung grofser fchattenfpendender Waldbäume und ungekünftelter Anlagen ftörend wirkte. Als Feftbau, der nur kurze Zeit bleiben foll, wird das Mufikzelt aus behauenem Holze errichtet werden, das durch Anwendung von Laub, Blumen, Feftons, Kränzen, bunten Malereien, Stoffbekleidungen, Fahnen und Wappen feinen richtigen Schmuck erhält.

Eine reichere Durchbildung wird dem Mufikzelt zukommen müffen, wenn es in der Nähe vornehmer Badeorte und üppiger Anlagen gebaut werden foll. Holz und Eifen können dann zufammen zur Anwendung kommen, wobei letzteres, fichtbar oder verdeckt, den conftructiven Kern bildet und erfteres theils decorativ, theils als Refonanzmittel auftritt. Farbiger Anftrich, Vergoldung und Deckenmalerei, Schön-

---

[262]) Siehe: Theil III, Band 6 (Abth. V, Abfchn. 6, Kap. 2, unter a, 5) diefes Handbuches.

heit und Glanz der Beleuchtungskörper tragen wesentlich dazu bei, eine reiche, kunstvolle Erscheinung des Werkes hervorzubringen.

Unsere Beispiele in Fig. 271 bis 279 veranschaulichen die beiden Typen: die Nischenform und die regelmäfsig vieleckige oder kreisrunde Grundform; sie geben

303. Beispiele.

Fig. 271.

Vorderansicht [263].

Fig. 272.

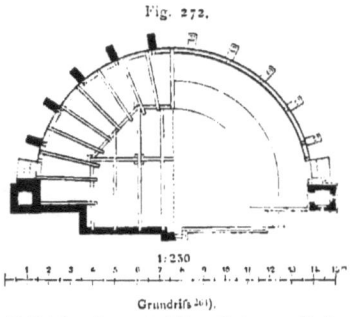

1:230

Grundrifs [264].
Musikbühne im zoologischen Garten zu Berlin.
Arch.: *Ende & Böckmann.*

[263] Nach einer von den Herren Bauräthen *Ende & Böckmann* zur Verfügung gestellten Photographie.
[264] Nach Architektonisches Skizzenbuch, Berlin, Heft 139, Bl. 6.

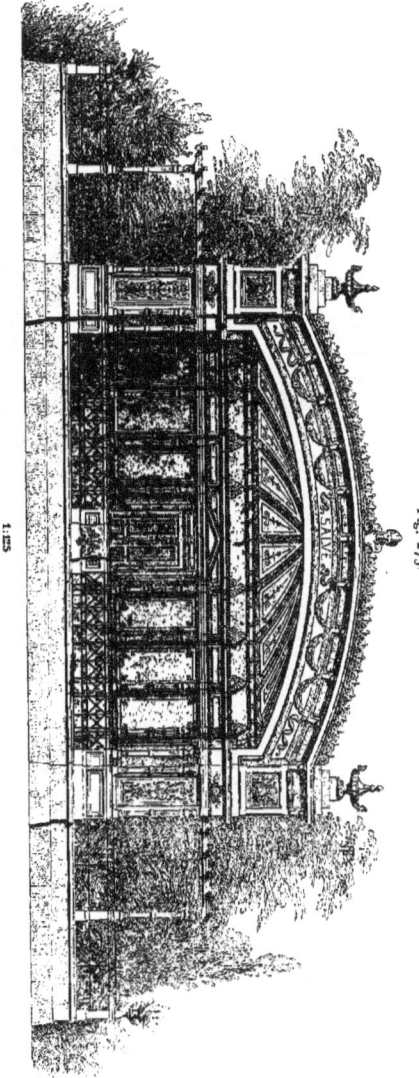

Fig. 273.

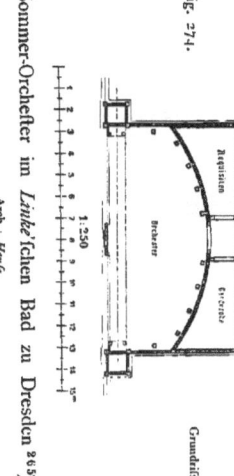

Fig. 274.

Sommer-Orchester im Linke'schen Bad zu Dresden [265]).
Arch.: Hoyer.

Fig. 275.

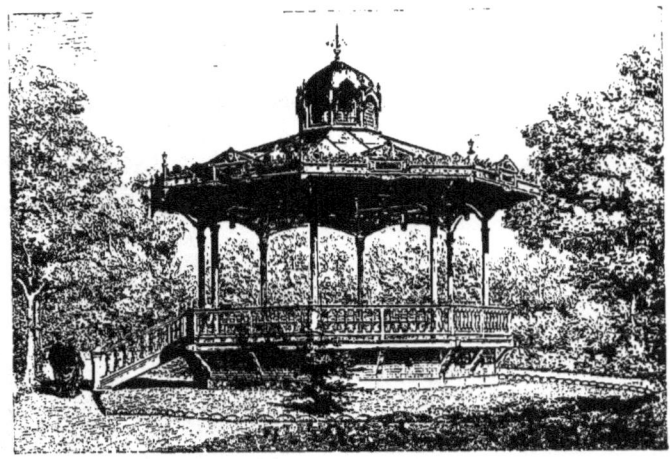

Ansicht.

Fig. 276.

Durchschnitt.

Fig. 277.

Grundriss.

1:250

1 2 3 4 5 6 7 8 9 10 11 12 13 14 15m

Musikzelt im Garten des Stadthauses zu Rouen [266].

Arch.: *Sauvageot.*

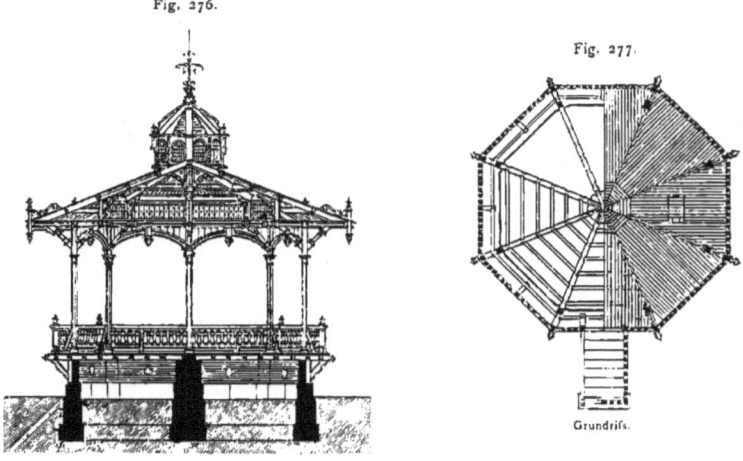

zugleich ein Bild von der mannigfaltigen Geſtaltung und Ausbildung, deren die äuſsere Erſcheinung dieſer Bauwerke fähig iſt.

Die Muſikbühne im zoologiſchen Garten zu Berlin, von *Ende & Boeckmann* erbaut (Fig. 271 [265]) u. 272 [266]), bildet eine halbkreisförmige Niſche von 12 m innerem Durchmeſſer in Holzwand-Conſtruction. Die Giebelfront zeigt die leichten, wirkſamen Formen des Zimmerwerkes, theilweiſe gedreht und geſchnitzt, die Zwickelfelder mit ausgeſchnittenem Ornament verziert.

Fig. 278.

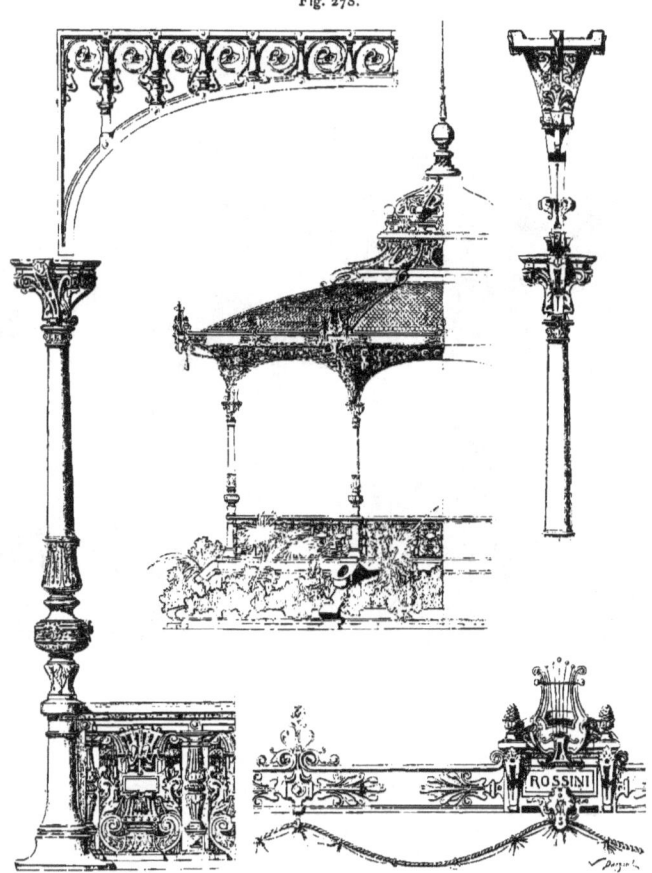

Muſikzelt zu Monte-Carlo [267]).
1/100, bezw. 1/25 w. Gr.

[265]) Facſ.-Repr. nach: Allg. Bauz. 1873, S. 174 u. Bl. 34, 35.
[266]) Nach: *Encyclopédie d'arch.* 1876, Pl. 349, 353, 363.
[267]) Facſ.-Repr. nach: *La conſtruction moderne*, Jahrg. 4, Pl. 37.

Auch das in Fig. 273 u. 274[265]) abgebildete Sommer-Orchester im *Linke*'schen Bad zu Dresden (Arch.: *Heyse*) ist ein zierlicher Holzbau, dessen Rückwand und Decke aber im Inneren segmentbogenförmig gestaltet sind und der im Aeusseren mit geraden Abschlusswänden versehen ist. Die hierdurch entstehenden Eckräume sind als Kleiderablagen und Geräthräume verwerthet.

Der Aufgang findet im letzteren Beispiel in der Mitte der Rückseite (Fig. 274), in ersterem zu beiden Seiten der Vorderfront (Fig. 272) statt.

Fig. 279.

Musikzelt zu Baden-Baden.

Fig. 275 bis 277[266]) stellen einen offenen achteckigen Holz-Pavillon auf steinernem Unterbau dar, der in den Gartenanlagen des Stadthauses zu Rouen, zur Aufnahme von 45 Musikern bestimmt, von *Sauvageot* errichtet wurde. Die im Durchschnitt angegebene, nach innen ansteigende Decke wäre nach Art. 300 (S. 234) zweckmäfsiger Weise durch einen geraden wagrechten oder nach aufsen leicht ansteigenden Schalldeckel zu ersetzen. Die Baukosten betrugen 7470 Mark (= 9337 Francs).

Als Beispiel einer Eisen-Construction ist zunächst in Fig. 278[267]) das neue Musikzelt zu Monte-Carlo aufgenommen; dasselbe wurde 1888 nach den Plänen *River* vollendet. Der gemauerte Unterbau hat die Form einer »Jardinière« und umgiebt den Kiosk mit feinen Blattpflanzen und Blüthen; an der Rückseite befindet sich der Eingang zu dem von ihm umschlossenen Raum, welcher zur Aufbewahrung der Musik-Instrumente etc. dient und von dem aus eine zweimal gewundene Treppe zum Inneren des eigentlichen

Mufikzeltes führt. Das Geländer des letzteren ift aus emaillirter Terracotta, die Decke in fichtbarer Holz-Conftruction und alles Uebrige in Metall hergeftellt.

In Fig. 279 ift endlich das fehr reich ausgeftattete eiferne Mufikzelt zu Baden-Baden, welches 8 m Durchmeffer hat und deffen Unterbau gleichfalls gemauert ift, veranfchaulicht.

Literatur
über »Mufikzelte«.

Ausführungen.

VERNKOPF, C. Mufikhalle zu Fürftenftein in Schlefien. ROMBERG's Zeitfchr. f. prakt. Bauk. 1863, S. 289.
TITZ. Orchefter, erbaut für den Badeort Cudowa in Schlefien. ROMBERG's Zeitfchr. f. prakt. Bauk. 1872, S. 7.
Sommerorchefter im *Linke'*fchen Bad in Dresden. Allg. Bauz. 1873, S. 174.
MOTHES. *David'*s Tonhalle in Halle. HAARMANN's Zeitfchr. f. Bauhdw. 1873, S. 135.
Kiosque des muficiens, dans le jardin de l'hôtel de ville de Rouen. Encyclopédie d'arch. 1876, S. 103 u. Fl. 349, 353, 363.
HEUFEMANN, W. Concert-Pavillon auf dem Southfea-Pier bei Portsmouth. Wochbl. f. Arch. u. Ing. 1883, S. 19.
RIVES. *Pavillon de mufique à Menton. La conftruction moderne*, Jahrg. 1, S. 133.
LAMBERT, A. & E. STAHL. Privat- und Gemeindebauten. II. Serie. Stuttgart 1887—88.
    Heft 9, Bl. 3: Mufikpavillon; von BEISBARTH.
Die zweite Mufikhalle im Zoologifchen Garten zu Berlin. Baugwkfs.-Ztg. 1889, S. 457.
Nouveau kiosque de la mufique à Monte-Carlo. La conftruction moderne, Jahrg. 4, S. 222.
Konzerthalle in Glatz. HAARMANN's Zeitfchr. f. Bauhdw. 1890, S. 105.
Architektonifches Skizzenbuch. Berlin.
    Heft 27, Bl. 5: Mufik-Tribune in Breslau; von WAESEMANN.
    Heft 50, Bl. 4: Mufik-Tribune in Wittekind bei Halle; von WEISE.
    Heft 129, Bl. 6: Mufik-Tribune im zoologifchen Garten bei Berlin; von ENDE & BOECKMANN.
    Heft 135, Bl. 4: Mufik-Tribune zu Amfterdam; von ADLER.
Croquis d'architecture. Intime club. Paris.
    1866—67, No. VIII, f. 3: Abri deftiné à la mufique militaire à Verfailles.

---

3. Kapitel.
Stibadien und Exedren, Pergolen und Veranden.
Von Dr. JOSEF DURM und Dr. HEINRICH WAGNER.

304. Beftimmung. Die in der Ueberfchrift genannten kleinen Bauwerke dienen zum Aufenthalt im Freien, zum Genufs der Landfchaft und Fernficht, gleich wie zum Schmuck der Gärten, zur Belebung einförmiger Mauerfluchten und Einfriedigungen; diefelben find als wirkfame Motive der Architektur ftets in ausgedehnter Weife zur Anwendung gekommen.

Stibadium und Exedra, Pergola und Veranda bilden entweder Beftandtheile gröfserer Gebäudeanlagen, mit denen fie in geeigneter Verbindung ftehen, oder befondere Baulichkeiten, die im Einklang mit der Naturumgebung errichtet find. Nur die letzteren, als felbftändige Werke der Architektur, kommen hier in Betracht.

305. Stibadium. Innerhalb der Wohnungen, in Gärten und öffentlichen Anlagen oder an Spazierwegen waren im alten Rom und in den meiften italifchen Städten des Alterthumes halbrunde, fteinerne, für eine gröfsere Anzahl von Perfonen beftimmte Ruhebänke aufgeftellt. Sie kamen gegen Ende der Republik in Gebrauch, als im römifchen

Haufe die runden Tifche an die Stelle der viereckigen traten und die Clinen (*Clinia, Triclinia*) zu einem einzigen, der Rundung des Tifches entfprechenden (halbkreisförmigen) Lager vereinigt wurden, das man mit *Sigma* oder *Stibadion* bezeichnete.

Um den Ausruhenden auch Schutz gegen die Sonnenftrahlen und Unterftand bei plötzlich eintretendem Regen und Unwetter zu gewähren, wurden diefe Rundfitze oder Stibadien in halbrunden Nifchen (*Hemicyclia*) untergebracht, die nach vorn frei geöffnet waren.

<small>Zwei folcher Rundfitze haben fich in Pompeji in der Nähe des Herkulaner Thores erhalten; in Euren bei Trier wurde ein mit einem Zierbrunnen gefchmücktes Stibadium aufgedeckt. Diefe und andere Beifpiele geben uns ein gutes Bild von diefem eben fo fchönen, als zweckmäfsigen architektonifchen Schmucke privater und öffentlicher Gärten und Anlagen, der fich durch alle Epochen der Architektur bis auf unfere Zeit, wenn auch in etwas veränderter Form, erhalten hat.</small>

In den prächtigen Parkanlagen der römifchen Grofsen, in den Villen bei Rom, Frascati, Tivoli, Bagnaja etc., in den Schlofsgärten Frankreichs und Deutfchlands der frühen und fpäten Renaiffance find die Stibadien allenthalben zu finden und mit Vorliebe verwerthet.

Fig. 280.

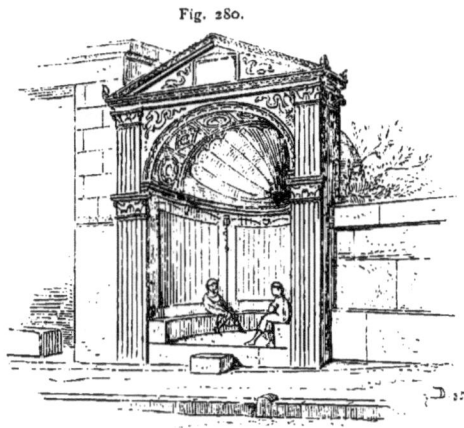

Stibadium zu Pompeji.

Die Abbildung eines Stibadiums aus Pompeji in Fig. 280 wird die Anlage und Ausbildung eines folchen nach alt-römifcher Art zur Genüge erklären.

306. Exedra.

Die *Hemicyclia* erweiterten fich in Verbindung mit Säulenhallen zu grofsen offenen, halbrunden, gewölbten Nifchen — *Exedrae (exedra, exedrium)* — die, mit Sitzen verfehen, der Erholung und Unterhaltung dienten und fo einen wefentlichen Beftandtheil der Gymnafien und Bäder bildeten. Zeugnifs davon geben die pompejanifchen Thermen, die *Caracalla*-Thermen, das Gymnafion bei *Vitruv*, in Olympia etc.; Philofophen und Rhetoren hielten darin ihre Vorträge [268]. Die Meifter der Renaiffance verwendeten das wirkungsvolle Motiv mit Glück an den Hauptfaçaden von Paläften und Villen, z. B. am Vatican, an der Villa *Sacchetti* in Rom u. a. m.

307. Pergola.

Vielfach treffen wir in Verbindung mit dem Stibadium die Pergola, eine offene, von Säulen oder Pfeilern getragene, leicht und zierlich conftruirte Halle, deren Dach aus dünnen Balken oder Latten angefertigt und gänzlich mit dem Laube von Schlingpflanzen, wilden und edlen Reben etc. überdeckt ift.

Die Heimath der Pergola (vom lat. *pergula*) ift wiederum Italien. In Geftalt fchattiger Laubgänge durchzieht fie mit ihrer leichten, gefälligen Architektur Garten- und Parkanlagen, oder fie bedeckt Terraffen abfallender Grundftucke meift an Stellen, wo fich ein hübfcher Blick auf die Landfchaft oder das Meer darbietet.

<small>268) Siehe Theil IV, Halbbd. 1 (Abth. I, Abfchn. 5, Kap. 4, unter a) diefes »Handbuches«.</small>

Fig. 281.

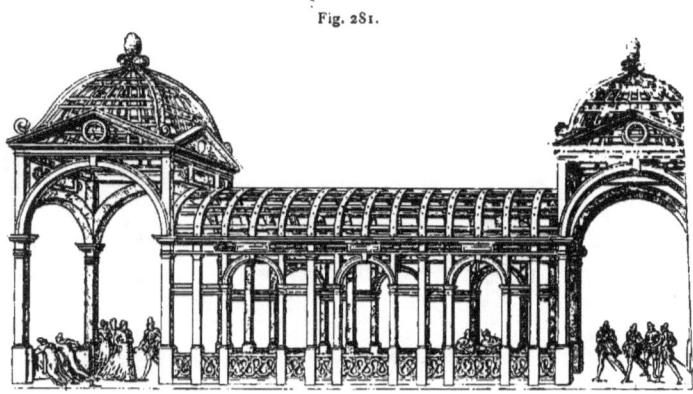

Laube zu Montargis [270]).

Zur Veranschaulichung der Anlage sei u. A. auf die Pergola der Villa *Albani* bei Rom [269]) hingewiesen und in Fig. 281 [270]) die Laube zu Montargis mitgetheilt.

Als modernes Beispiel einer Pergola aus Stein und Holz diene der im *Klose*'schen Garten zu Karlsruhe von *Durm* erbaute Rebgang (Fig. 282); Holz- und Steinpfosten wechseln mit einander ab. Zwei solcher Laubgänge stossen im rechten Winkel auf einander; der Kreuzungspunkt ist durch einen erweiterten Vorbau ausgezeichnet, den eine kleine Kuppel aus Schmiedeeisen, von Schlinggewächsen umrankt, ziert.

Fig. 282.

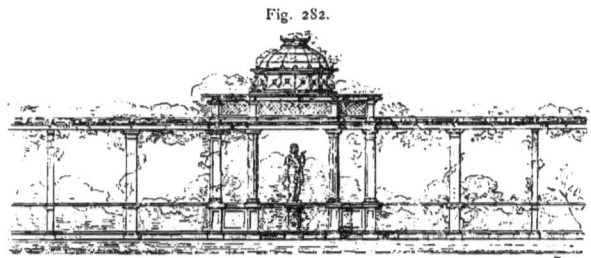

Pergola im Garten des Herrn *Klose* zu Karlsruhe. — 1/125 w. Gr.
Arch.: *Durm*.

Ganz aus Holz ist der Rebgang der Villa Heiligenblut bei Alzey in Fig. 283 (Arch.: *Durm*) hergestellt, der auf einer Terrasse das Rebgut parallel zur Landstrafse durchzieht.

Lauben aus ganz leichten Holzständern und geschlitzten Lättchen (Spalierlatten) werden in neuester Zeit in allen Formen und Stilen fabrikmäfsig hergestellt; diese etwas vergängliche Gartenzier dient meist zur Maskirung von unschönen Steinwänden oder Mauern, welche Gartengrundstücke umgeben.

Auch das bildsame und dauerhafte, in kleinsten Abmessungen verwendbare Eisen ist ein beliebtes Material für diese Baulichkeiten geworden. In grofsen Ausdehnungen

---

[269]) Vergl.: PERCIER & FONTAINE. *Choix des plus jolies maisons de plaisance de Rome et de ses environs.* Paris 1809. (Neue Ausgabe 1824.)
[270]) Nach: DU CERCEAU, J. A. *Les plus excellents bâtiments de France.* Paris. Neue Ausgabe. Paris 1865—68.

Fig. 283.

1/125 w. Gr.
Pergola der Villa Heiligenblut bei Alzey.
Arch.: *Durm*.

finden wir die eifernen, meift mit feftem Dache verfehenen Pergolen bei grofsen Curhaus-Anlagen, Bade- und Gafthofsgärten etc. Gedeckt und theilweife gefchloffen erfcheinen fie als Trinkhallen und Wandelbahnen [271]).

Die Pergola ift in erfter Linie als ein Freibau aufzufaffen, der in Form und Anlage unabhängig von anderen Baulichkeiten des Gartens oder Parkes fein darf; fie kann auch mit Wohnhaus, Palaft, Villa oder Landhaus in unmittelbare Verbindung gebracht werden und ein Beftandtheil derfelben fein, indem fie eine offene Vorhalle des Haufes oder einen von Säulen getragenen Vorbau derfelben bildet, der nach der Lage und Verwendung übrigens auch mit Glas gefchloffen fein kann und den Namen Veranda (portugief. *varanda*, fpan. *baranda*, fanfcr. *war-anda* — offene Sommerlaube als Vorbau eines Haufes) annimmt.

Wir finden die Veranda fchon am altrömifchen Landhaufe; fie umgiebt auch das fchweizer und tiroler Holzhaus an 2 oder 3 Seiten; fie bildet im Berner Oberlande (Grindelwald etc.) einen befonderen, bevorzugten, mit Glas gefchloffenen Eckraum des Haufes.

Wie folche bei modernen Landhäufern angefügt oder zwifchen vorfpringende, maffive Theile derfelben eingefpannt zu werden pflegen, davon geben zahlreiche ausgeführte Beifpiele an vielen Orten die wünfchenswerthen Anhaltspunkte.

Eine hübfche Veranda mit Ruhefitz ift in Fig. 284 [272]) nach einer Zeichnung von *Graeb*'s dargeftellt.

Die Veranden werden oft in zwei und drei Stockwerken über einander angelegt und aus Stein und Holz, oder aus Stein und Eifen, häufig auch ganz aus Holz oder vollftändig aus Eifen hergeftellt. Soll den hinter den Veranden liegenden Räumen möglichft wenig Licht entzogen werden, fo mufs das Verandendach aus Glas hergeftellt oder wenigftens, der Lage der Hausfenfter entfprechend, mit verglaften Durchbrechungen verfehen werden.

Nach dem Vorhergehenden bildet die Veranda ftets eine Zuthat, einen Beftandtheil des Haufes, der gleich den an anderer Stelle diefes »Handbuches« [273]) bereits befprochenen Vorhallen anzuordnen ift.

---

[271]) Siehe: Abfchn. 4, Kap. 2, unter a u. b.
[272]) Facf.-Repr. nach einer Zeichnung von *Graeb* in: Architektonifches Skizzenbuch. Berlin. Heft 77, Bl. 4.
[273]) Theil IV, Halbbd. 1 (Abth. I, Abfchn. 5, Kap. 1, unter a) diefes »Handbuches«.

Fig. 284.

Ruhesitz zu Sansfouci [272]).

310. Gartenhalle.

Nicht selten kommen indefs zum Schmuck der Gärten, für die Zwecke der Erholung und des Vergnügens, Hallenbauten vor, welche, theils in einfacher, theils in monumentaler Ausbildung [273]) eine selbständige Bedeutung beanspruchen.

Von zahlreichen neueren Bauwerken diefer Art wird in Fig. 285 u. 286 [274]) eine Gartenhalle zu Charlottenburg, von *Gropius & Schmieden* in den Formen

---

[274] Facf.-Repr. nach: Architektonisches Skizzenbuch. Berlin. Heft 123, Bl. 2.

Fig. 285.

Ansicht.

Fig. 286.

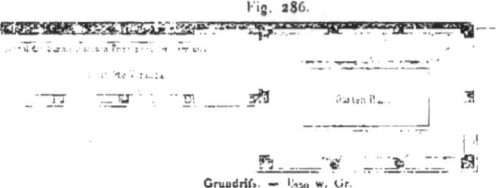

Grundriſs. — 1/250 w. Gr.

Gartenhalle auf dem Grundſtück des Herrn *Warſchauer* zu Charlottenburg[274].
Arch.: *Gropius & Schmieden*.

italieniſcher Renaiſſance entworfen, vorgeführt. Ein anderes bemerkenswerthes Beiſpiel iſt die in der unten bezeichneten Quelle[275]) abgebildete Gartenhalle in der Schleſiſchen Strafse 22 zu Berlin (Arch.: *Licht*).

[275]) Siehe: LICHT, H. Architektur Berlins. Bl. 50 u. 75. Berlin.

4. Kapitel.
Gartenhäuser, Kioske und Pavillons.
Von Dr. Josef Durm und Dr. Heinrich Wagner.

311. Beſtimmung.
Auch die in dieſem Kapitel zuſammengefaſſten Bauwerke ſind zum zeitweiſen Aufenthalt inmitten von Garten und Park, gleich wie zum Schmuck derſelben beſtimmt.

Gartenhaus, Kiosk und Pavillon gehören zu den einfachſten Gebäudebildungen, in ſo fern ſie gewöhnlich nur einen einzigen, wenn auch getheilten Innenraum umfaſſen[276]; ſie laſſen aber eine um ſo freiere architektoniſche Behandlung in Auffaſſung und Durchbildung, die ſich in mannigfaltigſter Weiſe kundgiebt, zu und gehören deshalb zu den dankbarſten und reizvollſten Aufgaben der Architektur.

Nicht ſelten ſoll die Anlage zugleich als »Luginsland« oder »Belvedere« dienen und wird dem gemäſs an einem die Ausſicht beherrſchenden Punkte auf einer Anhöhe errichtet, häufig mit Terraſſe oder Altan, mit krönendem Aufbau oder thurmartigem Anbau verſehen.

Eines der ſchönſten baugeſchichtlichen Beiſpiele dieſer Art iſt das »Dagoberts-Thürmchen« auf der hohen Terraſſe des Neuen Schloſſes in Baden-Baden, ein Werk Meiſter *Weinhart's* (um 1580), das mit zum Beſten gehört, was deutſche Kunſt auf dieſem Gebiete geſchaffen hat.

In Fig. 287 u. 288[277]) ſind Schnitt und Anſicht dieſes niedlichen Sandſteinbaues wiedergegeben.

Fig. 287.   Fig. 288.

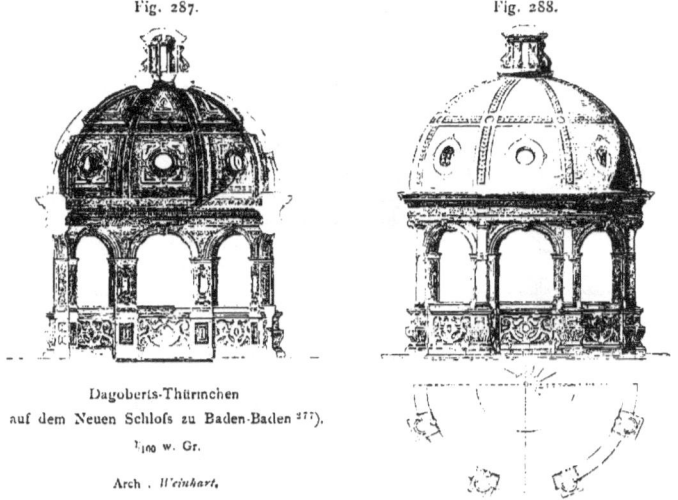

Dagoberts-Thürmchen
auf dem Neuen Schlofs zu Baden-Baden[277]).

1/100 w. Gr.

Arch . *Weinhart.*

---

[276] Siehe Theil IV, Halbbd. 1 (Abth. I, Abſchn. 3, Kap. 3, unter a) dieſes »Handbuches«.
[277] Facſ.-Repr. nach: Ortwein. Deutſche Renaiſſance. Bd. II. Abth. XXIII. Baden. Heft 1 u. 2, Bl. 11—14.

Klein als lauſchiges Plätzchen, Schutz gewährend gegen Sonnenſtrahlen und Regen, finden wir als anſpruchsloſe Zier des Gartens das Gartenhaus. In ſeiner einfachſten Form iſt es gerade grofs genug, um einige Perſonen, die dort kurze Zeit verweilen wollen, aufnehmen zu können. Das Gartenhaus wird in der Grund-

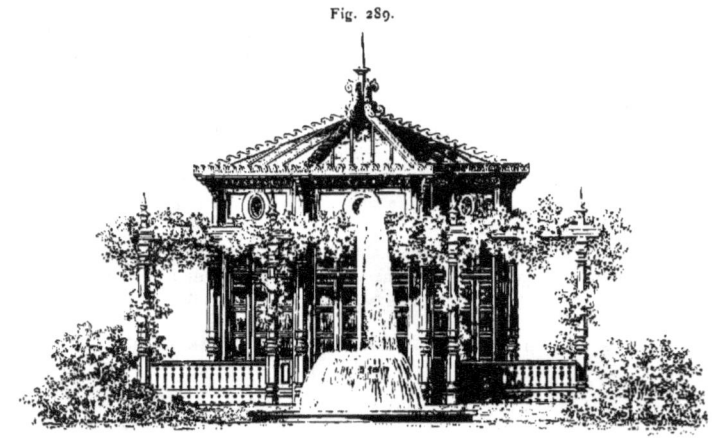

Fig. 289.

Gartenhaus zu Rheine [278]). — 1/100 w. Gr.
Arch : Raſchdorff.

form rechteckig, vieleckig oder kreisrund, im Aufbau leicht und zierlich geſtaltet, iſt meiſt aus Holz erbaut, theils frei nach auſsen geöffnet und mit Schlingpflanzen überwachſen, theils an den Seitenwänden mit Brüſtungen, darüber mit Fenſtern, Läden, Marquiſen oder anderen leicht zu öffnenden Verſchluſsvorrichtungen verſehen. Das Gartenhaus iſt zuweilen von Laubgängen oder Veranden umgeben oder mit letzteren in Verbindung gebracht.

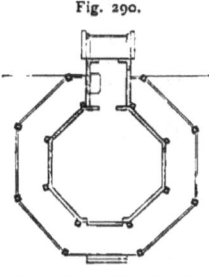

Fig. 290.

Grundriſs zu Fig. 289 [278]).
1/220 w. Gr.

Dieſer Beſchreibung entſpricht u. a. das Gartenhaus in Rheine (Arch.: Raſchdorff), welches in Fig. 289 u. 290 [278]) in Grundriſs und Aufriſs mitgetheilt iſt.

In ähnlicher Weiſe, aber in gröſserer Ausdehnung erſcheint das Gartenhaus, welches zur Aufnahme einer kleinen Geſellſchaft, die ſich im Freien vergnügen und im gedeckten Raume laben will, beſtimmt iſt. Es beſteht dann meiſt aus einem kleinen Saal und einem Anrichteraum.

Soll das Gebäude dem Beſitzer, deſſen ſtädtiſche Wohnung in ziemlicher Entfernung vom Garten liegt, während der Sommerszeit zum Wohnen dienen, ſo müſſen noch weitere Gelaſſe hinzugefügt werden; dem Saale können dann Hallen vorgelegt ſein; ein Schlafzimmer, Küche mit Vorrathsraum, ein Abort, Keller und Speicherraum,

[278]) Nach: Architektoniſches Skizzenbuch. Berlin. Heft 27, Bl. 3.

letzterer zum Theile für 1 oder 2 Gaftzimmer ausgebaut, find anzuordnen. Bei noch gröfseren Anlagen umgeben gewöhnlich eine bald gröfsere, bald kleinere Anzahl von kleinen Zimmern oder Cabineten einen Mittelfaal, der eine rechteckige oder vieleckige Grundform haben kann. Heizvorrichtungen find, mit Ausnahme der Herdfeuerung in der Küche, bei diefen Gebäuden nicht vorzufehen. Der Aufbau ift meift eingefchoffig.

Diefen Gartenhäufern verwandt find die Winzer- oder Weinberghäuschen, welche ungefähr den gleichen Bedingungen zu genügen haben. Da fie vorzugsweife während der Herbfttage benutzt werden, fo find hierbei Feuerungseinrichtungen zu empfehlen.

Bei ausgefetzter Lage ift in der Ausführung zum Hauftein- oder Backftein-Rohbau zu greifen; ift der Ort gefchützt, fo kann Fachwerk und Putzbau zur Anwendung kommen.

Garten- oder Weinberghäufer folcher Art find nach dem Vorhergegangenen kleinen Villen und Landhäufern fehr ähnlich, wefshalb im Uebrigen auf die in Theil IV, Halbband 2, Heft 1 diefes »Handbuches« mitgetheilten Beifpiele verwiefen wird.

313. Kiosk.

Im Orient bezeichnet man mit dem türkifchen Worte »Kiosk« ein rundes oder vieleckiges, auf Säulen ruhendes und in der Regel frei ftehendes Gartenzelt. Der Kiosk fand auch in Europa Aufnahme und dient gegenwärtig in öffentlichen Gärten und Anlagen allen möglichen Zwecken.

Vielfach ift der Kiosk Schutz gewährender Ruheplatz geblieben oder zum Lefeund Rauch-Salon umgeftaltet, vielfach aber auch zur Verkaufsftelle für Zeitungen, Luxusgegenftände, Erfrifchungen, Conditorwaaren etc. geworden. Aus dem einft der befchaulichen Ruhe geweihten Zelte erklingen fortan auch die fchrillen Töne einer Blechmufik, oder eine Damen-Capelle trägt darin ihre Weifen vor.

In den verfchiedenften Wandelungen, Materialien und Aufftellungsarten treffen wir das orientalifche Gartenzelt — den Kiosk — in Prunk- und Nutzgärten ausgeführt; vom fchlichten hölzernen Gartenhäuschen, deffen Formen fich unter Laubgewinden und Blumengefchlingen verbergen, bis zum prunkhaft reich ornamentirten, kuppelgekrönten, von Säulchen getragenen Vielecks- oder Rundbau, der, innen und aufsen mit Farben und fchimmernder Vergoldung glänzend gefchmückt, auch bei Nacht im Glanze von hunderten von Lampen einen prächtigen Anblick zu gewähren im Stande ift.

Keck im Aufbau, fogar etwas phantaftifch, dem orientalifchen Vorbilde entfprechend, foll der Kiosk, in zierlichen Formen erfcheinend, fich erheben.

Diefem Charakter entfpricht der in Fig. 291 u. 292 [279]) abgebildete Kiosk im Boulogner Gehölz zu Paris, der für den befonderen Gebrauch des Kaifers und der Kaiferin beftimmt war, eine malerifche Gegend beherrfcht und fich inmitten von Felfen über einem Unterbau aus Backfteinen erhebt. Der übrige Theil des Gebäudes ift in der Hauptfache von Holz und von vorzüglicher Ausführung und Ausftattung. Zum Inneren des mit kleinen Oeffnungen erhellten Unterbaues führt eine Thür ebener Erde; zum oberen Raum gelangt man mittels einer hölzernen Treppe.

Gröfser und reicher durchgebildet in der äufseren Erfcheinung ift der ebenfalls aus Holz gezimmerte und gefchnitzte Kiosk in Fig. 293 bis 295 [280]), der, nach dem Entwurf *Bardon*'s ausgeführt, einen Gegenftand der Parifer Ausftellung von 1878 bildete, mit der Beftimmung, als Garten-Pavillon und Rauch-Salon zu dienen. Bezüglich der Conftruction ift zu bemerken, dafs die Wände aus Rauhmauerwerk

---

[279]) Facf.-Repr. nach: Allg. Bauz. 1866, S. 373 u. Bl. 49.
[280]) Facf.-Repr. nach: *Revue gén. de l'arch.* 1881, S. 163 u Pl. 35 u. 36.

Fig. 291.

Anficht. — 1/100 w. Gr.

Fig. 292.

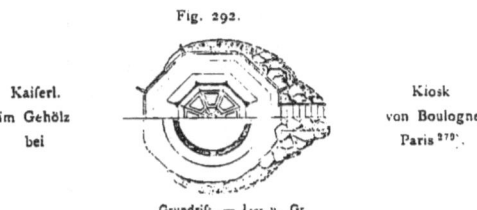

Grundrifs. — 1/125 w. Gr.

Kaiferl. Kiosk
im Gehölz von Boulogne
bei Paris [279].

ausgeführt, das Zimmerwerk vorgefetzt, die Dachflächen aus Holzschindeln, an deren Stelle Schiefer oder Zink treten könnte, gedeckt waren. Die Kuppel war mit ausgefchnittenen Zinkplatten gedeckt und mit eingefetzten farbigen Gläfern geziert. Die Baukoflen betrugen 27 100 Mark (= 33 900 Francs).

Holz und Eifen auf gut gefügtem niedrigen Steinunterbau find die beften Materialien für diefe Bauwerke. Auch den aus Spalierlättchen hergeftellten, um einen eifernen Kern oder dünne Holzpfoften errichteten Zierbauten, wie fie für Gärten allenthalben angefertigt werden, kann die Berechtigung nicht abgefprochen werden.

Dem Kiosk verwandt ift der »Pavillon« (vom lat. *papilio*, d. i. Schmetterling), womit zunächft wiederum ein zeltartiger Bau, aber auch ein kleines, abgefondert ftehendes Lufthaus inmitten einer Park- oder Gartenanlage bezeichnet wird.

Im Sinne von kleinen Lufthäufern aufgefafft, wären die kleinen Steinbauten in den Schlofsgärten der Renaiffance in Italien, Frankreich und Deutfchland hier anzuführen, die jenfeits der Alpen den Namen »Cafino« tragen und entweder nur kleine, aber prächtig ausgefchmückte Gelaffe zu vorübergehendem Aufenthalt umfaffen, wie z. B. das Cafino des *Palazzo del Te* in Mantua, des Schloffes in Caprarola u. a., wie *Petit Trianon* bei Verfailles, oder welche mäfsig grofse Salons mit Bade-Cabineten (Bade-Pavillon) enthalten, wie der kleine abgefondert ftehende Pavillon im Schlofsgarten zu Schwetzingen etc.

Fig. 293.

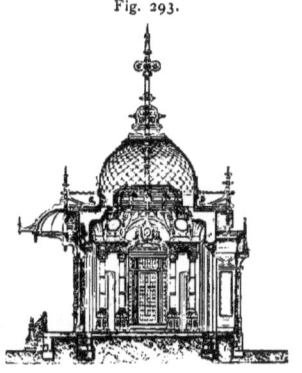

Auch Gartenfitze, kleine Steinrundbauten, welche viele deutfchen Schlofsgärten zieren und zu denen auch das »Dagoberts-Thürmchen« in Fig. 287 u. 288 (S. 246) gehört, nennen wir Pavillons.

Mit Kiosk und Pavillon wird heute allgemein die gleiche Gattung von leichten Bauwerken in Park- und Gartenanlagen bezeichnet, welche den eben genannten Zwecken dienen. Was für jene in Bezug auf Stil, Aufbau und Material gefagt wurde, gilt auch für diefe.

Eine befondere Art von Pavillons liefsen die letzten Weltausftellungen entftehen; nicht jene gröfseren Schauftücke, welche zur vortheilhaften Auslage und Aufftellung von Kunft- und Roherzeugniffen eines Landes dienen, wollen wir damit bezeichnen, da diefelben Gegenftände der inneren Ausftattung der Ausftellungsgebäude find, fondern jene kleinen, aber reichen und gefchmackvollen Freibauten, welche für Fürften und Landes-Repräfentanten in dem das Ausftellungsgebäude umgebenden Park, bezw. gärtnerifchen Anlagen errichtet zu werden pflegen.

Fig. 294.

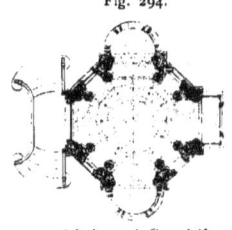

Schnitt und Grundrifs zu Fig. 295 [280]).
1/350 w. Gr.

In diefem Falle ift der Pavillon gewiffermafsen als Thronzelt aufzufaffen; es ift der Raum, in dem die genannten Würdenträger empfangen und während ihrer Anwefenheit auf dem Ausftellungsfelde verweilen.

Intereffante Beifpiele bei ganz verfchiedener Auffaffung waren die Kaifer-Pavillons auf den Weltausftellungen in Paris 1867 und Wien 1873, fo wie auf der Patent- und Mufterfchutz-Ausftellung in Frankfurt a. M. 1881.

Der Pavillon für die Familie des Kaifers *Napoleon III.* auf dem Marsfeld in Paris 1867, nach dem Entwurf und unter der Leitung von *Léon Lehmann* errichtet (Fig. 296 u. 297 [281]), war ein Feftbau im vollen Sinne des Wortes, der bei aller Pracht der Ausftattung feine Beftimmung, als Gelegenheitsbau für die Dauer der Weltausftellung zu dienen, deutlich erkennen liefs. Er beftand aus drei in engftem Zufammenhange mit einander ftehenden Salons, nebft zugehörigen Toilette-Cabineten und Dienfträumen. Der

[280]) Fncf.-Repr. nach: *Revue gén. de l'arch.* 1868, Pl. 5.

Fig. 295.

Kiosk auf der Weltausstellung zu Paris [260]).
Arch.: *Bardet*.

Fig. 296.

Ansicht.

Fig. 297.

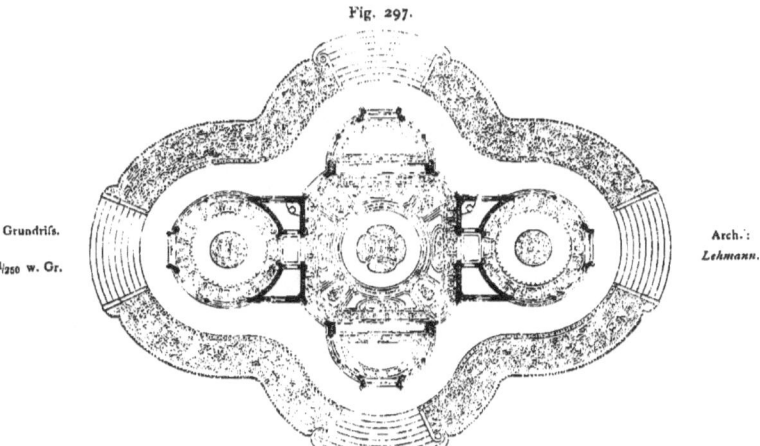

Grundriſs.
1/250 w. Gr.

Arch.:
Lehmann.

Kaiſerlicher Pavillon auf der Weltausſtellung zu Paris 1867 [281]).

Fig. 298.

Anficht.

Fig. 299.

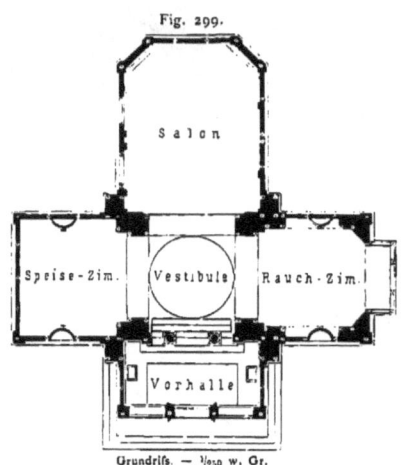

Grundrifs. — 1/250 w. Gr.

Kaifer-Pavillon auf der Patent- und Mufterfchutz-Ausftellung zu Frankfurt a. M. 1881 [282]).
Arch.: *Wallot*.

mittlere Salon, deffen Kuppeldach weit über die beiden Seitenpavillons emporragte, war für den Kaifer beftimmt; zur Rechten befand fich der im Inneren mit Lyoner Seide, Stil *Louis XVI.*, auf das koftbarfte ausgeftattete Salon der Kaiferin, zur Linken der »Algierifche Salon« des kaiferlichen Prinzen. Trotz der Verfchiedenartigkeit diefer Räume in der Ausfchmückung und Möblirung, die zum Theile Ausftellungsgegenftände waren, ging doch ein einheitlicher Zug durch die ganze innere Einrichtung und Decoration. Einfchliefslich diefer beliefen fich die Baukoften auf 400 000 Mark (= 500 000 Francs).

Ganz anders erfcheint der Kaifer-Pavillon in Fig. 298 u. 299 [282]), der 1881 für die vorerwähnte Patent- und Mufterfchutz-Ausftellung zu Frankfurt a. M. nach dem Entwurfe *Wallot's* erbaut wurde. Der Bau, kreuzförmig im Grundplan, zeigte im Aeufseren die monumentalen Formen der Stein-Architektur in Nachahmung und war mit reich gegliederter, in einer Kaiferkrone gipfelnder Zinkkuppel gefchmückt. Im Inneren gelangte man durch die Vorhalle und den als Eingangshalle dienenden Kuppelraum zu einem gröfseren Salon im Gefchmack der franzöfifchen Hoch-Renaiffance, mit Pilafter-Architektur in Weifs, dazwifchen Gobelins, die Decke mit grofsen Mittelgemälden. Links befand fich ein kleines Speifezimmer in üppiger Deutfch-Renaiffance, rechts ein entfprechendes Rauchzimmer in maurifchem Stil ausgeftattet. Dank der reichlichen Verwendung von orientalifchen Teppichen und ftimmungsvoll gewählten Seidenplüfchftoffen machten die drei Räume trotz der verfchiedenen darin vertretenen Stilrichtungen doch den

---

[282]) Facf.-Repr. nach: Centralbl. d. Bauverw. 1881, S. 250.

Fig. 300.

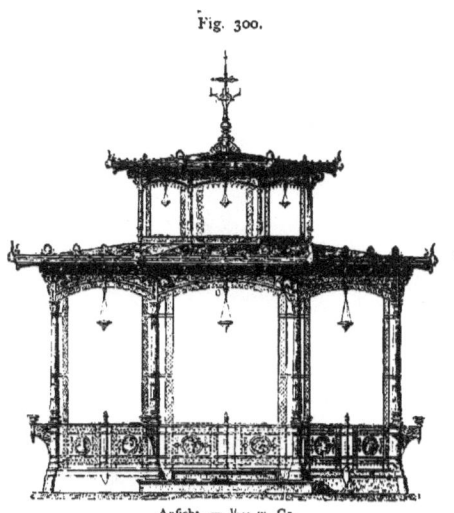

Anficht. — 1/100 w. Gr.

Fig. 301.

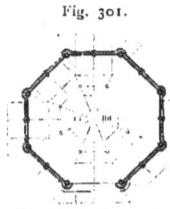

Grundrifs. — 1/250 w. Gr.

Pavillon im Garten des Markgräflichen Palais zu Karlsruhe [283]).
Arch.: *Lang*.

Eindruck der Zufammengehörigkeit. Indefs ift zu erwähnen, dafs der Entwurf nicht ganz den Abfichten des Verfaffers entfprechend zur Ausführung gekommen ift, da die von ihm beabfichtigte Polychromie des Aeufseren und die eingehendere Ausbildung der Innenräume unterbleiben mufsten.

Noch wird als beachtenswerthes Beifpiel eines ganz in Eifen ausgeführten Pavillons der von *Lang* im Garten des Markgräflichen Palais zu Karlsruhe errichtete achtfeitige Bau in Fig. 300 u. 301 [283]) dargeftellt.

[283]) Facf.-Repr. nach: Allg. Bauz. 1882, Pl. 52.

Wichtigstes Werk für Architekten,

Ingenieure, Bautechniker, Baubehörden, Baugewerkmeister, Bauunternehmer.

Handbuch der Architektur.

Unter Mitwirkung von Fachgenossen herausgegeben von

Oberbaudirector Prof. Dr. **J. Durm**, Karlsruhe, Geh. Regierungsrath Prof. **H. Ende**, Berlin, Geh. Baurathen Prof. Dr. **Ed. Schmitt** und † Dr. **H. Wagner**, Darmstadt.

Erster Theil.
ALLGEMEINE HOCHBAUKUNDE.

1. Band, Heft 1: **Einleitung.** (Theoretische und historische Uebersicht.) Von Geh. Rath † Dr. A. v. Essenwein, Nürnberg. — **Die Technik der wichtigeren Baustoffe.** Von Hofrath Prof. Dr. W. F. Exner, Wien, Prof. H. Hauenschild, Berlin, Prof. Dr. G. Lauboeck, Wien und Geh. Baurath Prof. Dr. E. Schmitt, Darmstadt. Zweite Aufl.; Preis: 10 M., in Halbfrz. geb. 13 M.

Heft 2: **Die Statik der Hochbau-Constructionen.** Von Geh. Baurath Prof. Th. Landsberg, Darmstadt. Dritte Auflage. Preis: 15 Mark, in Halbfranz gebunden 18 Mark.

2. Band: **Die Bauformenlehre.** Von Prof. J. Bühlmann, München. Preis: 16 M., in Halbfrz. geb. 19 M.

3. Band: **Die Formenlehre des Ornaments.** In Vorbereitung.

4. Band: **Die Keramik in der Baukunst.** Von Prof. R. Borrmann, Berlin. Preis: 8 M., geb. 11 M.

5. Band: **Die Bauführung.** Von Prof. H. Koch, Berlin. In Vorbereitung.

Zweiter Theil.
DIE BAUSTILE.

Historische und technische Entwickelung.

1. Band: **Die Baukunst der Griechen.** Von Oberbaudirector Prof. Dr. J. Durm, Karlsruhe. Zweite Auflage. Preis: 20 Mark, in Halbfranz gebunden 23 Mark.

2. Band: **Die Baukunst der Etrusker und der Römer.** Von Oberbaudirector Prof. Dr. J. Durm, Karlsruhe. (Vergriffen.) Zweite Auflage in Vorbereitung.

3. Band, Erste Hälfte: **Die altchristliche und byzantinische Baukunst.** Zweite Auflage. Von Prof. Dr. H. Holtzinger, Hannover. Preis: 12 Mark, in Halbfranz gebunden 15 Mark.

Zweite Hälfte: **Die Baukunst des Islam.** Von Director J. Franz-Pascha, Cairo. Zweite Auflage. Preis: 12 Mark, in Halbfranz gebunden 15 Mark.

4. Band: **Die romanische und die gothische Baukunst.**

Heft 1: **Die Kriegsbaukunst.** Von Geh. Rath † Dr. A. v. Essenwein, Nürnberg. Preis: 16 Mark, in Halbfranz gebunden 19 Mark.

Heft 2: **Der Wohnbau.** Von Geh. Rath † Dr. A. v. Essenwein, Nürnberg. Preis: 16 Mark, in Halbfranz gebunden 19 Mark.

Heft 3: **Der Kirchenbau.** Von Prof. K. Mohrmann, Hannover. In Vorbereitung.

Heft 4: **Die Ausstattung der Kirchen.** Von Prof. K. Mohrmann, Hannover. In Vorbereitung.

5. Band: **Die Baukunst der Renaissance in Italien.** Von Oberbaudirector Prof. Dr. J. Durm, Karlsruhe. In Vorbereitung.

6. Band: **Die Baukunst der Renaissance in Frankreich.** Von Architekt Dr. H. Baron von Geymüller, Baden-Baden.

Heft 1: **Historische Darstellung der Entwickelung des Baustils.** Preis: 16 Mark, in Halbfranz gebunden 19 Mark.

Heft 2: **Technischer Theil.** In Vorbereitung.

7. Band: **Die Baukunst der Renaissance in Deutschland.** Von Director G. v. Bezold, Nürnberg. In Vorbereitung.

Jeder Band bildet ein für sich abgeschlossenes Ganze und ist einzeln käuflich.

HANDBUCH DER ARCHITEKTUR.

DRITTER THEIL.

DIE HOCHBAU-CONSTRUCTIONEN.

1. Band: **Constructions-Elemente** in Stein, Holz und Eisen. Von Geh. Regierungsrath Prof. G. BARKHAUSEN, Hannover, Geh. Regierungsrath Prof. Dr. F. HEINZERLING, Aachen und Geh. Baurath Prof. E. MARX, Darmstadt. — **Fundamente.** Von Geh. Baurath Prof. Dr. E. SCHMITT, Darmstadt. Zweite Auflage. Preis: 15 Mark, in Halbfranz gebunden 18 Mark.

2. Band: **Raumbegrenzende Constructionen.**

Heft 1: **Wände und Wand-Oeffnungen.** Von Geh. Baurath Prof. E. MARX, Darmstadt. (Vergriffen.) Zweite Auflage in Vorbereitung.

Heft 2: **Einfriedigungen, Brüstungen und Geländer; Balcone, Altane und Erker.** Von Prof. † F. EWERBECK, Aachen und Geh. Baurath Prof. Dr. E. SCHMITT, Darmstadt. — **Gesimse.** Von Prof. A. GÖLLER, Stuttgart. Zweite Auflage. Preis: 20 M., in Halbfranz geb. 23 M.

Heft 3: **Balkendecken; gewölbte Decken; verglaste Decken und Deckenlichter; sonstige Decken-Constructionen.** Von Geh. Regierungsrath Prof. G. BARKHAUSEN, Hannover, Geh. Hofrath Prof. C. KÖRNER, Braunschweig, Reg.-Baumeister A. SCHACHT, Hannover und Geh. Baurath Prof. Dr. E. SCHMITT, Darmstadt. (Vergriffen.) Zweite Auflage in Vorbereitung.

Heft 4: **Dächer im Allgemeinen; Dachformen.** Von Geh. Baurath Prof. Dr. E. SCHMITT, Darmstadt. — **Dachstuhl-Constructionen.** Von Geh. Baurath Prof. TH. LANDSBERG, Darmstadt. Preis: 18 Mark, in Halbfranz gebunden 21 Mark.

Heft 5: **Dachdeckungen;** verglaste Dächer und Dachlichter; massive Steindächer, Nebenanlagen der Dächer. Von Prof. H. KOCH, Berlin, Geh. Baurath Prof. E. MARX, Darmstadt u. Geh. Oberbaurath L. SCHWERING, Saarbrücken. (Vergriffen.) Zweite Auflage in Vorbereitung.

3. Band, Heft 1: **Erhellung der Räume mittels Sonnenlicht.** Von Geh. Baurath Prof. Dr. E. SCHMITT, Darmstadt. — **Fenster, Thüren** und andere bewegliche Wandverschlüsse. Von Prof. H. KOCH, Berlin. Preis: 21 Mark, in Halbfranz gebunden 24 Mark.

Heft 2: **Anlagen zur Vermittelung des Verkehres in den Gebäuden** (Treppen und innere Rampen; Aufzüge; Sprachrohre, Haus- und Zimmer-Telegraphen). Von Ober-Ingenieur J. KRÄMER, Dresden, Kaiserl. Rath PH. MAYER, Wien, Baugewerkschullehrer O. SCHMIDT, Posen und Geh. Baurath Prof. Dr. E. SCHMITT, Darmstadt. Zweite Auflage. Preis: 14 Mark, in Halbfranz gebunden 17 Mark.

Heft 3: **Ausbildung der Wand-, Decken- und Fussbodenflächen.** Von Prof. K. MOHRMANN, Reg.-Baumeister B. Ross und Prof. W. SCHLEYER, Hannover. In Vorbereitung.

4. Band: **Anlagen zur Versorgung der Gebäude mit Licht und Luft, Wärme und Wasser.** Versorgung der Gebäude mit Sonnenlicht und Sonnenwärme. Von Geh. Baurath Prof. Dr. E. SCHMITT, Darmstadt. — Künstliche Beleuchtung der Räume. Von Geh. Regierungsrath Prof. H. FISCHER und Prof. Dr. W. KOHLRAUSCH, Hannover. — Heizung und Lüftung der Räume. Von Geh. Regierungsrath Prof. H. FISCHER, Hannover. — Wasserversorgung der Gebäude. Von Prof. Dr. O. LUEGER, Stuttgart. Zweite Auflage. Preis: 22 Mark, in Halbfranz gebunden 25 Mark.

5. Band: **Koch-, Spül-, Wasch- und Bade-Einrichtungen.** Von Geh. Baurathen Professoren E. MARX und Dr. E. SCHMITT, Darmstadt. — **Entwässerung und Reinigung der Gebäude;** Ableitung des Haus-, Dach- und Hofwassers; Aborte und Pissoirs; Entfernung der Fäcalstoffe aus den Gebäuden. Von Baumeister M. KNAUFF, Berlin und Geh. Baurath Prof. Dr. E. SCHMITT, Darmstadt. Zweite Aufl. Preis: 18 M., in Halbfranz geb. 21 M.

6. Band: **Sicherungen gegen Einbruch.** Von Geh. Baurath Prof. E. MARX, Darmstadt. — **Anlagen zur Erzielung einer guten Akustik.** Von Geh. Baurath A. ORTH, Berlin. — **Glockenstühle.** Von Geh. Finanzrath F. KÖPCKE, Dresden. — **Sicherungen gegen Feuer, Blitzschlag, Bodensenkungen und Erderschütterungen; Stützmauern.** Von Baurath E. SPILLNER, Essen. — **Terrassen und Perrons, Freitreppen und Rampen-Anlagen.** Von Prof. † F. EWERBECK, Aachen. — **Vordächer.** Von Geh. Baurath Prof. Dr. E. SCHMITT, Darmstadt. — **Eisbehälter und sonstige Kühlanlagen.** Von Stadtbaurath G. OSTHOFF, Berlin und Baurath E. SPILLNER, Essen. Zweite Auflage. Preis: 12 Mark, in Halbfranz gebunden 15 Mark.

Jeder Band bildet ein für sich abgeschlossenes Ganze und ist einzeln käuflich.

HANDBUCH DER ARCHITEKTUR.

Vierter Theil.

ENTWERFEN, ANLAGE UND EINRICHTUNG DER GEBÄUDE.

1. Halbband: **Die architektonische Composition.**
  Allgemeine Grundzüge. Von Geh. Baurath Prof. † Dr. H. Wagner, Darmstadt. — **Die Proportionen in der Architektur.** Von Prof. A. Thiersch, München. — **Die Anlage des Gebäudes.** Von Geh. Baurath Prof. † Dr. H. Wagner, Darmstadt. — **Die Gestaltung der äusseren und inneren Architektur.** Von Prof. J. Bühlmann, München. -- **Vorräume, Treppen-, Hof- und Saal-Anlagen.** Von Geh. Baurath Prof. † Dr. H. Wagner, Darmstadt. Zweite Auflage. Preis: 16 Mark, in Halbfranz gebunden 19 Mark.

2. Halbband: **Gebäude für die Zwecke des Wohnens, des Handels und Verkehres.**
  Heft 1: **Wohngebäude.** Von Geh. Hofrath Prof. C. Weissbach, Dresden. In Vorbereitung.
  Heft 2: **Gebäude für Handel und Verkehr.** In Vorbereitung.
  Heft 3: **Gebäude für den Post-, Telegraphen- und Fernsprechdienst.** Von Postbaurath R. Neumann, Erfurt. Preis: 10 Mark, in Halbfranz gebunden 13 Mark.
  Heft 4: **Gebäude für Eisenbahn-, Schifffahrts-, Zoll- und Steuerzwecke.** In Vorbereitung.

3. Halbband: **Gebäude für die Zwecke der Landwirtschaft und der Lebensmittel-Versorgung.**
  Heft 1: **Landwirthschaftliche Gebäude und verwandte Anlagen. Brauereien, Mälzereien und Brennereien.** Von Prof. W. Schleyer, Hannover und Geh. Baurath Prof. Dr. E. Schmitt, Darmstadt. (Zweite Auflage.) In Vorbereitung.
  Heft 2: **Gebäude für Lebensmittel-Versorgung** (Schlachthöfe und Viehmärkte; Märkte für Lebensmittel; Märkte für Getreide; Märkte für Pferde und Hornvieh). Von Stadtbaurath G. Osthoff, Berlin und Geh. Baurath Prof. Dr. E. Schmitt, Darmstadt. Zweite Auflage. Preis: 16 Mark, in Halbfranz gebunden 19 Mark.

4. Halbband: **Gebäude für Erholungs-, Beherbergungs- und Vereinszwecke.**
  Heft 1: **Schankstätten und Speisewirthschaften, Kaffeehäuser und Restaurants.** Von Geh. Baurath Prof. † Dr. H. Wagner, Darmstadt. — **Volksküchen und Speiseanstalten für Arbeiter; Volks-Kaffeehäuser.** Von Geh. Baurath Prof. Dr. E. Schmitt, Darmstadt. — **Oeffentliche Vergnügungsstätten.** Von Geh. Baurath Prof. † Dr. H. Wagner, Darmstadt. — **Festhallen.** Von Oberbaudirector Prof. Dr. J. Durm, Karlsruhe. — **Gasthöfe höheren Ranges.** Von Baurath H. v. d. Hude, Berlin. — **Gasthöfe niederen Ranges, Schlaf- und Herbergshäuser.** Von Geh. Baurath Prof. Dr. E. Schmitt, Darmstadt. Zweite Auflage. Preis: 13 Mark, in Halbfranz gebunden 16 Mark.
  Heft 2: **Baulichkeiten für Kur- und Badeorte.** Von Architekt † J. Mylius, Frankfurt a. M. und Geh. Baurath Prof. † Dr. H. Wagner, Darmstadt. — **Gebäude für Gesellschaften und Vereine.** Von Geh. Baurath Prof. Dr. E. Schmitt und Geh. Baurath Prof. † Dr. H. Wagner, Darmstadt. — **Baulichkeiten für den Sport. Sonstige Baulichkeiten für Vergnügen und Erholung.** Von Oberbaudirector Prof. Dr. J. Durm, Karlsruhe, Architekt † J. Lieblein, Frankfurt a. M., Oberbaurath Prof. R. Reinhardt, Stuttgart und Geh. Baurath Prof. † Dr. H. Wagner, Darmstadt. Zweite Auflage. Preis: 11 Mark, in Halbfranz gebunden 14 Mark.

5. Halbband: **Gebäude für Heil- und sonstige Wohlfahrts-Anstalten.**
  Heft 1: **Krankenhäuser.** Von Prof. F. O. Kuhn, Berlin. Preis: 42 M., in Halbfranz gebunden 45 M.
  Heft 2: **Verschiedene Heil- und Pflege-Anstalten** (Irren-Anstalten, Entbindungs-Anstalten, Heimstätten für Genesende); **Versorgungs-, Pflege- und Zufluchtshäuser.** Von Stadtbaurath G. Behnke, Frankfurt a. M., Oberbaurath und Geh. Regierungsrath † A. Funk, Hannover und Prof. K. Henrici, Aachen.
  Preis: 10 Mark, in Halbfranz gebunden 13 Mark.
  Heft 3: **Bade- und Schwimm-Anstalten.** Von Stadtbaumeister F. Genzmer, Wiesbaden.
  Preis: 15 Mark, in Halbfranz gebunden 18 Mark.
  Heft 4: **Wasch- und Desinfections-Anstalten.** Von Stadtbaumeister F. Genzmer, Wiesbaden.
  In Vorbereitung.

Jeder Halbband bildet ein für sich abgeschlossenes Ganze und ist einzeln käuflich.

HANDBUCH DER ARCHITEKTUR.

6. Halbband: **Gebäude für Erziehung, Wissenschaft und Kunst.**

Heft 1: **Niedere und höhere Schulen** (Schulbauwesen im Allgemeinen; Volksschulen und andere niedere Schulen; niedere techn. Lehranstalten u. gewerbl. Fachschulen; Gymnasien und Real-Lehranstalten, mittlere techn. Lehranstalten, höhere Mädchenschulen, sonstige höhere Lehranstalten; Pensionate u. Alumnate, Lehrer-u.Lehrerinnen-Seminare,Turnanstalten). Von Stadtbaurath G. BEHNKE, Frankfurt a. M., Oberbaurath Prof. † H. LANG, Karlsruhe, Architekt † O. LINDHEIMER, Frankfurt a. M., Geh. Bauräthen Prof. Dr. E. SCHMITT und † Dr. H. WAGNER, Darmstadt.
Preis: 16 Mark, in Halbfranz gebunden 19 Mark.

Heft 2: **Hochschulen**, zugehörige und verwandte wissenschaftliche Institute (Universitäten; technische Hochschulen; naturwissenschaftliche Institute; medicinische Lehranstalten der Universitäten; technische Laboratorien; Sternwarten und andere Observatorien). Von Geh. Oberbaurath H. EGGERT, Berlin, Baurath C. JUNK, Berlin, Geh. Hofrath Prof. C. KÖRNER, Braunschweig, Geh. Baurath Prof. Dr. E. SCHMITT, Darmstadt, Oberbaudirector † Dr. P. SPIEKER, Berlin und Geh. Regierungsrath L. v. TIEDEMANN, Potsdam. Preis: 30 Mark, in Halbfranz gebunden 33 Mark.

Heft 3: **Künstler-Ateliers und Kunstschulen; Concerthäuser und Saalbauten.** Von Reg.-Baumeister C. SCHAUPERT, Nürnberg, Geh. Baurath Prof. Dr. E. SCHMITT, Darmstadt und Prof. C. WALTHER, Nürnberg. In Vorbereitung.

Heft 4: **Gebäude für Sammlungen und Ausstellungen** (Archive; Bibliotheken; Museen; Pflanzenhäuser; Aquarien; Ausstellungsbauten). Von Baurath † A. KERLER, Karlsruhe, Stadtbaurath A. KORTÜM, Erfurt, Architekt † O. LINDHEIMER, Frankfurt a. M., Prof. A. MESSEL, Berlin, Architekt R. OPFERMANN, Mainz, Geh. Bauräthen Prof. Dr. E. SCHMITT und † Dr. H. WAGNER, Darmstadt. Preis: 30 Mark, in Halbfranz gebunden 33 Mark.

Heft 5: **Theater und Circusgebäude.** Von Baurath M. SEMPER, Hamburg und Geh. Baurath Prof. Dr. E. SCHMITT, Darmstadt. In Vorbereitung.

7. Halbband: **Gebäude für Verwaltung, Rechtspflege und Gesetzgebung; Militärbauten.** (Stadt- und Rathhäuser; Gebäude für Ministerien, Botschaften und Gesandtschaften; Geschäftshäuser für staatliche, Provinz-, Kreis- und Ortsbehörden; Geschäftshäuser für sonstige öffentliche und private Verwaltungen; Leichenschauhäuser; Gerichtshäuser, Straf- und Besserungsanstalten; Parlamentshäuser und Ständehäuser; Gebäude für militärische Zwecke). Von Prof. F. BLUNTSCHLI, Zürich, Stadtbaurath A. KORTÜM, Erfurt, Oberbauinspector † H. MEYER, Oldenburg, Stadtbaurath G. OSTHOFF, Berlin, Geh. Baurath Prof. Dr. E. SCHMITT, Darmstadt, Baurath F. SCHWECHTEN, Berlin, Geh. Baurath Prof. † Dr. H. WAGNER, Darmstadt, Baudirector † TH. v. LANDAUER, Stuttgart, Geh. Baurath Prof. Dr. P. WALLOT, Dresden, Oberstlieutenant F. RICHTER, Dresden. (Vergriffen.) Zweite Auflage in Vorbereitung.

8. Halbband: **Gebäude und Denkmale für Gottesverehrung, sowie zur Erinnerung an denkwürdige Ereignisse und Personen.**

Heft 1: **Gebäude für kirchliche Zwecke.** Von Hofrath Prof. Dr. C. GURLITT, Dresden.
In Vorbereitung.

Heft 2: **Architektonische und bildnerische Denkmale.** Von Architekt A. HOFMANN, Berlin.
In Vorbereitung.

Heft 3: **Bestattungsanlagen.** Von Architekt A. HOFMANN, Berlin. In Vorbereitung.

9. Halbband: **Der Städtebau.** Von Geh. Baurath J. STÜBBEN, Cöln.
Preis: 32 Mark, in Halbfranz gebunden 35 Mark.

10. Halbband: **Die Garten-Architektur.** Von Architekten A. LAMBERT und E. STAHL, Stuttgart.
Preis: 8 Mark, in Halbfranz gebunden 11 Mark.

Jeder Halbband bildet ein für sich abgeschlossenes Ganze und ist einzeln käuflich.

Das »Handbuch der Architektur« ist zu beziehen durch die meisten Buchhandlungen, welche auf Verlangen auch einzelne Bände zur Ansicht vorlegen. Die meisten Buchhandlungen liefern das »Handbuch der Architektur« auf Verlangen sofort vollständig, soweit erschienen, oder eine beliebige Auswahl von Bänden, Halbbänden und Heften auch gegen monatliche Theilzahlungen. Die Verlagshandlung ist auf Wunsch bereit, solche Handlungen nachzuweisen.

Stuttgart,
im November 1898.

Arnold Bergsträsser Verlagsbuchhandlung
A. Kröner.

Druck der Union Deutsche Verlagsgesellschaft in Stuttgart.

www.ingramcontent.com/pod-product-compliance
Lightning Source LLC
Chambersburg PA
CBHW031346230426
43670CB00006B/447